罗马：
一个帝国的故事

[英]格雷格·伍尔夫 著

王班班 译

中国友谊出版公司

献给我的学生们

目 录

序　言

　　一切罗马史皆是帝国史。它的崛起、长期的和平以及更为长期的衰落，共同构成了和罗马人有关的每一个故事的背景。然而，我的主题是帝国本身。它是如何成长的？什么使它能够抵住失败、利用好胜利？为何罗马的敌人失败而罗马成功了？帝国如何从危机中幸存，站稳脚跟并以稳定的局面取代了征服的混战？帝国如何协调它所依赖的财富洪流与人口洪流？它如何演进以应对新的需求与新的威胁？它为何先衰退，再重获平衡，随后又在一系列军事重创下不断萎缩，直至再次成为一个城邦？何种环境和技术使得恰在此时此地创造并维持一个帝国成为可能？何种制度、习惯与信仰适合罗马的这一角色？帝国这个现实，给所有这些它借以征服世界的信仰、习惯与制度带来了什么？偶然因素又在其成功与失败中起到了什么作用？

　　从台伯河上散落的小村庄，到博斯普鲁斯海峡上耽于古时辉煌的中世纪城市，这个历史长弧跨越了1500年。尝试在一部单卷本著作中讲述这个故事，未免疯狂，却也令人兴奋。或许，在我们所能思虑的、塑造了现有世界的诸多历史时段中，罗马史对我们并无特殊意义。然而，作为一名研究者，我认为研究一种如此广阔、横跨如此多时间和空间的实体，是很令人着迷的。什么能使一个如此大规模的人类事业得以存续？人类的东西怎么能持续如此长久？我们自己的世界以惊人的速度经历着变化。确信他们自己的帝国会永续长存、进步的步伐会连续不断的前几代人，为罗马的衰亡而痴迷。对我们而言，是罗马的长寿，抓住了我们的想象力。我自己对它的入迷自学生时代以来便从未衰退。直至现在，罗马世界有时似乎仍感觉像是一个我可以在其中嬉戏的沙坑，或说一个可以在其中研究各种历时长久的进程和实存的巨大历史实验室。在这个方面，罗马史与天文学颇为相似。我们无法设计或者进行新的试验，但通过几组残留数据，我们可以观察到大量遥远而古老的现象，且塑造了可见宇宙的诸种力量和剧变性事件可被重构。正如天文学家一般，古代史学者试图找寻模式并试图解释这些模式。本书即试图解释那些我观察到的模式。

罗马帝国诱人取譬。古人常做生物学上的类比：每个帝国或国家都有其青少年期、成熟期和老年期。一位现代学者曾使用过吸血蝙蝠的比喻，把帝国视为罗马人用以从农民与奴隶——帝国依赖着他们的劳动——那里吸取生命力的工具。但在我看来，罗马帝国并不似一个有机体，除非说它是一场流行病，在寄主中传播，从被感染者那里获得能量，直到它本身燃烧殆尽。从自然科学领域延伸的类比，似乎可以更充分地体现帝国的模式。罗马帝国像是一波大浪潮，裹挟越来越多的水，直至能量消散。又或是一场雪崩，开始时规模很小，因为途经处的雪和岩石而加速，然后在斜坡的底部再慢下来。这两种比喻都抓住了伟大的模式乃从小起步，纳入越来越多的物质与能量，终归消散这一特点。这个模式——帝国——随着时间流动，在一段时间内从其他的模式中脱颖而出，直至这个模式消散，或被其他宏大运动覆盖。帝国兴起（但并非一帆风顺），在一段时间内成为主宰，然后衰弱。圣安德鲁斯（St. Andrews）大学一位前副校长建议我从共振的角度来思考，即振动模式通过大量的人和物逐渐确立，并最终失去相干性而散为较小的模式。这似乎准确阐述了一种帝国秩序的形成及其之后的溃散。帝国的本质是以牺牲较小模式为代价，来维护一个大模式。相较于之前诸模式，这个模式通常较不平等、等级更为森严。新的复杂度意味着某些富人变得更富，某些穷人受制于更严酷的制度，纵然帝国激起的社会流动性意味着每一阶层都有胜者与败者并存。物质层面上，帝国的模式牵涉了人和物的规律性运动，以及税赋与商品的大规模流动。这些运动的常态，而今反映在道路与港口遗迹，还有石化的骨骼（人类帝国的软物质一度存留在其周围）上。我已试图注意硬物质。不过罗马史的乐趣之一，便在于我们亦可聆听如此多身临其中者的声音。我也已试图把握并呈现他们对帝国的洞察。

在写作本书时，我试图秉持这样的观念：帝国是一项贯穿历史时间的运动，而不是一套一成不变的制度。到了我的故事结尾，在拜占庭，一切都变了。罗马人说希腊语而非拉丁语，首都现在位于一个曾被征服的行省，而蛮族人统治着罗马旧城。帝国有了一位新神和新的习俗，以及对其过去与未来的新观念。诸城的世界，已（再次）变成被一城统御的世界。伊斯坦布尔归根结底衍生自中世纪希腊文短语 *eis ten Polin*，意为"入城"。不过，它仍然是罗马[1]。

当然，一些制度在长时期内是帝国漫长历史的绝对核心，而

---

1 罗马人称罗马为 Urbs（字面意为"城市"），而在拜占庭时期君士坦丁堡也以同样的方式常被称为 Polis，故有"仍然是罗马"的解读。——译者注

且，在一些重要的方面，罗马于其中扩张与收缩的世界是颇为稳定的。我交叉编排推动故事前进的章节与能让我退后片刻——不按时间顺序——的章节，以试图表达出持续演进与长久的结构稳定性之间的这种结合，我还试图指出一些意义深远之事。专心的读者将会注意到，如我所为，这一分配并不绝对。不过有时历史学家不得不向他们的材料做出让步。对材料做出的另一让步，是每个叙事章节之前的大事记：罗马人的旅程既漫长又复杂，当我们坐在旅客席上，零散的道路图偶尔会有所帮助。

比喻是一种能启发灵感的东西。比较则是另一种。本书不是把罗马与其他古代（或就此而言，现代的）帝国相比较的系统化比较历史的实践。比较是一种有趣的方法，但是也极为困难，毕竟我们对于古代帝国的知识大有缺失，且通常不同帝国之间的知识缺失也不尽相同。不过我的论点是通过反思其他帝国得来的，有时试图找寻一个普遍趋势，更多时候则是作为发现罗马这个个案的不寻常甚至独特之处的方法。广泛阅读有所助益，不过我很清楚，我在会议与讨论上收获颇丰，在这些会议上，来自不同学科的专家慷慨地分享了他们的知识。在诸多这样的机会中，我想特别指出由苏珊·阿尔科克（Susan Alcock）、特里·达尔特洛伊（Terry D'Altroy）、凯茜·莫里森（Kathy Morrison）和卡拉·西诺波利（Carla Sinopoli）在1997年于拉斯米哈斯（Las Mijas）组织的，由维纳-格伦基金会（Wenner-Gren Foundation）慷慨资助的一场会议，它第一次使我产生了从事这一计划的想法；还要指出由彼得·菲比格·班（Peter Fibiger Bang）以其非凡的能量组织的、由欧洲科学基金会在欧洲科技合作计划36号行动"羁縻式帝国比较研究"（Tributary Empire Compared）下赞助的一整套致力于帝国比较研究的工作坊。

　　我的理解当然也有赖于众多罗马史学者的研究。想要对所有启发过我或提供过至关重要的导引或两者兼具的作者一一致谢是不可能的。这本书并非罗马的总体史，而不过是一部有关帝国主题的考察。当然，帝国在罗马史中是非常核心的，因此我利用了大量已出版作品来写作。我努力在注释和"延伸阅读"建议中来指出一些使我特别得益的作品，我也努力优先指出最近的作品，毕竟我们对过往学术有了上佳的综合和总结，而在此领域的研究又进展得如此迅速。本书的大部分写作于圣安德鲁斯大学由利华休姆信托基金（Leverhulme Trust）慷慨资助的学术假期间。不过其中一部分草拟于圣保罗的坎皮纳斯州立大学（UNICAMP），我受佩德罗·保罗·富纳里（Pedro Paulo Funari）之邀于2011年初在此担任客座教授。第一稿在这一年晚些时候于埃尔福特大学的马克斯·韦伯学院（Max Weber Kolleg of the University of Erfurt）完成，在这里约尔格·吕普克（Jörg Rüpke）又一次款待了我。

　　另有许多人亦为本书得以完成做出了贡献。我尤其想要感谢我的代理人乔治娜·卡佩尔（Georgina Capel）的鼓励以及其他帮助；感谢牛津大学出版社的斯蒂芬·弗兰卡（Stefan Vranka）和马修·科顿（Matthew Cotton）的耐心、建议与热忱；再次感谢斯蒂芬以及内特·罗森斯坦（Nate Rosenstein）对早期草稿细致的批评，这使我避免了许多错误并让本书更易阅读；感谢牛津大学出版社的艾玛·巴伯（Emma Barber）、埃曼努埃莱·佩里（Emmanuelle Peri）和杰基·普里查德（Jackie Pritchard）在本书的各阶段提供的帮助；感谢我家人的宽容并用现实让我清醒起来。这当然不是我第一次尝试解释罗马的帝国史背后更大的模式。阅读与沉思皆有所裨益，但每位教师都知道，对理解的真正检验在于一个人能否将自己的想法解释给他人听。专业历史学家通常试着互相进行解释。不过我们已经知道得太多，而作为听众与批评家，我们又经常过于宽仁。我所获得的关于解释的任何才能，都得益于一代代剑桥大学和莱斯特大学（Leicester）、牛津大学和圣安德鲁斯大学的学生们。因此，这本书献给他们，并致谢意。

延伸阅读须知

罗马帝国成为严肃研究的对象已长达一个半世纪，而帝国主义从未出离于议题之外。对本书所依据的学术研究提供一个全面指南是不可能的，我也并未如此尝试。不过，每章后面都附有一些有关延伸阅读的建议。我只推荐了有英语版本的作品，并试图挑选最激动人心、最近期的作品，因为新近的研究正以惊人的步伐迈进。我也在每章中加入了一些注释，有些指出了古代作家的某些引文或关键段落的来源，有些是向某些观点的来源或对我写作该章大有帮助的书籍或文章致以感谢。在这一点上，我也着重于最近的作品，不过我收入了一些用其他语言写成的至关重要的作品。毕竟，对古代的研究是一项国际性的探索，而罗马人的帝国比我们任何一个国家都要大。

本书最后的参考书目汇集了所有引用过的作品，但不能称其为关于这一主题的全面指南。幸运的是，身处21世纪的我们，可得益于一批关于罗马史各个方面的非常新近、权威的参考书。最佳的单卷本全方位古代参考书，是《牛津古典辞典》（*Oxford Classical Dictionary*, 4th edn. 2011）。修订版《剑桥古代史》（*Cambridge Ancient History*）中有七卷专论罗马（1989—2005）。《新剑桥中世纪史》（*New Cambridge Mediaeval History*, 2005）的第一卷和本故事的终结有联系，与此相同的还有《剑桥拜占庭帝国史》(*Cambridge History of Byzantine Empire*, 2008)、《剑桥希腊罗马经济史》(*Cambridge Economic History of the Greco-Roman World*, 2007)以及《剑桥世界奴隶制史》的第一卷(*Cambridge History of World Slavery*, 2011)。哈佛大学出版社的《古代晚期：后古典世界指南》(*Late Antiquity: A Guide to the Post-Classical World*, 1999)包括主题论文与一个辞典。最佳的多卷本辞典是博睿(Brill)出版的《新保利古代世界百科全书》(*New Pauly*, 2007)。上述所有著作均在线可用，也有纸质版本。《巴灵顿希腊罗马世界地图集》(*Barrington Atlas of the Greek and Roman World*, 2000)是古代地理的最佳指南。

大事记（总）

公元前753年	传统上罗马建城的时间
公元前509年	传统上驱逐诸王与罗马共和国建立的时间
公元前264年	皮洛士入侵意大利但未能打破罗马霸权
公元前216年	坎尼战役。罗马在汉尼拔手上吃到最惨一败
公元前146年	迦太基与科林斯遭罗马军队洗劫
公元前88年	苏拉进军罗马并自立为独裁官
公元前44年	恺撒在3月望日遇刺
公元前31年	亚克兴战役结束了晚期共和国的内战。传统上早期帝国或元首制之始
公元14年	奥古斯都驾崩，提比略即位
公元117年	图拉真驾崩标志着罗马帝国版图达到最大
公元212年	卡拉卡拉将公民权扩展到帝国大多数居民
公元235—284年	"无君时期"，长期军事危机
公元284—305年	戴克里先统治时期。传统上晚期罗马帝国之始

公元306—337年　　君士坦丁统治时期

公元313年　　　　 君士坦丁的《宽容敕令》

公元361—363年　 尤利安恢复祖先神崇拜未成

公元378年　　　　 哈德良堡战役。东部帝国军队被哥特人
　　　　　　　　　击败

公元476年　　　　 末代西部皇帝遭东哥特人废黜

公元527—565年　 查士丁尼试图重新征服西方

公元636年　　　　 阿拉伯军队在耶尔穆克击败罗马军队

公元711年　　　　 阿拉伯人跨越直布罗陀海峡，入侵西哥
　　　　　　　　　特治下的西班牙

始末源流

> 那些建城前或即将建城时所流传下来的，与其说适合于纯粹的史记，还不如说适合于富有诗意的故事。
>
> ——李维《建城以来史》前言

罗马的故事说来话长。这个章节将长话短说，将这1500年浮沉史的精彩之处一扫而过。它类似于本书的高速路线图，或者一套间隔很长时间才拍摄一次的卫星云图，以助确定方向。如果你已经了解罗马史的模式，自可跳过本章继续前进；要是还没有的话，那就祝你旅途愉快！

诸王与自由共和国

历史上的罗马人认为，他们的城邦是由罗慕路斯（Romulus）在我们记为公元前753年的那年建立的。罗慕路斯是七王中的第一位。早期的王被尊为建城之父，而晚期的王则被斥为祸国暴君。最后，末代王高傲者塔克文（Tarquin the Proud）被逐出罗马，共和国建立了起来。传统上认为这一变革发生在公元前509年。在埃涅阿斯（Aeneas）和罗慕路斯之后，这次变革就像是罗马的第三次建城。主导变革的英雄名叫布鲁图斯（Brutus）。近500年后，当恺撒自立为终身独裁官之时，正是在这第一位布鲁图斯的雕塑底座上，人们草草刻画涂鸦，呼唤他的后代拿起武器，诛杀暴君。

关于王政时代的所有现存记载都带有这种神话特质。没有一部记载是在共和国建立假定时间之后的三个世纪以内写成的。公元前6世纪晚期的罗马尚不为希腊人注意，而直到下一个世纪，希腊人才开始写作他们自己的历史。不过罗马人的确很有可能有过一段君主制。许多其他的地中海城市在古风时代都行王政，包括罗马以北的诸多伊特鲁里亚城邦。罗马晚些时候的许多制度，解释为王政遗存也最为恰当：在市政广场（forum）有一处圣所名为雷吉亚（Regia），那是大祭司长（pontifex maximus）的座处；政务官换届期间主持选举的官员被称为"摄政官"（interrex）。但并没有什么流传至今的细节值得信任。每一位罗马王都被当作罗马政制的一个特定部分的建立者加以铭记。罗慕路斯建立城邦，繁盛人口，先宣布当地为罪犯庇护所，后又组织劫夺萨宾女人以妻其部众。第二位王努马（Numa）创立了罗马宗教。塞尔维乌斯·图里乌斯（Servius Tullius）做了组织军队、部落、人口普查等工作。关于晚期统治者的故事使人更多联想到古代地中海世界关于暴君的传说：他们狂妄暴虐、淫乱无度，而且子不如父。在古风时代的地中海贵族共和国中，此类指责稀松平常，并且代表了新的公民行为伦理的兴起。在罗马人的记忆中，这最后几位王还是异族，具体说来就是伊特鲁里亚人。诸王的故事，至少在那些讲述和听闻它们的人心中，形成了一个关于"什么对罗马来说是核心的、独一无二的"的叙述。我们只能通过考古学对这些迷思加以检验。

共和国时期持续了近五个世纪，从公元前6世纪早期直至公元前1世纪末。后世将其当作一段充满自由与虔敬的时代加以铭记。享受那种自由的人是富人，尤其是那些垄断了政治职务与宗教领导权的显贵家族。他们的继承者们对过去的怀念为这一时期的所有历史都染上了色彩。一些家族——首先是科涅利·西庇阿（Cornelii Scipiones）家族，其后是凯奇里·梅泰利（Caecilii Metelli）家族——非常成功，以至于实际上主宰了罗马，如同美第奇家族主宰了文艺复兴时期的佛罗伦萨。不过他们财富的来源却迥然不同。领导罗马征服地中海世界的人，带回珍宝以美化城邦，带回金钱以买土占田，带回奴隶以耕种土地。罗马一如大多数古代城邦，依赖公民兵。起初，大多数公民兵都是农民，他们自愿加入在一年中农闲时节组织起的战役。不少人在战争中崭露头角，那些住得离城市足够近的人在政治集会中有了一定影响力，而正是这些政治集会选出罗马的领导人，做出是战是和等最为重大的决定。不过罗马从来没有接近过古典时代的雅典所创造的那种民主政治：在那里，富人被强制藏富隐财，并且将部分财富花在公共项目上。在罗马，权力保持在少数人手中。政务官的任期仅有一年，但卸任政务官会终身列席一个议事会——元老院，它实际上指导着行政、立法、国家祭礼和外交政策。共和时期的贵族何以保持如此的支配地位，是罗马史上的一个大问题。是因为遍布罗马社会的荫庇制度？或是他们从祭司职务中取得的宗教权威？在其他城邦中，心怀不满的贵族煽动民众反对其政敌，就会使城邦面临革命。罗马贵族和其他地方的贵族阶级一样争强好胜，但直至共和国终结，他们都克制自己免于内讧。当这种自制土崩瓦解时，他们的世界也就分崩离析了。

共和国时期也是罗马从一个意大利城邦变成古代地中海世界霸主的时代。诸王想必留下了一个相对强大的罗马。城墙的规模、可能的人口数量以及最关键的早期军事胜利，都显示罗马在公元前500年左右已经是意大利中部一座政治上强有力的城邦。最初几世纪的历史扑朔迷离，但自公元前3世纪开始，罗马的影响力就蔓延到整个意大利半岛。在亚平宁山脉和第勒尼安海沿岸的战略要冲，殖民地星罗棋布，新道路则开辟了与亚得里亚海的交流。罗马在公元前4至前3世纪多面出击：北伐高卢，南击希腊人，征讨阿布鲁齐群山中和干旱的意大利南部平原上的古意大利人。公元前3世纪70年代，伊庇鲁斯王皮洛士（Pyrrhus of Epirus）注意到了这些战事，并举大军跨过了亚得里亚海。罗马虽屡遭败绩，但仍在战争中幸存。至公元前3世纪末，罗马人两度鏖战腓尼基（布匿）人的迦太基，均战而胜之。第一次（公元前264—前241年）主要是海战，罗马人得以占据西西里，并成为西西里岛上的希腊、布匿城邦以及岛内西西里原住民之主。第二次布匿战争（公元前218—前201年）的战火延烧至西班牙、北非，以及意大利本土。汉尼拔在公元前217年翻越阿尔卑斯山，并在次年于坎尼重挫罗马军队。不过他并未将优势坚持到底，而是徘徊于意大利南部，直到公元前203年被迫回到北非迎战西庇阿的军队。翌年汉尼拔在扎马的大败标志着迦太基强权的终结。公元前2世纪，罗马军队推进到了更遥远的地方。他们战胜了东方的马其顿各大王国，它们是亚历山大大帝的后继者。迦太基和古希腊城邦科林斯都在公元前146年被夷为平地。罗马军队打败了阿尔卑斯山南北的高卢部落，在西班牙中央高原掀起战端并阻止了日耳曼人的入侵。城邦的规模不断扩大，通过战争得来的财富用于建造引水道（aqueduct）、王庭（basilica）[1]和其他大型建筑。富人日益富裕，公民兵离家也越来越久。

后期的罗马人认为，鼎盛时的共和国是一个和谐的系统，元老院的智慧引导着强力者的野心，而恭顺的民众则予后者以支持。共和国的毁灭被（以各种方式）归咎于帝国带来的奢华与傲慢。帝国早期史家维莱乌斯·帕特库鲁斯（Velleius Paterculus）写道：

> 第一位西庇阿为罗马的统治铺路，第二位西庇阿则为奢靡开门。[2]

其他史家选择了别的时间作为分水岭，不过良性崛起紧接着恶性衰颓的套路已是老生常谈。事实更为复杂。多种多样的社会冲突纵贯罗马历史。不过始于公元前2世纪末的城市暴力和内战将冲突升级到了全新的规模。自由共和国的最后一个世纪，既是领土扩张最大的时期，也是罗马文学与知识文化达到经典形态的时期，但也是血腥的百年内战时期。罗马人和他们意大利盟友的冲突，同穷人（或那些号称代表他们的人）与其他富人的社会矛盾相汇合流。传统的贵族内斗被帝国主义的暴利过度激化。政客们先是

---

1 王庭这种建筑形制初为罗马市政集会、法庭之用，早期基督教获允在罗马兴建教堂后也采用王庭的形制加以改造，Basilica也就成为如今天主教最高级座堂的名称。本书中提及基督教的basilica则按现有传统译作大教堂，基督教之前则按照其词源，译作"王庭"。——译者注

2 维莱乌斯·帕特库鲁斯《罗马史》第2卷第1章。

召集暴民，后又征募军队来捍卫他们的主张。

内斗与外战构成了一个恶性的反馈回路。将军们目光短浅，时刻留心着回城后的机遇。他们甘冒奇险，不经元老院或人民许可即对邻国开战，将征服的领土交由其政治盟友开发利用，对罗马的长期安全概无考虑。忠心可疑的异族盟友获准在边境上建立巨大的权力基地。罗马人在行省遭人厌恶。罗马为曾经的盟友本都王密特拉达梯（Mithridates of Pontus）培植了势力，而全神贯注于意大利事务的元老院无视了密特拉达梯愈加频繁的挑衅；于是，当他入侵罗马人控制的小亚细亚西部时，最糟糕的时刻降临了。在密特拉达梯的命令下，居于这一地区的希腊城邦中的一万名意大利人惨遭屠戮。罗马对亚得里亚海以东全部土地旋即失控。不过这只是罗马将军们的另一次机会。苏拉先是被赋予了军权，然后又遭褫夺，但他拒绝让位，而是挥师入城。市政广场血流成河，而他却如愿以偿，在按照自己的心意重整罗马后他挥师东进，洗劫雅典，尔后回头扫清了回归罗马的道路。他自立为独裁官，并列出一份"格杀勿论"（proscribe）的政敌名单。名列其中者，人皆可杀而免惩处，财产亦全遭褫夺。苏拉成了后来所有罗马将军的模范，包括他的助手庞培、他的敌人恺撒，以及恺撒之后的人，其中包括了后来的元首奥古斯都。他们每个人都在对外战争中获得了强大的军队，并且最终将其用于在行省互相征伐，在罗马则为派系斗争和大型建筑挥金如土。在公元前31年的亚克兴海战后，内战终于告一段落。马克·安东尼和克莱奥帕特拉（Cleopatra）被恺撒的继承人屋大维击败。在企图将内战（以及贵族式自由和人民的权力）化为历史时，屋大维被授予"奥古斯都"的称号。

早期帝国

第一位皇帝——崩于公元14年的奥古斯都——漫长的统治时期是罗马历史的支点。在他之前是共和国，而在他之后则只有皇帝。他以后的300年被称为早期帝国，或者（以奥古斯都另一个头衔"元首"［princeps］命名）元首制（Principate）时期。

奥古斯都经营罗马的诸多手段，实际上都是共和国历史主旋律的延续，而这也正是他所希望人们看到的。一旦他本人在罗马的地位得以稳固，曾参与内战的军士大批复员，他就致力于对外征服和营建民众建筑的运动中去了，而其规模则远超庞培和恺撒的成就。他践极之时，罗马通过行省与盟邦的网络主宰地中海。不过，内战与贵族间的斗争所引发的战争，达致尚未稳定的地区之外。奥古斯都使罗马的直接统治横跨半个欧洲，到达莱茵河与多瑙河，确定了疆界，并与波斯帝国归于和平。在尤利乌斯·恺撒死时有诸多建筑项目业已动工但尚未落成。奥古斯都将它们尽数完工并增添了属于他本人的新工程，将战神广场转变为某种纪念性主题公园，并占取帕拉丁山（Palatine Hill）建成皇居与神庙，这也是英语中"Palace"（宫殿）一词的源头。

奥古斯都还不那么张扬地成功使罗马国家免于内战。一个又一个胜利的将军强推政府上与财政上的权宜之计，造成了相当混乱的局面，现在这些被奥古斯都纳入一个更常规的行省政府系统。罗马现在有了军事专款用以供养新的常备军。罗马与意大利贵族们在新秩序下得以主政一方或者统领一军。不过，钱财和士兵的忠诚被牢牢掌控在奥古斯都手中。如今，决定哪个贵族将担任哪个政务职位和哪个祭司职位的是奥古斯都，而不是人民，当然更不是元老院。实际上，一切重要决定皆出于皇廷之手。元老院和罗马人民获得更多荣耀的同时也失去了权力。奥古斯都的胸像和雕塑随处可见，它们把他描绘成将军、祭司和神明。他和他的继承者们在军营中受到士兵们的顶礼膜拜，还在每座城市和每个行省，和祖先神、家神一同受到崇拜。

　　奥古斯都成功的真正标志，是他能够将自己大多数权力传给一系列继承者们。罗马在亚克兴战役后百年免于内战之火。奥古斯都较近的继承人并非都是贤人：一个遭刺杀（卡里古拉），一个则因自觉对帝国失去控制而自杀（尼禄）。不过这一体制却得以留存，而且少有更易。当尼禄治下的灾难告终后，将军们之间的冲突终于爆发，但只是因为奥古斯都家族已没有人还活着而成为新的皇帝。战争持续了不到两年（公元69—70年），而胜利者韦伯芽（Vespasian），策划了一场非常奥古斯都式的拨乱反正。帝国天摇地动却完好无损。未加任何正式制定的新宪法或头衔，罗马皇帝就成了罗马帝国事实上的政务首脑。软弱无能的个人此时已不能使这一体制名声扫地，而且也没有迹象显示有任何人想要摒弃皇帝这一存在。当卡里古拉在公元41年遇刺时，元老院简要讨论了恢复共和国的可能，却花费了更多时间来想出一个可能的继承者。在他们争论期间，禁军（Praetorian Guard）发现了躲在皇宫幕帘后的克劳狄（Claudius）并立他为帝。从此，问题就总是简单的"谁该做皇帝？"了。

　　然后就是一个接一个的皇帝。弗拉维王朝统治了公元1世纪晚期的大部分时间。对外征服的战争将不列颠和日耳曼西南的部分土地纳入帝国版图，附庸国遭到吞并，而边境得以巩固。一系列帝国广场从旧的共和国时期卡皮托利山一路延伸到大竞技场所在的谷地。罗马城逐渐获得了属于帝国皇都的排场。弗拉维王朝的最后一位皇帝图密善（Domitian）在公元96年遭到刺杀，这对帝位继承体制的冲击远小于尼禄之死。2世纪时，一连串统治期长久的皇帝主持了一个相对稳定的帝国。图拉真（Trajan，公元98—117年在位）领导了对多瑙河以北地区的征服战争并进入了现在的伊拉克地区。他的继任者哈德良（公元117—138年在位）广巡帝国各地。皇帝们的行止更富有君主制气息也更王朝化了，尤其是当他们在罗马之外的地方，不用顾忌元老院敏感的神经的时候。一个巡回宫廷出现了，在其中宠臣爱妾争权夺势，学者诗人大受款待，禁军长官行如首辅。行省社群使者如织，不管皇帝在哪里都要追到他。他们也许发现哈德良正在尼罗河河岸上，或者在监督横跨不列颠北部的长城的修建，在协助设计他在大竞技场对面兴建的新维纳斯神庙，在阿非利加向阅兵式上的士兵发表讲演，或者悠闲徜徉于他位于蒂沃利的宽敞皇宫，或者在他心爱的雅典。皇帝身在何处，就在何处治理帝国。

早期罗马帝国是一个和平的世界。战争规模很小，皇帝几乎总能将它们控制在边境一带。经济与人口都在增长。由于行省贵族、退伍军人和被释奴都被授予了公民权，"罗马人"的数量增加了：通过3世纪早期皇帝卡拉卡拉（Caracalla，198—217年在位）的一道敕令，帝国中几乎每个人都有了公民权。罗马法一下子向每一个人张开怀抱。在这一极为惊人的皇室馈赠被颁布后，法学家乌尔比安（Ulpian）写道，用任何语言写就的遗嘱都有效——无论是希腊语和拉丁语还是凯尔特语、叙利亚语。罗马的生活方式被广为接受，建筑与手工业的新技术在行省传播开来。富人们尤爱用进口的大理石装饰他们壮观的豪宅，并向他们的出生城市捐赠宏伟的建筑。帝国诸城兴起了相同的洗浴、教育、饮食文化。哪怕最贫穷的人也会观看角斗士表演、斗兽、竞技节日以及其他通常以皇室为焦点的庆典。公元3世纪早期标志着古代城市生活的顶点。当然，在帝国的一些地区，九成的居民仍然生活在乡村。但在意大利中部和安纳托利亚西部、北非，以及叙利亚和埃及，可能有30%的人口生活在城市或大型村落中。人们今日在游历前罗马帝国行省时仍然感到印象深刻的那些罗马帝国时代纪念物，大多数都是在这一时期建成的。图拉真征服达契亚是帝国版图最后一次永久性的扩张。2世纪期间战争仍然继续，但战局通常是皇帝说了算。皇帝和地方精英都看起来相对富有，虽然我们并不清楚这多大程度上是因为真正的经济增长，又在多大程度上是因为财富越来越向少数人的手中聚拢。

　　大约2、3世纪之交，情况发生了变化。在西部，城市建筑的数量在公元200年前开始下降，在其他地方则是公元250年前。在此之后，没有新的剧场和竞技场动工兴建，碑铭数量锐减，新建的神庙似乎也减少了。至少一些城市在规模上有所萎缩，仍是西部尤为明显。与此同时北部边境的战争似乎消耗了皇帝更多的时间和资源。也许最早在马可·奥勒留治下就已开始，当时与多瑙河中游的马克曼尼人的战火从公元166年几乎延续不断地烧到了公元180年。又一轮内战在马可之子康茂德（Commodus）于公元192年遭谋杀之后爆发。行省将军之间的争斗是尼禄自杀后情形的近似重演，随后出现的塞维鲁王朝则以相当传统的方式在公元193—235年统治罗马。不过，公元3世纪早期，波斯帝国在萨珊王朝治下的复兴给罗马的军队（以及财政）施加了新的压力。在接下来的半个世纪中，帝国遭到多瑙河和莱茵河上不断增多的战事的打击，蒙受深入腹地的突袭，结果导致诸如雅典和塔拉戈纳这般几乎三百年未见兵戈的城市惨遭劫掠，帝国还击退了波斯的大举进犯，并必须解决一度将帝国分为三个独立领土的分裂问题。多数皇帝只在位数年，有些只有数月，且少得善终。越来越多的皇帝出身行伍，他们与罗马和元老院的联系更加弱化。军事复苏在3世纪60年代开始，但帝国直到世纪末都不是一个统一体。于284年称帝并于305年退位的戴克里先（Diocletian）的长期统治标志着帝国的幸存。

晚期罗马帝国

至4世纪早期，罗马世界已大为不同。在一些地区，城市已萎缩成了由被拆除的古迹匆忙建起的极小的环形墙体。一些最近征服的领土已被放弃。罗马仍有一个元老院，但其成员不再在行政事务和军事指挥上有任何作用。帝国有了一个新宗教——基督教，以及一座新都城君士坦丁堡，那里还有新的元老院、七丘以及皇宫。帝国也有了一种新货币，用以支付前所未有的高昂税赋，而这是更大规模军队以及日渐庞大的官僚体系的薪饷来源。此时，在任何时候都同时有多达四位皇帝，级别高的称奥古斯都（Augustus），级别低的称恺撒（Caesar）。每位皇帝都有自己的宫廷，专管帝国的不同地区，特别是北部和东部边境。从此时开始，皇帝不得不时刻留心着蛮族，不得不苦心经营与敌对的波斯帝国间难处理的关系。

这一时期的波斯历史与罗马历史在诸多方面都十分相似。波斯的万王之王沙普尔二世（Shapur II，309—379年在位）建立了一个高度中央集权的国家，官僚体制取代了经常几乎不承认帕提亚诸王权威的半封建式诸侯。波斯帝国也有一个国教——琐罗亚斯德教。在整个古代晚期，边境线都几乎未曾移动。两个帝国都必须应对宗教少数派和强大的祭司们。战争频仍，在北抵亚美尼亚、经叙利亚直通阿拉伯世界的广阔边界区中，一些城市规律性地反复易手。不过也有相对平静的时期，商人、传教士、间谍和使节就在这两个帝国间你来我往。这种情况持续到了7世纪，阿拉伯征服毁灭了萨珊帝国，也几乎毁灭了罗马帝国。

书写晚期帝国的历史总被证明是困难无比的。首先的问题在于君士坦丁一世（306—337年在位）以宽容取代迫害，而后又大举赞助教会之后，异教徒和基督徒观点相互对立。他的所有继承者都是基督徒，除了尤利安（Julian）一人，他在短暂的统治期间（361—363年在位）试图颠覆君士坦丁的改革。到该世纪结束时，普遍宽容已经被对多神教徒的神庙的攻击取代，而皇帝也将越来越多的精力投入与异端的斗争中。足够多的有影响力的多神教徒幸存下来，将5世纪的灾难归咎于那种新兴宗教。我们的史料来源分歧很大。其次还有后见之明的问题。我们怎么能忽视一个事实：图拉真所打下的达契亚诸行省的丧失，不过是诸多领土沦丧的第一步。而在此之后，不列颠的北部高卢在5世纪中叶脱离罗马掌控，公元500年之前，末代西部皇帝则被一串蛮族王取代。

尽管如此，4世纪在某些意义上仍是一个乐观的时代，它见证了知识生活的部分复兴、大兴土木（尽管此时所建的是教堂与宫殿而非古典城市的传统建筑），以及出现在东方的某种真正意义上的繁荣。即使当一大群东哥特人在376年获准跨越多瑙河时，罗马人也可以合理地把其他定居在帝国境内的民族认作盟友。但东部军队 378 年在哈德良堡对阵哥特人所吃的败仗启动了一整套迁徙与外交策略，最终导致了西部在一个世纪之内全部沦陷。从5世纪早期开始新的群体进入帝国，寻求属于他们的一份领土，寻求作为罗马的"客人"定居下来，有时或许也在寻求安全，躲避他们自己的敌人，例如凶猛的匈人。罗马自身也两遭洗劫，先是 410 年的哥特人，后是 455 年的汪达尔人。西部的最后一位皇帝在 476 年被罢黜，虽然在当时，这也许不会被当作一个转折点。到了公元 500 年，汪达尔人立足迦太基统治着一个王国，西哥特人和苏维汇人控制了西班牙和高卢，勃艮第人和法兰克人则掌握现在法国的其他地区，而一位东哥特王则坐镇帝国曾经的首都米兰。东方的皇帝经济破产，缺乏军队，又专注于波斯，不得不默许了这一状况。搁浅在敌后——如果可以这么说的话——的罗马精英也是如此。几代人的时间内，罗马的主教和知识分子为西方的新王们服务，帮助他们建立罗马人和蛮族人各居其位分占财富的社会。考古证据清楚显示，跨地中海贸易并未遭到严重打击，在一些地区，城市生活甚至拉丁文学都繁荣起来。这些王国的统治者都是基督徒（尽管在东方罗马主教们眼中，他们多是阿里乌斯派异端）。他们大多试图保存罗马文明的要素，甚至重建罗马的纪念性建筑，并与罗马贵族家族通婚。他们多依靠罗马官僚来管理他们所接手的复杂财政体系，将他们的战团作为军队保存下来，以保卫他们的所得。他们的王住在境内大城市的罗马宫殿中，发行刻有拉丁铭文的铸币，制定法典，有些甚至观看角斗士竞技。

随后，6 世纪早期，东部帝国发动了反击。在查士丁尼（Justinian，527—565 年在位）治下，他的将军们从汪达尔人手中夺取阿非利加，并在意大利进行了来来往往的破坏性拉锯战，这些拉锯战以东哥特王国灭亡告终。西哥特人的西班牙也遭进犯。在君士坦丁堡，大型建筑项目纷纷上马，罗马民法进行着大规模法典化，行政改革也推行到位。（高级官员吕底亚人约翰［John the Lydian］的抱怨，表明戴克里先和君士坦丁创立的"新"官僚体制在此时是怎么被其成员看作一套古老而可敬的制度的！）在一代人的时间里，一个跨地中海罗马帝国看来又重生了。不过随后它又一次崩塌了。伦巴第人入侵意大利，法兰克人扩展其势力，而除了拉文纳周边的立足之处，罗马的领土就被限制在北非和西西里。与此同时，皇帝们又一次被与波斯的战争掣肘。波斯皇帝霍斯劳二世（Khusrau II）又一次回头横扫叙利亚边境，这回他攻占了耶路撒冷。波斯军队向北突袭安纳托利亚，向西南进入埃及，并于619年攻陷亚历山大里亚。皇帝对此无法提供什么帮助，因为这一入侵恰与西北方阿瓦尔人的入侵同时发生。遭受两面围攻的君士坦丁堡本可能在626年沦陷。新皇帝希拉克略（Heraclius）成功贿赂阿瓦尔人，击败波斯人并将战火烧到他们位于美索不达米亚南部的首都。被失败羞辱的霍斯劳在628年被刺杀。希拉克略则在耶路撒冷和君士坦丁堡获得了胜利。

之后，世界又经变换。卷入罗马与波斯漫长冲突的诸多民族之中，有一些是来自阿拉伯半岛的部落。战争中，他们在战争经验与知识两方面都有了可观的发展，不过，是先知穆罕默德发动的宗教运动才激励他们协力行动。在636年的耶尔穆克战役中，罗马军队遭遇灭顶之灾。到了642年，埃及、叙利亚和巴勒斯坦都已在阿拉伯统治之下，而且再也不能被收复。帝国萎缩到原来版图的三分之一，变成一个占有西安纳托利亚和一些遥远的西部行省的巴尔干国家，其中大多数西部省份都将在阿拉伯军队西进北非闯入西班牙并掌握海洋的同时沦丧。没有了埃及谷物的供应，君士坦丁堡的城市人口锐减。波斯人就没有这么幸运了。他们也于636年在卡迪西亚遭重大失败。他们的首都泰西封次年也被占领。最后的残余部队在642年于纳哈万德战役中被消灭，末代皇帝也于651年死在逃命路上。

定位罗马帝国的终结并不容易。在阿拉伯人717年围城时捍卫君士坦丁堡的那些皇帝当然认为自己是罗马人。直到君士坦丁堡在15世纪最终被土耳其人而非阿拉伯人击垮时，他们的继承者们也这么认为。我们并非一定要同意他们的观点，不过我们选择任何其他时间都是武断的。大量罗马与波斯文化都在阿拉伯征服中幸存。哈里发治下的叙利亚城市仍然繁荣，霍斯劳二世的税收体制在伊朗重生，正如罗马的税收系统在西部蛮族王国中获得重生。法兰克人查理曼梦想成为罗马皇帝，而在800年一场在罗马由教宗利奥三世（Leo III）主持的典礼中，他梦想成真。拜占庭相比于西方基督教世界和中世纪伊斯兰世界，真的更具成为罗马继承者的资格吗？我对此并不确定，因此对我来说，罗马帝国的故事就终结于此。

延伸阅读

出色的罗马史叙事层出不穷。我将自己最喜欢的简要开列如下：西蒙·普赖斯（Simon Price）与彼得·索恩曼（Peter Thonemann）的《古典欧洲的诞生》（*The Birth of Classical Europe*, London, 2010）和克里斯·威克姆（Chris Wickham）的《罗马帝国的遗产》（*The Inheritance of Rome*, London, 2009）是两部极好

的近作，它们分别是"企鹅欧洲史"（Penguin History of Europe）的第一、第二卷。彼得·加恩西（Peter Garnsey）与理查德·萨勒（Richard Saller）的《罗马帝国：经济、社会与文化》（*The Roman Empire: Economy, Society and Culture*, London, 1987）和彼得·加恩西与卡罗琳·汉弗莱斯（Caroline Humfress）主编的《古代晚期世界的演进》（*The Evolution of the Late Antique World*, Cambridge, 2001）是两部杰出的社会经济史指南，至少覆盖了部分时期。迈克尔·克劳福德（Michael Crawford）的《罗马共和国》（*The Roman Republic*, London, 1992年修订版）是罗马史如何且应该如何书写的模范，富于论辩，并且以从考古、钱币和碑铭到当时文档与后世文献的一切可用证据资料为基础。

心中帝国

　　后来罗慕路斯骄傲地披着喂养他的母狼的褐色狼皮延续了宗族，并建立了玛尔斯的城堡，用他自己的名字命名他的人民为"罗马人"。对他们，我不施加任何空间或时间方面的限制，我已经给了他们无限的统治权。的确，凶狠的朱诺出于害怕，如今把沧海、大地和青天搅得疲乏不堪，她也将改变主意，和我一起爱抚这些世界的主宰者，这个穿托加袍的民族——罗马人。这就是我的决定。

　　　　　　　　——维吉尔《埃涅阿斯纪》第1卷第275—283行[1]

　　帝国使罗马人的想象着迷，也对我们的想象施魅。如今每一项关于古代罗马的研究，无论是关于它的情诗还是节日，关于其伟大的艺术还是家庭的日常生活，都把帝国作为一个——有时是**最**——重要的背景。不过他们和我们理解的"帝国"并不总是一

1　此处中译文出自（古罗马）维吉尔著，杨周翰译：《埃涅阿斯纪》，译林出版社，1999年，第10页。译名略有改动。——译者注

回事。这一章将探讨缠绕我们关于罗马的故事核心的帝国的一些不同含义。

帝国之民

有时我们会觉得帝国好像写入了罗马的DNA。古典时期的罗马人当然相信这样的事。当史诗作家或史家想象罗马历史的最初岁月时，他们描绘得好像那时的罗马已经被安置在一条走向伟大的道路上。对于维吉尔在奥古斯都宫廷中写作的伟大史诗《埃涅阿斯纪》（*Aeneid*）来说，帝国的到来是其核心主题。[1]本章的题词取自史诗开篇后不久朱庇特对罗马伟大未来的预言。尽管它起先是被设计来为诗人及其恩主的政治需求服务的，它在后世却更有影响力。在此后的数个世纪，《埃涅阿斯纪》都是意大利和西方诸行省教育的起点。它在罗马文化中占据的地位，很像《独立宣言》及宪法之于美国，或者莎士比亚作品之于英国。《埃涅阿斯纪》的诗行被不断引用，极易识别，甚至在整个帝国中以涂鸦的形式随处可见。这些诗行大多数出自史诗的第一卷，表明多数学生并没有读很多。不过行省要人们的孩子在苦学拉丁语时应该读过朱庇特著名的诗行，在此过程中也知道了作为罗马人意味着什么。

《埃涅阿斯纪》并未讲述奥古斯都崛起的故事，甚至没有谈到罗马征服意大利和地中海，而是设置在英雄时代，紧随荷马两部伟大的希腊史诗《伊利亚特》（*Iliad*）和《奥德赛》（*Odyssey*）的时期。它讲述了王子埃涅阿斯在特洛伊被希腊人攻陷焚毁后，如

1　Philip Hardie, *Virgil's Aeneid: Cosmos and Imperium* (Oxford: Clarendon Press, 1985).

何领导一班难民逃离特洛伊。前六卷叙述了他们不断向西的漂泊，先是被恐惧推动，后是由命运鼓励，从而进入一个陌生且异常现代的新世界。怪物们、充满敌意的原住民以及愤怒的神祇们都试图阻挠他们的旅行。一路之上也有诱惑。没有一处泊港比迦太基更迷人了，特洛伊人发现这座城正在建造之中，而美丽的腓尼基女王狄多（Dido）——另一位来自东地中海的流亡者——在此统治。自然，狄多和埃涅阿斯坠入爱河；自然，他们的爱情在劫难逃：这毕竟是史诗而非爱情故事，纵然埃涅阿斯花了一段时间才认清这点。因为诸神有一个计划，这一计划就是罗马。埃涅阿斯领导着他的人民、他的父亲、他的儿子，以及特洛伊的神圣崇拜物到达了意大利中部的拉丁姆海岸。在这里，战争、预言和婚姻最终会使他们得以定居于阿尔巴·隆加城。埃涅阿斯遥远的后裔罗慕路斯，将从这里开始建造那座城。

埃涅阿斯是女神维纳斯的儿子，这位女神在罗马以吾祖维纳斯（Venus Genetrix）的形式接受崇拜。尤利乌斯·恺撒用他在高卢战争中劫掠的钱财建造了一座新市政广场，而在广场中心为她建造了一座神庙。在他遭刺杀之后，他的继承人，后来的奥古斯都皇帝完成了这一工程。神庙就在《埃涅阿斯纪》创作前不久完工。在从大量互相矛盾的传统中诞生唯一一个得到官方授权的罗马史的过程中，这两件伟大的作品都标记着重要的阶段。其原因之一，在于政府形式从共和制转向了君主制。许多传统和特定的家族联系在一起，但此时是一个家族主宰着这座城市。尤利乌斯·恺撒和奥古斯都，都宣称自己是埃涅阿斯和维纳斯的直系后裔。另外一个原因在于，罗马史家才刚刚开始构建关于他们自己的过去的可靠年表。自由共和国的最后一代学者，包括西塞

图 1　魁门奥古斯都像，陈列于梵蒂冈博物馆的基亚拉蒙蒂陈列馆新翼

罗（Cicero）的朋友们瓦罗（Varro）、奈波斯（Nepos）和阿提库斯（Atticus），都努力把罗马传统中的事件与希腊史家建立的时间线相关联。他们的结论——虽然经常基于在我们看来非常不可靠的论述——在古代从未遭到质疑。罗马拥有一部纯粹而受公认的历史，比拥有一部正确的历史更为重要。奥古斯都同样关注

对历史的整理。历史学家李维（Livy）冷淡地记录了奥古斯都本人如何致力于研究古代史，以证明没有一位神将能获得"至上之功"（*spolia opima*），这一殊荣只授予在单挑中斩杀对手的将军。[1] 争议较少的是，罗马人曾竖立过巨大的铜板，以记载《岁时记》（*Fasti*），这是从共和国建立到当前准确的执政官序列。[2] 执政官是一对一年一任的政务官，传统上每年都以他们的名字命名。恺撒和奥古斯都推进了对历法的研究，并将其公布。[3]

　　埃涅阿斯生活的年代已经在荷马史诗中被确定为英雄时代末期，比罗马城的建立早出太多。希腊史家曾计算过特洛伊陷落于公元前1183年，而罗马建城的时间则被算定为公元前753年。这留下了不小的缺口。不过维吉尔的史诗让埃涅阿斯得以数次看到未来——也就是维吉尔的当下——是一个属于帝国的时代，在奥古斯都统治下，罗马人将按照朱庇特的旨意统治世界。令人印象最深刻的是，埃涅阿斯下到冥府，他死去的父亲在那里向他展现了等待出生的历史上伟大的罗马人，并给予他关于他们命运的提示。埃涅阿斯也在台伯河上溯流而游，看到了后来的罗马城址。当时这里仍是一片田园牧歌式的良辰美景，另一群从东方来的流民定居于此，他们是阿卡迪亚的希腊人，向埃涅阿斯讲述了赫拉克勒斯如何经过这个地方，并在此击杀了恐怖的怪物卡库斯（Cacus）。[4]

1　李维《建城以来史》第4卷第20章。

2　即"执政官年表"（*fasti consulares*）。——译者注

3　Denis Feeney, *Caesar's Calendar: Ancient Time and the Beginnings of History*, Sather Classical Lectures (Berkeley and Los Angeles: University of California Press, 2007).

4　事见维吉尔《埃涅阿斯纪》第8卷第184—305行。非常有趣的是，讲述这段故事的人，正是本书第3章开头普罗佩提乌斯诗句中提到的那位埃万德尔。——译者注

维吉尔将罗马古代的诸多传奇编织在一起，从它们之中创造出了一个只能以奥古斯都为高潮的叙事。

罗马城本身的建立则被留给了埃涅阿斯的后裔罗慕路斯来完成。他和弟弟雷慕斯（Remus）是埃涅阿斯一位后代公主与玛尔斯神所生的儿子，这种安排方便地给了罗马人以第二位神祇祖先。当奥古斯都建造自己的市政广场和神庙时，他将神庙敬献给玛尔斯，并在三角墙上排列了维纳斯、玛尔斯和尤利乌斯·恺撒（此时也是一位神祇）的神像。[1] 在维吉尔之后不久进行写作的李维，在他的历史著作《建城以来史》（From the Foundation of the City）开篇就宣称：如果有任何民族有权宣称自己是战神玛尔斯的后裔，这个民族就是罗马。[2] 罗马人在早期罗马的神话中不仅仅找到了关于他们当下伟绩的合理性。罗慕路斯因弟弟胆敢跨越自己刚建成的城墙而杀之的故事，被理解成内战也被写入罗马灵魂的标志。毕竟，奥古斯都时代的罗马正从将近一个世纪的内战中恢复过来。当维吉尔描述阿非利加人在狄多选择一个异邦王子为亲后的反叛时，当他描述意大利人在埃涅阿斯迎娶当地公主时对特洛伊人的攻击时，抑或李维讲述罗慕路斯如何掳走邻邦萨宾人的妻女以向他的追随者提供女人时，我们可以看到罗马人如何为自己看上去根深蒂固的暴力传统寻找解释。[3] 不断复述建立罗马城邦及完成其

---

1 Paul Zanker, *The Power of Images in the Age of Augustus*, Jerome Lectures (Ann Arbor: University of Michigan Press, 1988).

2 李维《建城以来史》前言。

3 Emma Dench, *Romulus' Asylum: Roman Identities from the Age of Alexander to the Age of Hadrian* (Oxford: Oxford University Press, 2005); T. Peter Wiseman, *Remus: A Roman Myth* (Cambridge: Cambridge University Press, 1995).

神圣命运的代价是多么高昂，对历史上更加黑暗的那部分调查也正在进行。共和国终结时的残暴行为——骚乱、私刑与冷血的政治谋杀——一定已经使得仅从英勇和虔诚的举动的角度讲述一段令人信服的罗马史变得不可能。

走向帝国

远古的神话随着时间逐渐积聚。当然，它们随着罗马的帝国权威增长而被重写了。如果我们把这类故事和古地中海其他城邦的建城传说做一个比较，就会清楚地发现，很多个罗马传统并不是那么与众不同。相当多的城邦宣称自己是特洛伊或希腊遗民的后裔。[1]这大概是因为荷马史诗拥有极高的声望，并且人们关于公元前1千纪之初实在所知甚少。还有一些城邦宣称祖上是漂泊的英雄，认赫拉克勒斯为祖的尤其多，不过也有认奥德修斯、珀耳修斯（Perseus）、安特诺尔（Antenor）和其他英雄为祖的。大多数希腊殖民地都宣称自己据有土地和驱逐先前居民的行为获得了神的认可。这一认可可能以预兆、神谕或不可思议的神迹形式出现。许多城邦对自己的建立者顶礼膜拜，就像罗马人实际上以奎里努斯（Quirinus）之名崇拜罗慕路斯。暴力的开端、与原住民族的战斗以及移民与原住女性的通婚，也都是标准叙事元素。[2]甚

1　Andrew Erskine, *Troy between Greece and Rome: Local Tradition and Imperial Power* (Oxford: Oxford University Press, 2001); Greg Woolf, *Tales of the Barbarians: Ethnography and Empire in the Roman West* (Malden, Mass.: Blackwell Publishers, 2011).

2　Carol Dougherty, *The Poetics of Colonization: From City to Text in Archaic Greece* (New York: Oxford University Press, 1993).

至连弃儿终成建城者，都有许多类似的故事。大概这些是罗马起源传说最初那些版本的核心元素。只是到较晚的阶段，各种预言才开始包含对世界的主宰，各种传说才开始探索罗马本性中更黑暗的一面。

不幸的是，我们对罗马人在他们建立帝国霸权之前是如何自视的所知甚少。最早的拉丁文献诞生于公元前3世纪末。[1]到了那时，罗马毫无疑问是西地中海盆地的一方强权，主宰意大利半岛已有数代。最早的罗马史家，以希腊文写作的法比乌斯·皮克托（Fabius Pictor）和以拉丁文写作的老加图（Cato the Elder），已经开始去解释罗马如何赶超迦太基了。法比乌斯·皮克托曾参与过公元前3世纪晚期罗马在意大利北部与高卢人的交战，并且是公元前216年在汉尼拔坎尼大捷以后罗马派往希腊德尔斐访求神谕、寻求建议的诸高阶元老的一员。老加图（公元前234—前149年）目睹了汉尼拔的败绩，也参与了罗马与东地中海诸大国最初的几场战争。他的《起源记》（Origins）一书是爬梳希腊学术、取得关于意大利诸民族史前史信息的成果。他收集的多数信息很有可能是和罗马相类似的建城传奇。古典时代的早期希腊史家对罗马略有所知；但他们要讲的东西却少有存世。罗马似乎在跃入历史时就已是一方羽翼已丰的霸权，其侵略性引人注目，制度发展完备，并因此能够在偶尔的败战中生存并将军事胜利转化为持久的政治管控。[2]

1　Erich Gruen, *Culture and National Identity in Republican Rome* (London: Duckworth, 1992); Thomas Habinek, *The World of Roman Song: From Ritualised Speech to Social Order* (Baltimore: Johns Hopkins University Press, 2005).

2　William Vernon Harris, *War and Imperialism in Republican Rome, 327–70 B.C.* (Oxford: Clarendon Press, 1979).

　　这一时期的罗马人已经开始将自己的历史理解为一个不断通向伟大的过程。老加图的同代人昆图斯·恩尼乌斯（Quintus Ennius，公元前239—前169年）写作了一部史诗，这部史诗实际上就是一部从历史开端到他的时代的罗马史。它名为《编年史》（Annales），是共和国晚期教育的基石，正如《埃涅阿斯纪》之于帝国时代。西塞罗非常喜欢它，但现在只存下断简残篇。不过我们仍然对恩尼乌斯的"情节"有很好的了解：前三卷讲述了从特洛伊陷落到建城再到七王统治，直到共和国建立的故事。之后的十二卷书讲述了罗马与意大利其他族群的战争、与马其顿王皮洛士的战争、与迦太基的以征服意大利和西西里的希腊城邦告终的战争、在西班牙最早的战争，还有在公元前2世纪初在巴尔干半岛与东方诸大国的战争。恩尼乌斯又加入三卷来描述他的恩主，马尔库斯·弗尔维乌斯·诺比里奥尔（Marcus Fulvius Nobilior）将军的胜利，诗人曾于公元前189—前188年陪同他一道征伐巴尔干北部。回来之后，诺比里奥尔在战神广场上建起一座大神庙，敬献给赫拉克勒斯和缪斯。神庙中还有一件奥古斯都《岁时记》（Fasti）的原型物。总之，从一开始，战争和诗歌就携手同行。而罗马的历史，**就是**罗马帝国主义的历史。罗马的力量随着一次又一次正义的战争逐渐扩张，直到整个过程终于看来像是被罗马诸神所准许的。[1]诸神的偏爱从不能被当成理所当然，但罗马人通过反复的虔敬行为保存了神圣的使命。一次接一次的凯旋式

1　P. A. Brunt, 'Laus Imperii', in Peter Garnsey and C. R. Whittaker (eds.), *Imperialism in the Ancient World* (Cambridge: Cambridge University Press, 1978; repr. in P. A. Brunt, *Roman Imperial Themes* [Oxford: Oxford University Press, 1990], 288–323).

（triumph）宣告着诸神的支持。[1]在这些史诗和历史作品（也有戏剧，虽然少有存世）被创作出来的同时，城市本身也建满了各种各样的胜利神庙，其中许多是在战役中被发愿修造并用各位将军捐赠的战利品资助建立的。同样，这些将军也用战利品装饰自己的家。

这就给我们一种罗马式的帝国观念。一个民族——穿托加的民族统治那些他们在战争中击败的民族；这种由罗马诸神准许的统治，是他们偏爱这唯一虔诚的民族的标志。只是到共和国最后的一个世纪，罗马人才发展出描述这一他们创建的宏大政治实体的方式。[2]"empire"（帝国）一词，衍生自拉丁文"*imperium*"（治权）。这个词的本义是"命令"，直到共和国晚期，这都是该词的首要意思。迟至尤利乌斯·恺撒时期，"*imperator*"（音译"英白拉多"）一词（"emperor"［皇帝］一词的来源）还只意味着将军，即一个被赋予指挥权的人。战场上的士兵或许会在打完一场仗后反复呼喊这个头衔，作为向指挥官表达敬意的方式。"*imperium*"是一种临时的权力、个人的权力，在一次战役期间以庄严的礼节授予某位将军。班师回城——如果他想要庆祝凯旋式，他必须这么做——就意味着解除这一权力。奥古斯都是第一

1 Mary Beard, *The Roman Triumph* (Cambridge, Mass.: Harvard University Press, 2007).

2 Jean-Louis Ferrary, *Philhellénisme et impérialisme: Aspects idéologiques de la conquête romaine du monde hellénistique, de la Seconde Guerre de Macédoine à la Guerre contre Mithridate*, Bibliothèque des Écoles Françaises d'Athènes et de Rome (Rome: École Française de Rome, 1988); John S. Richardson, *The Language of Empire: Rome and the Idea of Empire from the Third Century BC to the Second Century AD* (Cambridge: Cambridge University Press, 2008).

个从未解除这一权力的人。"*imperium*"很晚才获得"罗马控制的全部领土"这个意思。奥古斯都将自己的生平刻在自己墓前的铜柱上，并在整个帝国以复制品传播这些文字，这种行为宣告了罗马的世界霸权，并明确表示了，盟邦和被打败的敌人，都臣服于罗马的控制。

帝国模板

现代的帝国观念有其自己的历史。不过罗马在帝国观念的历史上占有关键位置。罗马人创造了一系列对随后很多代人都颇有吸引力的观念和象征。其他帝国也曾在罗马之前触及地中海世界，最近的例子就是波斯帝国和亚历山大帝国。不过它们的全套礼仪、头衔与图像都不像罗马的那样在后世依然被广泛使用，这部分是因为罗马人拒绝承认它们是与自己平等的对手，并且发明了一套自己的主宰世界的语言；部分是因为后世国家采纳了拉丁文里关于帝国的词汇。帝国观念在西方的历史在很大程度上就是相继模仿罗马的历史。罗马每一次直接或间接地被复制，帝国的观念就被修正一次。不过，拉丁文的头衔和象征帝国的鹰则一直延续到20世纪。"帝国"像滚下山坡的雪球，穿过整个欧洲乃至世界历史。[1]

罗马帝国有不少模仿者和自称的继承者。中世纪西方的统治者们生活在罗马的历史遗迹之中。当时，田间仍能发现罗马铸币。罗马城墙环抱着一些欧洲小城，在几个世纪的时间里，最好的道路仍然是罗马人修建的道路，仍旧是借助石桥跨越河流的道路，

1　Catharine Edwards (ed.), *Roman Presences: Receptions of Rome in European Culture, 1789–1945* (Cambridge: Cambridge University Press, 1999).

而早期中世纪君主们修建的道路无法与之匹敌。拉丁文仍然是主要的文学语言，古典文本仍被广泛阅读并受到过度敬畏。而了解罗马跟知道其帝国是密不可分的。当法兰克诸王开始将自己的势力向其他民族拓展时，罗马是唯一可能的模范。12世纪末，当时的法国国王的绰号是腓力·奥古斯都（Philip Augustus），而他的主要劲敌是德意志皇帝和英格兰的安茹诸王，包括安茹诸王的封臣中那些较小的王。在中世纪的很多时候，皇帝意味着最高的世俗领导地位。一般的国王地位在他之下，教宗与他平起平坐。

此外，当时仍有现成的罗马皇帝可供尊奉和抗衡。他们在博斯普鲁斯海峡上的君士坦丁堡——这座城市现在被称为伊斯坦布尔，更早的时候被称为拜占庭——实施统治。这些皇帝有理由把自己看作罗马人，至少是查士丁尼、君士坦丁和他们的异教先人们的继承人。虽然说他们的帝国现在通用希腊语，而领土也已萎缩到爱琴海沿岸地区，但是宫廷礼仪和头衔，以及拜占庭城的皇宫、跑马场和图书馆，都宣示着它真正的罗马皇家风范。拜占庭北部和西部巨大的民族边缘地带被拉入拜占庭的文化圈。维京冒险者横跨欧洲诸多大河来到诺夫哥罗德，之后到达了被他们称为米克拉格勒——大城——的君士坦丁堡。在6世纪查士丁尼皇帝兴建的皇家大教堂圣索菲亚教堂的阳台上，有个维京人刻写了一些至今仍然可见的卢恩文字（Runes）。[1]圣索菲亚大教堂的穹顶为伊斯兰教的清真寺提供了模板，这些清真寺经常建在罗马神庙或教堂基址上，在建筑中也经常使用罗马的廊柱。在第四次十字军

1　刻字其实不止一处，且也不能确定是否为同一人所刻。但没有一处卢恩字母能够读成有意义的句子，其中最著名的是在南廊顶层栏杆上的哈尔夫丹（Halfdan）铭文。——译者注

战争（1202—1204年）之后，君士坦丁堡一度有过几位法兰克皇帝，他们短暂地将东西方传统统一在一起。尽管复辟了的希腊皇帝最终在15世纪使该城丧失于土耳其人之手，完全的断裂也没有发生。各种君主抓住机遇，纷纷宣称自己的国家为"第三罗马"：莫斯科是其中最著名的。但在一段时间里，罗姆苏丹国统治着先前拜占庭在小亚细亚的领土，奥斯曼人在跑马场组织着重大仪式，并像他们的基督教前任一样在已经被改建为清真寺的圣索菲亚做礼拜。罗马的政治模板在伊斯兰世界的其他地方并没有如此大的影响。罗马文明的其他方面也不时使人着迷。拜占庭的叙利亚诸城在阿拉伯征服之后曾有过一段繁荣时期。9世纪，阿拔斯王朝的哈里发们任用一些基督教臣民搜罗希腊文献，翻译有价值的内容。很多医学文献和一些哲学作品只通过阿拉伯文译本保留了下来。[1]

作为一套象征，帝国也余音不绝。从距离遥远的有利视角，我们可以看到这个接力棒代代相传的情况。主导动力看来一直是竞争。查理曼使用帝国的话语来巩固法兰克霸权：他和教宗也发现这是牵制拜占庭皇帝的有效工具。四个世纪之后，《罗兰之歌》（*Chanson de Roland*）的作者把查理曼想象成一位伟大的元初十字军战士（proto-crusader），他蒙上帝之命保卫基督教世界免受异教徒侵袭。数位中世纪德意志皇帝接下了这个挑战。不过他们使用皇帝的头衔，更多是为了表明一个意思：他们居于世俗等级制的顶峰，是诸位选帝侯、诸小国国王以及从波罗的海到地中海

1　Dimitri Gutas, *Greek Thought, Arab Culture: The Graeco-Arabic Translation Movement in Baghdad and Early Abbasid Society (2nd–4th/8th–10th Centuries)* (New York: Routledge, 1998).

的诸多自由城市的领主。在哈布斯堡家族出任神圣罗马帝国皇帝的三个世纪时间里，帝国式风格在西班牙、奥地利和德意志发展得愈发精致。这些象征物中蕴含的长存权力，在拿破仑决定废除神圣罗马帝国并在1804年宣告成立法兰西第一个帝国时展现了出来。奥地利的回应是在同一年宣告成立奥地利帝国。19世纪的法国经历了共和国与帝国的此起彼伏。法兰西第二帝国在1870年的普法战争中灭亡，而德意志帝国则在次年诞生。英国女王维多利亚在1876年接受了印度女皇的头衔。19世纪时，位于新大陆的巴西、海地和墨西哥也建立了为时短暂的帝国。奥匈帝国持续到1918年。俄国沙皇就在前一年亡国：他们的头衔"沙皇"（自然是衍生自"恺撒"）在斯拉夫语中最早可追溯到10世纪的保加利亚统治者，他们是拜占庭最难对付的对手之一。英国国王保持着皇帝头衔直到1948年。这一传统的最后一个皇帝是博卡萨（Bokassa），他于1976至1979年统治着中非帝国。

这也许是个显而易见的点，但这些政权几乎没有共同点。它们在任何时代都与我们依据其他标准列出的帝国霸权列表不能很好吻合。多数估计认为，在维多利亚接受女皇头衔很久之前，英国人就统治着一个（或许是两个）帝国了。西班牙无疑是一个早期现代帝国，不管统治的哈布斯堡家族成员是否碰巧是皇帝。另一方面，这些主张不能被当作妄自尊大的幻想而完全不加考虑。我们所观察到的是罗马的帝国模板所具有的持续性魅力，尤其是在激烈争取领先的时刻。王国们在争名夺利时，就伸手去触及那些雄鹰、拉丁头衔、花冠以及仿古建筑。它们的价值就在于立即可辨。即使是博卡萨，当他于中非共和国内攫取权力之时，也展现了自己对欧洲殖民主义的象征话语有多么了解。

帝国的语言在现代的重生看上去非常令人吃惊。欧洲诸君主国间的竞争明显是一个因素。也许只是因为没有那么多可选的词语来表达全世界建成政权的级别差异。不过也存在多重的地方因素。拿破仑的帝国不仅涉及关于域外的支配权，也涉及将原本只在大革命后的法国国内推行的共和国建设计划推行到国外去。维多利亚使用印度女皇的头衔不仅和她与其德国亲戚威廉皇帝（Kaiser Wilhelm）的竞争有关：这也反映了一种对印度的民族身份越来越多的认同。最后一任莫卧儿（Mughal）皇帝（1857年，被英国人废黜）曾使用过乌尔都语头衔 *Badishah-e-Hind*，这个头衔常被翻译为"印度皇帝"。[1] 俄国君主使用斯拉夫词 czar 或 tsar（通常译为"沙皇"）也使人想到东正教的监护之责。

在所有这些背后，我们可以感受到一批民族国家正在涌现，作为大国，它们认为彼此是同一级别的势力。今天，在21世纪的头二十年，八国集团中只有三国，联合国安理会常任理事国中只有一国，仍然是君主国，无论采取何种君主制度。但在19世纪的多数时候，所有的主要国家都有世袭的国家元首。19世纪也是欧洲对古典学，尤其是对罗马兴趣最为高涨的时期。故而如此多的君主都以这样或那样的途径，至少在较短时间成为过皇帝，也许这并不令人意外。帝国的话语和仪仗提供了一种方式来表达：这些君主不仅仅是国王和女王，他们统治的民族国家也并非普通的

1　这个乌尔都语头衔其实是来自波斯语"大王"的阿拉伯文翻译，它只在1857年印度第一次独立战争期间为了统一参战的穆斯林和印度人而使用过。维多利亚女王使用的皇帝头衔是 *Kaiser-i-Hind*，是"Caesar"一词的音译，大概是既避免免了和亚洲君主使用同一头衔，又因 Kaiser 曾被伊斯兰世界用来称呼过西方君主而在印度为人所熟知。——译者注

国家。

　　帝国直到20世纪中叶才失去了魅力。一个又一个君主制被推翻或变得无关紧要。比起它们的先辈，共产主义国家不那么为罗马的模板所吸引。法西斯主义是最后一场使用罗马当模板的重要政治运动。墨索里尼对罗马的模仿最为明显：不仅用罗马的先例主张地中海的霸权，他的政党也以法西斯（*fasces*，意为"束棒"）命名，这本是由一捆木棍环绕一柄斧子构成的举于罗马政务官之前的象征物。德国法西斯也同样大量使用古典罗马的意象，尤其是在第三帝国的建筑中。[1]在第二次世界大战之后，日本天皇被迫宣布放弃神格，欧洲帝国也归于瓦解，帝国主义也越来越多地带上了贬义。英国王室在英属印度统治结束后悄然取消了皇帝的称号。古典意象无论如何都越来越不起作用，毕竟新的专业化统治阶级对罗马的知识越来越少。"帝国主义者"成了一个恶语，被新独立的民族拿来反对殖民列强，这个标签也在冷战中被各方用作谴责之语。在关于今日美国是否为帝国的讨论中，很少是同情美国的外交政策的。

　　罗马帝国的多样来生，是罗马重要性得以持续的一个原因。不过它们也会遮蔽我们观察罗马本身的视线。去考虑罗马与其19世纪模仿者们之间那些不甚明显的差异，是有价值的。其中的一方面在于，罗马帝国不容对等的存在，也不认可任何前例。对于

1　Alexander Scobie, *Hitler's State Architecture: The Impact of Classical Antiquity*, Monographs on the Fine Arts (University Park, PA.: Pennsylvania State University Press, 1990); Luisa Quartermaine, ' "Slouching towards Rome": Mussolini's Imperial Vision', in Tim Cornell and Kathryn Lomas (eds.), *Urban Society in Roman Italy* (London: University College London Press, 1995).

罗马人来说，没有民族之林的概念，也无超级大国的精英俱乐部；罗马人是唯一的民族，高于其他、反对其他。并非所有的罗马臣民和邻邦都这样看问题。不过帝国对于罗马是新奇而独特的。罗马不是在复辟任何东西，而它所建立的世界帝国在一定时间内好像是史无前例的。

图 2　画有罗马法西斯的墨丘利 10 美分硬币

作为范畴的帝国

　　我想介绍的最后一个关于帝国的观点，是一个罗马人会很难相信的观点。这个观点是：帝国是一种特定的政治实体，这个政治实体出现在世界史上的诸多时间、诸多地区。这一用法把"帝国"这个词放入了一个无时间性的社会历史范畴，与这一现象本身完全对立，这一现象本身有着自身的历史。

　　我们自然都对"帝国"意指一类特定事物的观点十分熟悉。我们会想把大英帝国、新世界的阿兹特克和印加帝国、古代的波斯和亚述帝国、早期现代的西班牙帝国等，与罗马帝国并立。从日常应用出发，我们会将帝国和对其他民族与国家的征服、宏大都市与奢华的宫廷礼节、对辽阔领土的统治、在历史叙述中的领先地位联系起来。帝国载兴载衰，统辖邻邦，从天涯海角汇集异域珍宝，并自居世界中心。帝国唤起了统辖宇内的梦想：千年帝国、所在之处日不落的旗帜、万王之王。

　　建立更为严格的定义原来并不那么容易。我们几乎不能依靠统治者们钟爱的描述，它通常取决于地方性竞争，看"帝国"一词能给他们带来支持还是反对。此外，在考虑那些有着独立于罗马之外的传统的地区时该怎么处理呢？多数历史学家都同意，印加人和中国人建立了能与欧洲和中东相较短长的帝国，但我们怎样确定，克丘亚语或汉语中的哪个词拥有和"empire"或"emperors"相同的意义域呢？古人自己都不总能对什么是帝国、什么不是帝国达成一致。罗马皇帝通常把波斯当作一个低一等的国家，但波斯人有时称呼他们为"兄弟皇帝"。[1] 历史社会学家尤其在区别小帝国和大国家时十分为难，因为大多数国家建立于统治之上，而只有最小的国家内部才没有次一级的边界。英格兰人曾对威尔士、爱尔兰或苏格兰实行过**帝国式**统治吗？英格兰政府毫无疑问统治着这些地区，但从未选用帝国式语言来描述它们。苏格兰人最终被表述为大英帝国内的合伙人。但这难道不只是意识形态，一种对英格兰霸权进行伪装并声称苏格兰居民相对于其他

1　Matthew P. Canepa, *The Two Eyes of the Earth: Art and Ritual of Kingship between Rome and Sasanian Iran*, ed. Peter Brown, vol. xlv, The Transformation of the Classical Heritage (Berkeley and Los Angeles: University of California Press, 2009).

臣属领土的居民，在某种意义上拥有特权的手段吗？帝国当然是
国家，也当然有统治者和被统治者。可臣民中也有人参与了征服
和统治，不管是征服和统治他们自己民族还是其他民族。领土规
模本该是不错的标准。但确定一个限度是不可能的。青铜时代的
美索不达米亚帝国和古典雅典帝国比罗马、波斯和北印度的帝国
小很多。不过无论是不把"帝国"头衔授予它们，还是把几乎所
有的中世纪和现代欧洲王国都称为帝国，看来都是古怪的。

多数关注比较分析的历史学家所做的，是把"帝国"一词划
分出子类，并试图仅对其中类似的进行比较。[1]例如，分别处理19
世纪末、20世纪初欧洲诸帝国是有意义的，在这些帝国中，民族
国家主要通过其技术上的优势，在短期内享有了对经济孱弱的遥
远地区的控制权。即使在前工业（或如你愿意，可称为前现代或
前资本主义）帝国之内，一些比较也颇有风险。我们真的能把近
代早期的葡萄牙海上帝国，和同时期那些不用文字、钢铁和驮畜

1　J. H. Kautsky, *The Politics of Aristocratic Empires* (Chapel Hill, NC: University of North Carolina Press, 1982); Shmuel Eisenstadt, *The Political Systems of Empires* (London: Free Press of Glencoe, 1963); Susan E. Alcock et al. (eds.), *Empires: Perspectives from Archaeology and History* (New York: Cambridge University Press, 2001); Ian Morris and Walter Scheidel (eds.), *The Dynamics of Early Empires: State Power from Assyria to Byzantium* (Oxford: Oxford University Press, 2009); Phiroze Vasunia, 'The Comparative Study of Empires', *Journal of Roman Studies*, 101 (2011); Peter Fibiger Bang and Christopher A. Bayly (eds.), *Tributary Empires in Global History*, Cambridge Imperial and Post-Colonial Studies Series (Basingstoke: Palgrave Macmillan, 2011); C. A. Bayly and P. F. Bang (eds.), *Tributary Empires in History: Comparative Perspectives from Antiquity to the Late Medieval*, special issue of *Medieval History Journal*, 6 (2003).

的、政治范围远为窄小的墨西哥河谷诸帝国相比么？也许这些定义性问题并非那么重要：较小的帝国和大型国家不易区分，恰恰是因为它们在很多方面非常相似。除非建立一种无歧义的范畴区分很重要（例如，如果有人试图说明有些标准永远适用于帝国，而这些标准对其他类型的国家而言永远不适用），否则这个语词的含混就不是个问题。列宁在论证帝国主义是一个特定的历史阶段时需要给"帝国"一个明确的定义，但这并非我此处的目的。[1]

　　我经常拿来与罗马比较的那些帝国，是在规模和技术上与它最为相近的，即像波斯阿契美尼德和萨珊王朝、北印度孔雀帝国和秦朝以后的中国这样的大国。它们都是拥有发达的农业经济，普遍依赖铁器时代技术，在人畜力、柴薪也许还有水磨之外没有其他能源的国家。它们都使用某种文字或类似的簿记形式，也使用标准化的钱币、度量衡系统。它们都幅员辽阔，从一边到另一边借助当时最快的交流媒介送信也要数周，行军横跨更需数月。它们都有精细的社会等级制，尤其是在其宫廷，并广泛使用仪式和礼节。此类国家有时被称为羁縻式帝国或贵族帝国。这类帝国通常由一个或多个统治族群征服一些先前独立的臣属族群形成，这种征服一般相当迅速。波斯阿契美尼德帝国是由米底、巴比伦、吕底亚和埃及诸王国在公元前550至前520年依靠强力的合并形成的。罗马先是吞并了其他意大利城邦，后又击败迦太基并最终打败东地中海诸大国，才成为帝国。秦国在战国时代末期征服六个王国，遂成帝业。这一模式在世界各地还有许多其他例子。但

1　V. I. Lenin, *Imperialism, the Highest Stage of Capitalism: A Popular Outline* (Moscow: Co-operative Publishing Society of Foreign Workers in the USSR, 1934).

征服不过是第一步，很多帝国也在扩张停止之时土崩瓦解：亚历山大大帝帝国的命运是个贴切的例子。征服国需要转型成稳定的统治结构。它们的统治者不再仅仅依靠使用或威胁使用暴力，也要依靠各种地方精英的暗中支持。各种税或它们的某种结合，要通过他们来帮助征收。当地统治者取一部分，用于维持秩序、防卫帝国的任务。其他税收则用来支持帝国统治者奢华的生活方式。这些统治者也在仪式与纪念性建筑上豪掷巨资。他们多宣称受命于天，既为使自己安心，也为震慑臣民。罗马在所有这些方面都是一个相当典型的前工业化帝国。

从这些方面思考罗马会有何收获？好处之一是，比较有时能解释社会的一些我们今天看来奇怪的特征。当我们了解到类似的实践在古代帝国是多么普遍时，罗马皇帝被当作神来崇拜的现象看上去就不那么奇怪了。[1]有时，通过比较也能帮助我们了解到罗马版本的早期帝国的某些特征是多么不同寻常。公民权，这一古风和古典时代地中海城邦文化的遗产，就是罗马帝国与众不同的一方面的好例子。波斯沙阿和中国天子都只有臣民，没有公民同胞。最后一个好处或许是，此类实践提醒我们适当与不适当的比较之间存在的差异。当今许多历史学家发现自己正在将现代帝国主义与过去罗马的帝国主义进行比较。其理由是足够充分的。我们的时代排斥帝国的话语，却可以说始终没有放弃多少帝国的威力。罗马进入这一讨论，不是因为这是一个非常合适的类比，而是因为我们熟悉罗马，且现代帝国使用了如此多罗马的象征物。

---

1 Nicole Brisch (ed.) *Religion and Power: Divine Kingship in the Ancient World and beyond*, Oriental Institute Seminars (Chicago: Oriental Institute of the University of Chicago, 2008).

现代帝国和罗马并不相像：首要区别并非道义上的（有谁想对现代种族主义和古代奴隶制孰优孰劣发表意见吗？），而是技术上的。列宁坚持认为19、20世纪帝国主义有着根深蒂固的现代起源，在这点上他是正确的。比较历史给我们一种透视感：罗马并非独一无二，但它和英属印度或21世纪超级大国并不怎么相似。罗马有它自己的罗马式风格。

延伸阅读

　　罗马人对于自己的过去和他们逐渐觉醒的帝国命运的神话创造，是埃里克·格伦的《罗马共和国的文化与民族认同》（Erich Gruen, *Culture and National Identity in Republican Rome*, London, 1992）与埃玛·登奇的《罗慕路斯的避难所》（Emma Dench, *Romulus' Asylum*, Oxford, 2005）的主题。安德鲁·厄斯金（Andrew Erskine）的《希腊与罗马之间的特洛伊》（*Troy between Greece and Rome*, Oxford, 2001）是关于罗马发现自己的特洛伊起源的出色研究。彼得·怀斯曼（Peter Wiseman）的《罗马的神话》（*The Myths of Rome*, Exeter, 2004）是对罗马神话创造的生动叙述。

　　后世对希腊罗马的接受史的研究是古典学术界发展最快的领域之一。关于罗马的身后故事和作为帝国模板的罗马，请见凯瑟琳·爱德华兹（Catharine Edwards）主编的《罗马的存在》（*Roman Presences*, Cambridge, 1999）和玛格丽特·马拉默德（Margaret Malamud）的《古罗马与现代美国》（*Ancient Rome and Modern America*, Oxford, 2009）。理查德·欣利（Richard Hingley）

主编的《罗马之象：现代欧美对古罗马的认知》（*Images of Rome: Perceptions of Ancient Rome in Europe and the United States in the Modern Age*, Portsmouth, RI, 2001）是一部有价值的论文集。

对前现代世界比较历史的最佳介绍是帕特里夏·克罗内（Patricia Crone）的《前工业社会》（*Preindustrial Societies*, Oxford, 1989）。约翰·考茨基（John Kautsky）的《贵族帝国的政

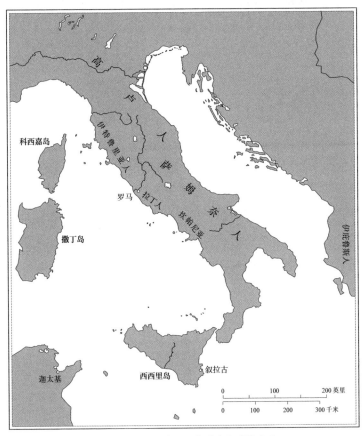

地图 1　约公元前 300 年的意大利诸民族

*本书地图均为原书插附地图。

治》(*The Politics of Aristocratic Empires*, Chapel Hill, NC, 1982)是对早期诸帝国最有影响力的研究之一。苏珊·阿尔科克（Susan Alcock）、特伦斯·达尔特洛伊（Terence D'Altroy）、凯茜·莫里森（Kathy Morrison）和卡拉·西诺波利（Carla Sinopoli）的《考古学与历史学视角下的诸帝国》(*Empires: Perspectives from Archaeology and History*, Cambridge, 2001)忠实地重现了引发本书的那场振奋人心的会议。沃尔特·沙伊德尔（Walter Scheidel）的《罗马与中国》(*Rome and China*, Oxford, 2009)则是关于系统化的比较历史一次最近的尝试。

大事记（一）

公元前753—前510年　罗马史上的王政时期，依瓦罗计算（但罗马七王平均每位统治超过30年，似不合情理）

公元前509年　罗马与迦太基的第一份条约（另两份在公元前348年和公元前306年签订）据信在共和国建立之后很快签订

公元前496年　传统上雷吉鲁斯湖畔战役时间，此役罗马击败拉丁同盟

公元前494年　传统上第一次平民撤离运动的时间，开始了习惯上称为"平贵斗争"的长期政治解放斗争

公元前396年　传统上罗马夷平维爱的时间

公元前390年　传统上高卢洗劫罗马的时间

公元前343—前290年　罗马与意大利中部萨姆奈人频繁作战（后世称三次萨姆奈战争）

公元前340—前338年　与拉丁人之间的战争以拉丁同盟的解散告终

公元前336—前323年　希腊与波斯帝国征服者、马其顿王亚历山大三世（大帝）统治时期

公元前287年	《霍滕西亚法》使平民会议的决定得以约束整个城邦。一般认为平贵斗争就此结束
公元前280—前275年	伊庇鲁斯的皮洛士远征意大利讨伐罗马，远征西西里讨伐迦太基，然后跨亚得里亚海班师

请注意：皮洛士入侵之前的多数时间源自公元前1世纪晚期古物学家的推测。西部最初的严肃史著是西西里陶罗美尼雍的蒂迈欧（Timaeus of Sicilian Tauromenium）和（罗马的）法比乌斯·皮克托分别于公元前3世纪早期和晚期写成的。两部作品均已散佚，但后代作家在公元前2世纪及更晚进行写作时使用了它们。

意大利的统治者

> 这你所见的，旅人啊，伟大的罗马，在弗律基人埃涅阿斯以前曾是荒草丘冈。埃万德尔流浪的群羊曾在此度夜，现在耸立着航海神阿波罗的帕拉丁神庙。黄金庙堂建给陶土神祇，全无艺术的陋室也能让他们满意。
>
> ——普罗佩提乌斯《哀歌集》第4卷第1诗第1—6行

公元前300年以前，几乎没有希腊作家提到过罗马，公元前200年以前，罗马也几乎没有本土史家。而到这些史书写成之时，罗马已经是意大利的主宰。公元前3世纪期间，罗马人抵御了伊庇鲁斯的皮洛士对意大利南部的入侵；在长达23年的海战中战胜了迦太基；巩固了他们对坎帕尼亚和南意大利希腊城邦以及半岛山脊诸民族的控制力；并开始征服亚平宁山脉北部、阿尔卑斯山南麓地区的高卢居民。该世纪的最后20年，罗马从汉尼拔入侵意大利中幸存下来，并反将战火烧向迦太基。公元前202年罗马在扎马的胜利，永远终结了迦太基的领土野心，纵然它在遭摧毁前还苟延残喘了半个世纪。公元前2世纪初的罗马，坐拥地中海地缘政治中心的主宰地位。适于征服的制度、意识形态和经验将它武装起来。从此以后，控制整个地中海世界就只是时间问题。

罗马如何获此地位，更为令人费解。古代叙述明显是在了解（经常也为解释）罗马的帝国命运的情况下写成的。诸神眷顾与人类美德的神话，以及这个或那个贵族宗族祖先英雄事迹的传说，几乎不能作为我们的历史的基础。即使是那些合理地怀疑这些故事的罗马史家，也倾向用更为人所知的希腊城邦故事作为重构他们自己的历史的模板。他们的叙述时而把罗马表现得原始得难以置信，正如普罗佩提乌斯（Propertius）在奥古斯都时代罗马的黄金神殿下勾起的那牧歌般的田园，时而又是荷马式宫廷特征下的皇宫阴谋传奇故事。由此种种原因，关于早期罗马的可信叙述必须从考古学发端。

台伯河上之城

也许没有什么考古遗址像罗马城那样受到如此密集的仔细研究了。[1]自青铜时代以来，这一地点一直有人居住。中世纪、文艺复兴以及后世城市的层叠遗迹，使得即使对奥古斯都的皇都来说，细节重构也非常困难。那座拥有宏伟遗迹和百万左右人口的特大

1　Amanda Claridge, *Rome: An Oxford Archaeological Guide*, 2nd edn. (Oxford: Oxford University Press, 2010); Filippo Coarelli, *Rome and Environs: An Archaeological Guide* (Berkeley and Los Angeles: University of California Press, 2007); J. C. N. Coulston and Hazel Dodge (eds.), *Ancient Rome: The Archaeology of the Eternal City*, Oxford University School of Archaeology Monographs (Oxford: Oxford University School of Archaeology, 2000).

都市本身，就是数个世纪重建的成果。大兴土木在共和国晚期达到了极为狂热的阶段。老普林尼的时代（弗拉维王朝早期）就已有广泛记载称，公元前78年：

> 在罗马没有比［执政官］马尔库斯·雷必达（Marcus Lepidus）宅邸更美的房子了，但赫拉克勒斯在上，三十五年之内这房子就排不进前一百了。[1]

到了共和国末年，许多贵族宅邸和神庙每过一代人就会以更盛大的规模重建，而海外征服的收入则为此出资。在所有这些建筑之下恢复罗马起源时的材料非常困难，其阐释也一直极具争议。[2]

在公元前最后1千纪开始时，铁器时代的农民群体就已经在台伯河畔低矮的洞石平地顶上建立村庄，在此处台伯河有所弯曲，绕过了后来成为战神广场的一小片平原。每个村庄都有一片或多片墓地。最知名的一处位于奥萨的奥斯特里亚，使用于公元前9至前7世纪。[3]墓葬组织结构和随葬品分配显示，这一墓地由一些家族合用，而且也显示出高地位家族与其地位低下的依附者们都使用此墓地。这些村落与其统治家族不同的身份认同，也有可能解释罗马每座山丘上一些关键神庙后来的位置。这些社群是如何，

1　老普林尼《博物志》第36卷第109章。

2　Christopher Smith, 'The Beginnings of Urbanization in Rome', in Robin Osborne and Barry Cunliffe (eds.), *Mediterranean Urbanization 800–600 BC, Proceedings of the British Academy* (Oxford: Oxford University Press, 2005).

3　Anna Maria Bietti Sestieri, *The Iron Age Community of Osteria dell'Osa: A Study of Socio-political Development in Central Tyrrhenian Italy*, New Studies in Archaeology (Cambridge: Cambridge University Press, 1993).

以及从多早开始作为统一的政治实体共同工作的，我们尚不清楚：记录中实在有太多断层。

关于意大利中部城市化的叙事与腓尼基人和希腊人对西地中海的渗透交织在一起。腓尼基人和希腊人分别于公元前9世纪和公元前8世纪首次出现，他们受到本土经济发展的驱动，发挥了在航海与战争上微弱却重要的技术优势。[1]本土的铁器时代社群到处被卷入与新来者某种形式的关系之中。一般首先进行的是探索与贸易；在某些地区，殖民地随后建立。最终，腓尼基人在北非、西西里西部和西班牙南部定居；希腊人则在西西里东部、意大利南部，最终在法国地中海沿岸落脚。像临近罗讷河河口的马赛与亚得里亚海北端的斯皮纳这样的基地，开辟了通往欧洲中部的贸易路线。腓尼基人和希腊人也继续探索大西洋沿岸，找寻来自不列颠群岛的锡和来自西非的象牙等异国产品。不过在一开始，情况恐怕远为复杂。有早期证据显示，腓尼基人和希腊人存在于伊特鲁里亚沿海地区。最初吸引外来者来到意大利中部的是金属。[2]公元前8世纪期间，罗马北面的伊特鲁里亚人和南面的坎帕尼亚人因与新来者的贸易而开始富裕起来。伊特鲁里亚人在东方人到来前已经开始发展复杂的城市社会与国家了；他们处于击退企图

1　Maria Eugenia Aubet, *The Phoenicians and the West: Politics, Colonies and Trade*, 2nd edn. (Cambridge: Cambridge University Press, 2001); Gocha R. Tsetskhladze, *Greek Colonisation: An Account of Greek Colonies and Other Settlements Overseas*, 2 vols., Mnemosyne supplements (Leiden: Brill, 2006); John Boardman, *Greeks Overseas: Their Early Colonies and Trade*, 4th edn. (London: Thames and Hudson, 1999).

2　David Ridgway, *The First Western Greeks* (Cambridge: Cambridge University Press, 1992).

殖民者的有利位置，并热切地以金属晶粒交易东方奢侈品。[1]他们
如此显著的热忱使伊特鲁里亚文化的这一时期常被称为东方化时
期，一时许多学者相信，"东方起源"的神话在他们这里确是真实
的。在更南边，坎帕尼亚人及其他人群没那么有能力抵挡希腊人
的定居：一连串新的希腊城邦在意大利南部建立起来，最北边的
一个就是库迈。

罗马位于两者之间古人称为老拉丁姆的地带。公元前9至前8
世纪期间这一地区的物质文化与其邻区区别开来，并发展出一套
自己的风格，不过其特点是相对贫困。这里的富人墓葬比伊特鲁
里亚少，战士墓内含东方进口品也少很多，其人口可能确有增长，
却散落于一些相当小的定居点中，这些定居点既不能与伊特鲁里
亚南部维爱、塔尔奎尼和凯里这样的中心，也不能和库迈与那不
勒斯的希腊城市相比。在拉丁姆北缘则聚集着一群台伯河渡口上
的村庄。

这群村庄什么时候开始形成罗马人的社群呢？最近的发掘发
现了许多可追溯到公元前8世纪的茅屋和墓葬，以及某种防御墙，
但很难确定这些诱人的残片代表着什么。罗马已经走上城市化道
路了吗？或者仍是一片零星村庄？在公元前7世纪晚期，帕拉丁
北面多沼泽的山谷干涸了，形成了后来成为市政广场的土地。在
公元前6世纪某一时间，在某些地方建起了厚实的城墙。这两项
工程一定都耗费了些许劳动、采取了某种组织。罗马最早的大型
神庙坐落于卡皮托利山上及其周边，它们也是公元前6世纪的建

---

1 Corinna Riva, *The Urbanization of Etruria* (Cambridge: Cambridge University Press, 2010).

筑。所有这些计划都一定耗费大量人力，并证明了某种集体组织的存在。从公元前6世纪起，位于市政广场南缘的大型贵族宅邸的蛛丝马迹也留存了下来。自此时开始，把罗马想成一座有确定区域和一些中央机构的城市，看来言之有理了。不过空间的划分仍然十分原始。早期的市政广场也许有着全方位的商业、政治和宗教功能，而卡皮托利山数世纪以来都既是宗教圣地，也是避难所或是要塞。但出于某些目的，至少罗马的居民似已集合成为单一的族群。

这种集合村庄群的城市兴起过程，在整个古风地中海世界是普遍的。雅典遵循了类似的顺序，从在卫城周围地区各自拥有墓地的小村庄群发展起来。雅典最早的公共空间——集会广场（agora），直到公元前6世纪仍有五花八门的功能；空间用途的进一步分化更晚才出现。早期科林斯的历史也大同小异。伊特鲁里亚南部同样按此路线迈向城市化。罗马北方仅10英里（约16千米）的维爱，从由被称为凝灰石的软质火山岩形成的一片台地上成长起来。一群村庄、墓地和山顶圣地逐渐结合，形成了一座按古代标准看宏大的城市。零星的防御工事填补了自然屏障的缺口，直到一座周长6千米的环城城墙在公元前4世纪初建起。几乎同时建成的罗马的"塞尔维"城墙周长11千米，内含面积超过400公顷（4平方千米）。以当时的标准看其占地面积极大，这告诉我们罗马已经从其意大利邻邦中脱颖而出，尤其是在大多居住在小很多的定居点中的拉丁人中更是鹤立鸡群。

相比于雅典或科林斯，罗马与维爱这样的伊特鲁里亚城市更为相似。文化和技术，以及地质与气候上的相似性，在意大利中部造就了一种地方上的城市化风格。也许同样带来差异的是，与埃及和近东有稳固联系的希腊南部在青铜时代晚期出现了宫殿和国家，但意大利的青铜时代则以更小、更具地方性的规模组织起来，实际上与欧洲北方更为相似。不过意大利中部有其自身优势。那时和现在一样，这一地区受惠于来自大西洋的降水和火山土壤的结合，土地很肥沃。青铜与铁器时代的农民钟爱的台地也是火山活动的产物，是由岩浆流形成的软性凝灰岩山嘴。小丘顶的位置不仅利于防御，而且更有益健康，因为海岸平原的沼泽地带有疟疾流行。在建筑上也出现了一种地方风格。当古风时期的希腊城市以在爱琴海发现的壮观的大理石建造神庙、制作雕塑时，它们的西部对应者们则用洞石和砖块建造神庙，并用颜色鲜艳的赤陶砖制成的面庞、图像与抽象图案为它们盖顶和装潢。即使是神像都是陶质而非石质的。这就是普罗佩提乌斯拿来与他当时辉煌的大理石雕相对比的、身处更朴素的居所中的古老陶土神祇。

最难解释的是，什么因素使罗马从古拉丁文化普遍贫困之中兴起，得以与伊特鲁里亚的大城相抗衡。地理位置可能起到了重要作用。台伯河在地中海的大江大河中虽然排不上号，但在古代它既为民族间提供边界，也提供了从罗马下达海岸上接内陆的交通线。河的北岸是伊特鲁里亚人，南岸则是拉丁人。台伯河通向东面的萨宾丘陵和北面的翁布里亚。到了帝国时期，台伯河谷为罗马提供了木材和建筑石材，其支流则供应许多引水道系统，其河床黏土层也被开发用于烧砖。[1]罗马位于各生态区的交界处，这总是一个有利位置。罗马距海约有15英里（约24千米）。早在公

1　Filippo Coarelli and Helen Patterson (eds.), *Mercator Placidissimus: The Tiber Valley in Antiquity: New Research in the Upper and Middle River Valley, Rome, 27–28 February 2004*, Quaderni di Eutopia (Rome: Quasar, 2008).

元前4世纪，一座前哨站就在台伯河口的奥斯提亚建立起来。此前很早这里就有了海岸盐池，海盐之路（via Salaria）穿过罗马跨越亚平宁山脉直抵亚得里亚海。罗马并未坐落于一个富集金属资源的地区，像是吸引希腊人来到厄尔巴岛的藏金山区（Colline Metallifere）。罗马的郊野也不像坎帕尼亚的那样多产粮食或是适于产酒。不过或许当贸易网络的触须深入意大利时，台伯河上之城的河港看来就是个上佳入口了。

　　第二个优势也许就是罗马处在伊特鲁里亚世界边缘的位置。公元前6世纪的罗马某种意义上是一个杂合体，而杂合体有自己的优势。外在上，罗马和伊特鲁里亚南部的大城市——塔尔奎尼、凯里、奥尔维耶托[1]、伏尔奇以及维爱很相似。伊特鲁里亚的影响以名为"布凯罗"（bucchero）的硬质伊特鲁里亚黑陶的形式遍及各处。罗马人又与拉丁人共用一门语言，共享一些圣地，他们把拉丁人当作亲戚。考古学上，这一平衡看来随着时间移位变换。公元前9世纪罗马的茅屋和墓葬与拉丁姆其他地方已知的非常相似。罗马并未参与伊特鲁里亚和意大利其他一些地方在公元前8世纪希腊人前来寻找金属时所经历的发展。但到公元前7世纪和公元前6世纪早期时，罗马开始凸显起来，并且与其北面的伊特鲁里亚邻邦平起平坐。

　　伊特鲁里亚诸城兴起时是一群小邦，考古学家有时称为"同等政治体"（peer-polities），它们在一段时间内互相竞争，并且从

1　该城拉丁文名为Urbs Vetus（老城），诸多学者认为该城是伊特鲁里亚的大城Volsinii/Velzna，尤其是因为罗马人攻克Volsinii后徙其民于Bolsena建新城Volsinii Novi，使得该城留下"老城"这样的拉丁名顺理成章。但该说并未成为定论。——译者注

彼此的成功与失败中学习，以此加快速度平行发展。[1]同样的观点
也被用在希腊世界，以解释法典、神庙建设和僭主制等种种革新
何以迅速扩散。[2]伊特鲁里亚诸城自公元前9世纪第一次集结成核
到公元前8世纪对东方艺术的共同偏好，也有着这一共同的历史。
但是同等政治体系统也有其他效应，包括制度在一定程度上的近
亲繁殖，以及对其最强者的成功加以限制的倾向。公元前4世纪
的希腊世界提供了不错的例子，相继领头的城邦被其他城邦组成
的同盟削减规模。希腊的统一最终只是以被一个从该系统地理边
缘发展起来的邦国——亚历山大的马其顿王国征服的形式降临。
从边缘地带崛起是另一个共同的现象。埃及、亚述、巴比伦以及
诸多叙利亚和安纳托利亚邦国在铁器时代的古老竞争并非结束于
一国领先其他国的时候，而是在所有国家都被外面的波斯人征服
时。第一个中华帝国也同样是由战国时期的一个边陲政权秦国所
缔造。罗马也将在公元前2世纪早期享有从边缘地带崛起的好处，
此时它接管了东方马其顿人领导的诸王国，而这些王国在数个世
纪期间都忙于为对爱琴海、土耳其南部以及叙利亚南部施加影响
力而开展的昂贵又无结果的竞争。也许从罗马历史的开端就有这
种好处了。罗马的崛起要部分归因于它不在伊特鲁里亚发展的
中心。

1　Colin Renfrew and John F. Cherry (eds.), *Peer Polity Interaction and Socio-political Change*, New Directions in Archaeology (Cambridge: Cambridge University Press, 1986).

2　将这一概念引入古代史的重要论文，是John Ma, 'Peer polity interaction in the Hellenistic age', *Past & Present* 180 (2003): 9–40。——译者注

历史与神话

对早期罗马的拉丁-伊特鲁里亚杂合性，传统有着不同看法。在人们的记忆中，罗马最后的几位王是伊特鲁里亚人，来自塔尔奎尼城（Tarquinii。自然是这样，但值得怀疑）的塔克文家族（Tarquins）。在传说中，正是他们以强迫劳动的方式排干了市政广场的水。传统年表和公元前6世纪晚期城市发展的考古遗迹十分接近，足以说服一些人相信这一故事保存了事实的要素。[1]故事记载，塔克文家族也在卡皮托利山上奠基了大朱庇特神庙，委任陶艺大师伏尔卡（Vulca）从维爱前来创作一座壮观的赤陶神像。但他们未能活着看到巨作完工：卡皮托利山朱庇特神庙落成与共和国的诞生同时。建政神话讲述了本土罗马贵族如何驱逐了伊特鲁里亚暴君，并建立起一套诸人民大会至高无上的政制。这些大会会选出政务官——起先是裁判官（praetor），后来是执政官（consul），一对政务官共同执政，每次任期不超过一年，并听取一个由卸任政务官组成的议事会——元老院的建议。最重要的决定——宣战与通过新法——是整个城邦保存的特权。从暴政中解放的传统叙述就这样被赋予了一层伦理的维度，并且与一种独一无二的政治体制的建立联系起来。通过摆脱其伊特鲁里亚统治者，罗马变得更为罗马了。

朱庇特神庙的落成对于此后对罗马过往的反思来说，是一个关键的基准点，正如神庙本身在礼仪年中为城邦集体生活提

---

1 Mauro Cristofani (ed.), *La grande Roma dei Tarquini: Roma, Palazzo delle esposizioni, 12 giugno–30 settembre 1990: Catalogo della mostra* (Rome: 'L'Erma' di Bretschneider, 1990).

供了一个核心焦点。至少一位 4 世纪晚期的秘书（scribe）以神庙的落成为基础确定事件年代。奥古斯都《岁时记》也从同一年开始记载第一对执政官。因此，驱逐塔克文家族（对一些人）标志着罗马史的开端。[1]但现在要建构一个从此时到公元前 3 世纪末的叙事并不容易，甚至在当时亦然。皮克托、加图、波里比阿（Polybius）及其同时代人在公元前 3 和前 2 世纪之交回首历史，但他们的视野是有限的。此期几乎没有书写文献。毫无疑问，口头传说也是一团乱麻：一些美化了特定家族和个人，一些或许或多或少代表大众观点，一些或许呈戏剧或歌谣的形式，一些则与特定地点、崇拜或神庙有联系。对矛盾的版本进行筛查并按时间排列是一项艰巨的任务，而仅有的工具则是猜测推断、与希腊历史的类比以及想象式重构。当共和国晚期和元首制早期的史家着手完成这一任务时，他们面对的是更艰难的困境。波里比阿曾动笔描述过公元前 220 至前 168 年罗马对地中海的征服：这一故事从他出生前约 20 年开始，他本人则作为一位受尊敬的人质随小西庇阿（Scipio Aemilianus）远征，在一个有利位置见证了后半段故事。波里比阿在其叙述之前，以一段自公元前 264 年以来事件的简短总结开篇，这一年既是第一次布匿战争的开始，也是蒂迈欧《历史》西部纪事的终结。当奥古斯都治下狄奥尼修斯（Dionysius）着手写作终结于波里比阿起点前后的《罗马古事记》（*Roman Antiquities*）时，当大约同时李维开始他的罗马全史《建城以来史》时，他们都不得不致力于一项完全不同的事业，即把

---

1 Nicholas Purcell, 'Becoming Historical: The Roman Case', in David Braund and Christopher Gill (eds.), *Myth, History and Culture in Republican Rome: Studies in Honour of T. P. Wiseman* (Exeter: University of Exeter Press, 2003).

一套围绕着有力的社会神话组织的记忆理性化。

一套故事记述了罗马作为军事超级大国的崛起史。伊特鲁里亚人反复试图重新占据罗马，但所有尝试都遭挫败。一个多世纪期间，罗马和维爱隔台伯河两相瞵伺——有三次战争和两次漫长的休战见于记载，直到罗马人洗劫维爱。传统上掠城被定在公元前396年。与此同时，罗马与拉丁人、赫尔尼基人以及更远的对手沃尔斯奇人和埃魁人且战且盟。这些冲突发生的地区非常小——只有50千米跨度，但它们以史诗的规模被记下来。更为神话化的是高卢人劫掠罗马，这传统上被定为公元前390年。[1]关于此事的传说颇有霄壤之别。高卢人劫掠了整座城市还是其一部分？他们带走了赎金还是说赎金被索回？哪些罗马英雄对幸存与光复最有作用？是否真是一支从凯里来的伊特鲁里亚军队赶走了他们？最后这一说法，并不令人吃惊地出自希腊而非罗马的叙述！但另一套传统则涉及罗马与亚平宁中部诸民族的一系列战争。[2]萨姆奈人被描绘成高地蛮族人。罗马的传统记载了公元前4世纪中叶至前3世纪初之间的三场战争。毫无疑问的是，这些征伐实际上并不像事后看来那么连贯，萨姆奈人也绝对不像被描述的那样蛮化未开。实际上，在如皮埃特拉邦丹泰（Pietrabbondante）那样的阿布鲁齐地区纪念性神殿，比同期的罗马使用了更多的希腊式建筑。

记忆的很多部分可能是真的，尤其是萨姆奈战争的后段，战

1　Jonathon H. C. Williams, *Beyond the Rubicon: Romans and Gauls in Northern Italy*, Oxford Classical Monographs (Oxford: Oxford University Press, 2001).

2　Emma Dench, *From Barbarians to New Men: Greek, Roman and Modern Perceptions of Peoples of the Central Apennines* (Oxford: Oxford University Press, 1995).

争就在皮洛士入侵前不久结束。时间当然是此后多年才加上去的，而许多则依赖与希腊史上事件的"同时性"。罗马似乎在雅典放逐其僭主的大约同一时期，驱逐了其暴君；公元前5世纪与维爱的势均力敌的世纪怨斗，令人起疑地和同时雅典与斯巴达漫长的敌对很相似；甚至是高卢人入侵也把罗马人作为劫掠神庙的北方人的受害者与希腊人并立，或者也可能与波斯人洗劫雅典相对应。为赋予罗马一个**适当的**过去，有多少的篡改不可或缺？为显示对应关系，诸事件遭到了何种程度的压缩和折叠？有什么东西因为对创立出的叙述毫无作用，或者甚至与之抵触而被省去了？

第二个问题是，许多故事看来有着明显的道德性结尾。一次又一次，某些罗马人将城邦的存亡置于个人利益之上。在身后台伯河上的桥被切断之时，霍拉提乌斯（Horatius）仍在一系列单挑中击退了波尔森纳（Lars Porsenna）的侵略军。[1]被罗马放逐的卡密卢斯（Camillus），拒绝领导一支敌军反戈自己不知感恩的祖国。史诗作家恩尼乌斯在这行中总结了这种意识形态：

惟古习旧俗群英，罗马吾邦是依。[2]

或考虑以下精英贵族和其外的群众（平民［plebs］）反复的权力斗争——这种社会冲突在古风时期地中海颇为常见——何以一次又一次以妥协和政制革新得以解决。自我牺牲与肯定社会团结的故事，在一个内部冲突正撕裂城邦的时代，就是令人欣慰的理想。

---

1 参见哈利卡纳索斯的狄奥尼修斯《罗马古事记》第5卷第21—24章；波里比阿《历史》第6卷第55章；李维第2卷第10章。——译者注

2 恩尼乌斯《编年史》残篇第156段。

但它们几乎都非信史，至多不过是陈词滥调，就像李维描绘的罗马女性，要么是暴政的受害者，要么是对男同胞们的激励者，要么身兼两职。所有的战争自然都是正义之战，而诸神也总站在罗马一边。

手段与方法

有线索表明，即使在共和国初年，罗马就已经是一个强大的城邦了。波里比阿描述了皮洛士战争前罗马与迦太基签订的三份条约。[1]最早的一份用古体拉丁文写成于自由共和国元年。其用语在波里比阿的时代看来，就已经足够过时而被当作真正的古文了，他就不吝篇幅试图加以解释。在和约中罗马人许诺尊重迦太基在西西里、撒丁岛和阿非利加的领土，不故意越过"美丽岬"（或许是迦太基北侧的法里纳岬）。迦太基人这边，他们许诺不插手拉丁姆，不管是罗马控制的城市还是它未控制的都不干预。这类干预有现实预期。几乎与此同时，在伊特鲁里亚海港城市皮尔吉的三块金牌用伊特鲁里亚文和布匿文记录了一份献给一位女神的奉辞，迦太基人称这位女神阿斯塔尔忒（Astarte），而伊特鲁里亚在凯里的统治者则称她舞妮（Uni）。该和约的其他条款对贸易做出规定。其中最重要的大概是，罗马是以自己及盟友的名义进行磋商的。也就是说，这一和约使人想起一个几被忘却的霸权政治与势力范围的世界，一个大团体主宰小邻邦却不将其纳入正式帝国的世界，而这都是在公元前6世纪末年发生的。我们可以将迦

1　波里比阿《历史》第3卷第22—26章。

太基对其他布匿城邦——三份条约中的第二份提到过其中一些城邦——实行的领导，或者斯巴达在公元前5世纪对伯罗奔尼撒的领导，与稍后时间雅典对爱琴海岛屿和海岸的控制，加以对比。高卢南部的马赛、西西里的叙拉古和意大利南部的塔兰托都取得了这种地方性的势力。公元前5和前4世纪的历史模糊得令人恼火，但到了公元前280年皮洛士在塔兰托人邀请下横跨亚得里亚海时，罗马已经加入了这些领导城市的小群体之中。而考虑到罗马公元前5世纪在拉丁姆及毗连区域的战争规模甚小，罗马如何成功做到这点就是个大问题了。

罗马之于其劲敌的相对优势一定是制度上的优势。看来没有什么其他合理的解释。地缘政治也许起到过作用，但罗马的位置既没那么好，也没那么独一无二。罗马腹地的经济资源也没有那么引人注目，尤其是将其与伊特鲁里亚和坎帕尼亚相比。罗马人相比其对手，甚至在战争领域都没有技术优势。最多可以说，在某个时期罗马的公民兵比其对手的军队更有战斗经验。主张罗马人比其对手更为尚武好战也确实不合理。在整个意大利中部的葬仪艺术中对战士的颂扬，以及这些和约本身都表明，尚武对于城邦来说根本没什么不寻常。比邻民族之间的短期战争实际上可能或多或少是一种常态，是一场对战利品、囚犯和威望的竞赛。或许许多罗马传统中记录的早期战争，就包括了这种突击战和反突击战。[1]

罗马开始向其打败的对手强加永久性义务使情势有所不同。

---

[1] Kurt Raaflaub, 'Born to be Wolves? Origins of Roman Imperialism', in Robert W. Wallace and Edward M. Harris (eds.), *Transitions to Empire: Essays in Greco-Roman History 360–146 B.C. in Honor of E. Badian* (Norman, Okla.: University of Oklahoma Press, 1996).

公元前4世纪，似乎罗马开始将其作为拉丁姆领袖城邦的地位制度化，以建立一个以罗马为心脏的邦联。其核心圈由拉丁人构成，罗马与这些城邦的公民之间共享一些互惠权利，如通婚与贸易。在它们之外是其他盟邦（socii）。罗马的盟友不是个人而是城邦，它们多数以永久且不平等的条约与罗马捆绑在一起。强加这种条约几乎总是在军事胜利之后。希腊城邦以和约结束战争，随后就回归了光荣自治（splendid autonomy）。罗马据说曾同意以一些限定条件与维爱停战，它与迦太基的条约也暗示双方平等相待。但造就盟邦的条约则是永久臣服的标志。盟邦保持一种独立的公民权和一种理论上的内部自治——不是说罗马即使有意时也不能插手——而是说它们必须在罗马要求时提供军队，且在与其他邦国关系上独立性大受限制。到了公元前2世纪早期，罗马人已把这些次要的盟邦也看作对另一种权威的臣服。现存最早的元老院决议之一是一块刻有公元前186年颁布的关于巴库斯（Bacchus）神崇拜限制条款的铜板。[1] 元老院决议适用于整个意大利。被击败的邦国通常也向罗马割让土地。在战略要地则建有殖民地，例如坐落于阿布鲁齐山上的阿尔巴·伏垦斯小城得以监视毗邻部落的动向。其他定居者只是被授予征服的土地来耕种，并向城邦交租以偿。罗马对意大利的控制是以不断发展的双边同盟网络、对公共土地与定居者更广泛的分配，以及不断增长的特权观念等形式出现的。

当一支罗马军队出征攻打萨姆奈人或塔兰托人、伊庇鲁斯人

1　即所谓《巴库斯节元老院决议》（*Senatus consultum de Bacchanalia*, *CIL* *I*² 2, 581），今原版藏于维也纳艺术史博物馆。——译者注

或高卢人之时，其将军会指挥一支由公民和盟友组成的军队。[1]在执政官征发公民兵时，每个盟邦都会收到命令，按各自配额提供军队。盟邦分遣队由其本邦的领兵人指挥，并与罗马军队共同编队。这些领兵人是从一个与统治罗马的有产阶层同类的阶层中拔擢出来的：罗马人倾向于支持盟邦中的这些阶层，站在希腊精英一边反对民主派，站在伊特鲁里亚贵族一边反对其农奴。[2]意大利城邦的统治阶层彼此有很多相同之处，而一个利益共同体一定也能巩固罗马的实力。雅典的短命帝国部分失败于向其小盟邦推行民主制，部分则失败于对公民意识形态的强化：与此相反，罗马的霸权始终强调精英之间的阶层团结。一个贵族帝国的种子已经撒下。从盟邦那里，罗马既不征收定期税，也不索要贡品：盟邦一般能从得胜的征伐中分得一份战利品，在一些殖民地建设中，一些拉丁人甚至能分得土地。或许罗马的统治对有产阶层成员来说并不完全是残酷的，而更像是一场使参与其中的人获益的运动。

皮洛士与历史

皮洛士王自公元前306年就统治摩洛西人小小的巴尔干王国。马其顿在希腊世界的边缘不断扩张，并造就了亚历山大，他在公元前323年去世时已经是波斯帝国之主和大部分希腊世界的统治者。皮洛士的王国在马其顿的边缘，他大半生都试图模仿他

---

1 Emilio Gabba, *Republican Rome: The Army and the Allies* (Oxford: Blackwell Publishers, 1976).

2 G. E. M. de Sainte Croix, *The Class Struggle in the Ancient Greek World: From the Archaic Age to the Arab Conquests* (London: Duckworth, 1981).

伟大的邻居和先驱。伊庇鲁斯大致对应现在的希腊的西北部。它
向西虎视眈眈，达至亚得里亚海及海对岸被称为大希腊（Magna
Graecia）的意大利南部地区，因为当地建于古风时代的希腊城邦

图 3　伊庇鲁斯的皮洛士的胸像，这是希腊原作的一份罗马复制品，出自意大
利坎帕尼亚大区埃尔科拉诺（古代的赫库兰尼姆）的纸草庄园

积聚了财富。南部意大利和西西里的希腊人在古风时代和古典时代有他们自己复杂的历史，互相攻伐、与伊特鲁里亚人和迦太基人或战或和。公元前5世纪，一些北面紧邻罗马的希腊城邦被来自意大利内陆的诸民族占领和接管。卢卡尼亚人在公元前390年左右控制了波塞冬尼亚并统治该城超过一个世纪，直到罗马在公元前273年控制该城市，并将其纳入拉丁殖民地佩斯图姆。今日，庄严的古风希腊神庙、卢卡尼亚式墓地与一座典型的罗马城市比肩而立。

但在半岛南端和西西里，更大的希腊城邦也更为成功。如果说罗马和迦太基都是一方霸主，那么希腊的叙拉古和塔兰托也堪当此称。招来皮洛士的正是塔兰托。这对它们来说不算新鲜事。它们曾与皮洛士的一位先王结盟，[1] 并且近期也曾试图从斯巴达及其他城邦获得帮助。[2] 新鲜的是敌人——罗马，它在公元前284年于亚得里亚海滨建立了殖民地塞纳·高卢卡。对罗马人来说，这是他们在亚平宁山脉战争的延续：这个殖民地的名称表明，他们着眼于在马尔凯和波河河谷的高卢部落。但塔兰托人正确认识到，罗马人有着更大野心。两年后，罗马人插手了意大利趾尖的利基翁和塔兰托邻邦图里伊的事务，并引发了直接冲突。没人再质疑罗马正四面拓展其霸权，而塔兰托就是下一个目标。

1　指皮洛士的远房叔叔伊庇鲁斯王亚历山大一世，即所谓摩洛西人亚历山大（Alexandros Molossos，公元前370—前331年）。他在公元前334年应塔兰托人的邀请来到大希腊攻打卢卡尼亚人和萨姆奈人，在波塞冬尼亚战死。——译者注

2　斯巴达是塔兰托的母邦，公元前343年塔兰托邀请斯巴达王阿尔齐达摩斯三世（Archidamos III）前来对付卢卡尼亚人等意大利民族，但公元前338年两邦联军在曼都里亚被击败，阿尔齐达摩斯三世阵亡。——译者注

　　皮洛士远征意大利南部几乎没给世界带来什么改变。他在公元前281年到来，并使罗马人连遭败绩：他虽然战胜但代价太大，以至给我们留下了习语"皮洛士之捷"（a Pyrrhic Victory）。随后他受邀来到西西里，代表希腊城邦与迦太基作战，但成效甚微。回到意大利后他即遭布匿船队击败，然后又和一支罗马军队进行了一场不那么有决定性的战役。这些失败导致他在公元前275年回到伊庇鲁斯。皮洛士不是亚历山大。三年后他去世了，在一场与马其顿争夺对希腊城邦阿尔戈斯控制权的拙劣尝试中被杀。罗马人在同一年控制了塔兰托。但是，皮洛士战争的意义，就是把罗马放上了希腊的地图。从此以后，罗马有了像样的历史。其中一位记载罗马与皮洛士战争的希腊人是皮洛士的同代人蒂迈欧，这位西西里岛上陶罗美尼雍城本地人，流亡雅典长达50年，并写作了第一部西地中海通史。这部作品已经散佚，只是在希腊人和罗马人此后几个世纪的历史与地理著作中留下了吉光片羽。罗马史只不过是他作品的一小部分。可是其他作品实在太少，使得他的作品就成了一个至关重要的史源，即便对第一个写作史书的罗马人法比乌斯·皮克托来说也是如此。它也是波里比阿重要的直接与间接史源，这位希腊史家在流徙罗马期间写下了一部续作。多亏蒂迈欧及其续作者，至少从公元前3世纪开始书写有确定年代的精细的政治史才成为可能。多亏皮洛士，罗马霸权的范围此时已明显是整个地中海。希腊城邦从公元前2世纪初开始向罗马派出使节。这些使节中有些就吁请军事援助，这时的希腊城邦与巴尔干民族要求罗马从皮洛士相反的方向横跨亚得里亚海。

延伸阅读

对公元前最后1千纪早期城市与邦国出现的考古学理解正飞速发展，这不仅因为新证据，也因为我们理解方法的进步。该问题的现状在罗宾·奥斯本（Robin Osborne）和巴里·坎利夫（Barry Cunliffe）主编，题为《公元前800至前600年地中海的城市化》（*Mediterranean Urbanization 800–600 BC*, Oxford, 2005）的论文集中得以展现。关于罗马的近邻，请参阅克里斯托弗·史密斯（Christopher Smith）的《早期罗马与拉丁姆》（*Early Rome and Latium*, Oxford, 1996）。格雷姆·巴克（Graeme Barker）与汤姆·拉斯马森（Tom Rasmussen）的《伊特鲁里亚人》（*The Etruscans*, Oxford, 1998）提供了一部对伊特鲁里亚人的出色的考古学介绍。盖伊·布拉德利（Guy Bradley）、叶连娜·伊萨耶夫（Elena Isayev）和科琳娜·里瓦（Corinna Riva）的《古代意大利》（*Ancient Italy*, Exeter, 2007）使我们对罗马于其中扩张的更广阔的意大利世界有了很好的认识。

蒂姆·康奈尔（Tim Cornell）的《罗马的开端》（*The Beginnings of Rome*, London, 1995）现在是早期罗马历史的标准入门书。马里奥·托雷利（Mario Torelli）的《意大利罗马化研究》（*Studies in the Romanization of Italy*, Edmonton, 1995）对考古学与历史学证据如何能在此期研究中有效结合，提供了出色的看法。

罗马帝国主义的最初阶段，是威廉·哈里斯（William Harris）的《共和罗马的战争与帝国主义：公元前327—前70年》（*War and Imperialism in Republican Rome 327–70 BC*, Oxford, 1979），以及约翰·里奇（John Rich）和格雷厄姆·希普利（Graham Shipley）

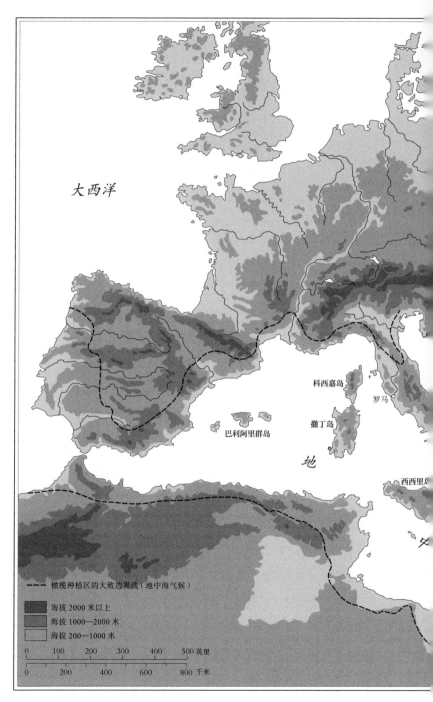

大西洋

科西嘉岛

罗马

撒丁岛

巴利阿里群岛

地

西西里岛

中

-·-· 橄榄种植区的大致边界线（地中海气候）

海拔 2000 米以上
海拔 1000—2000 米
海拔 200—1000 米

| 0 | 100 | 200 | 300 | 400 | 500 英里 |
| 0 | 200 | 400 | 600 | 800 千米 |

地图 2　地中海及其周边陆地，展现主要山脉和河流

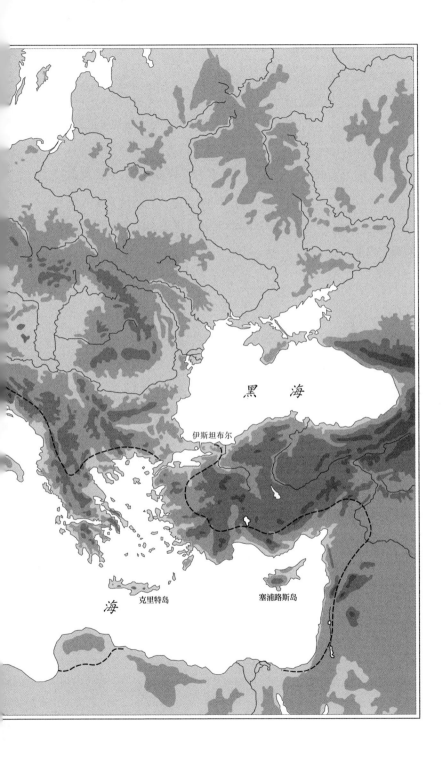

黑　海

伊斯坦布尔

克里特岛

塞浦路斯岛

海

主编的《罗马世界中的战争与社会》(*War and Society in the Roman World,* London, 1993)一书中数章的主题。雅克·厄尔贡(Jacques Heurgon)的《至公元前264年的罗马崛起》(*The Rise of Rome to 264 BC,* London, 1973)保存了许多引人注目的观点。让-米歇尔·大卫(Jean-Michel David)的《罗马征服意大利》(*Roman Conquest of Italy,* Oxford, 1996)讲述了直到共和国结束的整个故事。

帝国生态

> 而后是大地，因她的恩惠，在大自然各界中，我们独予她母亲的尊名。大地母亲之于人，如苍天之于神，迎接我们降生，滋养我们成长，并永远扶养我们。
>
> ——老普林尼《博物志》第2卷第154章

从建城直到阿拉伯征服，罗马的故事上演了1500年。起初，扩张太过缓慢，意大利之外少有人注意到它。但到奥古斯都治下，帝国已经西达大西洋，南及撒哈拉，北疆横跨温带欧洲，东端深入亚细亚西部。其边疆大体维持如此，直到公元4世纪末帝国开始瓦解，这场瓦解同样起初缓慢，但最终碎裂为7世纪拜占庭的爱琴海世界。这部50个世代的兴衰故事，就人类而言是史诗性的。

但在地质学上，1500年转瞬即逝。罗马帝国如池水上的泡沫，方兴即碎。在此期间，罗马世界的物理环境，尤其是其地貌和气候几乎一成不变。新作物和新的农业技法虽有扩散，但对罗马治下的景观却少有影响。假如罗慕路斯死后被送到700年后（而不是被送到天上），他很可能对后继者的功业大为惊奇，但却不会对他们如何取得这番成就感到困惑。凡此种种，今日已难以想象，我们生活在技术飞速变革的两个世纪末端，这场变革对整个生物圈影响甚巨，当下其前进步伐之快，使我们甚至在自己那短暂的生命中都难以在心理上适应。本章将探索古代世界长时段的稳定性，以及一些缓慢而长期的变化，整部罗马的帝国史正是针对这些变化而演绎的。

古典时代的环境

我们从可见的东西开始。3000年前的地中海海岸线和今天几乎没有区别。在大河河口才能发现细微的变化：以弗所的海港如今离海岸有几英里距离，而罗马的港口奥斯提亚，则有一半已被冲刷掉。就在那不勒斯海湾的波佐利港之外，一系列奢华的庄园（villas）就躺在数米深的水下。宏伟的亚历山大里亚海港也同归于海。不过这些都是在易受影响的地区发生的微不足道的变化。在古代末期海平面确实开始逐渐上升，但这只在一些低地区域才造成明显的影响，比如东英格兰的沼泽地带，还有荷兰莱茵河口附近的区域，这里的古代晚期村庄建在矮墩（terpen）之上以抵御洪水。古人们对地质时间和递增的环境变化没有概念，这点不足为奇。古代几乎没有地震学（seismology），对地震的解释则不过是把气象学发展出的解释放到地下如法炮制。[1]一些作家对这个

1　Harry Hine, 'Seismology and Vulcanology in Antiquity?', in C. J. Tuplin and T. E. Rihll (eds.), *Science and Mathematics in Ancient Greek Culture* (Oxford: Oxford University Press, 2002); Lukas Thommen, *Umweltgeschichte der Antike* (Munich: Verlag C. H. Beck, 2009).

世界的稳态观念极为坚定，乃至相信大理石最终会从它们被开采的地方再长出来。[1]他们的世界是永恒的；诸神曾经遨游过的森林与群山，就是他们当下所知的那些。

实际上，因为非洲板块向北移动，地中海正在缩小，但进程非常缓慢。板块运动引发了在西西里、利帕里群岛和坎帕尼亚的火山活动，以及意大利中部、希腊中南部和土耳其西部的地震活动。在罗马世界的其他部分，例如罗马周围、法国中部和苏格兰南部，有死火山分布，但古人并无它们爆发的记忆。古代的火山爆发和地震大抵发生在今日它们最常发生的地方。传说中哲学家恩培多克勒（Empedokles）投身其中的埃特纳火山、埋葬庞贝和赫库兰尼姆的维苏威火山，以及同样毁灭青铜时代阿克罗蒂里城的圣托里尼火山，迄今仍然活跃，且实际上是地中海世界最壮观的火山。大地震最近袭击了科林斯地峡——这里有撼地神波塞冬（Poseidon the Earthshaker）最大的圣所；袭击了土耳其爱琴海岸——公元17年，提比略皇帝（Tiberius）曾免除这里的城市五年赋税，以帮助它们在一场毁灭性的地震后重建家园；袭击了意大利中部——公元1世纪这里的一系列地震或许促使塞内卡（Seneca）写下了现存第一部讨论地震的作品，在《自然诸问题》（*Natural Questions*）第六卷。

气候变化的步伐更快一些。但从气候上看，古代地中海和我们今日所知的也十分相似。[2]我们和罗马人生活在同一个间冰期（interglacial period），即约1.2万年前开始的全新世（the

---

1　老普林尼《博物志》第36卷第125章。

2　Robert Sallares, *The Ecology of the Ancient Greek World* (London: Duckworth, 1991), chapter 1.

Holocene），当时欧洲冰川后退，撒哈拉沙漠向北扩展。随着该地区变暖，植被和动物物种也随之发生运动。这种运动十分缓慢：在植物学层面考虑，地中海可以说仍然处在后冰河期复苏之中，而并非所有本土植物物种都很好适应了当前气候。约6000年前，地中海盆地显著变暖，形成了今天冬季温和湿润、夏季温暖干燥的模式。"温和"意味着不再有会冻死许多树木与植物物种的长期冰冻；"干燥"意味着地中海作为整体，曾经并且现在仍是一个干燥的环境。这里从来没有足够的降水来维持密林以及牛群、马群和野牛等反刍动物群赖以生存的草场。地中海世界的某些地区遭受严重干旱，以至于很多农作物，包括小麦，每四年歉收一次。这种干旱不可预知，并且对于那些依赖易受干旱影响的小麦生存的物种，会产生连锁反应。古典文明就在匮乏与风险的阴影中建立起来。[1]

罗马帝国起源于地中海盆地。但从公元前1世纪末开始，它就已拓展进入了毗连的生态区。当人北上或南下时，气候的改变最为剧烈。这一生态梯度（ecological gradient）带来了经济后果，毕竟整个帝国的地方精英接纳的那种优雅文化的诸多核心要素，一直都是适合地中海的。葡萄酒是最受青睐的酒精饮品，即使在那些生产啤酒更为便利的地方也如此：在公元1世纪早期，一些地中海生产商生产葡萄酒以供出口得以致富，直到葡萄品种发展到能够在莱茵河中游地区甚至是不列颠南部生存。橄榄当时不能（现在也不能）生长于易遭霜降的地区。然而，橄榄油不仅是烹饪的必需品，而且还是做油灯的燃料，在罗马式洗浴中也至关重要，橄榄油会被涂在皮肤上并随着尘埃一同被刮掉。因此，橄榄油就

1　Peter Garnsey, *Famine and Food Supply in the Greco-Roman World: Responses to Risk and Crisis* (Cambridge: Cambridge University Press, 1988), 8–16.

大量向北行销。[1]地中海南岸相对温暖许多。自公元前2世纪晚期起，大宗谷物就从今日的突尼斯、西西里和埃及出口至地中海北岸诸城市。[2]到了公元1世纪早期，橄榄油生产在西班牙南部和北非多地也有增长。[3]地中海盆地以北的温带欧洲，冬季更寒冷、降水更充裕，这使当地更适于饲养大型驯化动物。罗马的欧洲诸行省即供应了大量骑兵。在罗马时期的遗迹中不断积累的畜骨证据也表明，阿尔卑斯山北面多食牛肉，而山羊与绵羊则更明显地成群出土于更干旱的帝国南部和东部遗址中。[4]对动物材料（骨骼）、种子与其他生物遗存及容器双耳瓶（amphora）的研究也都表明了罗马社会最有权势力量的成员——主要是地方贵族和士兵——无论在哪里都能或多或少消费到他们喜欢的东西。横跨这些鲜明的生态差异（生态交错区）进行交易的主要限制是交通成本。即使是通往北部意大利的运输旅程也使橄榄油颇为昂贵，以至于按照在北非出生长大的圣奥古斯丁（St. Augustine）的说法，整夜燃

1 André Tchernia, *Le Vin d'Italie romaine : Essai d'histoire économique d'après les amphores*, Bibliothèque des Écoles Françaises d'Athènes et de Rome (Rome: École Française de Rome, 1986); José María Blázquez Martinez and José Remesal Rodriguez (eds.), *Producción y comercio del aceite en la antigüedad: Congreso I* (Madrid: Universidad Complutense, 1980); José María Blázquez Martinez and José Remesal Rodriguez (eds.), *Producción y comercio del aceite en la antigüedad: Congreso II* (Madrid: Universidad Complutense, 1982).

2 Paul Erdkamp, *The Grain Market in the Roman Empire: A Social, Political and Economic Study* (Cambridge: Cambridge University Press, 2005).

3 David Mattingly, 'First Fruit? The Olive in the Roman World', in Graham Shipley and John Salmon (eds.), *Human Landscapes in Classical Antiquity: Environment and Culture* (London: Routledge, 1996).

4 Anthony C. King, 'Diet in the Roman World: A Regional Inter-site Comparison of the Mammal Bones', *Journal of Roman Archaeology*, 12/1 (1999).

灯都过于奢侈。地中海盆地以外的交通则在许多地方被山脉阻隔。一些坐落于南北向河谷南端或山口的城市，就因贸易富庶起来：意大利的阿奎莱亚和奥斯塔、法国南部的阿尔勒和纳博讷，仍然因它们罗马时期的遗迹令游客印象深刻。

　　欧洲的气候在全新世尚未完全稳定。中世纪的一段相对温暖期之后是1300—1800年的小冰期，并在17世纪末达到最冷。当时的平均气温或许比今日低一摄氏度或更多，不过也足以使泰晤士河定期冻结。不断有证据表明罗马时期是温暖期，平均气温或上升至比今日高两摄氏度。[1]气温在公元150年前后估计达到峰值，此后气温开始下降，直到在约900年中世纪温暖期开始时才开始再次上升。大洋沉积物、冰盖和树木年轮数据得来的地球物理学证据，也得到了来自文献和古生物学的征象的支持：相比今日，一些植物物种在罗马帝国早期在更北、海拔更高的地区出现。这一现象的真实性仍然很有争议。不像早期现代的寒冷期，任何古代发生的变化都太过缓慢，因此没有引起古代观察家的注意。但这或许曾十分重要。已经有人指出，这一温暖期和帝国北拓至最远以及罗马城区最大的时间相吻合。温暖期是否可能提高了地中海南部农业生产力，并恰在适当时间使作物更适应欧洲北部呢？随后的降温可能给罗马农业施压（削弱帝国），还是会给生活在帝国北方的蛮族人施压（驱使他们南下）？考察这些显著相关性，是未来研究的优先事项。

1　Robert Sallares, 'Ecology', in Walter Scheidel, Ian Morris, and Richard P. Saller (eds.), *The Cambridge Economic History of the Greco-Roman World* (Cambridge: Cambridge University Press, 2007).

农民的世界

多数古代作家都将其物质环境看作理所当然。但他们都充分意识到一种人类活动的变革力量，这就是农业。

农业是全新世的一项发明，在全球的至少六处地方独立产生。其在每处的发明都基于不同的作物——栽培品种（cultigen）的组合，它们能共同提供人类的碳水化合物需要，以及一些蛋白质。经历了新石器时代革命（Neolithic Revolution）的社会，与革命之前的社会截然不同。人口水平提升，永久定居点几乎总是必需的，而这些成长中的乡村和城市需要新的社会规范。随着新石器时代社会达成了新秩序，新石器时代的景观也焕然一新。适于务农的区域被清理干净，并将狩猎限于边缘领土中。肉食开始减少。高碳水化合物的饮食，以及彼此距离比任何时候都更近，使得此时的人们生活得不像祖先那样健康。不断驯化动物提高了蛋白质的供给，但也带来更多的疾病。我们在食物链上的跃迁代价巨大，但一旦人口水平提升，这一跃迁实际上就不可逆转。[1]

距离地中海世界最近的农业革命也是地球上最早的一场。它开始于约公元前7000年的近东地区，有时这里被称作新月沃地（Fertile Crescent）。这一宽阔的地带从约旦开始呈弧形划过叙利亚，再穿越现在的伊拉克抵达波斯湾，紧贴阿拉伯半岛北部的沙漠边缘。持续不断的创新起源于这一地区及其周边高地地区，尤

---

1 Marshall Sahlins, *Stone Age Economics* (London: Routledge, 1974); William H. McNeill, *Plagues and Peoples* (Garden City, NY: Anchor Press/Doubleday, 1976); Paul A. Colinvaux, *Why Big Fierce Animals are Rare: An Ecologist's Perspective* (Princeton: Princeton University Press, 1978).

其出于安纳托利亚。在从采集野生作物到种植野生作物的转变之后，是对动物进行驯养，先是为了食物，后又为兽皮、动物的毛、乳品和牵引畜力。耕作农业以大约每代人25千米的速度穿越欧洲，并在公元前3000年前到达大西洋。最初的农民使用燧石或黑曜石制成的工具，并配以木质或骨质手柄，也没有畜力牵引。使用石斧很难清理森林，而木犁（ard）[1]对更轻质土壤能发挥更大效用。主要种植作物是带壳的各类小麦，单粒小麦和双粒小麦，在最干旱的地区也种植大麦。在他们的食谱中还有豆类和一些绿色蔬菜，作为对谷物的补充。狩猎和捕鱼构成了大多数人营养来源的一小部分。农业在地中海世界比在温带欧洲扩散更快，原因有二：首先，岛屿和内海海岸定居点之间的交通比穿越欧洲森林和群山的交通更为便利；其次，新月沃地的干旱意味着，与更湿更冷的地区相比，它和较干燥的地中海生态距离更近。这两个要素共同解释了为何人口增长、城市与国家先降临于地中海欧洲，而后才深入大陆腹地。但地中海只不过是抢得先机。一旦北方人掌握了农业技术并发展出释放欧洲更深层的土壤、更充足也更可靠的降水中蕴含的更大潜力的方法，地中海就将失去优势。现在，欧洲南部是大陆更贫穷的半边，接受着北方更富庶经济体提供的补贴。这一转变发生于中世纪。古典时代很大程度上就是地中海在这方面领先温带欧洲期间的历史。

地中海全新世的伟大故事是一系列自东向西的连续运动之一。新的栽培品种、新驯化的动物、新技术和新的社会形式都发轫于地中海世界东方，多数出自黑海沿岸、安纳托利亚、埃及和美索

1　严格来说，*ard* 与中国古代的犁相比缺少犁铧和犁壁。——译者注

不达米亚。希腊罗马作家把地中海当作世界的中心。离开这里越远，遇到的民族和植物就越奇特。但实际上，罗马人的"寰宇"（*orbis terrarum*）不过是亚欧非大块大陆许多末梢之一。[1]旧大陆在生态和文明层面，一直有共同的历史，而地中海与欧洲的发展史一直从属其中。

其理由则非常基本。动植物物种在纬度相同、平均气温大体相近的地区运动最为容易。物种迁徙——无论是冰川退却后向欧洲重新移生，还是最初的农民创造的栽培作物与驯化动物的扩散——在相似的环境之间最易发生。撒哈拉沙漠的扩张使这一效应更为显著，因其在地中海与非洲其他部分之间构建了障碍。生态上，地中海世界是从西亚通向西方的狭长走廊。因为临近大西洋，在更靠西的地方气候明显更为湿润。在地中海，这体现为意大利、希腊、土耳其三地更湿润的西面海岸与更干燥的东面海岸之间降水的差异。一个物种向这条走廊的西面走得越远，生态环境与其发源地差别越大。就好像这条走廊是处在斜坡上，不断上坡使得西进越来越困难。

在公元前3千纪，驯化动物首次在欧洲出现，然后同样地向西扩散。驯养也大多起源于近东，而主要的驯化动物到公元前1千纪初时分布已很广泛。牛马提供牵引力；牛、绵羊、山羊和猪提供肉类；牛、绵羊和山羊还可能被取奶；绵羊和山羊则提供羊毛；所有畜类都提供骨和皮，在精耕细作的农业体系中还要提供粪肥。到了公元前2千纪末，整个欧洲和地中海的人类都利用着

1　Barry Cunliffe, *Europe Between the Oceans: Themes and Variations, 9000 BC–AD 1000* (New Haven: Yale University Press, 2008).

此类农作物和牲畜体系的种种变体。古代埃及驯化了鹅。起源于远东热带丛林禽类的鸡，在公元前1千纪中叶的某时出现了。（《伊利亚特》中没有提到鸡，但是苏格拉底最后的话就是他欠了医药神阿斯克勒庇俄斯［Asclepius］一只小公鸡。）更早驯化于阿拉伯半岛的骆驼，也在公元前1千纪逐渐西进。兔子在新旧千年之交才走出了伊比利亚半岛。小型动物或许看上去无关紧要，但它们因繁殖迅速、饲养成本低而很有价值。在一个没有冰箱的世界里，小型动物带来的肉类储藏问题也更小一些。

农业上主要的技术革新也在罗马之前。最重要的是冶金，这也是在东方发明的。黄金最易炼出，但对于制造工具几乎无用。赤铜和随后的青铜生产则在公元前4千纪中叶开始于近东。真正引发农业剧变的是大量铁器的出现，相比其他金属，铁器生产成本更低也更难磨损。铁器生产的奥秘几乎可以肯定是在接近公元前2千纪末的安纳托利亚西北部发现的：从这里出发遍及整个旧大陆，到公元前1千纪中叶已经到达长江流域、印度南部和斯堪的纳维亚。铁农具在欧洲北部尤其重要，它使清理森林和开垦难耕土地更为便捷。公元前1千纪中叶，与铁制工具可用性不断发展并行的，是农业和人口向欧洲腹地的扩张。为此提供证据的，不仅有铁器时代晚期规模巨大的山堡和其他定居点，还有公元前4世纪以来突袭和入侵地中海世界的庞大军队。希腊和罗马人都畏惧这种入侵，但对其原因却并无真正了解。

尤利乌斯·恺撒及其后继者们在阿尔卑斯山以北进行重大战争时发现的温带欧洲，已经被驯化过了。那里不再有任何狩猎采集人群，也不再有任何原始森林。全新世早期冰川退却以后森林曾一度扩张，但最初的农民们已将其砍伐大半。取代它们的是人类活动产生和管理的林地。罗马诗人们笔下的欧洲北部极为蛮荒，是一片丛林密布、野兽遍地的大陆。但与干燥的地中海相比，罗马将军们和随后到来的早期帝国包税人们则会更欣赏欧洲景观可观的农业生产力。丛林和猎物当然仍然存在，一如今日，不过只在耕作景观之间的更高地带。地中海周边已经出现了当今的加里格（garrigue）景观，这是一种独特的灌木丛带，与能耐夏暑植物构成的查帕拉尔群落（chaparral）颇为相似，与之交替出现的还有可供谷类种植的小规模已清理平原。

史前农业不仅局限于生产谷物：开发林地和湿地；从海岸盐池中开采对保存鱼肉至关重要的盐，并进行贸易；饲育大群牲畜并实践小规模迁移放牧。史前社会培育的动植物物种的规模看上去可能相对较小，但农业对全新世早期动物群系的影响已经不同寻常。走出冰期避难所进入欧洲的那些顶级捕食者因为他们的被捕食者和栖息地的消失，此时数量有所减少。狮子在欧洲、后来在西亚无影无踪，狼和熊的种群也支离破碎。希腊英雄们和涅墨亚狮子（Nemean Lion）、卡吕冬野猪（Calydonian Boar）这样的怪物殊死搏斗，它们都是威胁产粮低地的凶猛野兽。这些神话展现了一个已经依照文明与野蛮的简明对立而构想出的世界。而野蛮正节节败退。在铁器时代和罗马诸世纪期间，更小型的驯化牛群取代了温带欧洲的原牛（aurochs），而欧洲野牛（bison）和麋鹿则偏安于遥远的北方。鹿退入了残存的森林和复苏的林地。狩猎越发难得，也越发无趣。当图拉真皇帝想在意大利狩猎时，他必须爬到阿布鲁齐群山山顶。征服东方的罗马将军则惊讶地发现，希腊化时期诸王模仿波斯皇帝，建设保护区以保护那些可供皇室狩猎的动物。波斯语中的这个词是"paradeisos"，为我们带来了

"paradise"（天堂）一词。荒野已成了稀缺品，一种需要被保护和培育的奢侈品。我们今天很容易想象这点，就好像我们可以很容易地想象罗马控制住温带欧洲这苏醒中的巨人之后所获得的丰富的回报。

生态与帝国

15世纪以来，帝国扩张经常造成可怕的环境后果。其中一个原因是全球化运动经常将长期断绝联系的地区联系起来。最为剧烈的，是欧洲人发现美洲后有关动植物物种的哥伦布大交换，这场物种交换除了带来因咖啡和巧克力、马铃薯和蔗糖的引进而产生的旧大陆食谱转变，还带来了大灭绝和疾病池的大规模突然融合。[1]随后在现代，殖民地生态系统发生了有意的改变，例如在美洲建立了棉花和咖啡种植园，在南北美洲部分地区引入了牧牛场，向澳大拉西亚引入养羊业，从新世界向非洲移栽玉米。经济作物经常取代自给农业，而遥远的帝国市场需求则优先于原住民需求，原住民有时遭剥削，有时则被征用在新的农业体制中劳作。臭名昭著的奴隶制使人口大规模流动成为可能。而史前时期已有先例。人类在更新世末期先向澳大利亚再向美洲的扩张，似乎引发了当地大型哺乳动物的灭绝，从体重两吨的巨袋熊和三米高的袋鼠到美洲狮和巨树懒，无一幸免。而在太平洋诸岛和新西兰的定居，只是因为探索者的独木舟上带着猪、鸡、狗和多种驯化植物，才

1　Alfred W. Crosby, *Ecological Imperialism: The Biological Expansion of Europe, 900–1900,* Studies in Environment and History (Cambridge: Cambridge University Press, 1986).

得以成功。

　　罗马的扩张并未造成如此戏剧性的效应。帝国扩展进入的地区，那里的居民和罗马人自己使用的驯化物种大体相同。当地中海之外的地区最终被并入帝国版图，这通常不过是漫长交流史上最后的一段。结果，罗马人很少碰到和他们迥然不同的经济和生态。罗马扩张带来的环境变迁总体看比欧洲帝国带来的，要更为零碎，也更为微小。

　　所有这些都标志着古代与现代帝国生态之间的重要区别。罗马的扩张因征服者与他们新的臣服者之间的共同点而得了方便。首次课收的赋税（对西西里）是简单的谷物什一税，而当军队在公元前2世纪出征西班牙或公元前1世纪出征高卢时，当地盟邦则当提供粮食。北非的莱普奇斯城以橄榄油支付大笔赔款，[1]而莱茵河口的弗里斯人则以兽皮纳税。实物税一直是罗马财政系统的重要部分。但即使在需要现金时，行省人仍然可以通过加大生产已培育的作物来轻易获得现金，因为这些都是罗马人已知且渴望的作物。单种栽培与经济作物从未挤压罗马时期旧有的农作体系。我们也不知晓任何灾难性的新作物尝试。帝国扩张进入的地区，都早已是丰产地，在大多数地区，帝国的扩张也只不过是引发了有限的集约化。

　　地中海的政治统一甚至曾被当作不过是一个更漫长故事的最后一个阶段——政治阶段，而这个故事从农业自近东扩散就开始了。有人认为，罗马扩张的限度，至少在某些地区，已经被旧大

1　恺撒《阿非利加战记》第97章第3节；普鲁塔克《恺撒传》第55章。恺撒要求该城每年提供300万磅（约1361吨）橄榄油，这在今日仍是一笔大宗物资。——译者注

陆农业复合系统的限度确定了。罗马和波斯的势力范围之间诚然没有生态边疆，而且实际上这条边境切断了叙利亚北部在所有可能的方面——文化、宗教、技术和生态上都形成整体的诸地区。不过，罗马北疆几度到达的一些地区，在铁器时代从这种农业中获得的收益显得并不那么大。或许罗马的征服在不列颠北部或低地国家达到了生态界限。[1]漫长的欧洲边疆大多穿过丰饶的耕地。而罗马统治面对的真正的生态界限，是大西洋和撒哈拉沙漠。帝国成功地获得了对那道从近东向西延伸的走廊南侧的控制，而威胁则来自北方和东方。

罗马的扩张在农业变革之后接踵而至，并没带来什么新的技术、物种或疾病：因此，罗马征服没有带来灾难性的生态冲击。但这并不意味着罗马人对于推行集约化生产不太感兴趣。罗马人感兴趣的迹象之一，是他们着意学习他们所兼并的农业体系。公元前146年洗劫迦太基以后，罗马人从迦太基图书馆拿走的唯一一本书，就是马戈（Mago）的农业论著，并随后将其译成拉丁文。从东方回返的将军们带回了包括樱桃树在内的种种新植物。帝国早期的罗马作家们实际上非常明白，这诸多的坚果和水果品种是在多么近的时间内从东方被带进意大利的。科鲁梅拉（Columella）1世纪的作品《农事论》（*On Agriculture*）中提到的超过40%的植物，都源自希腊。与他差不多同一时期的老普林尼

1　Richard Reece, 'Romanization: A Point of View', in Tom Blagg and Martin Millett (eds.), *The Early Roman Empire in the West* (Oxford: Oxbow Books, 1990); Nico Roymans (ed.), *From the Sword to the Plough: Three Studies on the Earliest Romanisation of Northern Gaul*, Amsterdam Archaeological Studies (Amsterdam: Amsterdam University Press, 1996).

所作《博物志》(*Natural History*)，则详细描述了帝国不同部分种类繁多的树木和其他作物以及它们的营养价值，有时也谈到医药价值。医学文献提供了关于可耕物种的大量信息。普林尼同样对西地中海甚至温带欧洲的动植物感兴趣，不过从他的叙述中，运动的主要方向显然一直是自东向西的。

罗马的商贾们不仅把东方的作物带到意大利，还试图把种种地中海的物种移植到阿尔卑斯山北面去。苹果、梨、樱桃、李子和核桃很早就被引入欧洲北部，同样的还有芹菜、大蒜、芦笋、卷心菜和胡萝卜。栗可能被用作木材而非先作为食物来源，在稍后也来到欧洲北部。这些树木和蔬菜的共同点，以及它们与谷物的区别，在于它们需要在菜园或果园中种植。树木栽培涉及一系列新的专业技术，例如嫁接。它还需要更大的能量与时间投入以带来每亩地更大的热量和经济回报。这些作物的北进——一如葡萄酒的北上，反映了地中海风味和农业知识的扩散。这些作物的碳化遗存出现在定居点中时，旁边也会有其他一些在阿尔卑斯山以北不能被驯化的其他作物的遗存，例如无花果、开心果、杏、松仁和瓜类。植树和园艺的扩散与城市化也有紧密联系。它不仅是劳动密集型的，而且也依赖消费者需求的水平，这种需求最易在人口密集聚居而且相对富裕的地方找到。它也为一种高碳水化合物的饮食提供了关键的糖分、蛋白质与维生素补充。对这些副食需求最大的正是城市人口。[1]我们从罗马埃及和罗马城周边——

1　Peter Garnsey, *Food and Society in Classical Antiquity*, Key Themes in Ancient History (Cambridge: Cambridge University Press, 1999); Nicholas Purcell, 'The Way We Used to Eat: Diet, Community, and History at Rome', *American Journal of Philology*, 124/3 (2003).

古代世界城市化最高的地区——了解到大部分与此相关的信息并非偶然。

更一般地说，树木栽培的扩散使我们得以观察到罗马人对新作物的热情接纳。利润和对更多样风味的渴望无疑是关键的促动因素。可一个合理的生态学逻辑同样存在。世界各地最早的农业体系，其主要弱点在于它们所依赖的作物数量太少。依赖唯一作物是极其危险的，而多样化则为防止作物歉收提供了关键的缓冲。因此，豆类在早年间至关重要，栽培谷物的多样化水平也稳步提升，与单粒和二粒小麦杂合的无壳小麦共作的，有斯佩尔特小麦（spelt）和大麦，一些地区还种植黑麦、燕麦和黍。更多样的谷物不仅仅为当地特定的小气候提供了更好的搭配。大麦作为食品不那么受欢迎，但很耐旱；黍可以跨夏季种植，在作物歉收时栗子和其他坚果能提供关键的蛋白质来源，如果并不歉收还可充作猪饲料。随着时间推移，作物的种类也不断增加。

其他的生态位也从属于同一集约化的过程：湿地和山地、林地和准沙漠概莫能外。罗马的建筑技术使一些创新在这里成为可能，在帝国时代尤为突出。资金投入很难记录，但一定藏在一些农业发展的背后，例如法国东南部的克劳平原建设的大型羊圈，以及工业规模下鱼露生产的发展。随着引水道将水从高地引到平原上的城市，少量的灌溉农业被附带着引入。[1]在利比亚的准沙漠，为了截留洪水就横跨季节性河道建起了梯田。从意大利中部到英格兰的沼泽地带，排干沼泽在整个帝国屡屡发生。水利工程使鱼

1　Robert Thomas and Andrew Wilson, 'Water Supply for Roman Farms in Latium and South Etruria', *Papers of the British School at Rome*, 62 (1994).

类养殖的发展成为可能。专用于盐渍和卤腌鱼类的设施，在渔获量充足的地区都有出现，包括直布罗陀海峡两岸和西班牙与高卢的大西洋沿岸地区。对农产品的加工、储存和运输总体上也有改进。水力、畜力和奴隶劳作推动的大型磨坊补充了手磨机，而大规模的橄榄榨油机也建立起来。[1]粮仓建设与港口设施的发展，与陶制容器制作和更适于运输大宗产品的船只制造携手前进。道路设施也得到提升，可能首先是出于军事原因，不过其他产业也因此获益。与此紧密相连的则是纺织生产等城市最普遍生产的产量提升。[2]

另一种形式的集约化在畜牧业领域清晰可见。牧羊的规模在帝国的许多地区有所增长，包括意大利和高卢的东南部，这里饲育了极大规模的羊群，显然是为了迎合本地区以外的需求。而为提高主要产肉牲畜的大小所做的努力也是卓有成效的：意大利的动物遗存充分证明了多品种牛群的发展。在阿尔卑斯山以北，这种发展出现得太快，几乎可以肯定是引入了新品种。这一现象逆转了长期以来欧洲的动物越来越小的长期趋势，非常清晰地展现了新的生产重点与新技术的影响。

这些改进累积而成的作用在经济上意义重大。对这些改进有所领会，能帮助我们理解罗马帝国如何在地中海盆地这样不容乐观的环境下维持消费者与生产者的比例，到公元3世纪之前它从

---

1 Andrew Wilson,'Machines, Power and the Ancient Economy', *Journal of Roman Studies*, 92 (2002).

2 David Mattingly and John Salmon (eds.), *Economies beyond Agriculture in the Classical World*, Leicester–Nottingham Studies in Ancient Society (London: Routledge, 2001).

1∶10升到在某些地区的3∶10。城市生活带来了对面包而非粥的需求，以及更多样的饮食需求。考古可见的结果是面包房和售卖鲜肉、蔬菜和乳制品的菜市场（macella）数量激增。优化的交通以及城市和帝国当局及土地领主的实力都使这样的饮食对一小部分人来讲成为可能。但长时段的环境影响则很有限。当城市（及其总体需求）萎缩，当局不再能维持道路、水渠之类设施之时，农村经济就转回更为本土范围的形态。罗马的城市繁荣并未留下太多长期的环境印记，只有在采矿领域造成了直到工业革命才可企及的重度重金属污染。对罗马文明引发森林砍伐和水土流失翻来覆去的判定已不能服人。罗马扩张导致了生产的集约化，而非环境的大规模转型。帝国时期的生态与现代大相径庭。

延伸阅读

围绕环境组织起来的最有影响力的古代史叙述是佩里格林·霍登（Peregrine Horden）和尼古拉斯·珀塞尔（Nicholas Purcell）的《堕落之海：地中海史研究》（*The Corrupting Sea: A Study of Mediterranean History*, Oxford, 2000），该书已经引来了许多回应，其中一些收录于威廉·哈里斯的《重思地中海》（*Rethinking the Mediterranean*, Oxford, 2005）之中。同样有革新性的著作是罗伯特·萨拉雷斯（Robert Sallares）的《古希腊世界的生态》（*The Ecology of the Ancient Greek World*, London, 1991）。罗杰·巴蒂（Roger Batty）在《罗马与游牧民族》（*Rome and the Nomads*, Oxford, 2007）中讨论了关于干草原（Steppe）的状况。布伦特·肖（Brent Shaw）关于北非的论文收集于《罗

马北非的环境与社会》（*Environment and Society in Roman North Africa*, Aldershot, 1995）文集中。尚未有以环境为导向的关于罗马时期温带欧洲的叙述，但克里斯·威克姆的《构建早期中世纪》（*Framing the Early Middle Ages*, Oxford, 2005）与此关涉颇多。

认识到在古代地中海的部分地区条件可能有多么不稳定，是相对近期的事。对古代农民如何应对这一问题的诸多开拓性的回应，请参阅保罗·霍尔斯特德（Paul Halstead）与约翰·奥谢（John O'Shea）主编的《荒年经济学》（*Bad Year Economics*, Cambridge, 1989）。关于古典文明通过何种方式在面对这些压力时维持下来，彼得·加恩西（Peter Garnsey）的《希腊罗马世界中的饥荒与食物供应》（*Famine and Food Supply in the Greco-Roman World*, Cambridge, 1988）是一部重要的著作。

罗马农业以及尤其是采矿业对环境的冲击，是当下讨论的一个话题。格雷厄姆·希普利（Graham Shipley）和约翰·萨蒙（John Salmon）主编的文集《古典世界的人类景观》（*Human Landscapes in Classical Antiquity*, London, 1996）是个不错的起点。大卫·马丁利（David Mattingly）的《帝国主义、权力与认同》（*Imperialism, Power and Identity*, Princeton, 2011）一书第七章呈现了一段关于古代采矿业的环境成本的生动描述。蒂姆·钱皮恩（Tim Champion）等人的《史前欧洲》（*Prehistoric Europe*, London, 1984）和格雷姆·巴克的《欧洲的史前农业》（*Prehistoric Farming in Europe*, Cambridge, 1985）是关于史前背景的上佳介绍性作品。

大事记（二）

公元前 272 年　　　　　在皮洛士离开仅仅三年后，罗马击败意
　　　　　　　　　　　大利南部重要希腊城邦塔兰托

公元前 264—前 241 年　第一次布匿战争，以迦太基战败和罗马
　　　　　　　　　　　建立第一个海外行省西西里告终

公元前 225 年　　　　　特拉蒙战役标志着意大利北部高卢人的
　　　　　　　　　　　战败。对战胜汉尼拔后收复地区的征服
　　　　　　　　　　　与殖民化

公元前 218—前 201 年　第二次布匿战争，其间汉尼拔入侵意大
　　　　　　　　　　　利并在该地停留到公元前 203 年

公元前 216 年　　　　　坎尼战役，罗马在汉尼拔手上吃到最惨
　　　　　　　　　　　一败

公元前 213—前 211 年　马尔凯路斯围困并攻克叙拉古

公元前 202 年　　　　　扎马战役。西庇阿在迦太基城郊击败汉
　　　　　　　　　　　尼拔

公元前 197 年　　　　　马其顿王腓力五世在库诺斯克法莱会战
　　　　　　　　　　　中败北。次年弗拉米尼努斯宣布希腊人
　　　　　　　　　　　获得了自由

公元前 193—前 188 年　罗马与叙利亚安条克三世的战争。安条
　　　　　　　　　　　克先在温泉关、后在玛格涅西亚连吃败

	仗，并在公元前188年的《阿帕梅亚和约》中放弃了塞琉古帝国对小亚细亚的全部主张
公元前189年	曼里乌斯·乌尔索征伐安纳托利亚中部的加拉太人
公元前184年	老加图担任监察官
公元前168年	马其顿王珀尔修斯在皮德纳会战中败北。马其顿王国瓦解
公元前168年	塞琉古王安条克四世被罗马元老院使节禁止入侵埃及
公元前167—前150年	迈加洛波利斯的波里比阿在罗马做战俘，在此他和小西庇阿结友并伴随他出征
公元前149—前146年	第三次布匿战争，以罗马夷平迦太基告终
公元前146年	罗马夷平科林斯
公元前133年	占领凯尔特-伊比利亚人在西班牙努曼提亚的堡垒
公元前133年	帕迦马的阿塔洛斯三世之死使其王国归于罗马

地中海霸权

谁人能如此轻薄怠惰，甚至不想知道，几乎整个文明世界是怎样、在何种政制下，在不到53年间归于罗马的一元统治的？这些事可是史无前例的。

——波里比阿《历史》第1卷第1章第5节

罗马的劲敌

第3章所述的罗马在意大利影响力的扩大，是一个缓慢的过程。但在皮洛士入侵之后的一个半世纪时间里，罗马的霸权迅速壮大以至笼罩了整个地中海世界。这并不意味着公元前2世纪的罗马（已经）统治着一个秩序井然、领土分省（帝国的法律和税收系统伸展至这些行省）、由一套殖民官僚机构管理的贡赋帝国。从现代角度来看，罗马的统治仍然既不正式也不直接。霸权只不过意味着罗马在这一地区不再有任何劲敌。而波里比阿正确地指出，公元前2世纪中叶的罗马统治者们（他和其中不少人十分熟悉）感到他们可以随心所欲对任何人发号施令。本章将叙述这是如何达成的。

罗马一统地中海是一系列政治发展进程的终结，而这些政治发展正是公元前1千纪的特征。[1]到公元前3世纪，少数大国主宰着地中海的政治。在地中海的西端，这些大国指的是罗马和公元前201年之前的迦太基。不那么强大的城邦则在北非、意大利和法国南部保持着自己名义上的独立。在它们周围则有多种多样、大大小小的部落社群。在公元前3世纪期间，最大的城邦要么挑战罗马但以失败告终，如叙拉古和塔兰托，要么此时已经成了从属于罗马的盟邦，比如马赛和伊特鲁里亚与坎帕尼亚的主要城邦。在亚得里亚海东面，主宰着政治版图的则是由公元前323年亚历山大大帝死后其帝国分裂成的诸王国。这三巨头分别是安提柯王朝的马其顿、塞琉古王朝的叙利亚和托勒密王朝的埃及。在它们周围则有太多的小邦国。这些小邦包括了安纳托利亚一些继承波斯的王国、在阿富汗和土耳其西部诸多独立的希腊人王国、在希腊南部和西北部的城邦联盟，以及一些独立的城邦，包括斯巴达、海上强国罗得斯和大不如前的雅典。这就是罗马将要扩张进入的希腊世界——有时称希腊化世界。没有一个民族能够挑战并逐个击败这些城市和部落，罗马人也未做尝试。确立霸权只需要打败所有可以想见的劲敌。这就是波里比阿宣称的那段耗费不到53年时间的进程，即从第二次布匿战争的爆发到公元前167年马其顿王国的落败。

1　Arthur M. Eckstein, *Mediterranean Anarchy, Interstate War and the Rise of Rome*, Hellenistic Culture and Society (Berkeley and Los Angeles: University of California Press, 2006).

　　事件的发展如暴风骤雨般迅速。[1]公元前272年，皮洛士的退兵、死亡和塔兰托的陷落使罗马在亚平宁以南全无敌手。迦太基和罗马曾联手反抗皮洛士，但它们的势力范围此时已极为接近，令人吃惊的是，它们直到公元前264年才撕破脸皮。而不足为奇的是，冲突的原因是位于它们之间的西西里岛的控制权。以第勒尼安海周遭海战为主的第一次布匿战争在公元前241年告终，罗马控制西西里大部作为一个行省，并通过与叙拉古结盟控制余下部分。不久之后，罗马先后控制了撒丁岛和科西嘉岛。第二次布匿战争爆发于218年，此时双方在西班牙的势力范围又发生冲突。在新迦太基城（今卡塔赫纳）和附近丰富的银矿基础之上，一个新的布匿帝国在此建成。地缘政治上的考察暗示着，对伊比利亚影响力的争夺，就像曾经在西西里那样不可避免：罗马史家倾向于相信，巴卡家族（Barcid dynasty）——汉尼拔是其最著名的成员——引起的罗马的苦愤是冲突的真正原因。冲突始于西班牙，随着汉尼拔通过法国南部、翻越阿尔卑斯山的大胆行军，战火旋即延烧到意大利。初期在特拉西梅诺（公元前217年）和坎尼（公元前216年）的胜利似乎使罗马大难临头，汉尼拔又继续占领了南部大片地区，隔离罗马的盟邦。但袭击罗马这一长期引人担忧的威胁从未兑现。在此僵局期间，罗马在其他战区得以推进，尤其是在西班牙和西西里。在意大利南部盘旋超过十年以后，汉尼拔最终被迫回师北非迎战一支就在迦太基城外的罗马军队。西庇阿于公元前202年在扎马的胜利为这场战争画上句号。

1　Claude Nicolet (éd.), *Rome et la conquête du monde méditerranéen: 264–27 avant J.C.* (Paris : Presses Universitaires de France, 1977).

在第一次和第二次布匿战争之间，当巴卡家族着力于西班牙时，罗马人继续扩大其在意大利的影响力，尤其是对亚平宁北部的高卢人。[1]公元前225年在特拉蒙和公元前222年在克拉斯提蒂乌姆，罗马人两次大败高卢军队。迦太基一被打败，罗马将军们就重新把这当作第一要务。公元前2世纪80年代，一连串殖民地在亚平宁北部建立起来，它们均坐落于埃米利亚大道上，这条大道至今仍是波河河谷沿线的主要高速公路。[2]罗马的政务官们几乎每年都领兵征讨高卢人或利古里亚人，直到公元前168年第三次马其顿战争爆发。公元前2世纪50年代，在利古里亚还有进一步作战。到公元前2世纪末，直到阿尔卑斯山麓的整片区域事实上已经成了一个罗马行省。击败汉尼拔使罗马人得以在意大利其他地方也提升自己的影响力：罗马对那些叛变到迦太基集团的前盟友杀一儆百，夺去了它们不少领土。[3]在意大利南部用兵戈打下来的领土上，新的罗马殖民地建立起来：其中有些建于既有城市之上，有些则建在处女地上。叙拉古在战争中站错了队：它的失败使西西里整体落入罗马裁判官的统治之下。在西庇阿挥师将迦太基人逐出伊比利亚半岛以后，西班牙此时也可征服了。到公元前

---

1 William Vernon Harris, 'Roman Expansion in the West', in A. E. Astin et al. (eds.), *Cambridge Ancient History, viii: Rome and the Mediterranean to 133 BC* (Cambridge: Cambridge University Press, 1989); Stephen L. Dyson, *The Creation of the Roman Frontier* (Princeton: Princeton University Press, 1985).

2 Nicholas Purcell, 'The Creation of Provincial Landscape: The Roman Impact on Cisalpine Gaul', in Tom Blagg and M. Millett (eds.), *The Early Roman Empire in the West* (Oxford: Oxbow Books, 1990).

3 Saskia T. Roselaar, *Public Land in the Roman Republic: A Social and Economic History of Ager Publicus in Italy, 396–89 BC*, Oxford Studies in Roman Society and Law (Oxford: Oxford University Press, 2010).

197年罗马人已有了两个行省：一个在南方，这里的地方社群非常城市化，并且有丰富的白银储量；另一个则在西南，是伊比利亚人的土地。直至公元前2世纪70年代末，西班牙在任何时候一般都有四个军团。就像在意大利北部的战事一样，这些战争也经常在罗马忙于他处时被搁置下来，等其他前线的战火平息时再重新启动。主要战事在公元前2世纪50年代在西班牙重新开始，并以对内陆凯尔特-伊比利亚人的几次大战役告终，这些战争直到公元前133年攻占努曼提亚的大堡垒才告结束。在此期间，阿尔卑斯山周围也有其他冲突，公元前2世纪20年代中叶在罗讷河谷还有两场短促却激烈的战事。并非所有这些战端都出于罗马的抉择。在意大利北部有入殖者和定居者需要保卫，罗马也要面对西班牙的卢西塔尼人和高卢的阿尔维尼人的进攻。罗马也并非始终竭力作战：有些年代战事频仍，其他年代则每年在战场上的军队较少。[1]但即便如此，也不可能避免这样的印象：罗马此时做好了几乎持续不断的扩张的准备，而在更有利益或更有危险的征伐不可实现时，罗马的西方则始终是可用兵之地。

而公元前2世纪，罗马最大的劲敌是东地中海那些富庶的王国。在波里比阿记述罗马对整个文明世界的占领时，他内心想到的是安提柯王朝的马其顿、塞琉古王朝的叙利亚和托勒密王朝的埃及这些大国的衰微。这些王国在亚历山大大帝死后就一直为了希腊世界及巴尔干、亚细亚和非洲腹地的控制权龃龉不断。公元前202年击败迦太基，使得罗马得以没有顾虑地参与其中，并且

1　John Rich, 'Fear, Greed and Glory: The Causes of Roman War-Making in the Middle Republic', in John Rich and Graham Shipley (eds.), *War and Society in the Roman World* (London: Routledge, 1993).

终结这场争夺。

西庇阿在扎马战胜汉尼拔两年后，罗马军队就跨越亚得里亚海讨伐马其顿王腓力五世。个中原因仍是聚讼纷纭。一个诱因是，在汉尼拔仍是罗马大患时，腓力和汉尼拔订立过协约；另一个诱因可能是腓力早先曾试图在损害罗马利益的情况下扩展自己在亚得里亚海的利益，虽然这实际上不过是他对巴尔干及其以外更大野心的一小部分。一些希腊邦国对腓力深感焦虑，而罗马作为世界强国的地位此时比任何时候都更明确。从帕迦马的阿塔洛斯、罗得斯和雅典来的使节纷至罗马，罗马也向希腊其他地方派出使节。不过如果罗马人想要和平，他们当然本可以安然忽略他们的要求，让马其顿自行其是。显然他们并未如此。或者至少大多数人没有这么想，因为罗马人民大会第一次被要求批准战争时，它加以否决。而这一决定很快就遭推翻。用什么论点来说服民众同意开战呢？民众是被腓力的侵略事迹所恐吓，想起他作为汉尼拔的盟友时展现的敌意，还是仅仅被获得更多战利品的希望所鼓动？在汉尼拔战争期间，罗马曾与马其顿打过一场速战：在公元前211年，罗马人和希腊西北部的埃托利人结盟，双方同意在任何共同行动中，埃托利人当控制所有占领土地，而奴隶与战争缴获归罗马。这在事实上并未带来太多变化，但马其顿或许仍被当作劫掠的好地方。又或许历经一代人的战争事实上已经使罗马习惯于冲突，激发新一代罗马领袖们去寻找冲突以使自己扬名，激发新一代士兵们在征服战争中找寻钱财？

不论什么原因，赞同战争的投票在公元前200年通过了。翌年，一支罗马军队入侵马其顿，又一次与埃托利人联合。指挥权在公元前199年交到了提图斯·昆克提乌斯·弗拉米尼努斯

（Titus Quinctius Flamininus）手上。在巴尔干的苦战和强硬的外交为他带来对战腓力的优势，并与大多数希腊南部重要城邦所属的亚该亚同盟（Achaean League）结盟。腓力拒绝了外交条款，而弗拉米尼努斯继续用兵，并在公元前197年初的库诺斯克法莱会战中取得了决定性胜利。罗马的新盟友亚该亚人十分欣喜。但埃托利人却感到自己并未获得应得的全部报偿。马其顿完好无损，只是被强迫离开希腊南部，并实际上像迦太基一样被强加一笔巨额赔款。在公元前196年地峡运动会（Isthmian Games）上，弗拉米尼努斯宣布希腊人获得了自由。他宣言的语言和场合，都暗合亚历山大大帝于公元前337年在科林斯的那场宣言，以及随后许多希腊化的外交行动。罗马人显然学会了希腊东方的外交手段。他们的野心与众不同，但也并不想要使任何其他势力取代马其顿。塞琉古王安条克三世（Antiochus III）遭到警告，而在罗马军队于公元前194年班师回国前，弗拉米尼努斯还和斯巴达僭主纳比斯（Nabis）又打了一仗。

但是外交没能牵制安条克王。在公元前192年他跃进希腊，并在此时与埃托利人结盟。罗马随即做出回应。安条克三世旋遭兵戈，并于公元前191年在温泉关受挫退回亚细亚，执政官西庇阿（迦太基的征服者大西庇阿之弟）则予以追击，他将因这次征讨荣膺"征亚细亚者"（Asiaticus）称号。安条克在玛格涅西亚被打败、乞和，并在公元前188年签订的《阿帕梅亚和约》（Treaty of Apamea）中放弃了塞琉古王国在小亚细亚的全部领土主张。和马其顿一样，塞琉古王国在支付一笔赔款后得以存续；也和马其顿一样，它的势力范围遭到限制。巴尔干西部、希腊南部和安纳托利亚就此不再受任何大国的主宰。

　　罗马军队短期内也在这些地区作战。公元前189年，弗尔维乌斯·诺比里奥尔在马其顿西部边境上的安布拉基亚作战，曼里乌斯·乌尔索（Manlius Vulso）则讨伐了安纳托利亚中部的加拉太人。这两场战争都是臭名昭著的万利之战，罗马也在壮丽的凯旋式与纪念物前陷于迷醉。但是当战利品被带走后，罗马人也离开了，扔下了他们先前的盟友和被打败的敌人争抢新的世界秩序下的席位。从此以后，东地中海的所有政治都和罗马有关。因小纠纷向元老院寻求支持或请求派遣使者的使节纷至沓来。罗马的盟友如帕迦马王国、亚该亚人和（一段时间内的）罗得斯，势力渐增。罗马人却似乎经常对这些盟友的所作所为不感兴趣。罗马军事上的注意力转向了意大利北部和西班牙的战争。腓力本人死于公元前179年，珀尔修斯继位，他谨小慎微地开始和其他国王们结盟。他的野心在公元前172年被帕迦马王欧迈尼斯（Eumenes）告发到了元老院，翌年罗马士兵们就回到了巴尔干。这第三次马其顿战争花费时间稍长才告结束，可能是因为罗马的盟友并不全心全意加以支持。不过在公元前168年，埃米里乌斯·保路斯（Aemilius Paullus）还是在皮德纳打败了珀尔修斯。马其顿王国就此被废，其领土被四个共和国瓜分。罗马军队洗劫了一座又一座城市，据传有15万人在伊庇鲁斯沦为奴隶。珀尔修斯被捕后被带回罗马，在其征服者的凯旋式队伍中游街示众。与此同时，希腊诸城的反罗马派领导人物被流徙到意大利。波里比阿就名列其中。

　　同年，安条克四世入侵埃及，试图恢复塞琉古的国运。一位罗马特使，波皮里乌斯·莱纳斯在亚历山大里亚城外见到了他和他的军队，并敦促他班师回家。安条克要求给他时间来考虑答复。莱纳斯在沙子上独创地绕着国王画出一个圈，并坚持道：

您迈出此圈前，请予我回复以报元老院。[1]

安条克别无选择，只能遵守。李维在这段安条克的逸事之后记述了元老院如何迎来了塞琉古和托勒密的特使，以及帕迦马和努米底亚王的使节，他们带来了对罗马击败马其顿的祝贺。

图 4　位于德尔斐的埃米里乌斯·保路斯皮德纳大捷纪念碑

　　但是，罗马的霸权并未确保政治稳定。希腊观察家们明显对罗马在亚得里亚海以东的目标略显困惑。罗马在公元前197年、公元前188年和公元前168年的胜利改变了东方的权力平衡。不过在每次征伐之后，罗马军队都撤了回去。在这些战争之间，他们的外交看起来并无延续性。即使是所有人中拥有考察罗马政策制定过程最佳位置的波里比阿，在剿灭马其顿之后认定转折点已

1　李维《建城以来史》第45卷第12章。

经到来这一点上也犯了错误。从公元前167年被流徙到罗马开始，他以一种受尊重的囚徒身份在罗马度过了将近20年，在此期间结识了当时的一些头面人物，包括老加图和西庇阿兄弟。不过他对后来的故事并没有准备。

在皮德纳之战后，罗马与其在东地中海的盟友关系迅速交恶。罗得斯被认为没有竭力支持与珀尔修斯的战争。公元前167年，它遭到惩罚，罗马人宣布提洛岛为自由港，这是一次损害罗得斯商业利益的成功尝试。下一个是帕迦马，它一度失去信任，其在小亚细亚的势力也遭到限制。公元前2世纪50年代—前2世纪40年代，罗马间或在外交上介入安纳托利亚城邦与王国之间的冲突，并且对在叙利亚与埃及的继位之争始终保持兴趣。但直到公元前149年以前，罗马人都不再远征——公元前149年，一个马其顿王位的觊觎者取得了短暂的成功，但随后就被一支受帕迦马盟友支持的罗马军队击败。[1]但罗马人的注意力一直被吸引着。至此，罗得斯和帕迦马重获青睐，但亚该亚同盟却未蒙偏爱。令波里比阿恐慌的是，罗马和亚该亚人起了战端，而这次罗马胜利的结果就不只是赔款和割地了。古城科林斯惨遭洗劫，其珍宝遭到穆米乌斯（Mummius）劫夺，分给士兵并酬谢盟邦，科林斯城也被夷为平地。自从亚历山大大帝毁灭忒拜城以象征自己能为所欲为以来，希腊世界从未目睹过此种暴行。

波里比阿的世界以希腊为中心，但罗马人则有着不同的视角。亚该亚战争不过是一场穿插节目。公元前2世纪50年代，更多的

1　这里是说僭称腓力六世的安德里斯科斯（Andriskos），事见李维《建城以来史》第49、50、52卷《摘要》。——译者注

罗马人注视着迦太基的复苏。它并未对罗马造成实际威胁，即使其提前偿付战争赔款的倡议展现了经济的复苏。其政治与外交活动局限于阿非利加，并且看起来主要是为了在邻近的努米底亚部落面前自保。不过不断有罗马使节从迦太基回返，来加剧国内的焦虑。宣扬应在迦太基变得更强之前予以打击的人之中，老加图就是最有影响力的人之一。最终元老院签发了最后通牒，勒令迦太基人将城市迁往内陆，这是一个不可能达成的要求。结果，公元前149年罗马人侵，公元前146年城市被占领。波里比阿随同小西庇阿，参与了那场导致迦太基毁灭的远征，并目睹了城市堕入火海。像科林斯一样，迦太基也被彻底毁灭，并且事发同年。这一同时性为罗马的视角提供了一个至关重要的提示。[1]希腊人居住在一个以爱琴海为中心的政治世界中，这个世界里旧的城邦被新的王国——以及罗马围绕。他们不习惯于身处政治的郊野。但罗马对于迦太基和科林斯，只是同样感兴趣。

共和国中期的帝国主义

罗马的扩张主义动力，在我们看来是昭然若揭，但或许对罗马人来说却不那么显而易见。他们是否想要把地中海霸权作为目标？如果不是，他们也不是唯一一个直到事后才发现自己帝国使命的民族。毕竟，罗马人没有可供追随的帝国模板。帝国时代的

1　Nicholas Purcell, 'On the Sacking of Carthage and Corinth', in Doreen Innes, Harry Hine, and Christopher Pelling (eds.), *Ethics and Rhetoric: Classical Essays for Donald Russell on his Seventy-Fifth Birthday* (Oxford: Clarendon Press, 1995).

希腊作家，有时把亚历山大设定为罗马的某种劲敌。不过在公元前最后几世纪，亚历山大则主要被当作一位模范君王和常胜将军来追忆。当罗马的霸权确被当作一个体制时，它是被拿来和以雅典和斯巴达为首的其他"专横城邦"的霸权相提并论的。

记述罗马崛起的第一次尝试，即我们能读到的第一份，是波里比阿的作品。波里比阿的回答，其基础是罗马的制度相比其劲敌的更为优越，即便他也承认运气和地理，以及诸多个人的美德与愚蠢起到的作用。或许，他的探究帮助了罗马的统治阶层构想他们自己关于霸权的理念。又或许，这些探究部分反映了他们既有的理念。老加图作品的残篇，有时似乎就包括相同的理念，例如罗马的制度和公共运作在最近一段时间运转更佳这一看法。不过当时的罗马社会仍然是一个极小的世界，知识社群则更小。或许，罗马精英们认同世界已只臣服于他们的权力之下最清晰的标志，就是毁灭迦太基和科林斯的决定。古代战争一般都以订立和约告终。而这两座古城的毁灭，是罗马人开始认为自己的霸权与众不同的表征。

共和国中期的罗马扩张无休无止，一战未罢，一战又起。共和时期的罗马间或在同一时间多线作战，而罕有连续两年无战事。战争触及社会各个阶层。若未曾一度或数度指挥军队，政治生涯就难获成功。任何一个战争时节都有10%—25%的男性人口身在行伍。这一比例不亚于第一次世界大战期间欧洲国家的人员参战率。在汉尼拔战争最危险的公元前218—前215年，每六个成年男性就有一人战死沙场。不过当战事顺利时，战利品也在参军者中广为分配，即便分配并不平均。在征服意大利期间，一些公民会在打仗得来的领土上建起的殖民地里分到土地和职位。城市的所有居民都目睹了每场大捷后的凯旋队伍。在可能延续数日的庆典上，囚徒和战利品将被游街示众。举办竞技和饮宴，随后又会建起神庙，以报答诸神在战争期间对罗马人的偏爱。[1]回顾罗马的崛起，试图寻找贯穿其历史的军事扩张的某个独一的驱动性因素，是非常诱人的。许多罗马人最终开始相信一种神圣使命，而其敌人认为他们不同寻常地好战。事实则更为复杂。

对罗马扩张的解释倾向于要么强调内在因素，要么强调外部因素。内在因素包括多种多样的政治和经济压力，这些压力促使罗马人抓住机会来挑起冲突以展现自己。外部因素则包括实际威胁（既有真实的也有想象的），也包括罗马扩张进入的世界的政治结构。自然，内外因素会相互作用，外部环境影响了罗马社会的演进，使其寻找胜过劲敌的途径；反过来，罗马社会的内在动力也影响了更广阔的世界。渐渐地，罗马越来越不像其他邦国那样行动，比如废止传统的外交语言，而罗马正是以这种语言第一次在希腊人面前展现自己的。罗马变得越强，它对这个必须与之打交道的世界影响就越大。

我们首先讨论内在因素。我已描述过罗马如何在大概公元前5世纪期间痴迷于一年一战。战利品和威名的吸引力显而易见；这两者都可代表集体以及相关个人的利益。不过这并非对罗马帝国主义的充分解释，毕竟许多古国都倾向于频繁作战，却罕有称霸的。让罗马陷入扩张的，是自公元前4世纪以来建立的盟邦结构。这一进程有其自我的外扩动力。这并不是罗马人只能通过召集盟友并肩战斗来进行领导那么简单：被降到盟邦地位的民族越

---

1 Beard, *The Roman Triumph*.

多，潜在的敌人就距离罗马越远。这一进程有许多相似例子，从古代近东到阿兹特克与印加新大陆帝国都经历过这种帝国式扩张。[1]与此同时，罗马的制度、罗马的思想体系甚至罗马的宗教都逐渐适应了日渐增强的扩张。[2]我已经描述过，是制度——而非技术、动机抑或资源——使罗马相比其最早的敌人具有相对优势。不过，一系列凯旋式、照管先祖胜利神庙的贵族家族，以及对战利品尤其是土地的频繁分配，种种这些制度都提高了期望值。再一次，罗马的成果与同时期中国秦国的成功共享了相似性。秦国是战国时期一些彼此为敌的王国之一，在公元前4世纪发展出了一套强大的行政与土地体系，以及与之相伴的一套使国家能够比敌国远为有效地调动土地和人口的意识形态。秦国的扩张也利用了被征服者的资源以及定居计划，并且在公元前221年以创立第一个统一帝国而告终。[3]不过不像罗马，秦朝此后并没有能与之一较高下的外部劲敌。

---

1 Geoffrey Conrad and Arthur A. Demarest, *Religion and Empire: The Dynamics of Aztec and Inca Expansionism*, New Directions in Archaeology (Cambridge: Cambridge University Press, 1984); Peter R. Bedford, 'The Neo-Assyrian Empire', in Morris and Scheidel (eds.), *The Dynamics of Ancient Empires*.

2 Harris, *War and Imperialism in Republican Rome, 327–70 B.C.*; Karl-Joachim Hölkeskamp, 'Conquest, Competition and Consensus: Roman Expansion in Italy and the Rise of the "Nobilitas"', *Historia: Zeitschrift für Alte Geschichte*, 42/1 (1993).

3 Derk Bodde, 'The State and Empire of Ch'in', in Denis Twitchett and Michael Loewe (eds.), *The Cambridge History of China*, i: *The Ch'in and Han Empires, 221 B.C.–A.D. 220* (Cambridge: Cambridge University Press, 1986); R. D. S. Yates, 'Cosmos, Central Authority and Communities in the Early Chinese Empire', in Alcock et al. (eds.), *Empires*.

从意大利兴起的罗马进入了一个充满敌意的世界。在击败皮洛士后，停止扩张或许是可能的——毕竟，奥古斯都日后就能为公元1世纪末那辆大得多的扩张战车踩下刹车——不过前提是，意大利得是一座茫远的小岛。迦太基近在咫尺的存在，以及东地中海群龙无首的政治局面，都需要扩张主义式的动力加速升级，而不是偃旗息鼓。直到此时，罗马及其盟邦都没有在意大利内部面临严肃竞争，而它们未来的劲敌则已经忧心地注视着它们。与迦太基、马其顿和叙利亚的战争，与罗马在意大利内部打的任何一仗都有本质的不同。这些战争规模更大，有时要多线作战，而且一旦燃起战火，除非取得决定性胜利，否则很难抽身而退。布匿战争给罗马带来的威胁远不仅仅是战败时带来的耻辱。汉尼拔在分化罗马的一些盟邦时十分成功。元老院严肃应对汉尼拔公元前216年在坎尼的胜利的标志，包括从罗马贵妇那里收集几乎全部金饰，显然也包括在罗马市政广场活埋一对高卢男女和一对希腊男女。[1]东方诸王国也是罗马危险的对手。公元前191年入侵希腊的安条克三世对罗马在巴尔干的霸权造成了明确的挑战。他像皮洛士一样，也以为自己跟随的是亚历山大的脚步，不过他的资源远比皮洛士丰富。他的王国一直绵延到今巴基斯坦边境。他本人曾镇压过东方省份和安纳托利亚的叛乱，并从埃及手上夺回了叙利亚南部和小亚细亚，还征服了亚美尼亚和阿富汗。换句话

1　这两件事分别见李维《建城以来史》第22卷第1章及第57章。前文提到皮克托率师团前往德尔斐求取神谕一事也在此时。活埋高卢和希腊男女是根据伊特鲁里亚《运命书》（libri fortunae）要求的特殊牺牲，这"对罗马最不神圣"（minime Romano sacro）。可见此事对罗马人的特殊性。——译者注

说，罗马在公元前3世纪末和公元前2世纪初，面对着真正的重大威胁。

而结果则是罗马的战争与霸权经营方式的转型。首先，每年招募的军团数大幅提升，只有到公元前2世纪60年代击败迦太基、马其顿和叙利亚，并完成对意大利的征服和在西班牙的重大推进以后，才有所削减。回望公元前4世纪，战争一般可被限制在一个短暂的夏季出兵期之内，这样在一年的其他时间内将军们可以回来担任公职，士兵们可以回来耕田。在一些战争规模增大、耗时更长、战场越来越远离罗马这些不断增长的压力下，变革降临了。罗马发现自己在公元前3世纪与迦太基海战、在公元前2世纪于西班牙和巴尔干作战，这些战事都需要将军可能数年不归地领兵出征。政务官们不能一直指挥远征军而不顾其他全部职责。罗马精英们一如既往地有创新精神，他们发展了打理战争的新方式。前任政务官，有时甚至不过是有经验的领导者，越来越多地被授予指挥权，有些还连年连任。在海外用兵的将军也必须被授以更大的行动自由，以在其最初的相当宽泛的指挥权限内从实际上决定战争与和平。[1]

他们所指挥的军队也在改变着。罗马军队的核心直到奥古斯都统治前始终是公民募兵，不过在装备、战术和后勤部队上则持续演进。古典地中海的城邦战争，是排列成"密集步兵方阵"（phalanx）的大批重装矛兵在少量远程部队和轻甲骑兵的协助下

---

1 Arthur M. Eckstein, *Senate and General: Individual Decision Making and Roman Foreign Relations, 264–194 B.C.* (Berkeley and Los Angeles: University of California Press, 1987); John S. Richardson, *Hispaniae: Spain and the Development of Roman Imperialism* (Cambridge: Cambridge University Press, 1986).

进行的。在公元前5世纪至前4世纪，希腊人、罗马人、迦太基人、伊特鲁里亚人和坎帕尼亚人莫不派出各种版本的此类军队。在战争牵涉到以其他方式作战的民族，如高卢人、萨姆奈人、色雷斯人、伊比利亚人、努米底亚人等时，军队变得更为复杂。新兴的帝国不仅仅必须能更灵活地应对对手：它们越来越多利用被征服或结盟的族群或者雇佣兵来补充重装步兵。迦太基人和罗马人在战场上都依靠多种多样的军队。马其顿、叙利亚和埃及使用的希腊式军队也有骑兵、轻步兵和远程部队协助，而他们要支持的密集步兵方阵使用的矛非常长。公元前4世纪至前2世纪，罗马军队的核心从密集矛兵方阵转变为装备投枪和剑的重装步兵部队。各种更小型的战术单元发展起来，尤其是120人左右的中队（*manipulus*）和400人左右的大队（*cohors*）。这些体制与武器的灵活性使罗马人无论是在面对希腊军队的密集步兵方阵（如库诺斯克法莱战役的情况），还是在面对高卢人这样装备不甚精良的敌人时都占有一些优势。

帝国的得失

与此同时，霸权的经济体系也变得更为复杂。除了战利品和最初收缴的土地，罗马从它击败的意大利敌人那里定期征收的只有人力。迦太基及诸国王可能被迫连续数十年支付赔款，来为罗马政府提供固定收入。这笔收入大部分被用于资助都城的宏伟建筑。[1] 建筑工程由监察官外包给罗马公民，这些公民以此种方式分

1　Filippo Coarelli, 'Public Building in Rome between the Second Punic War and Sulla', *Papers of the British School at Rome*, 45 (1977).

享帝国的红利。波里比阿就为这种业务规模之大所震惊。

> 人民服从于元老院，并且不论作为集体还是作为私人个体都必须遵从之。因为监察官签订了数量众多的涉及整个意大利公共工程的建设与维修的公共承包合同，一一列举全部这些工程并不容易；而且还有承包河流、港口、果园、矿产和土地的合同——简言之，所有在罗马政府治下的事物都有承包合同。广大民众也深刻参与所有这些事务之中，以至几乎可以说每个人都在这些合同和项目中分到一份利益。因为，有些人在市政广场上在监察官面前投标来为自己获得合同，另一些人则与他们合伙运营；有些人为涉及款项提供担保，另一些人则承诺为这些项目将自己的财产抵押给国家。[1]

自公元前2世纪80年代起我们开始了解到在市政广场周围的大型建筑计划，这些计划涉及罗马的港口以及道路和殖民地。老加图在监察官任上，建造了一座宏大的带顶大厅作室内会议之用，取"国王柱廊"（Stoa Basilike，帕迦马王赐予雅典的柱廊）之名将其夸为"波尔奇王庭"（Basilica Porcia）。[2]这一工程并非由战利品或私人财产资助，而是由公共收入出资。对马其顿的最终胜利使得罗马公民永久豁免直接课税。至少在这个意义上，自公元前2世纪60年代以来罗马人民就都是帝国的受惠者。毁灭迦太基以后，

1　波里比阿《历史》第6卷第17章第1—4节。
2　命名中的 Porcia 来自老加图的族姓 Porcius。这是罗马兴建的第一座王庭式建筑，位于库里亚会址的西侧。——译者注

名为"马尔奇引水道"（Aqua Marcia）[1]的宏伟水渠旋即动工兴建。殖民活动事实性终结则不那么受欢迎了，对意大利的征服导致了拒绝将罗马人移居到意大利半岛以外地方这一非理性做法，其实际后果就是殖民活动的终止。在罗马城花钱与殖民运动的终结，都有助于扩大都城的规模，并就此扩大对公共工程的需求。罗马就此被锁在城市发展和帝国扩张的循环圈之中。

赔款是从那些富庶而复杂、地方经济完好无损的社群中榨取的。这笔收益像战利品一样主要用在意大利。在新的海外领土上的军队的需求则必须由其他收入来供给。西西里的城市曾经每年向叙拉古支付一笔什一税，而罗马把这笔钱据为己有。西班牙诸部落先是以谷物、后是以钱财入贡来供应他们的占领者。罗马人在西班牙的势力也允许他们开发迦太基旧都卡塔赫纳（新迦太基）周边的银矿。[2]行省税收体系的这些起源看起来并未遵循一个宏观计划。当地运营体系通常交由罗马征服者和将军们加以设计，而这些体系则经常以罗马之前的先例为基础。叙拉古的希伦王（Hiero of Syracuse）和帕迦马诸王的财政体系的残余存在了很长时间，最终进入了帝国税收体系。在当地人自己不承担相关的募款或开采事务的地方，承包合同又会被签发给罗马公民。通过公共承包合同来运营帝国的吸引力显而易见：政府无须创建殖民行政体系，可能存在的风险则由私人承担，且有大群人能从得胜的

---

1 命名中的 Marcia 是来自当时的裁判官 Quintus Marcius Rex 的族姓。这条引水道是罗马城引水道中最长的。值得注意的是，与洗劫迦太基同年发生的洗劫科林斯一事，也为这条引水道的修筑提供了不少资金。——译者注

2 John S. Richardson, 'The Spanish Mines and the Development of Provincial Taxation in the Second Century B.C.', *Journal of Roman Studies*, 66 (1976).

收益中获利。波里比阿补充说，对元老院和监察官的依赖使得求取承包者对二者保持屈从。但公共承包合同的缺点今日尽人皆知。承包人着眼于短期，并且准备好一旦取得合同就毫不留情地役使行省臣民。罗马人的承包人一词"*publicanus*"在福音书中就经常和"罪人"相提并论。

罗马与其他地中海霸权的斗争也改变了战争的政治。战争规模日益扩大，呼吁克制的声音随之出现。真正的分歧看来在元老院和人民大会都涌现出来，事关特定战争是否可取。人民大会几乎阻止了与马其顿王腓力五世的战争。老加图为夷平迦太基不得不和元老院纠缠多年。毁灭迦太基和科林斯显然惊骇了一些罗马人。罗马的东方盟友之所以感到公元前2世纪罗马在这一地区的政策难以预测，是因为它确实不可预知。在亚得里亚海以东取得领土曾遭到明显抵制，即使在公元前2世纪40年代罗马已经几乎不得不在马其顿建立行省之后也未平息。公元前133年帕迦马王阿塔洛斯三世（Attalus Ⅲ of Pergamum）死后将王国遗赠罗马，但直到提比略·格拉古（Tiberius Gracchus）将此事提交人民大会[1]并保证这笔收益将用于资助意大利内部重启的土地分配，这项遗产才被罗马人接受。

公元前3世纪末公元前2世纪初的战争并不都是大国之间的战争。罗马军队在这期间长期在西班牙和意大利北部作战，冒险深入高卢腹地，并被卷入或主动介入了巴尔干和小亚细亚的次级战争。一般这些战争并未引起太多争议，不过偶尔元老们也会抗议

1　这里指的是罗马的部落人民大会（*comitia populi tributa*）。事见普鲁塔克《提比略·格拉古传》第15章。提比略·格拉古在此绕过元老院直接诉诸人民大会的举动也被元老院当作对其权威的侵犯。——译者注

那些与远方民族进行的无正式授权战争；也试图不给其中一些将军举行凯旋式。将军们可能回复称元老院并不理解战场情势，也有些将军则指出他们的胜利带来了收益。竞争式的建筑丰富了罗马纪念物的建筑式样，凯旋节庆、历史剧和史诗都使人民参与进了建立帝国的计划。偶尔，元老们的授权令被迅速发出，以使战后定居系统化，或对殖民地进行视察。使节也从四面八方来到罗马。一个处理罗马政府海外代表的贪污指控[1]的法庭在公元前149年的设立是一个不祥之兆。对盟邦的武装领导已经转型为一种不同形态的帝国统治。

了解帝国

从政治制度的相对优势角度观察罗马扩张对我们很有意义，对希腊人波里比阿亦如是。像他一样，我们也继承了一套可追溯到亚里士多德的政治分析风格。不过，罗马人如何理解这一非同寻常的故事也是值得一问的问题。一个比其他人付出更多而领导罗马数个世纪的家族，为我们提供了一个内容丰富的例子。

科涅利氏族是构成共和国贵族阶层——确切说是其内部圈子——最大的氏族之一。而科涅利·西庇阿家族则是这一氏族的一支。我们从史书中对这个家族所知不少，即使他们的岩穴式墓地没有在罗马向外的阿皮亚大道边上被发现，并且在18世纪末被

---

1 这里是指对前151年裁判官、征讨卢西塔尼人的Servius Sulpicius Galba的指控，事见阿庇安《罗马史》第6卷第58—60章和李维第40卷《摘要》；虽然包括老加图在内的很多人都参与了对此人的指控，但他还是因豪富（阿庇安说）/口才（西塞罗说）免于处罚。——译者注

发掘，他们也会非常著名。这个墓葬内发现有九具石棺，每具石棺都有棺铭，而这里应曾有过更多石棺。这些石棺恰好填补了从波里比阿和李维那里所知较少的部分家谱。这一家族有贵族身份，罗马人有时将此理解为他们是王政时代贵族阶层的后裔。到了公元前3世纪，贵族家庭就已不再独霸政权高位或高级祭司职务了，不过贵族在这些职务中当然占据了更大比例。

该墓葬中找到棺铭的年龄最长者"长髯公"西庇阿（Scipio Barbatus）在公元前298年任执政官；他的两个儿子分别在公元前260年和公元前259年任执政官，其中一个还在公元前254年罕见地再任执政官。下一代人分别在公元前222、前221、前218年做过执政官，他们的儿子则在公元前205、前191、前190和前176年任执政官。公元前205年的执政官是那场终结第二次布匿战争的扎马战役的胜利者。他得名"征阿非利加者西庇阿"（Scipio Africanus）并在公元前194年第二次出任执政官。在他的影响下，他的弟弟取得了公元前190年执政官职位并带兵与安条克三世作战，并因此取得了"征亚细亚者"称号。这些以大陆为名的绰号准确地表现了他们的名誉，或者自负的程度。

李维讲述了大西庇阿在晚年如何因腐败在人民面前受审。在审讯的第二天他被传召到诸保民官面前。保民官们坐在罗马市政广场一端的演说台上，而他步步走近，后随他的大群朋友与门客。全场肃静，他则致辞：

> 就在这一天，保民官们和诸位同胞公民们，我与汉尼拔和迦太基人大战一场，好运相伴而大获全胜。因此，既然似乎有理由暂停今天的所有案件和程序，我就将立刻从这里走

图 5　"长髯公"西庇阿的石棺，藏于梵蒂冈庇护-克莱芒博物馆

上卡皮托利山赞颂至高至尊的朱庇特、赞颂朱诺、赞颂密涅瓦及主持卡皮托利和山堡（*arx*）的其他诸神。我将向他们致谢，正在这一天，以及时常在其他场合，他们赐我力量与智慧以为共和国做出大贡献。公民们，你们中可以的请随我来

并向诸神祈祷，你们始终有像我这样的领袖。因为从我17岁时直到我如今年迈，你们一直授予我本适于我先人的尊荣，而我也以我的事迹走在你们的尊荣之先。[1]

故事接下来，出庭人员站了起来，并跟随他巡回城市的各个神庙。或许这是虚构的，而且大西庇阿似乎是在那不勒斯海湾的利特尔农自愿流放中度过最后日子的，因此他可能并未全身而退未受处罚。不过这段逸事告诉我们，他是如何被铭记的。

西庇阿家族下一代人并不那么出众，即使有一人迟至公元前138年还担任执政官。不过这个家族仍然声威难当。通过从另一个大家族——曾在公元前168年毁灭马其顿王国的埃米里乌斯·保路斯家族收养儿子，西庇阿家族招来了普布利乌斯·科涅利乌斯·西庇阿·埃米利亚努斯（Publius Cornelius Scipio Aemilianus）：他在公元前147年任执政官，并指挥军队一劳永逸地毁灭迦太基，成为第二个"征阿非利加者"。作为政治家和艺术赞助人，他被西塞罗理想化成了内战大爆发之前那些岁月的国家领导者。

家族传统是由记忆创造的，而记忆则总有选择性。墓穴中的棺铭尤其容易受这个过程的影响，但无论如何它所形成的形象始终如一。[2]每一位西庇阿家族成员都因个人品质——往往兼有美貌和美德——而受赞扬，并至少有一部分职务开列其下，不过成就的一大领域则是战争。"长髯公"战胜了伊特鲁里亚人和萨姆奈

1　李维《建城以来史》第38卷第51章。

2　Harriet I. Flower, *Ancestor Masks and Aristocratic Power in Roman Culture* (Oxford: Clarendon Press, 1996).

人，并征服了半岛南部的卢卡尼亚全境。在执政官之外他还获选监察官，并出任罗马最有权威的祭司职务——大祭司长。[1]他那在公元前259年任执政官的儿子，也曾担任监察官。他在海上取得大捷，从迦太基人手上征服了科西嘉岛几乎全部的领土。回城伊始，他就为风暴诸女神建了神庙。[2]他的兄弟在占领西西里的帕诺尔姆斯后于公元前253年享受了凯旋式。[3]荣光不坠。公元前222年的执政官领导了对高卢因苏布里部落及其首都米兰的征服。[4]他的儿子在公元前204年被选为最高尚的罗马公民并因此最适合迎接来自小亚细亚的诸神之母被带来罗马的神像。他也对高卢人取得过大捷。[5]一个接一个的胜利在越来越远的地方获得，一代又一代的尊荣则由同样的词语记述。从我们的角度看，可以看到罗马在从一个好战的意大利城邦转变为地中海的主宰者时，经历的深刻结构性变化。不过对于科涅利·西庇阿家族——无疑对法比·马克西米家族（Fabii Maximi）、森普洛尼·格拉古家族（Sempronii

---

1　棺铭见 *CIL* VI 1285。——译者注

2　即 Lucius Cornelius Scipio，棺铭见 *CIL* VI 1287。——译者注

3　这段史事参见波里比阿《历史》第1卷第21—24章及第1卷第36章第8—10节，西西里的狄奥多罗斯《历史文库》第28卷第18章第5节未提人名地补充了一些信息。——译者注

4　即 Gnaeus Cornelius Scipio Calvus，事见波里比阿《历史》第2卷第34章第1节—第35章第2节。——译者注

5　即 Publius Cornelius Scipio Nasica，公元前191年执政官。事见李维《建城以来史》第29卷第11章与第14章、奥维德（Ovid）《岁时记》第4卷第290—371行。两位作者对 Nasica 的角色界定略有不同，李维笔下的 Nasica 将女神像从奥斯提亚一直迎奉到罗马城内；奥维德笔下的 Nasica 则只是在罗马城门迎奉。征伐高卢参李维《建城以来史》第36卷第38—40章。——译者注

Gracchi）以及与他们相匹敌的、与之通婚的、讲述同样的罗马故事、只在抑扬顿挫上有些许不同的其他所有大家族来说也是如此——他们的家族史构成了绵延数世纪一段征服叙事的一部分，并在其中扮演主要角色。

延伸阅读

威廉·哈里斯的《共和罗马的战争与帝国主义：公元前327—前70年》改变了人们讨论罗马帝国主义的方式，将注意力从罗马的战争理由转向推动扩张的政治、社会和意识形态因素。埃里克·格伦的《希腊化世界与罗马的来临》（*The Hellenistic World and the Coming of Rome*, Berkeley, 1984）记述了罗马对希腊东方的吞并。亚瑟·埃克斯坦（Arthur Eckstein）的《地中海的群龙无首、列国战争与罗马崛起》（*Mediterranean Anarchy, Interstate War and the Rise of Rome*, Berkeley, 2006）以政治科学为基础提供了一种阐释。格雷厄姆·希普利的《亚历山大身后的希腊世界》（*The Greek World after Alexander*, London, 2000）是关于罗马毁掉的世界的一部杰出介绍性作品。约翰·理查德森（John Richardson）在《西斯帕尼亚：西班牙与罗马帝国主义的发展，公元前218—前82年》（*Hispaniae: Spain and the Development of Roman Imperialism, 218–82 BC,* Cambridge, 1986）一书中，讨论了罗马在西方第一次帝国主义的实践，这场实践不那么引人注意，却至关重要。

彼得·布伦特（Peter Brunt）的《意大利的人力》（*Italian Manpower 225B.C.–A.D.14*, Oxford, 1971）开始了关于罗马海外扩张引发的国内后果的讨论。基思·霍普金斯（Keith Hopkins）的

《征服者与奴隶》(*Conquerors and Slaves*, Cambridge, 1978)的最初几章将奴隶制的发展和罗马城的扩张联系起来呈现了一套清晰的论述。不过人口学最近重新受到了仔细审视。纳特·罗森斯坦(Nathan Rosenstein)的《战时罗马：共和国中期的农场、家族与死亡》(*Rome at War: Farms, Families, and Death in the Middle Republic*, Chapel Hill, NC, 2004)与吕克·德里赫特(Luuk de Ligt)和西蒙·诺斯伍德(Simon Northwood)主编的论文集《人民、土地与政治》(*People, Land and Politics*, Leiden, 2008)，都是了解这一讨论绝佳的出发点。

奴隶制与帝国

为了使一群分散而野蛮得轻易开战的居民因安乐而适应安宁与悠游的生活，他［阿古利可拉］对修建神庙、市集和住宅都予以私人鼓励和公共协助，奖赏勤快高效者，批评懒惰息工者。就这样，对荣誉的竞争就取代了强制劳作。他使诸酋长的儿子学习自由技艺（*liberales artes*），相比高卢人的勤勉，他更喜欢不列颠人的天资聪颖，因而这些曾拒绝罗马人语言的人们竟开始学习修辞术来。甚至我们民族的服装也流行起来，托加时常可见。他们也逐渐被腐化人的东西，柱廊、洗浴和高雅的宴饮带入歧途。不谙世事的他们把所有这些都当作文明，而实际上这不过是他们被奴役的一部分。

——塔西佗《阿古利可拉传》第21章

世袭制帝国

每个帝国都承载着创造它的那种社会的印记。游牧帝国如蒙古人的帝国通过部落和氏族进行统治。大英帝国以贸易项目兴起，由贵族阶层成员占据并统治之，又有专业中产阶级任职的殖民地官僚体系对其管理。[1]这些社会群体都给帝国留下了自己的印记。罗马共和国是由其几个最大的家族经营的城邦。它也是一个蓄奴社会。它所建立的帝国是贵族式帝国，并依赖其对家族和奴隶制的管理，这两点不足为奇。

家族和奴隶制今天看来是圆凿方枘。但在许多前现代社会中，这两者却若合符节。[2]在现代世界中由各种大公司、会社和官僚来组织的诸多经济与政府功能，在过去主要是由个人管理的，这些个人则依赖亲友网络的帮助。在古代最基本的经济活动或许就是农耕，无论是以亲缘意识组织劳动的部落耕作者的还是小农家庭的农耕。奴隶制则作为补充劳动力的手段，在两种社会都有出现。它一般与友谊和门客制并行不悖：奴隶们全年无休地提供劳力，其他人则对特定需求提供帮助。共和国中叶罗马的贵族统治者们要经营的远不止他们的家产。有些人拥有许多农场，有些人则在城市中有诸多建筑、商船、陶窑和小商铺。没有人有足够多的亲戚来在所有这些生意中任职或管理它们。工资劳动虽然存在，但很少有人使用，而且多数是计件工作。军事侵略使奴隶制的发展成为可能，扩张造就的更复杂的社会还产生了奴隶可以充任的新角色。罗马的有产者——奴隶当然是财产——在任何可能的地方都使用奴隶制。奴隶们劳作在农场和矿山，服务于餐桌和卧室，担任教师、理财人和**知己**。罗马人广为人知地解放了许多奴隶并

1　David Cannadine, *Ornamentalism: How the British Saw their Empire* (London: Allen Lane, 2001).

2　Orlando Patterson, *Slavery and Social Death: A Comparative Study* (Cambridge, Mass.: Harvard University Press, 1982).

给予他们一种有限度的公民权。究其原因，这一做法却并非出于情感：被解放的奴隶一般是最熟练的，而作为前奴隶或被释奴，他们和前主人的家族仍保持着紧密联系。到共和国末年，罗马城的一大部分由豪门望族构成，每一个望族都可能有数以百计的奴隶，在他们周围还有众多的前奴隶，他们仍然紧密依附前主人。多数罗马贵族一生只有很少一段时间担任公职，做将军、地方长官或担任其他官职：而在任上，他们的家族、朋友以及被释奴都会协助他们。国家也拥有一些奴隶，不过直到皇帝扩张了自己的家庭与奴隶家族以形成行政部门核心之前，帝国治理都是家族式的，亦即，依靠其领导成员的亲朋和奴隶治理的。

家族也创造了权威强有力的图景，这种图景很轻易地就转入了其他领域。思想上的焦点在于"家父"（*paterfamilias*），一个家族通常的首脑。在想象中，罗马的父亲们既会仁慈地施以关怀，也会做道德的领导，还会行使权威。正式地讲，罗马的家父对在其权威下所有人的财产拥有所有权，这些人包括他的成年子女、他儿子的子女、他们的奴隶以及前奴隶。他也对自己的女性亲属行使监护权，甚至他已经出嫁的女儿都仍在他的权威之下。家父是自己家户中的长官和祭司，作为家族对国家和诸神的代表。他主持家族仪式，可以召集朋友集会以帮助他处理家族事务，并有可能将一场集会变成审理家族成员的家族法庭：甚至直到奥古斯都之前，通奸都是家户首脑的管辖事务。在他的命令下，奴隶既可能遭到痛打，也可能获得自由，前奴隶原则上则可能再沦为奴隶。关于罗马家族的近来研究表明，实际情况更为复杂。首先，多数成年男性完全任一位老年家父的摆布的观点在罗马史上所有时期都不能成立。在一个男性一般在将近30岁才第一次结婚，并且预期寿命不过是前现代水平的世界中，很多成年男性的父母都不会在世了。而仍然在世的老年男性则受到特别尊重：这种情况更接近传统的日本和中国社会，而不那么像当下的西欧社会。关于旧式严父的故事，是罗马作家们在攻击当时人时唤起一个道德上稳定的过去的普遍倾向的一部分。不过这种神话把父亲（Pater）塑造成了在其他语境中代表仁慈权威的一个极佳形象。元老院的正式称呼是"诸父及诸当选者"（patres conscripti）。"祖国之父"（pater patriae）头衔先被授予西塞罗，然后是恺撒，而奥古斯都享有它以后，这个头衔就成了皇帝头衔的一个标准组成部分。

在家族之外还延伸着恩庇关系网络，这是将有势力的罗马人与其各种各样的自由民门客联系起来的关系网。恩庇意味着不同阶层或地位的人之间利益与尊重的交换。[1]它包括年长的元老对年轻元老提供支持，地主对较贫穷的邻居提供帮助，以及艺术赞助人对诗人的资助；它逐渐融入了前奴隶、佃户和负债者依附于人的社会维度，而这一依附是借助法律强制执行的。有势者可以向其社会附庸们提供津贴、资本借贷或商务管理职位，偶尔也提供饭食。这种关系原则上是可继承的，一些小家族可能确实一连数代都留在大家族的势力范围内。回报可能是经济上的，也可能以政治上的支持来表现——虽然提及此事在当时是无礼的，而城内的门客也可在正式场合充当随扈。对更重要的朋友——雄心勃勃的年轻元老、骑士阶层和地方贵族成员，有势者可以建立往来，

1　Richard P. Saller, *Personal Patronage under the Early Empire* (Cambridge: Cambridge University Press, 1982); Andrew Wallace-Hadrill (ed.), *Patronage in Ancient Society* (London: Routledge, 1989).

并可能自作中介为他们获得官位、祭司职务、社会地位提升，凡此种种好处。朋友也感觉扶助他们往来者的孤儿遗孀是一种义务。演说家们为地位或高或低的朋友们在法庭上免费做代理，文人们则阅读和聆听彼此的作品。对于这些帮助，其回报则是感激，以及作为履行社会责任（officia）者的声誉。

恩庇制为帝国统治提供了许多的模式和象征。想要起诉长官腐败的行省城邦，首先须得找一个愿意代表他们担任保护人（patronus）的元老：一些元老因此接受了来自希腊城邦的尊荣。[1]罗马将军们有时会成为外邦的保护人，先是在意大利，后来是在海外。[2]某些保护关系惊人地延续很长时间。当西塞罗在公元前63年出任执政官时，一群阴谋者试图得到高卢的阿洛布罗吉人（Allobroges）的支持：阿洛布罗吉人没有被说服，并将阴谋曝光了，不过他们是通过一位名叫法比乌斯·桑伽（Fabius Sanga）的低级元老与西塞罗接洽的，这位元老的祖先在公元前2世纪20年代曾战胜他们。[3]恩庇制的语言可以用在整个民族和作为整体的罗马政府之间的关系上。在共和国晚期，许多异民族和外族国王都被正式地称颂为罗马人民的"朋友与盟友"。[4]在罗马，没人会把这当作平等者之间的关系。不过，这种关系仍然承载着实际的相互义务意义。当罗马自我陷于分裂时，这些关系就会将外

1　Claude Eilers, *Roman Patrons of Greek Cities* (Oxford: Oxford University Press, 2002).

2　Ernst Badian, *Foreign Clientelae (264–70 BC)* (Oxford: Clarendon Press, 1958).

3　撒路斯提乌斯《喀提林阴谋》第41章。——译者注

4　David Braund, *Rome and the Friendly King: The Character of the Client Kingship* (London: Croom Helm, 1982).

族人卷进来。撒路斯提乌斯（Sallust）是以小西庇阿建议他年轻的盟友朱古达（Jugurtha）争取罗马人民整体而非单个罗马人的友谊，开启他对这场与努米底亚王子战争的叙述的。[1]公元前1世纪三四十年代的内战主要在意大利以外进行，并且牵涉了帝国各处的部落和国王：其中埃及的克莱奥帕特拉、犹太的希律王（Herod in Judaea）和毛里塔尼亚的尤巴（Juba of Mauretania）还试图猜测罗马政治未来的胜利者。到政治的多头化告终时，这一问题才得以解决。皇帝成了所有利益的根本来源，而做保护人的元老逐渐充当连接其当事人与皇帝礼赠的掮客角色，而奥古斯都在自述中还夸耀，遥远的日耳曼部落怎样派遣使者争取他和罗马人民的友谊。[2]

奴隶与罗马经济

随着罗马在公元前最后几世纪的势力扩张，奴隶制和家族获得了越来越多的功能。没有比帝国公私收益管理更能鲜明体现这点的了。

使这些体制能更有效管理经济活动的法律措施或许是首先发展起来的。[3]特有产（*peculium*）是一个很好的例子，这是一笔私人可用的财产，不过其最终所有权归家父所有。家族需要所有成

---

1 撒路斯提乌斯《朱古达战争》第8章。

2 《圣奥古斯都功业录》第26章第4节。

3 David Johnston, *Roman Law in Context*, ed. Paul Cartledge and Peter Garnsey, Key Themes in Ancient History (Cambridge: Cambridge University Press, 1999).

年成员作为有效力的经济行为人一样行动：一笔特有产能让儿子运营一片农场，或者买卖货物，而不用总是征求其父亲的意见。允许一些奴隶拥有特有产，使他们能够担当商业行为人和农场经理，或运营商铺和不动产。对一些奴隶来说，积攒他们赚来的钱以期最终从主人那里赎买自由，已是寻常之事：这笔钱能让主人换到一个新奴隶，并且还保有一个被释奴为他效劳。奥古斯都允许士兵持有一笔特有产，在一些人会有数十年远离父亲的情况下，这是一种切实的举措。从公元前2世纪初开始，一部代理行为法（*lex institoria*）对这些安排进行了补充。罗马的有产者可以指定自由人、被释奴甚至奴隶担任经管人（*institores*），经管人可以代表有产者签订合同或担负债务。[1]一旦一些罗马人在许多行省都有经济利益和资产，或者可能忙于远程贸易或供应远征罗马军队的合同时，此类设计就至关重要了。另一个同样来自公元前2世纪初的例子是合伙关系（*societates*）的发展，它最初是一种允许继承人们共同经营遗产的体系，不过此时已调整成使一些群体得以集合资产、分享共同事业盈亏的关系。随着经济活动的潜在规模越来越大，这种关系就非常有用了：据说老加图曾加入一个50人的合伙以资助一次商业航行。[2]共和国晚期最大的那些公共承包合同——最著名的例子是从亚细亚行省收取五年公共收入——需要大规模财政担保。对此类事务来说，合伙就至关重要了。其他帝国也面对类似的问题，但解决方式各不相同。早期现代的欧洲发展出了股份公司以把资本和风险都集中起来。罗马则强化并应用

1　关于该法的论述，参见盖尤斯《法学阶梯》第4卷第71节。——译者注
2　普鲁塔克《老加图传》第21章。【译按】值得注意的是，老加图在这次合伙中使用了他的一个被释奴做经管人。

了家族和奴隶制度。

我们最易追寻变化印迹的经济领域是农业。并不清楚从多早开始，一些罗马人就开始在半岛各处取得多处土地：公元前4至前3世纪殖民及其他定居行为的证据更多了。庄园建筑的考古证据与过剩生产持续增长的关注，在公元前2世纪末以前意大利的很多地方都是罕见的。对宁静的乡间隐居所的文献叙述则开始得更晚。不过在公元前160年左右，老加图写了一部专著《农业论》（*On Farming*），这本书借鉴了一些希腊早先的农业手册，并适应了罗马的需要。例如，它开列了诸多意大利的城镇，在这些城镇中可以买到最好的各种设备器具。居于中心的是一个完全罗马式的奴隶制模板。加图的规定适合一个中等规模的农场以最常见的意大利作物为基础发展混合农业。它什么都生产一些，以满足奴隶劳动力、农场经理和地主的需求，不过也被设计得可为市场进行过剩生产。

公元前2世纪，农产品市场是在增长的。而推动它的则是城市化。罗马城当时可能已有超过10万居民。罗马城的迅速扩张归因于监察官们组织的公共开支，或许也因为在公元前2世纪70年代末殖民运动已经停止。在公元前146年科林斯毁灭后，罗马又成了西地中海的商贸中枢。随着不事耕稼者比例上升，食品需求也在提高。从远方进口粮食，既昂贵又有风险：随着奥古斯都治下罗马城接近100万人，罗马终将诉诸此道。不过在此时还有更简单的解决方案。在汉尼拔战争后从不忠盟邦那里没收的土地增加了公共财产，而海外征服战争也至少使一些有产阶级致富。他们将这些财富的一部分用于购置农场，一部分则投资于这些农场。在海外扩张的时期，奴隶提供了廉价劳动力。资本密集型农业成了短期的战利横财得以转化为能长期赢利的产业的途径。这就是加图所回应的逻辑。实际上，人们普遍且持续地对提升耕地价值的途径有兴趣。瓦罗在公元前1世纪30年代初完成了一部更长的关于农业的专著，而到科鲁梅拉和老普林尼在公元1世纪末写作的时候，他们显然可以依靠一个农学作品文库。而居于所有这些作品中心的，就是奴隶劳动。[1]

　　加图是为那些栽种葡萄园、在农庄备有研磨工具和压榨机、建设贮藏设施、购置铁制农具和奴隶（用来使用铁制农具）的地主写作的。他所设想的农庄由一位管家运营，有20多名固定工作的奴隶，在有酿酒之类的需要时就由自由小农或市民做临时工来补充劳动力。[2]奴隶提供的核心劳动力可以进行极重度劳动，病弱者和年老者被轻易处理，不容闲人，这种劳动力也很容易扩大或缩小规模。奴隶并不进行军事服役。加图的建议中这种"残酷的平庸性"使不少人感到恐惧。谷物与葡萄酒生产是关键的市场导向型产业。土地所有者们也开发田庄内的非农业资源，比如黏土矿和林地。黏土矿对制作用于出口酒、油的陶制容器双耳瓶和用于贮藏的多里涌（dolium）罐桶来说至关重要。而罗马城热切渴望砖块和屋瓦。有些地产可以提供木材和柴薪。临近罗马的农场

1　Andrea Giardina and Aldo Schiavone (eds.), *Società romana e produzione schiavistica* (Rome: Laterza, 1981).

2　Dominic Rathbone, 'The Development of Agriculture in the Ager Cosanus during the Roman Republic: Problems of Evidence and Interpretation', *Journal of Roman Studies*, 71 (1981).

发展起灌溉蔬果园艺、养禽、养蜂甚至畜养各种畋猎动物。[1]有产者们还投资交通基础建设，他们为新鲜产品建造市集，并且向其门客出租家宅邻街面的店铺。在这场经济发展的每个阶段，有产阶级都是领路人。新的商贸阶级没有涌现，因为资本来自社会精英，而他们将这些事业的经营交给了他们的门客、被释奴和奴隶。[2]

罗马的土地所有者需要农场管家、建筑管理员、店铺主管和小工坊的监工，还需要可信的代表从城市租户、农村佃户那里收租，在远方港口处理生意，以及管理每个田庄和整个家户复杂的簿记系统。那些处理合同、必须做报告或接受书面指示的人，必须识文断字。土地所有者们依靠会算数的人来处理必定复杂的现金流、记录和追讨欠款，以及检查贷款的回报。他们使用奴隶和前奴隶做秘书，无论他们去哪里，其中一些秘书都一同随行，在公私事务上协助。凡此种种都有奴隶和被释奴可供使用。[3]

为什么是奴隶？维多利亚时代为企业家提供带薪文职助理的受过教育却相对贫穷的城市阶层，在罗马社会中没有对应者。公民军队不会造就具有今日企业与政府诸多部门都仰赖的那种具有普遍管理经验的退休官员。自由人也无缘接近任何像今日能使有

---

1 Nicholas Purcell, 'The Roman Villa and the Landscape of Production', in Cornell and Lomas (eds.), *Urban Society in Roman Italy*; Neville Morley, *Metropolis and Hinterland: The City of Rome and the Italian Economy 200 B.C.– A.D. 200* (Cambridge: Cambridge University Press, 1996).

2 Andrew Wallace-Hadrill, 'Elites and Trade in the Roman Town', in John Rich and Andrew Wallace-Hadrill (eds.), *City and Country in the Ancient World* (London: Routledge, 1991).

3 Susan M. Treggiari, *Roman Freedmen during the Late Republic* (Oxford: Clarendon Press, 1969).

天赋和能力的人得以向责任更大的职位发展生涯道路的社会和商贸制度。反过来，奴隶则很有可塑性。有些奴隶受到良好教育，事实上大多数罗马的教育都出现在贵族家户之中。被长期拥有的奴隶可以经由训练和规训以满足主人的需要。大多数奴隶与他们曾成长其中的社会完全脱节，或者本来就是"家生子"：这两个群体都没有任何能取得更好条件的实际希望，除非获得主人的支持。此外，奴隶还完全依赖主人。[1]违命不遵或者背信弃义会遭到可怖的惩罚。原则上杀死奴隶，至少蓄意杀奴是不合法的，不过谁会打官司反对主人呢？不过奴隶可能例行性地遭到监禁、殴打甚至身遭酷刑，而且还有许多较轻的惩罚措施。加图建议把接近女奴的机会当作激励措施使用。一些奴隶被允许组建家庭，不过他们的配偶和孩子也可被主人随意贩卖。奴隶可能期望更轻松的工作和最终的自由，不过如果主人愿意，他们也可能又被指派到艰苦劳动中去。在罗马人对待敌人越来越独裁，与他们对奴隶的惯常控制之间是否也有联系呢？这样一个观点是很难检验的，不过在读到加图对自家奴隶的观点时，很难忘记他在晚年的每一次公共演说都以这句话告终："迦太基必须毁灭！"（ *Delenda est Carthago* ）

加图的理想农场在后代人看来未免有点小。配有奴隶居所的特地建造的庄园出现于公元前1世纪，其中通常设有奢华的居住区。在托斯卡纳的赛特芬尼斯特雷发掘出的一处大公馆提供了一个鲜活的模板。一个包括僻静花园的完整的城区公馆被移到乡村，并固定在一处运营中的农场上。主人出现时，会和照顾他全部需

---

1 Keith Bradley, *Slaves and Masters in the Roman Empire: A Study in Social Control* (New York: Oxford University Press, 1987).

图 6　奴隶项圈，原件藏于罗马的国家罗马博物馆戴克里先浴场[1]

1　项圈下面的牌子刻有铭文："我曾逃跑过。抓住我。如果把我交还给我的主人 Zoninus，您将获得一枚索利多金币。"（*CIL* XV 7194）考古出土了非常多与这块公元 4 世纪左右的项圈牌类似的悬赏以预防奴隶逃跑的项圈。索利多（Solidus）是君士坦丁一世推广的一种重 4.5 克近纯金货币，说明捉回这名无名奴赏金很高。——译者注

要与欲求的奴隶侍从一起来到这里。与此同时，另一类迥然不同的奴隶则在他的葡萄园、耕地、磨坊和陶窑中劳动。大多数农业奴隶不会被戴上镣铐劳动——在多数情况下这太不现实，不过很多人被烙印或戴上项圈。在矿井工作的奴隶情况则更糟。而阿普列乌斯（Apuleius）在他的小说《金驴记》（*The Golden Ass*）中对谷物磨坊也提供了一个骇人的描述，在这里奴隶要转动一个炽热难耐的水平轮盘来研磨谷物。

> 诸神在上啊，这里类人的生物真是可怜，他们的身体都肿起淤青，背部遍布被打的疤痕，破布蔽体而不成衣，有些只着腰布遮羞，所有人都几乎赤身裸体。有些人前额被烙印，有些被剃去半边头发，有些则被铐上双足。他们面色惨白，双眼被烟尘和污物模糊，在这里难闻的黑暗中几乎看不见东西。[1]

与此同时，超级富豪之家中奢华的奴隶队伍仍在发展壮大。奴隶教师和理发师得与小妾以及各色厨师、看门人和更衣人、面包师和乳母、读诗人、园丁以及体能教练等平起平坐。我们从奴隶主们为他们提供的精致的坟墓中切实了解到数以百计的职业头衔。极度复杂的社会从独立家庭中兴起，这种社会以精巧的等级制和细微的角色与头衔差异为标志。奴隶实在是随处可见，经常被人忽视。我们很容易忘记：任何地位的自由男女几乎都不会独行，也从不需要自己做苦力，因为始终会有另一双手为他们做事。

1　阿普列乌斯《金驴记》第9卷第12章。

奴隶、公民与士兵

奴隶首先是奢侈品。当我们罕见地可以谈及一个奴隶折价几何时，这价格今天算来接近一辆新车。只有富人需要或买得起这种熟练的奴仆，以补充他们的门客、佃农和依附亲属。不过加图的农场使用的是不那么熟练的奴隶。罗马如何成了一个以大规模奴隶制为基础的社会？以及，这一变化如何与罗马帝国主义联系起来？

这故事的一部分已经讲过了。公元前2世纪，很多迹象表明奴隶制在罗马经济中变得越来越重要。加图的描述就是较早的一段证据。而奇闻逸事也积少成多。公元前2世纪末，比提尼亚王尼科美德斯（Nicomedes）曾拒绝派兵与罗马共同作战，理由是他有甚多臣民都被奴隶贩子抓走了。[1]在更接近主城罗马的西西里，公元前2世纪晚期（公元前135—前132年和公元前104—前100年）发生过两次大规模奴隶暴动，而公元前73年的斯巴达克战争甚至迫使两支罗马军队出兵征讨。如果农业奴隶制的发展可以和出口葡萄酒的生产相匹配，那么公元前2世纪末至前1世纪初转型的步伐就可以用一大串考古学判断标准来衡量：从每个时期发现的双耳瓶容器数量，到潜水员们在地中海海岸不断发现的损毁货船数量，都可以作为衡量标准。[2]

1　事见西西里的狄奥多罗斯《历史文库》第36卷第3章第1节。——译者注
2　Nicholas Purcell, 'Wine and Wealth in Ancient Italy', *Journal of Roman Studies, 75* (1985); Tchernia, *Le Vin d'Italie romaine*; Jean-Paul Morel, 'The Transformation of Italy 300–133 BC', in Astin et al. (eds.), *Cambridge Ancient History*, viii; Jesper Carlsen and Elio Lo Cascio (eds.), *Agricoltura e scambi nell'Italia tardo-Repubblicana*, Pragmateiai (Bari: Edipuglia, 2009).

罗马奴隶制的发展如此迅速，以至成为古代作家实际注意到的极少几项社会转型之一。[1]地理学家斯特拉波（Strabo）解释了小亚细亚南部的一片区域奇里乞亚何以成为海盗行为的一处主要中心。[1]这开始于一场当地反对叙利亚诸王的暴动。随后，暴动者们开始洗劫叙利亚以获得奴隶，因为他们发现提洛岛上的奴隶市场每天能买卖周转1万名奴隶。斯特拉波说，究其原因，在于公元前146年击败迦太基和科林斯后罗马人富庶起来，并开始大量使用奴隶。这一地区的其他势力——罗得斯、塞浦路斯和埃及诸王，要么与叙利亚为敌，要么因为其他原因并不插手，罗马人也不关注陶罗斯山脉以外的事务。斯特拉波的理解大体正确，不过即使是他也没有充分理解使东地中海变成海盗与奴隶贩子游乐场的诸因素组合。罗马扩张是大多数因素的根本原因。首先，正是罗马对诸王的战争使得东地中海无人维安。罗马甚至直到公元前2世纪末期才开始试图镇压海盗。海盗持续造成威胁，直到庞培在公元前1世纪60年代席卷整个地中海，以及奥古斯都建立第一支常备罗马海军才被平定。[2]其次，罗马人实际上早已开始使经济适应于奴隶劳动，而不是仅因其富庶，也非仅在公元前146年以后。在公元前2世纪最初几十年间，罗马的巴尔干战争第一次得以获得廉价奴隶。罗马人与他们当时的盟友埃托利人签订的一份臭名昭著的协定，保证埃托利人控制任何被占领的城市和领土，只要罗马人得以取得可动的战利品和人口。[3]从此以后，战俘就成

---

1 斯特拉波《地理志》第14卷第5章第4节和第10卷第5章第2节。

2 Philip de Souza, *Piracy in the Graeco-Roman World* (Cambridge: Cambridge University Press, 1999).

3 *IG* IX 1².241。

了多数大规模战役中战利品的一个主要组成部分。

并非所有农业奴隶都被用在加图描绘的那种庄园之中。对西西里奴隶战争的记载也提到了在南方大牧场上的奴隶牧人。不过大宗的需求还是新式庄园的配员，而罗马的战争并不能那么稳定地定期提供战俘。例如在公元前2世纪60年代出征的军团，相比于罗马同时应对马其顿和叙利亚时的公元前2世纪90年代以及科林斯与迦太基沦陷前数年，要少了不少。这就是提洛岛用处所在。在没有可用的战俘时，罗马就转向奴隶贩子，这些奴隶贩子则通过海盗劫持和在罗马征伐东地中海后留下的混乱环境中大肆劫掠来给自己供货。[1]在其他时间，新到的战俘则在这里转运。奴隶贩子跟在军队之后，并从单个士兵那里购买战俘。其他人则开始开发欧洲北方的新人口：有一些迹象表明，一如现代早期在非洲的情况，一些部落开始惯于劫掳邻居以得到奴隶，他们可以拿这些奴隶换取进口商品，在古代这些进口商品就包括地中海葡萄酒。只要罗马对奴隶仍有欲求，各种形态的奴隶贸易就不会告终。

罗马土地所有者们为何如此钟意奴隶劳动？意大利的人口并不少，实际上从未有如罗马治下这么高。直到公元前2世纪早期，大部分农业劳动力都由小农供应，有些自有土地，有些则租种国有土地或他人的农场，一些人受雇劳作，可能也有很多家庭所有事情都做一点。对于小农在多大程度上以及多快被奴隶取代的问

1　William Vernon Harris, 'Demography, Geography and the Sources of Roman Slaves', *Journal of Roman Studies*, 89 (1999).

题，论述自古代就争讼不休，并延续至今。[1] 变化当然是发生了的，而且看来是逐渐展开的。已经充分证明元首制下永业小农、租地佃农和寄生佃农都存在。而公民的战死率也从未达到灾难性的程度。在考古数据上地方差异从未比此时更加明显。不过农业奴隶制和集约农业确实扩展开来，而共和国晚期身在行伍的许多士兵又都是没有土地的。不管怎样，公民兵和公民农之间古老的联系断裂了，而罗马的意大利则成了一个奴隶制社会。

延伸阅读

上一代学者研究的重大成就之一，就是认识到家庭在罗马社会的方方面面居于中心。贝丽尔·劳森（Beryl Rawson）主编的文集《古罗马的家庭》（*The Family in Ancient Rome*, London, 1986）收录了该领域多数主要学者的文章，是一个上佳的出发点。保罗·韦弗（Paul Weaver）的《恺撒之家》（*Familia Caesaris*, Cambridge, 1972）展现了皇帝在治理帝国中对奴隶的运用。劳森和韦弗还合编了一卷题为《意大利的罗马家族》（*The Roman Family in Italy*, Oxford, 1997）的后续研究。理查德·萨勒的《罗

1　P. A. Brunt, *Italian Manpower 225 B.C.–A.D. 14* (Oxford: Oxford University Press, 1971); Keith Hopkins, *Conquerors and Slaves: Sociological Studies in Roman History I* (Cambridge: Cambridge University Press, 1978); Nathan Stewart Rosenstein, *Rome at War: Farms, Families and Death in the Middle Republic* (Chapel Hill, NC: University of North Carolina Press, 2004); Keith Bradley,'Slavery in the Roman Republic', in Keith Bradley and Paul Cartledge (eds.), *Cambridge World History of Slavery*, i: *The Ancient Mediterranean World* (Cambridge: Cambridge University Press, 2011).

马家族中的父权、财富与死亡》(*Patriarchy, Property and Death in the Roman Family*, Cambridge, 1994) 利用人口学和社会科学展现了涉及家父权力的传说与现实之间的断层。

要发现更多关于罗马奴隶制的东西，最佳的出发点是保罗·卡特利奇 (Paul Cartledge) 和基思·布拉德利 (Keith Bradley) 主编的《剑桥世界奴隶制史》(*The Cambridge History of World Slavery*, Cambridge, 2011) 的第一卷，以及布拉德利的著作《罗马的奴隶制与社会》(*Slavery and Society at Rome*, Cambridge, 1994)。关于罗马奴隶社会的发展与罗马帝国主义的关系，参阅第5章 "延伸阅读" 中提及的霍普金斯、罗森斯坦的著作。关于罗马经济中奴隶制重要性的大讨论主要是以意大利文进行的。多米尼克·拉思伯恩 (Dominic Rathbone) 刊于1983年《罗马研究期刊》(*Journal of Roman Studies*) 的论文《意大利的奴隶生产模式》('The Slave Mode of Production in Italy') 给出了一个适当的概览。乌尔丽克·罗特 (Ulrike Roth) 的《思考工具》(*Thinking Tools*, London, 2007) 对正统理论提出了重大挑战。让-雅克·奥贝尔 (Jean-Jacques Aubert) 的《古罗马的生意总管》(*Business Managers in Ancient Rome*, Leiden, 1994) 出色展现了罗马人如何调整传统制度，以应对一个越发复杂的社会的需求。

大事记（三）

---

[1]　马略在公元前100年第六次、连续第五次出任执政官，比此期晚了一
年。——译者注

	院关系日趋紧张，罗马城内屡经会战
公元前102年	安东尼乌斯讨伐海盗
公元前91—前87年	在意大利的同盟者战争。罗马与其盟邦作战并取胜，并授予大多数盟友罗马公民权
公元前89年	密特拉达梯入侵亚细亚，下令屠杀将近10万名罗马和意大利侨民，穿越希腊，获邀入雅典城。亚得里亚海以东全部罗马领土至此沦于敌手

危　机

　　看着城市彻底毁灭，烈火将其烧毁殆尽时，据说西庇阿落下了眼泪并公开为敌人志哀。稍做沉思后，他想到一切城市、民族、帝国都已散去，一如所有人都自有命数。特洛伊曾是富庶之城，却也曾遭此劫，亚述人和米底人的帝国、一时无两的波斯帝国以及近来举世闻名的马其顿帝国，亦复如是。有意无意之间，他引用了诗人的下面这行诗：

　　有朝一日，圣之伊利昂终将倾颓，
　　普里阿摩斯及其执矛之民亦将遭屠戮。[1]

　　而后我同他讲话——因我是他的教师，并问他何意。他不加掩饰地答道，正在想着自己的国家，当沉思着一切必朽物的命运时他为自己的国家而忧惧。

——波里比阿《历史》第39卷第5章[2]

1　这两行诗语出《伊利亚特》第6卷第448—449行。——译者注
2　这段波里比阿残篇见于阿庇安《罗马史》第8卷第132章。2012年版洛布古典丛书将其标为第38卷第22章。——译者注

公元前146年科林斯和迦太基的毁灭，此前不久马其顿王国的瓦解，以及叙利亚和埃及受辱，使罗马人成了地中海世界的主人。波里比阿在这一点上是正确的。不过在50年内，他们就暂时对全部东方领土失去了控制，并且在一场被意大利盟邦打得措手不及的战争中几乎丢掉了意大利。罗马人还被迫与从非洲腹地、西班牙、高卢和日耳曼涌现出来的新敌人展开大战，还要处理日益严峻的海盗威胁。更糟的是，共和帝国面临危机的同时，将会引发多重政治谋杀和内战的内斗正好拉开了帷幕。罗马在这个血腥的世纪中只是苟且幸存。不过其公民政治制度却未能保全。人民大会和元老院大权旁落，法庭先被政治化又遭边缘化，而军队则在罗马政坛稳稳扎根。本章发问：罗马何以几乎永远迷失了它的帝国大计？

最后的超级大国

波里比阿对西庇阿垂泪观迦太基之火的亲眼描述是一段精妙的故事，不过它表达的是对罗马历史命运的感受，而非对风险的切实意识。没有迹象表明，罗马的将军或是希腊的史家真正理解了到公元前2世纪中叶时地中海世界陷入的动荡不安的环境。对海洋的忽视使海盗得以猖獗只是一个更大问题的征兆。在整个共和国时期中叶，罗马军队曾展示出他们有能力摧毁敌对势力团体。不过几乎没有什么东西挫损他们。罗马与其说仍是一个拥有稳定的财政、政府与安全体制的贡赋帝国，倒不如说是一个征服式国家，这个社会的意识形态、经济与政治制度都适于持续扩张。征服式国家在世界史上十分普遍，不过大多都短命而终，未能将其势力制度化。而罗马险些堕入它们的行列。

在波里比阿宣称罗马是人间主宰之时（公元前167年），它**直接**统治的领土包括了意大利各处稀稀拉拉的殖民地和公地，西西里、撒丁和科西嘉三岛，以及西班牙地中海岸的一带领土。到公元前146年为止，在伊比利亚半岛略有扩张；此外仅有两处领土扩张，即在巴尔干半岛中部有一行省取代了原来的马其顿王国，以及从迦太基紧邻腹地划出了另一行省。罗马的**非正式**势力则扩张到这些领土之外，不过确有多远则无人确知。即使在无疑处于罗马霸权之下的地区，例如意大利的盟邦、爱琴海世界的希腊城邦以及小亚细亚西部和北非的小王国，我们也并不清楚罗马希望实行具体何种水平的控制。或许罗马人自己在这个问题上也未达成一致。

这种不确定性是古代世界国际关系中一个不常见的特征。像古典希腊城邦世界或嗣后马其顿诸王国并立，这样的政治多元化体系倾向于发展出公共的交往规则。罗马在东地中海最初几十年的特点，就是试图遵守希腊-马其顿诸王国之间发展出的一些外交规程。[1]一个城邦从来不能完全在对等的地位上应对国王。老加图据说就曾把国王定义为"食肉动物"：[2]他用希腊语说出来，以免遭误解。向罗马元老们敬献冠冕，据说还偶尔有国王向罗马贵族女子求婚，这都造成了更大紧张而非带来好转。不过罗马人学会了希腊外交的口号和审慎辞令，比如说像"autonomia"（使用自己的法律的权利）这样的术语特殊的细微差别，他们还学会了希腊语。[3]公

1　Erich Gruen, *The Hellenistic World and the Coming of Rome*, 2 vols. (Berkeley and Los Angeles: University of California Press, 1984).

2　事见普鲁塔克《老加图传》第8章第8节。——译者注

3　Ferrary, *Philhellénisme et impérialisme*.

元前2世纪早期，一些元老对希腊人复杂的外交世界变得游刃有余，一如一些希腊人也把自己变成了罗马习俗方面的专家。不过罗马人似乎逐渐跳出了这些规则，或者可能是转回自己的规则之中。对希腊人来说，像公元前188年与叙利亚的安条克三世签订的《阿帕梅亚和约》这样的终战协定承认了双方的独立性。罗马人认为自己仍可以支使其继承人——比如征讨埃及途中的安条克四世——的看法一定看来非常奇怪。罗马人或许只是在以他们对待意大利盟邦的方式来对待这些国王。不过，文化误解只能解释至此，毕竟一些希腊人和罗马人对彼此了解甚深。这种待遇对诸王是羞辱，或许这才是问题所在。不过造成重大困难的行为可能并非有意为之。这就是罗马在东方的干涉既不持续也不可预测的事实。一些盟邦逐步增强了实力而罗马毫无反应，最终却发现一些决定性的扩张激起了激烈的反应。罗得斯曾是对抗腓力五世和安条克三世时的盟友，在他们二人败北后获得了领土与影响力，不过在公元前167年却惊人地失去了青睐。提洛岛臭名昭著的崛起，是罗马人有意通过在爱琴海中央建设一个自由港来限制罗得斯的海上势力这一决定的结果。我已经描述过，即使是比大多人都谙熟罗马决策的波里比阿，也对罗马加于亚该亚同盟的行径非常惊讶。

　　罗马具有不可预料性的原因之一是内部政治的变幻莫测。所有帝国体制都具有一个特征，即政治中心——京畿——的争斗会在帝国外围造成不成比例的后果。[1]此时对罗马来说，地中海周围的城邦、国王和部落都处于边缘。只说罗马元老院分成了宣扬扩

1　Elizabeth M. Brumfiel and John W. Fox (eds.), *Factional Competition and Political Development in the New World*, New Directions in Archaeology (Cambridge: Cambridge University Press, 1994).

张和反对扩张的两派未免过于简单。罗马的势力以及罗马人民的统治或权威的扩张，似乎一直被公认为是件好事。不过在具体事务上存在分歧。有些分歧是因私人争斗而起的。弗尔维乌斯·诺比里奥尔和曼里乌斯·乌尔索的敌人们主张，这二人在对马其顿与叙利亚大战结束后，于公元前2世纪80年代分别发动的对安布拉基亚人和加拉太人的战争，是为个人荣耀和一己私利发动的不必要的投机性战争。他们或许是对的。其他的分歧则可能在于更根本的原则问题。加图曾花费数年才使元老院相信，两度被打败而又屈从于毁灭性条约的迦太基城应被毁灭。最终他胜利了，不过古城的毁灭除了使西庇阿大受震动，也冲击了其他人的神经。或许因为吞疆并土将带来的新支出和新责任，对于扩张直辖领土颇有不情愿者。许多反对者显然是或将承担这些责任的元老们，而主张扩张的一些人则希望能从新行省往往会产生的公共承包合同中分一杯羹。在元老院贵族和不少富有的承包人出身的骑士阶层之间，逐渐出现了紧张气氛。

扩张的压力并不总是内生的。数位国王出于以短期利益为主的种种原因，都将罗马或罗马人民作为自己的继承人。[1]在公元前133年帕迦马王阿塔洛斯三世薨逝之时，他将自己的王畿与君权遗赠罗马，但许多元老都不愿接受这笔遗产。不过渴望额外收入以资自己民粹式土地改革的保民官大格拉古，把这个议题拿到了人民大会上。罗马因此先遭一场叛乱，而后又在小亚细亚西部获得了一个行省。10年后，罗马在保卫盟友马赛和通向西班牙陆路的一系列战争后，在法国南部建立了永久权威。我们并不清楚罗

---

1 David Braund, 'Royal Wills and Rome', *Papers of the British School at Rome*, 51 (1983).

马是否在公元前125年或稍后的时间设立了一个行省。对我们来说，以吸纳已有王国（例如叙拉古或帕迦马王国）的方式建立的共和国行省更易被辨明：在西部的问题更多在于，需要注意到同政务官和军队的出现都已非周期性，而是常备性存在了。

即使在罗马人确实将海外领地纳入直接统治下时，他们如此行事也是有选择性的。帕迦马王国在保卫希腊城邦抵御加拉太人入侵时扬名立万，并且在罗马将塞琉古家族的叙利亚诸王逐出小亚细亚时强大起来。他们的王国包括众多古代希腊城市，这些城市依赖着从安纳托利亚高原向西流入爱琴海的丰饶的河流谷地的财富而致富；还包括一些更贫穷的高地边境地区，这是防卫来自安纳托利亚腹地入侵者的防线。对于这些边疆领土，罗马兴味索然，并且旋即将它们交给了小盟邦的诸王。安全上的后果应当可以预期。但类似的决策却在地中海的另一头照样上演。罗马人直接管辖了曾经是迦太基领土的富饶的农业腹地。但迦太基非洲帝国的其他部分——布防的边疆，则被交给了地位较低的努米底亚和摩尔诸王。在两个区域的这种政策都是短视的。到公元前2世纪末，罗马曾在亚细亚和阿非利加扶植起来的一些小邦国王，即将成长为罗马最凶狠的敌人。令人沮丧的是，在近来的事件中显然多有相似之处：巴拿马的曼努埃尔·诺列加（Manuel Noriega）、阿富汗的塔利班和伊拉克的萨达姆·侯赛因，都是以西方的盟友身份开始崛起的。

努米底亚王朱古达的生平提供了一个上佳的例子。努米底亚人是生活在迦太基领土南部和西部一系列民族的联盟。在公元前146年，迦太基毁灭时，这些盟友并不只是得到了领土和战利品，作为罗马的盟友他们还要为罗马的战争提供军队。朱古达在公元前133年走上历史舞台，此时他领导着一支努米底亚盟军分遣队，支持小西庇阿围困西班牙北部努曼提亚的凯尔特-伊比利亚人要塞长达8个月。罗马史家撒路斯提乌斯讲到，西庇阿在胜利后随即把朱古达叫到一旁，先是赞扬了他的能力，随后却建议他与整个罗马人民建立友谊，而不是结好罗马的某些个人。但接下来朱古达的所作所为却恰恰相反。罗马在政治上缺乏共识，意味着朱古达总是可能在元老院找到一些支持者，而当他借助谋杀和阴谋诡计在母邦取得越来越强大的地位之时，他通过贿赂头面人物竟在元老院的谴责中全身而退。撒路斯提乌斯借朱古达之口对罗马加以一段著名的描述："一座待售之城，它一旦找到买主，毁灭之日殆不远矣。"[1]

至公元前118年，朱古达已经谋杀了一位王位继承人，并和另一位继承人开战；在公元前112年他无视了在元老院调停下对王国的分治以及两个罗马使团，杀死了他的兄弟（在最终围困锡尔塔时还屠杀了一群意大利商人），并在一次罗马入侵和被传唤去往罗马后仍活了下来。最终，罗马不能再忽视这一局势：一连串元老将军们三心二意地作战，直到盖尤斯·马略（Gaius Marius）的到来。朱古达在公元前107年被捕，公元前104年被处死，这标志着一场对罗马的长期反抗终告结束。

其他人则静观以诚。本都王密特拉达梯五世就是亚细亚诸小邦国王之一，这些国王的势力在罗马击败塞琉古叙利亚以后形成的力量真空中成长起来。安纳托利亚哪怕并非总是被塞琉古诸王牢牢掌控，也曾是在他们的势力范围中，直到罗马人先在希腊的

1　撒路斯提乌斯《朱古达战争》第35章。

温泉关，后在今土耳其西部的玛格涅西亚连挫安条克三世为止。公元前188年签订的《阿帕梅亚和约》事实上禁绝了塞琉古进一步插手小亚细亚。一系列小王国成长起来，有些在风格上看来更像马其顿，有些更像波斯，但都以罗马为轴心。本都这个沿黑海南岸展开的王国，把希腊的头衔和伊朗的王朝名结合起来，形成了自己的混合身份认同。本都王也出兵帮助罗马对抗迦太基。当安纳托利亚诸国中最重要的帕迦马的国王阿塔洛斯三世于公元前133年将王畿与君权交给罗马时，本都军队是帮助罗马人声索继承权的盟友之一，本都王也获得了一些罗马不想要的领土作为报偿。一如朱古达，密特拉达梯五世也利用与罗马的友好关系扩展自己的势力，挤压其劲敌，尤其是卡帕多奇亚诸王。在他于公元前120年去世时，其子密特拉达梯六世就以这片领土为基础构建了一个包罗大部分黑海海岸及安纳托利亚更多领土的帝国。很快，无视外交警告并逐渐积聚实力的他也成了罗马利益的一个威胁。但罗马人无力对付他，因为到了这时，罗马人的霸权正在其他方向遭到威胁。

地中海霸权的限度

罗马霸权在整个地中海造成了问题。一些历史学家想象出了一场密特拉达梯、暴动奴隶和海盗相勾结的大阴谋。但根本原因在于，帝国主义没有造就太多安全结构以取代它所毁灭的，并以不同的方式回应对其权威的挑战。这并不是共和帝国唯一的结构性弱点。即使元老院和人民已经能在如何实践权力上达成一致，已经强迫战场上的将军们严守规定，并且也向他们间接权威下的

图 7　本都王"有好父亲的"（Eupator）密特拉达梯六世，被刻画成赫拉克勒斯

城邦、国王和民族传达了一系列清晰的要求，罗马的统治还是面临另一个根本性的弱点，这次是地理。

　　打败迦太基、马其顿和叙利亚为罗马赢得了一个地中海帝国。这并非仅是由于直辖领土更易从海路而非陆路到达。诚然这确是实情：即使并非岛屿的行省也和意大利之间有非直辖领土分开。

但更大的困难在于，罗马对于控制与意大利景观相似的地区最有兴趣。将直接统治与非正式霸权结合起来的共和帝国主义，实践于海岸平原与岛屿组成的地区之上。这并不出人意料。多数帝国都是在单一的生态区之内扩张而兴起的。18 世纪的欧洲诸帝国主要是在温带地区作战——即所谓"新欧洲"，[1] 直到后来终于试图控制撒哈拉以南非洲和东亚地区；诸多的中亚帝国——波斯、马其顿和伊斯兰帝国——都向东西两方扩张而不向北挺进。帝国在生态上极少冒险。定居者们更青睐那些熟知作物能够生长的熟悉景观。罗马人在掌管山岳和森林、应对这些景观及其居民过程中进展缓慢，并且充满疑虑。[2]

但对罗马来说不幸的是，地中海从来就不是一个封闭系统。这片"中央之海"地处三大洲的交界处，三个大洲的腹地与其海岸边缘一向紧密相连。[3] 地中海景观和大陆腹地之间的生态交错区，自全新世开始就促进了商品、技术和民族的交流。[4] 在非洲和小亚细亚，在高卢、西班牙和巴尔干，罗马都试图把高地内陆与其想要控制的部分分离开来。这一策略注定将会失败。罗马未曾有过任何维持在其生态舒适区的机会。它并非第一个低估他们当

1　Crosby, *Ecological Imperialism*.

2　Brent D. Shaw, '"Eaters of flesh, drinkers of milk": The Ancient Mediterranean Ideology of the Pastoral Nomad', *Ancient Society*, 13 (1982); Christopher B. Krebs, 'Borealism: Caesar, Seneca, Tacitus and the Roman Discourse about the Germanic North', in Erich Gruen (ed.), *Cultural Identity in the Ancient Mediterranean*, Issues and Debates (Los Angeles: Getty Research Institute, 2011).

3　David Abulafia, 'Mediterraneans', in William Vernon Harris (ed.), *Rethinking the Mediterranean* (Oxford: Oxford University Press, 2005).

4　Cunliffe, *Europe Between the Oceans*.

作蛮荒地区的经济与人口资源的地中海城邦。希腊史满是对内陆族群恐怖力量的叙述，例如斯基泰人、色雷斯人以及最后的马其顿人。阿拉伯史家伊本·赫勒敦（Ibn Khaldun）在中东史中发现了一个重大模式：边缘地带的游牧民族反复侵袭新月沃地的定居文明，并随后被后者吸纳。朱古达和密特拉达梯都凭借着地中海世界之外的资源来挑战罗马。在朱古达这里，罗马人只能怪罪自己，因为正是他们自己试图把朱古达限制在努米底亚领土的蛮荒西部。他从马格里布高地建立起了一支强大的军队，并以一片罗马军队很难应对的景观作为自己的基地。密特拉达梯相似地利用了安纳托利亚和本都地区，罗马对这些地区是不屑去统治的。

罗马将军们逐渐被带进了其他的大陆腹地。对今日的安达卢西亚和地中海西班牙的占领，使罗马与中央高原上更大的部落建立起了联系，例如从公元前 2 世纪 80 年代到公元前 133 年努曼提亚陷落期间一直与两代罗马人作战的凯尔特-伊比利亚人。在大西洋前面没有易于前进的边疆，直到奥古斯都治下罗马人才到达大西洋岸边。占据波河河谷促使罗马人用兵以控制阿尔卑斯山谷和利古里亚。上述这点，以及汉尼拔战争遗留下的盟约，都把罗马军队带到了罗讷河口和希腊城邦马赛的领土。小规模作战在公元前 2 世纪 20 年代升级为与以罗讷河谷中部为基地的阿洛布罗吉部落联盟，以及法国中央高原的阿尔维尼人的更大冲突。罗马也对亚得里亚海东面的希腊城邦与伊律里亚诸部落行使了某种霸权。但在他们后面，以及在马其顿的新行省以北，是像达契亚人、巴斯塔奈人以及他们东面色雷斯人这样的强大民族。

罗马几无可以利用的经验来应对此类威胁。温带欧洲的主要部落联盟能够召集数以十万计的大军，技术上与罗马军队相当，且有着惊人的要塞，纵然他们并没有城市与道路的基础设施。[1]希腊罗马的文献把北方蛮族表现为不可预知的化外之人。但这些蛮族也备受畏惧。罗马人从未忘记公元前390年高卢人对罗马的洗劫：各类传统观点在城市是全部还是部分陷落、罗马的复苏当归功于谁等方面莫衷一是，但为了抵抗高卢的进一步威胁还是有大量珍宝被积聚起来直到尤利乌斯·恺撒之时，并且意大利诸城邦的政制中都有一条要求它们在"高卢危机"（tumultus Gallicus）之时出兵的条款。在另一边，希腊人则记得公元前279年的事态，当时一支被认作凯尔特人或加拉太人、来自巴尔干的游击小队杀到德尔斐的圣所，直到被驱逐出去，而赶走他们的或许正是阿波罗神。这些事件后不久，三个加拉太部落就横跨小亚细亚并在高原上建起了部落王国，加拉太游击队从这里出发对海岸城市进行勒索。帕迦马的阿塔洛斯王朝的声誉，就是建立在他们成功控制了加拉太威胁的基础上的。在击败塞琉古之后，罗马将军曼里乌斯·乌尔索进军高原再次击败他们，并将大量战利品带回罗马。不过罗马人和希腊人一样清楚认识到，与他们相似的大批蛮族人占据了从黑海到大西洋的欧洲地区，进一步移民和入侵在未来也是有可能的。

这一担忧在公元前113年再次燃起，另一群人在这一年遭遇一支位于东阿尔卑斯的诺里库姆的罗马军队。在接下来的十多年中，这群人穿过瑞士和罗讷河谷，跨越法国中部，南达西班牙，然后又回到意大利。途中他们分别在公元前110年和公元前105年

1　John R. Collis, *The European Iron Age* (London: Batsford, 1984); Barry Cunliffe, *Greeks, Romans and Barbarians: Spheres of Interaction* (London: Batsford, 1988).

击败了第二支和第三支罗马军队。是那位战胜朱古达的马略最终击败了这群人中的两批——公元前102年在普罗旺斯地区艾克斯击败条顿人，公元前101年在意大利北部的韦尔切莱击败了森布里人。罗马在此时并不想做世界的统治者。东方诸王公开拒绝他们的求援，静观近在咫尺的密特拉达梯势力壮大。马略，纵然出身于光荣的显贵圈子之外，且与骑士阶层和平民派政客有联系，仍史无前例地连续六次当选执政官，以应对这一紧急事态。

解决与失败

罗马人不是傻瓜，公元前2世纪霸权的失败对他们来说是显而易见的。但他们的分析却和我们大不相同。我们看到了基础设施的不完备；看到了相比贡赋经济，对偶发战利品不可持续的偏好；看到了不切实际地渴望控制熟悉的景观，却忽略与之相连的腹地。知道后事的我们感到很难明白，罗马人为何不更快地转而将其势力制度化。但罗马人看到的，是西庇阿家族墓地彰显的那些道德品质有了缺失。[1]朱古达的崛起和初期派去对付他的军队无功而返，在撒路斯提乌斯看来应当归咎于贵族的核心圈子——显贵。他们的易受贿与带兵上的失败都是道德疲软的标志。而正是马略，这个祖先未曾任元老却秉持传统道德的人，先胜朱古达，后克日耳曼人，挽救了局面。

马略的副官马尔库斯·安东尼乌斯（Marcus Antonius）在公

1　Andrew Lintott, 'Imperial Expansion and Moral Decline in the Roman Republic', *Historia: Zeitschrift für Alte Geschichte*, 21 (1972); Barbara Levick, 'Morals, Politics and the Fall of the Roman Republic', *Greece & Rome*, 29 (1982).

元前102年受命指挥军队打击海盗。一部在此前后通过的，旨在
增强罗马在东方直辖地区政府的法律，大部分有幸保存至今。[1]该
法的一个革命性特征，就是要求罗马地方长官和军事指挥协力打
击海盗。这标志着对帝国义务的新意识，也标志着至少一些罗马
领袖意图设计比过去更好的解决方案：在从前，他们只是告知将
军征募军队，以他认为合适的方式来对付这个或那个国王或民族
或者威胁。这部法律被刻于石上，立于诸多希腊城市之中。这一
事实也显示，起草者一方已经意识到，罗马已不再被视为解放力
量了。他们在这点上当然是正确的。公元前123年，一个永久法
庭建立起来，以受理由行省人起诉那些拥有更多有力资源的在行
省的罗马人的腐败案件。这一法庭起到了不少作用。

　　人民大会接受阿塔洛斯三世遗产的决定、通过这一重大法律、
任命马略和安东尼乌斯，凡此种种都兴起于一种在公元前2世纪
晚期罗马出现的新式政治。它是由一小群元老创立并领导的，他
们将自己标榜为罗马人民的卫士。所有罗马政治都是以传统方式
表达的，而这些人也同样声称有先人先例可循。但是实际上，无
论是他们提出的问题，还是他们建议的解决方案都是新的，一如
这种政治针对的政治化的城市人群也是新的。[2]最常见的指称这些
新领袖的术语就是"平民派"（*populares*）。

1　Mark Hassall, Michael H. Crawford, and Joyce Reynolds, 'Rome and the
Eastern Provinces at the End of the Second Century BC', *Journal of Roman
Studies*, 64 (1974).

2　Fergus Millar, 'The Political Character of the Classical Roman Republic,
200–151 B.C.', *Journal of Roman Studies*, 74 (1984); Fergus Millar, 'Politics,
Persuasion and the People before the Social War (150–90 B.C.)', *Journal of
Roman Studies*, 76 (1986).

其中最突出的成员就是提比略·格拉古和他的弟弟盖约
（Gaius），他们分别在公元前133年和公元前123年出任保民官，
是一个与科涅利·西庇阿家族通婚的家族的后裔，并在征服西班
牙中扮演了重要角色。其他的主要人物则包括了背景迥异的人，
比如马略，不过也有其他来自古老的家族的人。尤利乌斯·恺撒
后来就和这场运动联系了起来。他们寻求人民大会的支持，因为
他们的观点在元老院内不能达成共识，他们的雄辩之辞提及人民
的古老权利与特权。他们的法案包括将公共土地分配给贫困公民、
在意大利之外建立新殖民地，以及向罗马城的人口提供补贴性
（后来是免费）谷物方面的提案。许多人都选择担任保民官，将一
个本是设计来保护平民利益的小官转变为一个大范围改革的平台。
不过他们称不上什么革命者。将无记名投票引入选举就是他们政
制改革的界限，而他们看来也对这个赋予有产阶级更多影响力的
议会结构以及元老阶级对政务官职与祭司职的垄断十分满意。他
们的法律也并不限于人民直接关注的问题，更不用说罗马城的贫
民了。从外交和战争到城邦收入、法庭，以及罗马与其意大利盟
友不断恶化的关系，罗马政治的所有议题都不超出他们的兴趣之
外。而将他们的主张集合起来的，是建立激进解决方案以应对帝
国危机的意愿，以及说服人民大会在元老院反对时为他们背书的
演说技巧。[1]

格拉古兄弟及其后继者的计划并不比前代元老们的更具一贯
性。重新分配公共土地的提议引发了盟邦阵阵抗议呼声，这些盟

---

1 A. N. Sherwin-White, 'The Lex Repetundarum and the Political Ideas of
Gaius Gracchus', *Journal of Roman Studies*, 72 (1982); Andrew Erskine, *The
Hellenistic Stoa: Political Thought and Action* (London: Duckworth, 1990).

邦里的很多人纵不合规也悄悄地租种公共土地已有数代。不过他们也为意大利人声索了更多权利。他们改进过的反腐法庭，将元老们置于罗马的骑士阶层摆布之下，在表面上提升了行省人针对地方长官获得赔偿的能力。但亚细亚的组织结构又把行省人交给了同样一批骑士阶层手中：骑士们以一种鼓励短期剥削的方式分得了征税合同，而此时的地方长官已经惮于制止这种剥削。这些提议的反对者们在对元老院领导权提出的种种挑战中找到了共同脉络。关于海盗的法案要求政务官们一个个宣誓维护它。类似的条款在这一时期其他法案中也有出现。其隐含的意思即是对那些自认是拥有世袭统治权的阶层的成员的一次严重侮辱。

相互失望与互不信任引发了猛烈的谴责非难并最终走向暴力。格拉古兄弟都死于罗马街头激战中，实际上，他们死于立场敌对的元老们发起的暴乱，而元老们又得到了门客们的协助。吁求人民权利与提出激进法案在罗马并非新鲜事。加图也曾用他素称低下的出身带来的政治资本做武器，以对抗出自多数古老家族的反对者们。但政治谋杀却是新鲜事。格拉古兄弟之死不过是开始。马略曾一度积极支持另一位激进保民官路奇乌斯·阿普列乌斯·萨图尔尼努斯（Lucius Appuleius Saturninus）。殖民运动、土地分配以及对贵族的攻讦又一次登上议事日程，而人民大会又一次被用来绕开元老院，局面又一次以暴力告终。马略本可以召集旧部保护萨图尔尼努斯，但他拒绝这么做。这是此种制止最后一次得以显示。

西塞罗以来的罗马演说家和史家花费了很多时间，来思忖事情何以至此。现代学者也做了同样的事情。古代的叙述强调财富使人败坏的效应，以及帝国带来的傲慢。现代作者则注意到罗马城的爆发潜力：每一代人口规模翻倍、人口中相当一部分由无稳定工作且与古老家族无紧密委任关系的移民组成的事实。提出的措施表现出了对罗马问题的规模与范围的敏锐感知，而解决方案则包括了一些确实有创见的想法，有些也借用自希腊历史与哲学。他们呈现的如何处理罗马城、意大利联盟和地中海帝国的结构性问题的解决方案，多数已不再只处于元老院权限之内了。这些激进解决方案首先由政治圈内人提出，这点可能向我们透露了一些未有记载的，在科林斯和迦太基被毁之后的数十年中，罗马统治阶级在意志力和想象力上的集体失败。

或许最惊人的失败在离家最近的地方。到了公元前2世纪晚期，罗马在意大利的盟邦的角色变得越来越成问题：它们分担了持续战争的压力，却只获得了极少的好处。战争对罗马公民们施以重压的同时也压迫着诸盟邦。但盟邦并没有机会对宣战投票，而即便它们经常分得一部分战利，其分割也并不公平。盟邦的指挥官在战场上接受罗马政务官的命令。意大利人既是帝国的吞并活动的合伙人，也是从帝国牟取暴利的合伙人。我们能在提洛岛集会广场周围的碑铭上、在小亚细亚大城的政治中找到意大利人的名字。在海外他们都说拉丁语，并且被统称、被一并当作罗马人对待。通常能查到同一个家族一面在海外赚钱，一面在意大利中部城镇花钱。在将东方与北方奴隶之地、南方粮仓、托斯卡纳和坎帕尼亚的葡萄园、西班牙和阿尔卑斯山的金属产地与罗马相连的贸易网络中，意大利人是活跃成员。

罗马居于这些网络的中心，有许多意大利人逗留于此，但他们的利益总体上并未在平民派的新政治考虑范围之内。在最好情况下，这意味着他们被排除于帝国的一些报偿之外：低价谷物、政府赞助的大型建筑计划、奢华的节日娱乐与凯旋式、只有罗马公民有资格获得的公共合同带来的赚钱机会、罗马法庭提供的日益强化的保护等。在最坏情况下，他们可能遭到罗马政治的间接伤害，正如格拉古的土地重新分配无意间剥削了国有土地上的意大利佃农。罗马对意大利的统治似乎也变得更为独断专行。古代的证据搜集了关于某些官员倨傲的所作所为的逸事。这些都是他们意识到的不平之事，但无疑还有其他造成紧张的原因。在半岛上一座50万人城市的发展，必定对其他意大利城镇造成深远影响，尤其是将人力吸引到罗马来。随着最终征服亚平宁北部的土地，主动殖民逐渐停止：这既去除了可能造成紧张的源头，也消除了曾被允许分享殖民体系的盟友的机会。罗马精英的致富与他们对奴隶庄园的投资，造成了难以刻画的效果。但意大利人在每种情况下都因缺少代表而受损害，并因此造成了依赖愿意庇赖他们的罗马贵族的需求。土绅（*domi nobiles*，本邦的上流贵族）被迫如门客般行事。

　　这一问题到公元前2世纪末时开始受到关注，甚至是平民派都留意于此。但向意大利人提供各种公民权或法律上补偿的方案均告失败。反复提高的期望却在元老院和／或人民拒绝背书之时化为泡影。问题最终在公元前91年爆发了。一位名为马尔库斯·李维乌斯·德鲁苏斯（Marcus Livius Drusus）的保民官提出了一份全面政治计划，旨在弥合因格拉古兄弟和萨图尔尼努斯的提案与谋杀引发的政治分歧。这一计划雄心勃勃，包括了接纳300位骑士进入元老院以缓和那里的关系，以及一个宏大的殖民计划。这些元素中的有一些将在苏拉的独裁统治下再次摆上台面。但这份计划也包括了向意大利人授予公民权。希望又一次浮现了，之后却又一次破灭了。德鲁苏斯通过的法律遭到废除，他本人也遭谋杀。德鲁苏斯之死是最后一根稻草。几乎在一夜之间，一个由马尔西人、萨姆奈人等亚平宁山民领导的大规模同盟出现了。历史学家们对他们的确切目的颇有分歧：他们是希望毁灭罗马政府，还是希望成为其正式的一部分？或许同盟者们自己也有分歧。[1]意大利人的意见今已散佚：当时的演说未有记录，所有关于同盟者战争或意大利战争的历史叙述，都被和解的渴望和共和国衰落的目的论浸染了。但同盟者们的策略制定得很好。意大利领导人们，通过共同为罗马征伐服务和参与一个以罗马望族朋友为中心的社交圈，对彼此都颇有了解。他们宣布在阿布鲁齐群山核心的科尔菲尼乌姆建立一个新首都，更名为意大利亚（Italia），[2]还为新的意大利邦国发行了货币。有些货币上刻画了一头意大利公牛践踏着罗马之狼。[3]罗马突然发现，自汉尼拔溃败以后自己第一次要为半岛的控制权进行争夺。

　　各方面的政客都团结起来支持罗马。不再像击溃森布里人和条顿人时那样广受欢迎的马略，与他的劲敌苏拉并肩作战。从公元前90至前89年酣战了两年，肃清残敌又花了几年。罗马赢得

1　P. A. Brunt, 'Italian Aims at the Time of the Social War', *Journal of Roman Studies*, 55 (1965); Gabba, *Republican Rome, the Army and the Allies*; Henrik Mouritsen, *Italian Unification: A Study in Ancient and Modern Historiography*, Bulletin of the Institute of Classical Studies Supplements (London: Institute of Classical Studies, 1998).

2　原文如此。Italia是这一联盟的名称，而该城被改名为Italica（意大利卡），参见维莱乌斯·帕特库鲁斯第2卷第16章第4节。——译者注

3　其中较为著名的一枚是大英博物馆藏R. 12820（R-RRG/14-1）。值得留意的是，这些新货币的铭文虽然基本都是奥斯坎语（Oscan），但它们使用的文字却混杂了拉丁字母和奥斯坎字母。——译者注

了战争，却在所有要求事项上均予让步。到公元前87年，多数意大利人都成了罗马公民。原因很简单。罗马已经在非它所愿的战场上作战将近20年了，它勉强地免遭再一次高卢陷城，而其内部政治体系也正在崩溃。难以想象没有意大利人的罗马能得以幸存。而刚刚鼓励他们去做正事，另一个威胁却又出现了。

意大利的战争为本都的密特拉达梯提供了一个不容错失的良机。他的军队在公元前89年吞并了比提尼亚和卡帕多奇亚的诸邻邦。被废黜的诸王向罗马使节曼尼乌斯·阿奎里乌斯（Manius Aquillius）行贿，以强迫密特拉达梯让他们复辟。但当阿奎里乌斯要求比提尼亚攻打本都以为惩戒之时，密特拉达梯却进犯了罗马的亚细亚行省，以熔金灌入阿奎里乌斯的喉咙将其处死以责其贪婪，并指示希腊诸城尽杀罗马侨民以表忠诚。罗马和意大利受害者估计有8万至15万人。本都军队横扫爱琴海直抵雅典；反罗马派在这里张开双臂热情欢迎他们。但胜利是短暂的。苏拉挥师东征攻陷了雅典。他与密特拉达梯讲和，这并非一劳永逸的解决，但足以使坚定了要为罗马肃清平民派政治及其主要倡导者的苏拉得以回师罗马。在内在外，政治都进入了一个新的，也是更为血腥的阶段。

延伸阅读

罗伯特·摩尔斯坦－马克斯（Robert Morstein-Marx）的《从霸权到帝国》（*From Hegemony to Empire*, Berkeley, 1995）专业地追述了自迦太基的毁灭至庞培达到顶峰之间罗马在东方统治的演进。斯蒂芬·米切尔（Stephen Mitchell）的《安纳托利亚》（*Anatolia*, Oxford, 1993）第一卷起初几章将这段历史置于一个丰富的地理框架之中。罗马对西地中海同样犹豫地寻找势力的稳定界限，是斯蒂芬·戴森（Stephen Dyson）的《罗马边疆的创立》（*The Creation of the Roman Frontier*, Princeton, 1985）一书的主题；该书诸多优点之一，是其从比较研究中汲取的灵感。把地中海看作诸大陆交汇之所而非一个自我闭合的世界，其含义在威廉·哈里斯主编的《重思地中海》的多篇论文中都有讨论。

对罗马共和体制的崩溃最佳的单篇论述是彼得·布伦特的《罗马共和国的衰亡》（*The Fall of the Roman Republic*, Oxford, 1988）中的标题论文。玛丽·比尔德（Mary Beard）和迈克尔·克劳福德的《共和国晚期的罗马》（*Rome in the Late Republic*, London, 1999）充满了想法。寻求对此期的细致论述，请参考《剑桥古代史》（*Cambridge Ancient History*）卷九，该卷由安德鲁·林托特（Andrew Lintott）、约翰·克鲁克（John Crook）和伊丽莎白·劳森（Elizabeth Rawson）主编（Cambridge, 1994）。霍华德·斯卡拉德（Howard Scullard）上佳的教科书《从格拉古兄弟到尼禄》（*From the Gracchi to Nero*, 5th edn. London, 1982）仍然让人难以超越。对于平民派如何看待自己在罗马和外省所作所为的当代理解，已经因迈克尔·克劳福德的《罗马法规集》（*Roman Statutes*, London, 1996）对他们的碑刻法律极佳的整理出版而发生了革命性巨变。安德鲁·林托特的《罗马共和国的司法改革与土地改革》（*Judicial Reform and Land Reform in the Roman Republic*, Cambridge, 1992）对同一讨论也做出了贡献。对这一时期一些人作用的重要论文现在很有用地收录于弗格斯·米勒（Fergus Millar）的论文集《罗马、希腊世界与东方》（*Rome, the Greek World and the East*, Chapel Hill, NC, 2002）第一卷中。

承天受命？

在我看来，罗马公民群众胜过其他人最重要的一方面在于他们对待神明的方式。而且以我之见，这一为其他民族所非难之事，却使罗马人团结起来：我所说的正是他们对神灵的敬畏。因为，罗马人不仅在私人生活中，而且在城邦公共生活中都将这种敬畏发展到了非凡的程度，其重要性无可匹敌。很多人似乎对这一事实颇感惊讶。

——波里比阿《历史》第6卷第56章第6—8节

道德帝国

在深思罗马的崛起时，我们在很多方面上仍是希腊人。这不仅是因为我们非常依赖来自希腊的叙述，甚至不是因为我们和波里比阿和狄奥多罗斯（Diodorus）、狄奥尼修斯和普鲁塔克等希腊见证者共享一种自己是罗马之外旁观者的意识。更为根本的是，我们试图理解社会如何运作的路径，仍然牢牢地根植于一个政治学传统，而这一传统可以直接追溯至古典希腊。当波里比阿问出

"为什么是罗马征服了地中海"时，他在一种独一无二的政治与军事制度间平衡——君主制、贵族制和民主制元素的完美融合——以及这些制度灌输的习惯与态度中找到了自己的答案。宗教敬畏只是一个组成部分；他在上面引述的段落之后，对其稳定社会等级制的作用给出了一个上佳的功能主义解释。换句话说，他考察了罗马相比其竞争者的相对优势。另一位希腊人埃利乌斯·阿里斯提德斯（Aelius Aristides），在将近三个世纪后的一篇面向罗马的赞颂演说中，将罗马在政体上的成功与早先帝国的失败加以对比。他指出的一个关键变量是包容性，罗马人不同寻常地愿意吸纳曾臣服于他们的人进入公民团体。[1]无论我们是否同意这些特定观点，这一分析程序都是非常常见的。

罗马人并不像这样思考，或者至少在希腊人教他们这样做之前并不如此。即使在罗马产生了自己的哲学家后，他们也并未对罗马的成败提供最具影响力的解释。要接近他们，我们不得不研究道德论述与宗教实践的相互连通的世界。毕竟，从我们可得的最早记录开始，罗马的文本和遗迹一样都宣称：罗马是凭借其凡人的美德和其诸神的钟爱成长壮大的。

在共和国时期，将罗马的成功归功于其领导者的美德，将罗马的失败归咎于他们的恶行或偶尔归咎于他们在预备仪式中犯的错，是十分常见的。其结果之一是一种渲染了所有现存演说、史书、传记及其他多种文学的道德化修辞。[2]回溯到公元前3世纪，在西庇阿家族墓地的石棺上镌刻的最早的墓偈，就展现了我们称

1　埃利乌斯·阿里斯提德斯《罗马演说辞》第61篇。

2　Catharine Edwards, *The Politics of Immorality in Ancient Rome* (Cambridge: Cambridge University Press, 1993).

为私人道德品质与公共行为之间的紧密联系。丰富的詈诟传统保存下来的对恶行的指责，远多于对美德的纪念。恺撒的政治声誉因为他曾允许比提尼亚王尼科美德斯与他交合的指控而受损。[1]在使西塞罗扬名的诉讼中，他的对手鲜少逃过这种攻击。美德与恶行也在公共领域被展现出来，罗马人在此出演演说人、祭司、官员和将军：因此，恺撒征服高卢的成功是他自己保有活力十足的美德的证据。这一传统持续到了帝国时代。于公元前1世纪40年代写作的撒路斯提乌斯，谈及一种把德行高尚者的典范作为个人行为榜样的古老习惯。

> 我常听说，昆图斯·马克西姆斯、普布利乌斯·西庇阿及吾邦诸多名人都惯于宣称：在他们注视祖先面具时，心中都会燃起追求美德的热望。[2]

这一言论构成了历史正当性论述的一部分，但他接着讲到了这一惯例如何走向衰落，而当下的人们只想在财富而非道德上超越祖先。塔西佗也表达了类似的观感，将近两个世纪后的他在记述阿古利可拉（Agricola）模范生平的开头做出了相似的评论，[3]甚至皇帝也会身处道德聚光灯之下，如在苏维托尼乌斯（Suetonius）《诸恺撒传》（Lives of the Caesars）或尤维纳利斯（Juvenal）《讽诗集》（Satires）中一样，虽然指责通常留给了那些已经确实死去的皇

1　苏维托尼乌斯在《圣尤利乌斯纪》第49节详细记载了这段丑闻的多种版本。——译者注

2　撒路斯提乌斯《朱古达战争》第4章第5节。

3　塔西佗《阿古利可拉传》第1节。

帝。每个时代的罗马作家都在悲叹传统道德的衰落，但事实上罗马的道德传统异常长寿。[1]可以说，罗马美德的内容几无改变，直到基督教主教们在公元4世纪对其重新定义，甚至此时新美德也未取代旧的。普罗柯比（Procopius）的《秘史》（*Secret History*）对查士丁尼宫廷秽行不加删减的叙述想必也能愉悦帝国早期的读者。

那种思考模式也提供了一个对罗马人民集体历史的阐释。罗马的繁荣源自对与罗马诸神关系的恰当经营和合乎道德的行为；危机时期则被理解为人神关系破裂和道德堕落的表现。罗马的诸神并未发布过个人道德的详尽规范，不过疏忽对他们的崇拜或不敬神的行为都会失去他们的支持。波里比阿在叙述罗马的虔诚后接着观察到罗马人总是谨守誓言。同样地，诸神也支持勇者和有德者，罗马人几乎不区分这两个概念。灾难来袭或是凶兆降临之时，元老院可能要求一个特别祭司团查阅名曰"西比拉书"（Sibylline Books）的神谕，神谕一般是规定了一场重要的公共仪式或者将一位新神请进罗马。偶尔也会采用更为凶恶的处置措施：有些灾祸可能起自一位维斯塔贞女（Vestal）破坏了自己守贞的誓约。如果被发现有罪，她就将被活埋。

没有哪场危机要比从谋杀格拉古兄弟到屋大维在亚克兴战役打败安东尼和克莱奥帕特拉期间震撼全邦的内战更大了。这些战争自然地会按照集体道德沦丧来解释，而道德的沦丧或许是帝国的成功带来的奢靡腐化的后果。这一时代出现了相当多有争议的

1　Donald Earl, *The Moral and Political Tradition in Rome*, Aspects of Greek and Roman Life (London: Thames and Hudson, 1967).

征兆和关于宗教机构控制权的斗争。[1]对维斯塔贞女的审判在谋杀盖约·格拉古后不久就已举行，有一份材料甚至报称罗马人还诉诸人殉。一连串的公众恐慌——我们几乎可以将其称为宗教狂乱连续剧——也使得"道德行为的沦丧在某种意义上是共和国晚期纷乱的根源"这种感受越发普遍。李维在他宏大的史书序言中指出了这点，这本书本身就是危机的产物，但直到奥古斯都治下才告完成。他在开篇勾勒了罗马如何从渺小开端成长到此时因其伟大而负担过重这一叙事弧，将其原初的美德与糟糕的现状加以对比，并要求读者反思：

> ［曾有过］何种生活、何种风俗，通过何种人、借由何种才能，帝国得以在境内域外诞生与成长；而后随着纲纪废弛，请反思，风俗如何先逐步倾斜，随后加速滑坡，并最终开始倾覆，直至今日我们既不能容忍我们的罪过，亦不能忍受其补救措施的情势。[2]

李维的阐释并不完全是奥古斯都式的：最后的表达总的来说太过消极了。但奥古斯都对重整道德的巨大投入，暗示了此类观点传播甚广。[3]

1　Elizabeth Rawson, 'Religion and Politics in the Late Second Century B.C. at Rome', *Phoenix*, 28/2 (1974).

2　李维《建城以来史》前言。

3　Andrew Wallace-Hadrill, 'Family and Inheritance in the Augustan Marriage Laws', *Proceedings of the Cambridge Philological Society*, 207 (1981); Karl Galinsky, *Augustan Culture* (Princeton: Princeton University Press, 1996).

在亚克兴战役为内战画上句号后的数年，和解也以同样的方式发生了。公元前27年，罗马元老院与人民（SPQR）向屋大维颁发了一面大盾，其上列着他对诸神及国家的英勇、正义、仁慈与虔敬。英勇是对 *virtus* 一词的翻译，这是 virtue（美德）的词源，但对罗马人来说却有不同的意思。*Virtus* 不是一种状态，而是一种主动力，它与男子气概有关联，是一种可能改变世界的力量。[1] 正义（*iustitia*）与仁慈（*clementia*）是传统的帝王特质。虔敬（*pietas*）是将罗马等级社会结合在一起的一套气质。虔敬（*pius*）是维吉尔笔下埃涅阿斯的特征美德，维吉尔反复展现了他对诸神和自己父亲的虔敬。被释奴和门客应向其前主人和恩主报以虔敬。它包括了对责任的承认，以及对人的尊敬。这面盾牌宣告，奥古斯都展现了这些品质：或许元老们也希望他能继续展现这些品质。亚克兴战役被描述成一场"现世奇迹"：[2] 屋大维通过打赢战争拯救了国家。"奥古斯都"（Augustus）这一头衔也在大致同时被授予他。这并非一个职位，此时也尚未有什么既定的意义，但其隐含意义很容易被理解为宗教性的。奥古斯都的美德曾拯救国家，而罗马现在可以回到一个黄金时代。[3] 金制的盾牌原件悬于元老院经常集会的罗马尤利议事堂。一面由意大利大理石制成、宽达一米的复制品在法国南部的阿尔勒被发现，当时一个老兵殖民地刚刚在这里建立起来。数年以后发行的一批支付士兵饷银的德纳里银

1　*virtus* 一词来自 vir（男人）和名词后缀 -tus，本义就是"男人的特点"。——译者注

2　Zanker, *The Power of Images in the Age of Augustus*.

3　Andrew Wallace-Hadrill, 'The Golden Age and Sin in Augustan Ideology', *Past and Present*, 95 (1982).

币上，也刻画了这面盾的图案。其他一些钱币则带有市政槲叶环的图案，这是一种对拯救同邦公民生命者的传统奖励。这种槲叶环也被奖给奥古斯都。此类符号既构成了对最近历史的合理解释，也构成了对未来的宣言。它们宣告，罗马回到了正轨。

宗教帝国主义？

如果说灾祸标志着与诸神关系的崩坏，那么成功就是神眷的印迹。一位战场誓约得到神祇回应的将军，会为神建一座神庙以尽义务。每一场凯旋式都会在卡皮托利山上的朱庇特神庙落下帷幕。这与道德和历史一样，都可以从更大的规模来想象。罗马人无疑相信诸神支持了他们更广阔的霸权。维吉尔的《埃涅阿斯纪》把罗马的崛起描绘成一项神圣计划、朱庇特愿望的实现。罗马人从多早就开始猜测自己受到上天的特别眷顾呢？有一些诱人的迹象暗示着早在公元前3世纪，罗马人就已经开始感到，诸神或他们的诸神对他们有着某种特别计划，因此他们的宗教活动和其他民族截然不同。在希腊提俄斯岛上狄俄尼索斯（Dionysus）神庙废墟中，出土了一处铭文，上面记有一位罗马政务官于公元前2世纪90年代为确认神庙特权而寄来的信。[1]铭文也坚称，罗马人是最为虔诚的民族。[2]

1　铭文见 Robert K. Sherk, *Roman Documents from the Greek East: Senatus Consulta and Epistulae to the Age of Augustus* (Baltimore: Johns Hopkins University Press, 1969) Nr. 34。实于公元前193年。——译者注

2　John North, 'Roman Reactions to Empire', *Scripta Classica Israelica*, 12 (1993).

当波里比阿谈到罗马人不同寻常的虔敬之时，他有可能想到了罗马精英们的自我形象。在元老法比乌斯·皮克托所著的今已散佚的史书中——我们从中（间接）获得了关于罗马最早节日的"罗马赛会"（*Ludi Romani*）最详尽的记载——罗马人非同寻常的宗教虔信是否已经成为一个主题呢？[1]皮克托也曾是在公元前216年汉尼拔在坎尼大胜后元老院派往德尔斐寻求神谕的使团成员。自然，波里比阿有许多机会来考察罗马的宗教生活，而仪式也是精英阶层许多成员的一个重要关切点。许多元老身居祭司职位，这些职位不像政务官职，一般是终身任职的：最为重要的祭司经常在典礼现身，并在死后得到长期纪念。恺撒、西塞罗和小普林尼都担任过高级祭司，他们的作品也表明这对他们来说是多么重要。在任祭司去世时，祭司团才会增选新成员：成员数量受到严格限制，而传统上不会增选过世祭司的直系亲属。在赢得祭司职位上的支持会建立起感激的持久纽带。平民派短暂地引入了选举，但皇帝终止了选举制，使祭司职位成为又一种自己可以颁授的礼物。而祭司职务在这些转型之中威望不辍。无论是在举行仪式还是在祭司团、元老院本身的会议中，元老祭司们都花了非常多的时间与精力来精细地管理宗教崇拜和处理奇迹及宗教问题，比如具体要如何向远方的敌人宣战，或者应该举行什么仪式来迎接一个特别的新神进入罗马。在罗马，宗教知识是由仪式而非神学的专业知识构成，而仪式对于国家的运作至关重要。[2]在进行占卜之

---

1 狄奥尼修斯《罗马古事记》第7卷第70—73章。

2 John Scheid, *Quand faire, c'est croire : Les rites sacrificiels des Romains* (Paris: Aubier, 2005); Clifford Ando, *The Matter of the Gods: Religion and the Roman Empire* (Berkeley and Los Angeles: University of California Press, 2008).

前即诸神批准之前，人民大会、元老院集会甚至是战役都不能开始，而占卜通常是通过观察鸟类的飞行来进行。一旦一位将军被授予治权，他也就获得了一整套临时的仪式责任与特权。政务官们也会在自己履行市政责任期间进行祭献。元老院是罗马人与其诸神之间的终极中介。甚至有人指出，元老贵族制（senatorial aristocracy）的集体权威很大程度上源自其宗教职责。[1]所有古代社会都有祭司，但罗马的政治与宗教权威的关联或许强得不寻常。

不过如果我们将罗马的礼仪、信仰与宗教组织和其邻邦加以对比，罗马人从很多角度来看都是非常常规的。多数古代世界的民族都信仰多神教：他们信仰多个神祇，并向若干神祇奉献祭仪。一位在千年之交前后云游地中海的商人会在他逗留的每一座城市，发现代表社群的纪念神庙、诸神造像和司仪祭司。诸神一般被当作强有力的社会存在——物质上触手可及，但却属于一种超越日常的存在秩序。仪式是为了落实诸神的愿望、赢得诸神的支持而设计的。赢得支持几乎始终与动物献祭有关。被献祭的动物通常从少数驯化动物中挑选，而所有这些经济体都依赖这些驯化动物。巡行、净化、颂诗、祷告和音乐也可能被加入进来以影响更多的人。举行节日一般以一年为周期，但也可能是为了庆祝特殊事件，节日中也可能加入各种各样的比赛或竞技。国王和城市是最大型崇拜的焦点，不过也存在家内和村落的崇拜，甚至有对神明的私下个人化起誓和敬献。各种神谕和疗愈圣所（healing shrines）随处可见。所有这些对希腊人和伊特鲁里亚人、腓尼基人和萨姆奈

1　John North, 'Democratic Politics in Republican Rome', *Past and Present*, 126 (1990); Mary Beard and John North (eds.), *Pagan Priests* (London: Duckworth, 1990).

人，以及地中海世界其他多数民族统统适用。

每一个社群当然都有自己的崇拜，彼此之间也存在着对于信徒们或许关碍甚大的区别。一些信仰的古怪臭名昭著：埃及的神祇长着动物的头；犹太人只有一个神；德鲁伊人相传不仅献祭动物，还会献祭人牲。不过这些丑闻背后有着一个广泛相似的背景。无论如何，认为彼此互相联系的民族之间共享许多神祇，因此所有的希腊人都崇拜雅典娜，所有西部的腓尼基人都崇拜美耳刻（Melqart，最初是推罗城的上神），不一而足。罗马人有着自己古怪的礼仪：狄奥尼修斯和普鲁塔克等希腊学者，以及罗马学者们都致力于试图探索关于十月献马（October Horse）之类礼仪的一切。[1]很可能在古代并不存在共识，而大多数罗马仪式的来源今已不存，虽然我们有时可以看到这些仪式在随后的年代如何起到作用，标记时间、凝聚共同体，并确认主持者、参与者和只是观看者的相对地位。

至少自古风时期以来，就有人试图找寻不同民族的神祇之间的对等关系：朱庇特和宙斯、赫拉克勒斯和美耳刻、舞妮和阿斯塔尔忒等。不只是哲学家、古物学者、史学家和诗人给神明建立联系，那些在到访的社会遇到新神、想知道这些神明如何新奇的商人、移民和使节也会如此。第3章描述的向阿斯塔尔忒/舞妮

1　Rebecca Preston, 'Roman Questions, Greek Answers: Plutarch and the Construction of Identity', in Simon Goldhill (ed.), *Being Greek under Rome: Cultural Identity, the Second Sophistic and the Development of Empire* (Cambridge: Cambridge University Press, 2001); Mary Beard, 'A Complex of Times: No More Sheep on Romulus' Birthday', *Proceedings of the Cambridge Philological Society*, 33 (1987).

神敬献的双语献词，展现了邻近民族——这一例子中是腓尼基人和伊特鲁里亚人——的更紧密关系如何能将他们的神祇带入一种新的关系。在无数的地方崇拜背后看起来潜藏着独一的神的指引，像这样行动是十分常见的。

最终，一些宗教领袖不得已地顺水推舟，有意地主张混合主义：在阿普列乌斯《金驴记》中的女神伊西斯（Isis）称，自己在佩西努斯被称为诸神之母（Great Mother of Gods），在阿提卡被叫作吉克罗普斯的密涅瓦（Cecropian Minerva），在塞浦路斯岛名曰帕福斯的维纳斯（Venus of Paphos），克里特人叫她迪克缇娜·狄阿娜（Dictyan Diana），西西里人称她冥河之普罗斯佩里娜（Stygian Prosperina），在厄琉息斯被称为凯瑞斯（Ceres），还被当作朱诺、贝洛娜（Bellona）、赫卡忒（Hecate）以及拉姆努斯的女神；不过自己真正应叫作女王伊西斯（Queen Isis），埃塞俄比亚人和埃及人使用这个称呼。[1] 叙利亚城市多利凯的神祇巴尔（Baal）以"多利凯的至高至尊朱庇特"（Jupiter Optimus Maximus Dolichenus）之名扩散到整个罗马世界。哲学家们则得出了更为激进的结论，例如传统神祇没有得到正确的想象，或者诗人的神都是鬼神，是一位更伟大更完美、没有人类欲望和社会角色的神明创造的低等神祇。在把犹太人之神转变为基督徒的普世神过程中，此类猜测起到了重要作用。大部分的发展是在早期帝国时期形成的。不过罗马人在海外扩张的最初阶段就已经对异邦神祇及他们引发的哲学讨论有所意识。皮克托访问德尔斐并不是非同寻常之事。许多罗马在马其顿的地方长官都造访了萨莫色雷斯

1　阿普列乌斯《金驴记》第11卷第5章。

岛上的万神圣所（sanctuary of the Great Gods），而在公元前1世纪，许多杰出的罗马人都加入了厄琉息斯的得墨忒耳与室女神（Demeter and the Maiden［珀耳塞福涅］）的秘仪；苏拉、西塞罗、安东尼和奥古斯都均在其中。共和国的文学也表现出对希腊关于神明的哲学讨论十分熟悉：恩尼乌斯创作了一部拉丁版的欧厄墨洛斯（Euhemerus）作品，后者主张神话中的诸神曾经是伟大的人；卢克莱修（Lucretius）追随伊壁鸠鲁的看法，认为诸神与实体世界极度遥远，甚或根本不存在；西塞罗的哲学对话《神性论》（On the Nature of the Gods）和《论预言》（On Divination）将罗马的传统思想与他那时期主要哲学学派联系了起来。[1]

此类对等关系应对罗马仪式的管理提出了实际问题。如果埃及人的神明和罗马人的一样（例如：托特［Thoth］＝赫耳墨斯［Hermes］＝墨丘利［Mercury］），那么罗马人在献祭时遵守自己习俗的重要性在何处？毕竟，在一些罗马的仪式中甚至用来称呼神祇的名称都关系重大。[2]同样地，如果拉丁姆所有的朱诺指的都是同一位女神（还有迦太基人的阿斯塔尔忒和维爱的舞妮），那么公元前396年促使维爱的朱诺来到罗马，公元前338年从拉努维乌姆迎来引光者朱诺（Juno Sospita），或是在公元前375年和公元前344年分别确立生育女神朱诺（Juno Lucina）和警示者朱诺（Juno Moneta）的崇拜，究竟有何必要呢？而"一座城市的神灵在某种意义上就是该城公民，并有望特别地支持这座城市"这

1　Mary Beard, 'Cicero and Divination: The Formation of a Latin Discourse', *Journal of Roman Studies*, 76 (1986); David Sedley, *Lucretius and the Transformation of Greek Wisdom* (Cambridge: Cambridge University Press, 1998).

2　Clifford Ando, 'Interpretatio romana', *Classical Philology*, 100 (2005).

样的观念又有何必要呢？普罗佩提乌斯构想了罗马的诸神在亚克兴与埃及诸神对阵，而他们下方屋大维和克莱奥帕特拉的军队则在激战。[1]这如何与宇宙独一的观念联系起来？更根本的问题在于，罗马的诸神究竟是**真神**，抑或不过是罗马人的神明？没有出现过权威的唯一答案。直到古代晚期我们都能发现，同一位罗马元老既崇拜众多的传统神、异邦神、混合神，又在祭司团中争论正确礼仪的细枝末节。罗马人似乎在个体**崇拜**的极端特异性与对各种神学、宇宙学推断的宽容开放之间，在一面对礼仪实践一丝不苟与另一面对信仰明显缺乏关切之间，成功保持了一片精神自留地。[2]

　　如果共和国中期的罗马精英们自以为非常虔敬，如果他们将战争的胜利归于他们的神祇的钟爱，那么是否可能将这点看作罗马帝国主义的驱动力之一呢？这一论证似乎更难坐实，尤其是在把罗马与其他民族相比之时。首先，罗马人的宗教相比其他的地中海民族来看并不与众不同。许多伊特鲁里亚和拉丁城市都有和罗马相似的祭司神职，而一些与战争有关联的仪式，例如围绕外事祭司团（*fetiales*）的仪式，可能就与意大利诸邦共享。其他城市把自己的成功归于诸神，并想象**它们的**神明站在**它们**这边。雅典娜雕像因奥古斯都在亚克兴的胜利愤而呕血；犹太人的神支持

1　普罗佩提乌斯《哀歌集》第 4 卷第 6 诗。——译者注

2　Paul Veyne, *Did the Greeks Believe in their Myths? An Essay in the Constitutive Imagination*, trans. Paula Wissing (Chicago: University of Chicago Press, 1988); Denis Feeney, *Literature and Religion at Rome: Culture, Contexts and Beliefs*, Latin Literature in Context (Cambridge: Cambridge University Press, 1998).

他们抵抗巴比伦、塞琉古和罗马的帝国主义者们。[1]罗马的宗教也没有为整合被征服民族提供特别行之有效的方法。罗马的神祇始终是罗马城的那些。可以说，罗马帝国一直没有共同的仪式系统，直到卡拉卡拉在212年向所有罗马人授予公民权，以及戴奇乌斯（Decius）皇帝在249年要求所有公民参加一场公祭（supplicatio），在这项集体行为中所有公民都会向传统神祇献祭，或许是以此来为导致那一时期持续的军事危机的作为与不作为抵罪补过。[2]

宗教在其他的帝国扩张中曾占据过更为核心的位置。有人主张，正是阿兹特克神祇对祭品的需求推动了阿族人在墨西哥的扩张，正是墨洛温诸王的神之呼召导致了法兰克王国的统一并转变为最有活力也最复杂的早期中世纪国家。[3]很难想象一部看似合理的阿拉伯征服叙述作品会不给伊斯兰教以重要角色，也很难想象一部十字军的历史会不强调教宗的宗教权威驾驭中世纪欧洲军事力量的能力。从诺曼人在不列颠群岛和西西里的征服，到欧洲东扩和外海（Outremer）定居，直到现代早期对美洲的征服，教会机构都是组织被征服的土地和民族的强大机制。相比这些现象，罗马宗教看来就是反应性和内向性的了。罗马的其他制度在推动与助力扩张中起到了更大作用：恩庇制与奴隶制、军事同盟以及罗马法都是显然的例子。而诸神，看起来更像是这场旅行的旅客。

1　Glen Bowersock, 'The Mechanics of Subversion in the Roman Provinces', in Adalberto Giovannini (ed.), *Oppositions et résistances à l'empire d'Auguste à Trajan*, Entretiens sur l'Antiquité Classique (Geneva: Fondation Hardt, 1987).

2　James B. Rives, 'The Decree of Decius and the Religion of Empire', *Journal of Roman Studies*, 89 (1999).

3　Conrad and Demarest, *Religion and Empire*; John Moreland, 'The Carolingian Empire: Rome Reborn?', in Alcock et al. (eds.), *Empires*.

理解帝国

但罗马人的宗教传统提供的，则是理解与处置他们不断增长的力量之新路。

仪式在这些理解中居于中心地位。有些仪式标志着将军的出征与班师，有些仪式为战争做准备，点名呼唤一位神祇亲临战场的仪式，胜利后把将军称颂为"英白拉多"（*imperator*）的仪式，在罗马领土扩张后城市神圣边界"墙内区"（*pomerium*）扩大的仪式，向在单挑中斩杀敌将的将军授予殊荣，此类仪式不一而足。[1]最著名的则是一套融入凯旋式的仪式。[2]战场祈愿经常向一位神明许诺建一座神庙以答谢胜利。结果，城市开始充斥着胜利神庙，很多胜利神庙就在凯旋式行进队伍的道路沿线上。[3]多数胜利神庙都相当小。不过随着2世纪早期战争获利规模的增大，更大规模的建筑群建立起来，包括战神广场南缘弗拉米尼赛车场（Circus Flaminius）边的朱庇特、朱诺和诸缪斯之赫拉克勒斯（Hercules of the Muses）大型神庙群。奥古斯都献给复仇者玛尔斯（Mars the Avenger）的神庙是这一传统的顶峰。

另一种运用宗教来思考扩张的模式是由古物学提供的。自公元前2世纪晚期以来，一些作家就对罗马繁复众多的崇拜颇感兴趣。他们的作品几乎全部散佚，作为所有关于罗马宗教的叙

---

1 Jörg Rüpke, *Domi militiae: Die religiöse Konstruktion des Krieges im Rom* (Stuttgart: Steiner, 1990).

2 Beard, *The Roman Triumph*.

3 Eric Orlin, *Temples, Religion and Politics in the Roman Republic*, Mnemosyne Supplements (Leiden: Brill, 1996).

述中最具权威的瓦罗的《人神稽古录》（*Antiquities Human and Divine*），这部在500年后仍然被圣奥古斯丁当作自己在《上帝之城》（*The City of God*）中攻击传统宗教的靶子的作品也未幸免。但许多关于宗教的古物知识残篇则在较晚的文本中幸存下来。从这些残篇中，我们得以从越来越多的异邦神祇与仪式传统逐渐积聚的角度重构一部罗马城公共崇拜的历史。瓦罗似乎认为存在一个本真罗马宗教的原初内核，这个内核或许是罗马的第二位王努马建立的宗教，而西塞罗则写到牧神节（Lupercalia）要比罗马城本身还要古老。[1]但罗马城其他的崇拜则是在历史时期内积聚而成的。肠卜师（*haruspices*）据信从伊特鲁里亚带回了从牺牲者内脏及其他征象中预卜神意的技能。阿波罗和阿斯克勒庇俄斯崇拜分别于公元前433年和公元前291年从希腊诸城引入。厄律克斯的维纳斯（Venus of Eryx）于公元前217年从西西里前来，而诸神之母聚伯勒（Cybele），则在公元前204年从小亚细亚的佩西努斯来到罗马。[2]被当作输入来的崇拜由一个特别的祭司团——十人圣务会（*decemviri*）管理，许多崇拜会根据罗马人称为"希腊礼"

---

1 参见奥古斯丁《上帝之城》第3卷第9章和第7卷第34章、西塞罗《为马尔库斯·凯利乌斯辩护》第26章。——译者注

2 古文献提到内脏占卜师时，往往会用形容词"伊特鲁里亚的"进行修饰（如西塞罗《论法律》第2卷第21章、《神性论》第2卷第10章），似并不将这些占卜者当作"罗马的"占师。迎奉诸神史事，分别参见李维《建城以来史》第4卷第25章（阿波罗）、第11卷《摘要》第3节（阿斯克勒庇俄斯，因瘟疫而引入，医疗之神）、《建城以来史》第22卷第9—10章（厄律克斯的维纳斯是西西里厄律克斯城的保护神，迎奉她依照了《运命书》的指示）和第29卷第11和第14章（聚伯勒）。——译者注

的方式进行，虽然它并不对应任何实际的希腊仪式体系。[1]奥古斯都时期学者维里乌斯·弗拉库斯（Verrius Flaccus）认为，这全套神祇都是通过"召唤"（evocatio）仪式被带到罗马的，在这个仪式中一座敌对城市的保护神会被说服而投奔罗马。[2]宗教的历史就此成了一条讲述帝国史的道路。

古物学研究很具推测性，但公元前3世纪的罗马人似乎的确有志于在他们的帝国背后把地中海世界最强有力的宗教崇拜都统合起来。每一位新神祇都在一场危机后到来，但累进效应是对更广的地中海地区诸神的公共崇拜的吞并。所以，"希腊礼"标识着阿波罗和其他神明都是归化神。聚伯勒从其安纳托利亚的崇拜中心被带到罗马来时，在帕拉丁山上得到了一座神庙，在罗马的节礼历上也有为她设置的赛会。不过，她更具异域风格的仪式元素得以保留，似乎是为了保持她作为外来者的意义。[3]汉尼拔战争后，可证实的新来之神更少一些，对于那些由私人介入而非通过元老院及祭司来到罗马的新崇拜也有过定期的排挤驱除。元老院在公元前186年对巴库斯崇拜的激烈回应，是诸多此类反应中的第一次。也曾有人试图驱逐巴库斯、伊西斯、犹太人之神和基督徒的

1　John Scheid, 'Graeco ritu: A Typically Roman Way of Honouring the Gods', *Harvard Studies in Classical Philology*, 97 Greece in Rome: Influence, Integration, Resistance (1995).

2　论出老普林尼《博物志》第28卷第18章转引的弗拉库斯残篇（Egger 1839, 1.6），请对读马克罗比乌斯《农神节》第3卷第9章第5—6节。李维《建城以来史》第5卷第21章记载了公元前396年罗马人是如何"召唤"维爱的保护神朱诺的。——译者注

3　Mary Beard, 'The Roman and the Foreign: The Cult of the "Great Mother" in Imperial Rome', in Nicholas Thomas and Caroline Humphrey (eds.), *Shamanism, History and the State* (Ann Arbor: University of Michigan Press, 1994).

神：这些神都在罗马帝国早期进入罗马。不管怎样，新崇拜的和解、与外邦圣地的联系都不断积聚，直到君士坦丁的皈依。[1]

最终，罗马的统治是神意注定这一观念形成了。[2]这类观点上最豪华的产出可以定在奥古斯都统治时期，这也是其他社群的宗教被成体系地导向罗马的时间点。不过，罗马已常年被一种神圣的气氛包围，而皇帝们或许只不过是利用了仪式传统的力量而已。[3]屋大维是以一位神明之子的身份崭露头角的，因为尤利乌斯·恺撒在死后被神格化，并在此前不久获得了等神荣誉（godlike honours）。希腊诸城邦先前已经向数位罗马将军授予过此类荣誉。自公元前2世纪始，一些希腊城邦就在邦内引入了罗马女神崇拜，或在卡皮托利山上奉献贡品。还存在对"罗马人民"和对"普世罗马施恩者"（Universal Roman Benefactors）的崇拜。[4]西部现存的信息更少，但在西班牙，一些塞多留（Sertorius）

1　Mary Beard, John North, and Simon Price, *Religions of Rome*, i: *A History* (Cambridge: Cambridge University Press, 1998), 313–63; Clifford Ando, 'A Religion for the Empire', in A. J. Boyle and W. J. Dominik (eds.), *Flavian Rome: Culture, Image, Text* (Leiden: Brill, 2003); Alison Cooley, 'Beyond Rome and Latium: Roman Religion in the Age of Augustus', in Celia Schultz and Paul B. Harvey (eds.), *Religion in Republican Italy*, Yale Classical Studies (Cambridge: Cambridge University Press, 2006).

2　Richard Gordon, 'Religion in the Roman Empire: The Civic Compromise and its Limits', in Beard and North (eds.), *Pagan Priests*.

3　Greg Woolf, 'Divinity and Power in Ancient Rome', in Brisch (ed.), *Religion and Power*.

4　公元前195年爱琴海东岸的士麦那首先为罗马女神建立神庙，参考塔西佗《编年史》第4卷第56章；李维记载，在安纳托利亚西部的阿拉班达城，不仅有罗马女神的神庙，还有为罗马女神献祭的年度赛会，还为卡皮托利山上至高至尊朱庇特神庙大献贡品（《建城以来史》第43卷第6章）。（转下页）

图 8　聚伯勒乘狮驾车小铜像，公元 2 世纪下半叶

的追随者相信，他从一只附灵之鹿那里得到了预言，而在高卢，对恺撒的崇拜在他死后纷纷涌现。[1]

那么下面的事就不令人吃惊了：奥古斯都在亚克兴的成功几乎立刻就被记载在埃及斐莱的一块胜利石碑上，在石碑上他的名

（接上页）参考 Beard, North, & Price, *Religions of Rome*, i, 158–160；Onno van Nijf and Sam van Dijk, 'Experiencing Roman power at Greek contests: Romaia in the Greek festival network' in K. Berthelot (ed.), *Reconsidering Roman power* (Paris: École Française de Rome, 2020), 101–126。——译者注

1　塞多留是苏拉的劲敌，在苏拉公元前 84 年回到罗马时出走西班牙拥兵自重，并不断吸收罗马的失意势力、扩张控制区，直到公元前 72 年被盟友杀死。塞多留的白色神鹿传奇参见普鲁塔克《塞多留传》第 11 章第 2 节以降。——译者注

字用埃及圣书字刻写在王名圈中，这标志着他被当作一位法老；[1]亚细亚的希腊诸城邦不久后也向他奉上等神荣誉。罗马元老院与人民授予他美德之盾与"奥古斯都"头衔，也指向同一方向。随后，荣誉从意大利和诸省邦国、从犹太的希律王和毛里塔尼亚的尤巴这样的附庸王以及从塔拉戈纳这样的罗马殖民地纷至沓来。有些崇敬显然是出于自发，但多数情况看来却像是在崇拜之前经过了仔细协商，以恰切地建立起可被接受的崇拜。在一些例子中，似乎是一位皇子主动推动崇拜，例如公元前12年在里昂建立起一座大型祭坛，高卢诸社群的代表每年在此集会一次，选出高级祭司并举行角斗士竞技以向罗马和奥古斯都致敬。不存在单一的帝国范围对皇帝的崇拜。每一个社群都找到了自己的方法来表明自己与天神接近。[2]

---

1 这份公元前29年4月16日写成的史料参见Friedhelm Hoffmann, Martina Minas-Nerpel, and Stefan Pfeiffer, *Die dreisprachige Stele des C. Cornelius Gallus: Übersetzung une Kommentar* (Berlin: De Gruyter, 2009)，这份埃及圣书字、拉丁文、希腊文三语碑铭中的拉丁、希腊文本收录于 *OGIS* 654（英译参考北京大学出版社2014年影印《希腊罗马史料集（四）》第93号，114页），风格典雅的拉丁文本可能是母本，这也符合献石人盖尤斯·科涅利乌斯·伽路斯（C. Cornelius Gallus）的诗人身份。但埃及文本与希腊文、拉丁文本内容颇多不同，很可能并非拉丁文本的译文而是重述。有意思的是，在埃及文本中，不仅屋大维的名字进了王名圈，伽路斯的名字也进了王名圈。——译者注

2 Simon Price, *Rituals and Power: The Roman Imperial Cult in Asia Minor* (Cambridge: Cambridge University Press, 1984); Ittai Gradel, *Emperor Worship and Roman Religion*, Oxford Classical Monographs (Oxford: Oxford University Press, 2002).【译按】里昂的"三高卢"（Tres Gallicae）圣所祭坛是由奥古斯都的养子德鲁苏斯（Drusus）设立的，参见李维第139卷《摘要》第1节和卡西乌斯·狄奥《罗马史》第54卷第32章第1节。

皇帝崇拜的创立看来是罗马宗教的一道分水岭。对于一些普遍谴责并嘲弄它的罗马贵族作家来说亦是如此。诸皇帝是他们的亲戚，他们也都非常清楚皇帝们极具人性的弱点。诗歌是表达罗马命运、诸神意志和奥古斯都其人之间联系的一种更简单的形式。维吉尔的《埃涅阿斯纪》描绘了一位受诸神引领创建罗马一族的英雄，带着他巡游已经孕育着未来历史和祖先崇拜的未来城址，随后又带他进入地府一览等待降生的罗马伟人们。最为明确、引用最多的关于罗马帝国命运的陈述被放进了朱庇特的预言中，他向罗马承诺了"无限治权"（*imperium sine fine*）。奥古斯都的纪念物遍布世界，显眼地处在传统的胜利标志旁边，数以千计一模一样的皇帝肖像在每个想得到的公私场合都有生产、都有摆放。意大利和西部城市的中心公共空间，因纪念神殿及其附近土地的设立而转型。希腊碑铭颂扬着前所未有的荣誉和仪式。奥古斯都的个人崇拜不可避免地使人想起20世纪那些极权体制领袖的个人崇拜：在前工业化时代大规模制造一人面容的能力甚至更为惊人。[1]

许多帝制民族都将他们的统治理解成是神灵裁定并维持的。我们的天命观点源自中国：天子是人和神的中介，他们的地位取决于神的支持。但几乎每一个帝国都宣称自己有着上天的许可。波斯的沙阿将自己的成功归于阿胡拉·马兹达（Ahura Mazda）。亚历山大被认为是宙斯之子，并接受了等神荣誉。马克斯·韦伯将这种强者是因天意而强的观念称为"幸运的神意论"（*die Theodizee des Glückes*）：[2] 这种信仰肯定人类社会组织的正当性与

1　Zanker, *The Power of Images in the Age of Augustus*.

2　Max Weber, *Gesammelte Aufsätze zur Religionssoziologie*, 'Die Wirtschaftsethik der Weltreligionen', *Einleitung* (Tübingen 1986), 241. ——译者注

历史的意义。一如其他的意识形态，这种类型的信仰使统治者感到舒适并让他们的统治在臣民看来不那么任意。如果我们更认真地考察早期诸帝国就会发现，同样的皇帝在领土不同部分向不同的神明寻求支持是非常常见的。阿契美尼德诸帝在巴比伦赞助马尔杜克（Marduk），在希腊小亚细亚支持阿波罗，在耶路撒冷支持犹太人之神。亚历山大从埃及西部锡瓦绿洲的阿蒙（Ammon）神谕那里赢得了支持。在他之后统治埃及的马其顿托勒密诸王成了法老。真正有创新性的，是世俗概念的帝国。

延伸阅读

凯瑟琳·爱德华兹的《古罗马的不朽政治》（*The Politics of Immorality in Ancient Rome*, Cambridge, 1993）转变了我们对罗马道德的理解，促使我们不将道德论述看成是对一组特定成见的表达，而看作在精英之间的竞争中居于中心的一套高度政治化的实践。丽贝卡·朗兰兹（Rebecca Langlands）的《古罗马的性道德》（*Sexual Morality in Ancient Rome*, Cambridge, 2007）考察了"廉耻"这一关键的美德。

对于罗马宗教最佳的介绍是玛丽·比尔德、约翰·诺斯（John North）与西蒙·普赖斯（Simon Price）合作的《罗马宗教》（*Religions of Rome*, Cambridge, 1998）。这里一并推荐约尔格·吕普克的《罗马人的宗教》（*Religion of the Romans*, Cambridge, 2007）和詹姆斯·里夫斯（James Rives）的《罗马帝国内的宗教》（*Religion in the Roman Empire*, Malden, Mass., 2007）。玛丽·比尔德的《罗马的凯旋式》（*The Roman Triumph*, Cambridge, Mass.,

2007）以生动的细节探讨了罗马与罗马的想象中战争与礼仪的复杂关系。保罗·灿克尔（Paul Zanker）的《奥古斯都时代的图像之力》（*The Power of Images in the Age of Augustus*, Ann Arbor, 1988）揭示了皇家礼仪在罗马、意大利和帝国造成的不寻常的视觉冲击。

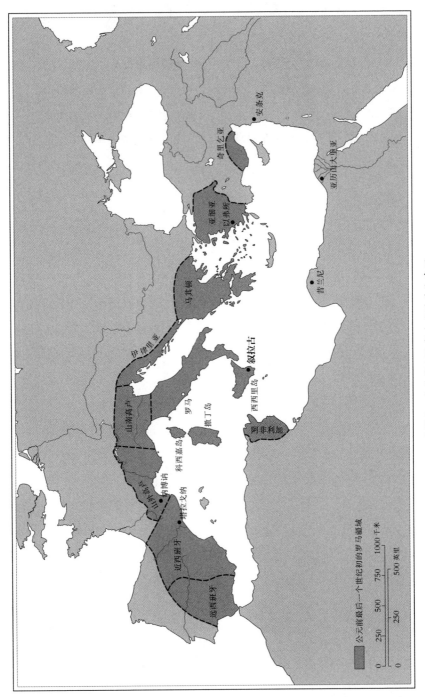

地图 3　公元前 100 年左右的共和帝国

图例：
公元前最后一个世纪初的罗马疆域

0　　250　　500　　750　　1000 千米
0　　　250　　　500 英里

地图上标注的地名：
安条克
奇里乞亚
亚细亚
以弗所
马其顿
伊律里亚
亚历山大城
昔兰尼
叙拉古
山南高卢
罗马
撒丁岛
西西里岛
阿非利加
科西嘉岛
纳博讷
精拉戈纳
山外高卢
近西班牙
远西班牙

大事记（四）

公元前89—前85年　　第一次密特拉达梯战争，以《达尔达诺斯和约》告终。在公元前83—前81年和公元前73年与罗马又进一步作战

公元前88年　　苏拉并未将迎战密特拉达梯的指挥权交给马略而是进军罗马，开启恐怖统治而后挥师东进

公元前86年　　马略及其盟友秦纳在重夺罗马后就任执政官。大规模政治暴力。马略去世

公元前84年　　苏拉从东方归来，罢黜在他不在时立足的政敌，并自立为独裁官。他在罗马强推政治改革，卸任独裁官，并于公元前79年去世

公元前73—前71年　　斯巴达克领导奴隶暴动，席卷意大利中部、南部并最终影响部分北部地区，直到克拉苏在意大利南部将其击败

公元前70年　　庞培与克拉苏任执政官。维列斯西西里长官任上腐败一案为西塞罗树立了声望

公元前67年　　《伽比尼法》创立反海盗总司令一职。庞培获任并在仅三个月内就在地中海将海

盗一扫而光

公元前66—前62年	庞培在反密特拉达梯之战中取代路库鲁斯，随即出征亚美尼亚、叙利亚和巴勒斯坦，在整个地区重整罗马行省与附庸王国
公元前63年	西塞罗任执政官，喀提林阴谋，尤利乌斯·恺撒当选大祭司长
公元前62年	庞培从东方归来并交出指挥权，但元老院在正式批准其退职或向其老兵提供土地时动作缓慢
公元前60年	庞培、克拉苏和恺撒达成协定以共享三人的财务资源和政治影响力
公元前59年	恺撒任执政官。随后于公元前58至前53年期间出征高卢，并进军不列颠南部与日耳曼
公元前53年	克拉苏在卡雷战役中被帕提亚人击败身亡
公元前49—前48年	庞培与恺撒的内战，以庞培在法尔萨卢斯战败并于埃及被杀告终。恺撒成为独裁官
公元前44年	恺撒在3月望日被布鲁图斯为首的元老密谋刺杀
公元前43年	马克·安东尼、雷必达与屋大维达成协定，并翦除包括西塞罗在内的政敌
公元前42年	马克·安东尼与屋大维在腓立比战役中击败"解放者"布鲁图斯和卡西乌斯
公元前31年	屋大维击败安东尼和克莱奥帕特拉，结束内战

将　军

　　他的墓坐落于战神广场中，其上镌有据信是他自拟的墓志铭，题词说，凡友人予他的善，与敌人施加的恶，无有尚未如数奉还者。

　　　　　　　　　　　——普鲁塔克《苏拉传》第38章第4节

你死我活的敌对劲敌

　　苏拉墓志铭是共和国晚期政治恐怖的一份悚人的记录。友谊与敌对都是竞争，而苏拉在两方面均告胜利。他离开人世时，既未欠下任何人情债，也未让一个劲敌逃脱惩处。或许这是一种传统的抱负，但苏拉实践它的程度却着实骇人听闻。

　　在讨伐朱古达的战争中，苏拉曾效力于马略麾下，并在公元前107年通过让努米底亚王被出卖落于他手，而非被马略擒获，借此在政治上大获成功。这加剧了他们以政治立场对立为基础的对抗。作为新人[1]的马略是人民的捍卫者，而贵族（aristocratic）出身的苏拉则更受显贵们（nobility）青睐。身为将军，苏拉在对抗日耳曼人、在安纳托利亚的东征和在同盟者战争中讨伐意大利人时都战功卓著。在公元前88年当选执政官后，他无疑成了受命对阵密特拉达梯的不二人选，事实也确实如此。但在此时罗马的内部冲突酿成了罗马帝国主义的又一个致命岔道口。一位名叫苏尔皮奇乌斯·卢福斯（Sulpicius Rufus）的保民官通过了一项将指挥权转授给马略的法案。这是一场丑闻，但苏拉随后的所作所为使它也要甘拜下风。拒绝接受这一决议的他领兵进入城内，杀死了苏尔皮奇乌斯，并使马略被迫流亡。作为罗马控制者的他迫使元老院通过他自己的立法，包括将东方的指挥权重新授予自己。随后，苏拉东征马其顿，迅速迫使密特拉达梯的将军们采取守势，并围困了雅典。和在罗马一样，他在这里也怒火难平：雅典古老的市政广场被鲜血淹没。接下来，苏拉只是出于自己对古典希腊文化的热爱而同意终止屠杀，称自己为了多数人起见而饶过少数人，为死者考虑而放过生者。而后，他继续来到亚细亚，与密特拉达梯在达尔达诺斯签订了一份可耻的和约。密特拉达梯得到了土地，又一次被认定为罗马的盟友，他在亚细亚的罪行事实上也得豁免，作为支持苏拉的回报。因为苏拉期望着回返。在离开之时，苏拉已被剥夺了法律权益，而他的敌人秦纳（Cinna）和马略业已掌控罗马城，并发起了他们的恐怖统治。或许是幸运，他们二人在苏拉回到罗马之前就均已过世。苏拉的军队在公元前84年

1　新人（*novus homo*）是指父祖未曾担任政务官，而自己是家族中首位就任执政官的平民。——译者注

进犯意大利并很快占领了罗马城。在这里他自立为独裁官，并颁布了一份敌人名单，其中许多人都与平民派运动和马略的友人有关联。名单上所有被声讨者，人人得以无罪而诛之，其财产也被剥夺：通过这一狡猾的举动，这些财产被以极低价拍卖，而购买者也因而被牵连进苏拉的政变之中。一些被格杀勿论者确遭杀戮，另一些——包括年轻的尤利乌斯·恺撒——则逃亡保命。苏拉随后动用自己的独裁官权威，强行在一系列法案中推行自己的政治解决方案，这些法案和德鲁苏斯在同盟者战争前不久提出的颇有些相似。元老院将扩大（因此会吸纳骑士阶层中的显要者，并终结由格拉古兄弟构建的两阶层之间的分歧）；保民官的大部分权力被剥夺，使平民派政客更难利用平民大会迂回打击元老院（一如格拉古兄弟、萨图尔尼努斯和苏尔皮奇乌斯·卢福斯故事）；元老院将控制法庭，而地方官则不必再屈从于骑士阶层的陪审团；元老生涯也将遵从一份更严格的高级政务官最低年龄限制规定。苏拉也向他的士兵分授土地，并向许多意大利城市强行迁入移民：庞贝城就是被选定的城市之一，而我们可以细致地理解在未来几十年间，古老的奥斯坎人家族和苏拉的老兵在城市政治中艰难的共存。而后苏拉又一次令世人惊讶，他在公元前80年辞去了独裁官的职位。翌年，他在退休生活中自然死去。[1]

　　苏拉留下了一份恐怖的遗产。这份遗产不是那些政制法案，它们在公元前1世纪70年代被打破并废除时已没有保护自己的力量；也不是行政改革，这一改革未受争议。但他立下的范例却是

---

[1] Arthur Keaveney, *Sulla: The Last Republican*, 2nd edn. (London: Routledge, 2005).

图 9　苏拉头像，藏于慕尼黑雕塑博物馆

令人恐惧的。苏拉是第一位领导一支罗马军队攻击罗马的将军。苏拉把独裁官职位这一原本为城市危机时设计的紧急措施变成了架空公民社会的工具。苏拉发明了格杀勿论令。他的暴力及其激发的宿怨笼罩了罗马整整一代人。当庞培在公元前1世纪60年代于东方大捷时，人们普遍害怕他会"像苏拉一样"班师回城。尤利乌斯·恺撒在公元前1世纪40年代则自立为独裁官。屋大维和安东尼都发布过自己的格杀勿论令。而争执也已无可扭转地党派化。或许格拉古兄弟是理想主义者，也许德鲁苏斯真的认为自己有着意大利问题的解决方案。而在苏拉以后，罗马政治就变得个人化了。

苏拉既非第一个也非最后一个忘记了动摇政制的举动会为未来的变革开出先例的改革家，即使这些举动旨在带来和谐与稳定。他的数项革新是恰当的，例如增加裁判官数量，以为管理罗马成长中的帝国提供足够的政务官和前任政务官。其他改革如扩大元老院的规模，则很务实，尤其考虑到所有潜在的新元老院成员，他们来自已获选举权的意大利城市。但他的解决方案并未处理那些使他和马略的敌对成为可能的条件。私人间的敌对关系和罗马一样古老。西庇阿家族墓地表明，个人成就和最伟大家族之名都被赋予很高的价值。[1]从老加图到古代晚期，我们都能听到贵族们一面称颂过去的伟大人物，一面谴责他们劲敌的罪愆。西塞罗和撒路斯提乌斯偶然间构想，在格拉古兄弟出任保民官之前，小西庇阿这样的个人的美德曾被驱使来服务于共同事业。李维则对共和国早年神话般的英雄式自我牺牲行为大加赞扬。

但公元前1世纪的致命变革是军队的介入。马略差点要将他的老兵疏散裁撤殆尽以支持他的平民派盟友，最后却是苏拉迈出了第一步。马略、苏拉和他们的老兵之间的紧密联系，并不纯粹是感情上的纽带，甚至不是对在一些征战中可能获得的大量战利

1　Flower, *Ancestor Masks and Aristocratic Power in Roman Culture.*

品赏赐。不断向无地公民征兵，使他们在重新定居这点上依赖他们的将军：苏拉的军队第一次反戈罗马是因为他们希求东方的战利品，而第二次则是为了赢得土地。苏拉没有让他们失望。未来的罗马军队为何不会如法炮制呢？苏拉的改革没有任何一条触及这一问题。奥古斯都将建立一座军事国库来解决这一问题，国库收取质押收入来向曾在常备军服役的老兵支付一笔定额遣散金，这支常备军在礼仪、意识形态和自我利益上都由皇帝管束。至少就我们所知，在共和国时期根本没有讨论过此类解决方案。罗马人始终不能构想出一套方案来替代贵族将军指挥公民军。此外，苏拉本人的生涯也为他试图斥为非法的那类行为树立了模范，他的副手们如路库鲁斯（Lucullus）、克拉苏、庞培以及他的敌人，尤其是恺撒，都将模仿他的所作所为。苏拉政制解决方案在他于公元前79年死亡后十年内即告失败，这显示了他试图遏制的竞争冲动有多大的力量。公元前1世纪70年代，以苏拉门生为主的下一代将军在整个地中海发动了惨烈的战争，他们的对手则多种多样。庞培先于公元前82—前81年在阿非利加，后于公元前77—前71年在西班牙追杀马略派的幸存者；克拉苏在公元前72—前71年发动了镇压斯巴达克奴隶暴动的战争；马尔库斯·安东尼乌斯和昆图斯·凯奇里乌斯·麦特路斯（Quintus Caecilius Metellus）因为分别于公元前71年和公元前69—前67年征讨克里特的海盗母巢而获得称号"征克里特者"（Creticus）；[1] 而苏拉最老牌的副官路库鲁斯则赢得了对阵密特拉达梯的珍贵指挥权。每一类征伐都强化

1　这里的马尔库斯·安东尼乌斯是我们熟知的后三头同盟之一马克·安东尼之父。西塞罗在《反维列斯》演说中也多次批评此人（其中最集中的在 III.91）。——译者注

了将军与其军队的纽带，使得新的内战更可能爆发。

所有人中使人印象最深的是庞培。在西班牙与塞多留长期作战之后，庞培适时回到意大利，刚好参与了克拉苏讨伐斯巴达克的战争，并抢走了克拉苏的一些风头。到公元前70年，庞培和克拉苏同任执政官，达成一个不稳定的同盟。正是在同一年，西塞罗迫使维列斯（Verres）流亡，而实际上庞培对此也有助力。但是能让庞培最终击溃他的竞争者的，是在伽比尼乌斯（Gabinius）的帮助下获得的讨伐海盗的重大指挥权。他的迅速成功引发了另一项法案，这项经由西塞罗以及其他人支持的法案将与密特拉达梯作战的军权从路库鲁斯手上交给了庞培。[1]庞培迅速击退密特拉达梯，使后者逃往克里米亚并自尽身亡，而后瓦解其王国，并追讨其盟友。他随后留在了东方，实际上在沿帕提亚前线一路全面推进罗马领土与盟邦的重整。

在庞培离开罗马期间，罗马又一次陷入内部冲突之中。西塞罗于公元前63年出任执政官，并不得不处理一场由社会不满和贵族受挫的野心混杂成的毒酒引发的阴谋。阴谋的领头人喀提林（Catilina），着实享有一些人的实际支持和同情，其中还包括共同经营平民派政治的克拉苏和恺撒。西塞罗被赋予全权以逮捕并处决阴谋者，这很大程度上是因为大部分元老仍记得苏拉于公元前84年从东方回归后的恐怖，因而对于一旦将全权授予庞培后他可能采取的解决方案深感恐慌。同年，恺撒通过贿选成功当选为最高祭司——大祭司长。

1　参见西塞罗演说《致人民论庞培之治权》，该法案以提案者、保民官盖尤斯·曼尼里乌斯（Gaius Manilius）的族姓命名，称《曼尼里法》。——译者注

图 10　尤利乌斯·恺撒像

　　庞培最终于公元前62年回归，许多人因他卸下自己的指挥权并解散军队的行为而吃了一惊。但当元老院拒不批准他的东方解决方案、拒不帮助他的士兵寻找土地之时，庞培与克拉苏和尤利乌斯·恺撒结成了一个新联盟。现在历史学家将这一联盟称

为"前三头同盟"（the First Triumvirate），但它并无正式的法律
地位。背靠庞培老兵威慑，加上庞培与克拉苏的经济实力，以及
克拉苏和恺撒对人民的影响力，这三人实际上掌控罗马将近十年，
其间拣选政务官、分配行省与军队（大部分分给了他们自己），
并使得元老院或人民大会的讨论失去意义。前三头同盟的控制并
不稳固、屡遭挑战，他们的反对者则反复试图挑拨分化他们。他
们不时支持城中的不同帮派。在公元前1世纪50年代的多数时间
中，罗马是一幅暴民战争和骇人暴力的景象。但是，共同利益仍
使他们团结起来。

　　他们自己最想要的东西，是庞培已经享有过的那种至高指挥
权。在公元前59年担任执政官后，恺撒出掌山南高卢行省，这一
区域横跨波河河谷，直抵阿尔卑斯山脉。一支大军和一队被称为
"差遣官"（legates）的元老级副手被配属给他。山外高卢行省很快
也归于他的治权之中。似乎恺撒起先因为战争的风声，预想发兵
东北进入巴尔干，但赫尔维提人计划离开阿尔卑斯领地，穿越南
部高卢的消息使他转回阿尔卑斯山西部。这场战役开启了长达八年
的一系列作战，而其结果是征服高卢和入侵不列颠与日耳曼。他
的《高卢战记》（Commentaries）前几卷连篇累牍地解释每场战争
的正当理由。很难相信罗马的利益真的遭到威胁，甚至是赫尔维
提人的迁徙能对罗马构成威胁，但关于森布里人和条顿人的记忆
仍很切近，而恺撒在写作时也谨慎地建立了联系。很明显，任务的
要素悄然变化了。恺撒在之后的几卷中为某些战斗辩护花费了更少
的笔墨，相反则更强调他带来的罗马人民力量史无前例的扩张。[1]

1　Brunt, 'Laus Imperii'; Andrew Riggsby, *Caesar in Gaul and Rome: War in Words* (Austin, Tex.: University of Texas Press, 2006).

罗马军队第一次跨越大海（英吉利海峡）和莱茵河，一座座城池连连落入他的大军之手。他的捷报在罗马使公众欢欣鼓舞。这些战役当然是有利可图的，恺撒得以偿还在连年选战中积聚而成的债务，并在罗马兴建数个纪念建筑项目。正是在这些年间，高卢的金银币也彻底消失了。

恺撒的成功不过是激起了他的盟友的野心。根据他们三人的协定，庞培和克拉苏在公元前55年取得了执政官一职。二人随后都声索了属于自己的一块大行省。西班牙被交给庞培，他也史无前例地获准借由他个人指定的差遣官缺席（in absentia）遥领这一行省。克拉苏则被授予叙利亚行省和与帕提亚帝国作战的指挥权，以及与之相配的一支军队。罗马和帕提亚帝国边境不长，而双方都试图对中间一片更广的区域施加影响。没有迹象显示帕提亚人希望与罗马作战，事实上他们曾拒不支持密特拉达梯。但他们看上去照样是一个诱人的目标，因而在公元前55年晚些时候，克拉苏领七个军团的大军东进。第二年他在叙利亚度过，以加强军力。但在公元前53年渡过幼发拉底河后不久，克拉苏就在卡雷被击败。他的军队惨遭屠戮，军旗也被缴获。克拉苏本人也很快被追获杀死。报克拉苏之仇据称是恺撒在被杀前对未来的计划之一。20年后，马克·安东尼确实发动了一场入侵，但这场入侵即使不能说和克拉苏的那场同样有灾难性，也是很不成功的。[1]帕提亚利用罗马内战劫掠了东方，但似乎足够满意，因而在奥古斯都求和

1　关于安东尼这场远征的探讨，请参考范韦理克：《寻盟：公元前36年马克·安东尼远征帕提亚的目的》，载王晴佳、李隆国编《断裂与转型：帝国之后的欧亚历史与史学》（上海古籍出版社，2017年），第48—54页。——译者注

之时就停止了敌对行动。所有迹象都表明，克拉苏的征伐既毫无必要，又堪称灾难。

直到克拉苏之死为止，这头统治罗马的三头兽看来正变得越来越强大。恺撒、庞培和克拉苏同时指挥大军。西塞罗及其朋友深感愤慨，但将军们的业绩使他们深受人民欢迎。只有那些未受他们庇护的元老才被排除于这一圈子之外，而在关于元老自由的高尚讨论中，酸葡萄之心则显而易见。

帝国的治理

个人之间的对抗在罗马政治中是一种传统。罗马作家们甚至将其理想化，把在美德上你超我赶的竞争看作罗马成功的驱动力之一。格拉古的一份演说残篇警告罗马人民，所有向他们演说的人都出于自身利益，但他的自身利益在于向人民提供尽可能好的建议。这是一次修辞上的夸张，但也反映了一种意识形态。不过竞争的消极一面同样显而易见。内战已经足够糟糕了。但对任何体制来说，在运作中将定夺大事的权力委任给个人，却不向他们施加任何对卸职回城后上法庭的恐惧外的惩罚，都是不合逻辑的。在公元前1世纪50年代，甚至这一制裁都消失了。但或许恺撒、庞培与克拉苏活动在元老院精英之外并未招致反对的原因之一，在于他们推翻的体制显然早已支离破碎。

我在第7章讲述了在罗马最终打败马其顿之后的一代人时间里，地中海世界被一连串危机所笼罩的故事。我将那些危机解释为以下行为的共同结果：对待朱古达和密特拉达梯等早先盟友反复无常，在对行省的长期忽视和骇人干涉（如洗劫科林斯）之间飘忽不定地交替反复。在征税任务都交给一些对正义或帝国政府长期存续能力不感兴趣的公共合同承包人的地区，反叛可谓条件皆已具备。这些问题都是结构性的。元老院的"政策"仅仅是其成员各自意见的总和。有迹象表明，一些平民派政客认为，可以通过更多独立法庭和更具细节的法律约束地方长官和将军，以控制他们的行为。盖约·格拉古最不受欢迎的法案之一，就是将腐败法庭的控制权交给骑士阶层。他的政敌被激怒了。他们为什么非要受社会地位低于自己的人审判呢？而无论如何，这意味着需要去买通更多人了。类似的想法也藏于关于行省的重大法律背后，这样的法律要求罗马的同政务官协作并且与包括昔兰尼、塞浦路斯和埃及国王在内的盟友协作。但平民派政治在苏拉之后的失败以及缺乏能够强推这些法律的制度，意味着公元前1世纪的行省政府并不比公元前2世纪要好。

　　一贯性的敌人是野心。许多元老一生中从未赢得超过一个政务官职。对其他元老而言，一生中会执掌一次，或许能有两次行省指挥权。在母邦竞争越发激烈又耗资激增的情况下，许多地方长官明显感到从自己的一年公职中获利的必要性。据称，维列斯，这位于公元前70年因对他的诉讼而奠定西塞罗声望的臭名昭著的行省长官，曾讲过这样的俏皮话，一位地方长官需要在行省中募集三笔钱，第一笔用来偿还他为当选而招致的债务，第二笔归给自己，第三笔回城后用来贿赂陪审员。其他诸多群体在行省也有着既得利益：罗马的土地所有者和商人，面向行省居民的放贷人，以及最重要的公共合同承包者，例如包税人。他们人脉广泛，而一个有野心的政客不敢在一年任期中冒犯一群能在将来生涯中施以援手或加以妨害的选民。即使是在公元前51—前50年于奇里乞亚担任地方长官时竭力于公正执政的西塞罗，也很难拒斥来自背后母城的要求。一人想要让他帮忙追讨借给行省人的极高利贷，另一人想要西塞罗找一些能在罗马展览的黑豹，而即使是西塞罗也想知道，如果能在回城时举行小凯旋式（ovatio），冒险镇压一些土匪是否值得。其他人则没有那么多顾虑。同政务官们在自己的行省中执掌生杀大权，对城市和国王加以裁决，如果离罗马足够远，他们甚至可以独断一方。而确有不少人是这么做的。据称，维列斯曾在看得到意大利的地方钉死他的敌人。另一位地方长官则在醉酒时，当场下令处死一位敌方使者，以讨好他的情人，这位情人正抱怨道：为了陪伴长官，他自己错过了在罗马的竞技表演。[1]并非所有地方官都作恶多端，但没有人想接受管制。

在共和霸权的其他结构性缺陷之外，我们可以加上：如果问题比一位率领中等军力的自负之人可以解决的规模更大，它就无法有效运作；政府体系也或多或少促进了腐败。敲诈勒索，不论是由地方长官本人进行，还是在地方长官的视而不见下由包税人和其他承包人进行，也助长了行省人对像密特拉达梯这样人物的支持。地方长官不愿相互合作，使应对极大规模问题十分困难。执政官在城中、在战场上合作不洽的故事自古就有。但随着帝国逐渐成长，问题变得越发尖锐了。

海盗问题是个恰当的例子。[2]敌方十分机动，绝不局限于某个特定指挥区，实际上可以迅速在几个区域之间游动。掌管马其顿和亚细亚的同政务官们、爱琴海自由城市以及西亚诸王不能有效合作。罗马第一次尝试处理海盗问题，可能是公元前102年马尔

---

1 关于维列斯的记载参见西塞罗《反维列斯》II.5.66。——译者注

2 De Souza, *Piracy in the Graeco-Roman World*.

库斯·安东尼乌斯（马克·安东尼的祖父）发动的战事。看来，一支罗马舰队进入爱琴海，先以同盟城邦雅典为基地，然后出征小亚细亚南海岸，包括罗得斯和拜占庭这两座拥有小型舰队的希腊城邦在内的其他盟邦也予以支持。在奇里乞亚胜利后，安东尼乌斯荣获一场凯旋式。但他达成的所有解决方案都不过是暂时的。平民派关于行省政府的法律就在一两年后获得通过，而海盗问题显然仍是优先事项。在奇里乞亚，这片以小亚细亚"恶土"而声名狼藉的地区，现在出现了一位新的同政务官。但问题仍然存在。一些海盗帮在公元前1世纪80年代曾和密特拉达梯合作对抗罗马。公元前1世纪70年代中期的海盗还能绑架年轻的尤利乌斯·恺撒。[1]绑架索取赎金令人烦恼，但海盗力量带来的真正风险是中断向罗马城的粮食供应。公元前69年征服克里特，其动力很大程度上来自对关闭其他海盗基地的期待。但海盗是机动的，也拥有许多基地。罗马的食物短缺和价格上涨将海盗问题推上了政治议题的头条。以事后之见来看，海盗问题关系全局，是这一地区缺乏任何稳定安全体系的产物。各大希腊王国已不再能维持舰队的存在，而罗得斯这样的海上力量也已遭羞辱。到奥古斯都统治以前，也从没有建立过常备舰队或者海军巡逻队。

　　这就是庞培第一次大规模指挥作战的背景。公元前67年的一位保民官奥路斯·伽比尼乌斯通过了一项法案，规定将专任一位指挥官对抗海盗，他有权调用最多25名差遣官（副将）和不包括盟邦出兵在内仍或许有250至300艘船只的一支舰队。更激进

1　事见普鲁塔克《恺撒传》第1章第8节—第2章第7节，以及苏维托尼乌斯《圣尤利乌斯纪》第4节。——译者注

的是，指挥官将有权从任何罗马领土上征兵，并在距海岸线50英里（约80千米）以内地区拥有比任何同政务官更高的治权（字面意义就是"更高治权"[imperium maius]）。授予任何一位政务官或同政务官指挥其他元老的权利，无论是担任他的副官的差遣官还是在他们自己行省的正编同政务官，这一点史无前例。该指挥权将为期三年。它就是为庞培设计的，因而在一些运筹操作之后，他就得到了这一指挥权。实际上，庞培只需要三个月。地中海从头到尾被一举横扫，海盗遭到消灭，而被捕的海盗则被迁移至行省社群中。庞培的声望非同凡响，并因而获得了另一重大指挥权——对抗密特拉达梯。但更大的经验也很清晰。一种新的将军和一种新的指挥权能有多大成就，一看便知。

公元1世纪50年代，这一经验被应用于其他地方。恺撒在高卢的指挥权不仅包括数个军团，还有数位元老级副官。因此，恺撒可以分兵，并组织远为复杂的行动。他也能定期回到南部高卢或意大利北部，留下其他人指挥自己的军团。庞培在公元前57年分得了另一项大的指挥权——一份为期五年的巩固首都谷物供应的任务，而和恺撒一样，他也分得了一些元老作差遣副官。庞培在这一主题上，于公元前55年发展出了进一步的改变，他获准远程掌控一个大行省（并指挥其军队），仍然是借助他的差遣副官们。克拉苏在叙利亚为期五年的指挥权明显意在与恺撒在高卢达成同一规模，而在同一时间，恺撒的指挥权也被延长了五年。布鲁图斯和卡西乌斯（Cassius）也在东方获得了重大指挥权，作为公元前44年他们谋杀恺撒之后和解的一部分：他们利用自己的指挥权和行省，来准备与屋大维和安东尼的战争；后二者也获得了大规模的指挥权，作为分配腓立比大捷战利的方式（并帮助他们准备二人之间的下一次内战）。

罗马人没有一个术语来称呼这些超级指挥官。他们也不需要一个术语来称呼，因为其数量实在有限。但很明显有些人认识到出现了一些新情况。希腊人向他们奉上等神之荣，同样的尊荣他们先前曾给予最伟大的王。在罗马人中则出现了一阵迷恋亚历山大大帝之风。庞培据信在一次凯旋式中穿着亚历山大的披风；恺撒据说曾在这位马其顿王的雕像前哭泣，因为他在亚历山大去世的年纪时还没什么成就；屋大维在亚历山大里亚城核心的宏大陵墓前也向他致敬。以事后之见来看，皇帝的角色就是从这些个人行为中浮现出来。有趣的是，它首先从行省兴起，而在行省显然最需要对大区域的军事力量与税收相协调。只有在这样的角色建立起来之时，才有了能够处理都城激烈政治对立的皇帝的支配权力。换句话说，是帝国拯救（并占据）了罗马城。

更具体说来，公元前1世纪70年代、60年代，尤其是50年代的经验，造就了一系列的制度创新，这些创新将为后来的皇帝们提供重要的先例。首先，地方长官（或其对应官员）现在实际上可以通过委任而非选举产生，以此将其角色与司掌内政的政务官区别开来。其次，一位指挥官协调地域广阔、军队众多的行动的有效性已经得到展现。西塞罗的演说《论庞培之治权》（*On the Command of Gnaeus Pompey*）甚至在这些方面提供了一份明确的说明，堪称帝国意识形态的初稿。再次，对于现在招募、指挥、部署和安置庞大军队的方式，元老院和人民实际上已经没有了话语权。最后，岁入增收体系开始以一种相当碎片化的方式适应帝国的需要。许多人对这些创新感到不满，其中大多数是未能受益于此的元老们。但这些创新将在随后的内战年代被人模仿、加以调整，并启发此后的年代。作为独裁官的恺撒发动了大规模的殖民冒险以安置他的老兵，并计划对帕提亚和达契亚发动与庞培对抗密特拉达梯同等规模的战争。安东尼和屋大维将自己的老兵安置在了整个地中海。每当舞台上只有一位最高将军时——无论是公元前1世纪60年代的庞培、公元前1世纪40年代的恺撒，还是亚克兴战后的屋大维——罗马的军事与政治活动都会短暂地达成一种新的一致性。罗马梦游着从共和国帝国的混沌中走出，进入了军事独裁，而后者行之有效。

内 战

克拉苏在公元前53年卡雷战役的余波中去世。到了公元前50年时，庞培和恺撒均在备战之中。或许两位大将军之间的协约本就是不稳定的。他们的婚姻联盟随着恺撒的女儿、庞培那非常年轻的妻子尤利娅（Julia）于公元前52年去世而告终了。而随后，大半个元老院都尝试加剧两人的互不信任和猜忌。战争主要发生在巴尔干地区。公元前48年在法尔萨卢斯战败后，庞培逃往埃及这最后一个尚未屈服于罗马大军的大王国。他在那里被那些企图讨好恺撒的掌权者杀死。恺撒本人则在从法尔萨卢斯之战到自己于公元前44年被杀期间的大多数时间，追杀庞培的支持者。相比首都，掌控行省更为容易。即便对他先前的敌人大多许以赦免，即便在罗马大办竞技、大兴土木，恺撒仍没能将罗马团结在自己周围。政治不再像公元前1世纪50年代那样自由，无论是恺撒还是其他任何人，都缺少能将自己的地位制度化的想法。在那场导致公元前44年3月望日恺撒被刺的阴谋的参与者中，不少都曾是庞培的支持者，但当他们也无法解决罗马之疾这一点浮出水面时，最初的狂喜不免衰落。此外，军队和恺撒的追随者们也不能饶恕这次谋杀。

随之而来的是一段虚假的和平。但两年之内，内战又重燃战火，这次是恺撒的继承人屋大维以及恺撒的副官马克·安东尼对抗"解放者"们——布鲁图斯和卡西乌斯。后二人都在公元前42年腓立比战败后死去。屋大维和安东尼次年就几乎擦枪走火，但结果双方商定了一个新协约，两人各自保有指挥大权。屋大维在巴尔干、安东尼讨伐波斯均不太成功，力量平衡因而未有变化。庞培的幺子塞克斯图斯（Sextus）则一直活到公元前35年。此后，所有人都成了恺撒党，而屋大维和安东尼双方爆发冲突只不过是时间问题了。自公元前33年开始，宣传战就已全面展开，而在公元前31年，双方在希腊西北进行了亚克兴战役，屋大维获胜。像之前的庞培一样，安东尼和克莱奥帕特拉逃往埃及并于公元前30年双双自杀于此。最高指挥官就此又一次只剩下一个人。

共和国最后一代的内政，有西塞罗的书信，以及公元前1世纪40年代写成的撒路斯提乌斯和恺撒作品详加记载。同时期的史学家也意识到这一时期的重要性，但他们的叙述现存极少。试图恢复他们的看法已成为近来学术研究的一个重要目标。[1]帝国时期的作家，包括传记作家普鲁塔克和史学家阿庇安（Appian）和狄奥（Dio），他们接触到了今已散佚的史书，并利用这些作品书写

1　Erich Gruen, *The Last Generation of the Roman Republic* (Berkeley and Los Angeles: University of California Press, 1974); Liv Mariah Yarrow, *Historiography at the End of the Republic: Provincial Perspectives on Roman Rule* (Oxford: Oxford University Press, 2006).

了关于他们所知的共和国末日的生动叙述。

所有这些叙述都重点关注了名人之间的斗争：马略对苏拉；苏拉任独裁官；苏拉的副手路库鲁斯、庞培和克拉苏之间的竞争；雷必达和喀提林的未遂政变；公元前1世纪50年代庞培、恺撒和克拉苏的联盟；以及最后的一系列内战——庞培对恺撒、弑恺撒者对屋大维和安东尼、屋大维和安东尼对庞培之子塞克斯图斯以及最后的屋大维对安东尼。以这样的方式叙述历史，行省的历史就通常被当作外围次要的部分。实际上还有一些波里比阿传统下的普世史学家，但他们的作品几乎没有一部流传下来。[1]哲学家波塞冬尼俄斯（Poseidonius）的史书就大部分散佚了，这部作品上接波里比阿卷终之处，叙事直到公元前1世纪80年代。一如波里比阿，他认识当时最伟大的罗马人，并在帝国四处旅行。他的著作残篇显示，他认真思考过罗马的帝国的本质。[2]狄奥多罗斯的《历史文库》（*Library*）是亚克兴战前最后的一部大作，或曰最后一部幸存的巨著。据我们所知，这一代的行省观察家们接受了罗马居于支配地位这一事实——波里比阿曾为其确立深感惊讶。但这些观察家发觉，他们所居的罗马世界是非常不稳定的。很多事情都取决于一个群体（community）是否在一次内战中站队正确，

---

1 Katherine Clarke, 'Universal Perspectives in Historiography', in Christina Shuttleworth Kraus (ed.), *The Limits of Historiography: Genre and Narrative in Ancient Historical Texts*, Mnemosyne Supplements (Leiden: Brill, 1999).

2 Hermann Strasburger, 'Poseidonios on Problems of the Roman Empire', *Journal of Roman Studies*, 55/1–2 (1965); I. G. Kidd, 'Posidonius as Philosopher-Historian', in Miriam Griffin and Jonathan Barnes (eds.), *Philosophia togata*, i: *Essays on Philosophy and Roman Society* (Oxford: Oxford University Press, 1989).

是否吸引到了赢家的庇护，或者是否感到自己被卷入一场源自远方的冲突之中。同样的图景也从东方城市竖起的大型石碑上浮现出来，其上的碑铭记录着献给一个个罗马将军的荣誉，以期保持他的青睐。罗马的臣服者们在多数的内战史中，主要扮演了从属配角。北希腊是公元前1世纪三四十年代三场大规模内战的舞台，亚细亚不得不为布鲁图斯和卡西乌斯征募的军队出钱，奥古斯都得到埃及几乎是意外，因为克莱奥帕特拉选错了盟友。有一些城市始终能做出好的选择，另一些城市的选择则很糟：斯巴达和阿弗洛狄西亚斯格外幸运，雅典则看来根本不能选对赢家（甚至在亚克兴战后亦如此）。此外，罗马内战也为老对手们提供了清算城市内与城市间旧账的机会，甚至也给帕提亚之类的异邦势力以得利之机。一段段和平时期可能引发土地充公和向殖民者课税。而罗马将军之间的对抗终于导致深入温带欧洲或波斯边境的大规模外战之时，盟邦和臣民也被拖入其中。凡此种种均在我们预料之中。一个帝国的行省确实是外围次要的；行省的历史总是由主城内的争端推动的，一如近来发生的从厄立特里亚到古巴的一系列事件。

共和国的崩溃对于许多行省人或许是好消息，哪怕仅仅因为皇帝们从长远考虑，最后倾向于与行省精英合作统治。[1]当然，奥古斯都独裁统治的影响立即就能从狄奥多罗斯以后的作品中看出来，包括李维的宏大史著、哈利卡纳索斯的狄奥尼修斯的《罗马古事记》以及斯特拉波的《地理志》（*Geography*）。中央的和平

1　Barbara Levick, 'Popular in the Provinces? À Propos of Tacitus *Annales* 1.2.2', *Acta classica*, 37 (1994).

使帝国本身更可预测，让行省共同体及其领导人得以进行长期规划、寄希望于忠诚与合作的战略。塔西佗将这点简洁有力地置入他对元首制起源叙述的尾声中：

> 诸行省对这一新形势也不拒斥，毕竟元老院与人民的统治因权贵间的倾轧与政务官们的贪婪已不受信任；而法律对此亦无有效的助力，因为法律本身也被暴力、密谋，以及最重要的——金钱所败坏了。[1]

无尽的征服

在内战中撕裂罗马的一代人，同样也要对罗马扩张中最引人注目的时代负责。大军多向出征，出师之名却虚浮无比。他们西抵大西洋东至里海，深入温带欧洲，并挑战当时最大的帝国，帕提亚帝国。[2]罗马吞并了大片领土，行省数量急剧增多，军事殖民地也遍布地中海。不过也有惊人的战败：公元前53年克拉苏侵略帕提亚，以2万罗马人阵亡、1万人被俘告终。在日耳曼也有过灾难性的失败，最为惨烈的一场是公元9年，整整三个军团在为期三日的发生于临近今日奥斯纳布吕克的条顿堡森林战役中被歼灭。[3]

1　塔西佗《编年史》第1卷第2章。

2　Josef Wiesehöfer (ed.), *Die Partherreich und seine Zeugnisse*, Historia Einzelschriften (Stuttgart: Franz Steiner Verlag, 1998).

3　关于此事最为详细的叙述，参见卡西乌斯·狄奥《罗马史》第56卷第18—24章，比狄奥更早的塔西佗《编年史》前两卷和维莱乌斯·帕特库鲁斯《罗马史》第2卷第117—120章记载在年代上更为接近这场战役。——译者注其他的大规模战役也几乎发动起来。巴尔干北部的巴斯塔奈人在公元前62年击败了马其顿的地方长官"怪物"安东尼乌斯（Antonius Hybrida）。[1]西塞罗在公元前1世纪50年代初的通信表明，他对居于今罗马尼亚的达契亚人之王布雷比斯塔（Burebista）深表忧虑，这位王花了公元前1世纪的很长时间创立了一个多民族部落大联盟。曾在苏拉、路库鲁斯和庞培麾下效力的奥路斯·伽比尼乌斯，在公元前57至前54年出任叙利亚的同执政官：他将这里作为基地，强立一位埃及新王，并干预犹太的政治。[2]同期，昔兰尼则在罗马影响范围内游来飘去。为让此起彼伏的征伐师出有名，罗马提出过一些精致的理由，但毫无疑问这些战争的主要动力是国内最强大者之间的竞争。元老院权威的垮塌、最高指挥权的创立以及最重要的是庞培的胜利，改变了游戏规则。而即使有人荒谬地冒险也没有关系，毕竟如果一个将军失败了，总会有另一个等着取代他的位置。

但所得还是超过所失。当苏拉于公元前79年谢世时，罗马刚刚重新取得地中海世界的主宰地位。罗马军队控制意大利直到阿尔卑斯山，以及西地中海诸海岸平原的大部分——即使并非全部。在亚得里亚海以东，罗马控制了巴尔干一部以及亚细亚行省。仅一个世纪以后，奥古斯都于公元14年辞世时，这个地盘广大的帝国从莱茵河口到直布罗陀海峡挟制大西洋，并以一圈行省和附庸王国环绕地中海（罗马人称之为"我们的海"）。黑海实际上也

1　事见卡西乌斯·狄奥《罗马史》第38卷第10章。此人是我们提到过的"征克里特者"马尔库斯·安东尼乌斯的二弟。——译者注

2　事见卡西乌斯·狄奥《罗马史》第39卷第55—63章（埃及）和弗拉维·约瑟夫斯《犹太古史》第14卷第4—6章（犹太）。——译者注

是罗马的内湖，而安纳托利亚和近东亦在罗马治下。在南方，罗马人的边界沿着撒哈拉的边缘，并延伸至埃及的南部边境。幼发拉底河和一条包括了安纳托利亚大部的线划定了帝国的东界。北疆则是莱茵河和多瑙河。这一区域中有不少部分通过行省统治，另一部分则有罗马紧密控制的附庸王国统治。这一辽阔版图的大部分，在庞培、恺撒以及最后屋大维/奥古斯都领导国家期间就已取得。

延伸阅读

诸多的叙述和不少小说都讲述了共和国最后岁月中一些伟人的生平事迹。这也是一段得以从古代文献中生动浮现的时期。普鲁塔克的苏拉、恺撒、庞培、西塞罗、克拉苏、路库鲁斯及其他人物的传记，提供了和任何现代论述同样生动的对这些人物的简介。更好的是，恺撒的《高卢战记》（*Gallic War*）和西塞罗的《书信集》提供了公元前1世纪50年代诸事件的现实的同时期证词。写于尚未得见共和国末日的公元前1世纪40年代的撒路斯提乌斯《喀提林阴谋》，则提供了对西塞罗任执政官时这场大危机的一种视野。

由伟人们主宰的时代自然是给传记作者们的佳礼。亚瑟·凯维尼（Arthur Keaveney）的《苏拉：最后的共和主义者》（*Sulla: The Last Republican*, 2nd edn, London, 2005）既见学识，又不失生动。罗宾·西格（Robin Seager）的《伟人庞培：一部政治传记》（*Pompey the Great: A Political Biography*, 2nd edn, London, 2002）则是一部经典之作。西塞罗和恺撒则吸引了诸多优秀的传记作家。我分别推荐伊丽莎白·劳森（Elizabeth Rawson）的《西塞罗写真》（*Cicero: A Portrait*, London, 1975）和阿德里安·戈兹沃西（Adrian Goldsworthy）的《恺撒：巨人的一生》（*Caesar: The Life of a Colossus*, London, 2006）作为对这两位人物清晰的呈现。

罗纳德·塞姆（Ronald Syme）对罗马政治的许多阐释均已遭到挑战，但他的《罗马革命》（*The Roman Revolution*, Oxford, 1939）仍是有吸引力的读物，而且以自己的方式刻画了它所属的时代。关于这一时期由庞培和恺撒主宰的帝国主义，我们的最佳目击证人是西塞罗。他个人关于帝国的思想与言辞在凯瑟琳·斯蒂尔（Catherine Steel）的《西塞罗、修辞与帝国》（*Cicero, Rhetoric and Empire*, Oxford, 2001）中得到了清晰的讨论。多数古代作家都将这场危机描述为一场罗马的悲剧，但他们和整个地中海世界都共同遭遇着这场危机。丽芙·亚罗（Liv Yarrow）的《共和国末年的历史书写》（*Historiography at the End of the Republic*, Oxford, 2006）从帝国的边缘考察共和国的崩溃，是一部精细而独到的作品。

帝国乐事

既然我们如今统领着那个民族——人文（*humanitas*）不仅从他们那里兴起，还从这里传向其他民族，我们就应当将其得益传递给他们，一如我们从他们那里得到的一样。对，我说出下面的话并不羞愧，尤其是因为我的生活与事功都证明我绝对不懒惰，亦不轻浮：我们所成就的一切，都当归功于既有的学问与技艺，而这些则都是从希腊的经典和教导中流传给我们的。

——西塞罗《致弟昆图斯书》第 1 封第 1 章第 27 节

自由共和国的最后一代

生活在苏拉独裁到恺撒独裁之间这一时期的罗马人，在某种程度上居住于一个新的世界。意大利半岛此时已遍布罗马公民，这片享有特权的繁荣之地周围环绕着臣服的行省。罗马人民的帝国势力以前所未有的速度扩展着。他们的城市每年一变，庞培剧场之类的大理石纪念建筑在古老的洞石神庙上耸起。帝国扩张的主要受益者是罗马贵族。[1]他们前所未有地富有，并凭借自己的财富为他们自己创造了一种奢侈的生活。

图 11　庞培剧场

在苏拉攻陷雅典后，罗马贵族们很快就回到这里，寻求教育与高雅文化。一个世纪前由采海绵潜水者在希腊南端安提基西拉岛水下发现的沉船，使一船原本要被运往意大利的非同凡响的雕像与其他财宝得以重见天日。对公元前 1 世纪建造的奢华庄园的发掘，表明了此类货物可能的目的地。城中的祖传宅邸自公元前 6 世纪起就开始进行更大规模的重修，但从公元前 2 世纪晚期起，罗马贵族们又开始扩展自己的资产配置。西塞罗称不上最富有的元老，但即使是他也拥有八处庄园。罗马精英们会在蒂沃利和

1　Michael H. Crawford, 'Rome and the Greek World: Economic Relationships', *Economic History Review*, 30/1 (1977).

图斯库伦之类的山城，以及离城市不远的海岸别墅中避暑。将帝国收益投资于葡萄栽培与其他集约农业活动，使他们在翁布里亚和托斯卡纳购置大片农场。到公元前 1 世纪，至少其中一些农场也成了宜人的居所，比如赛特芬尼斯特雷。而所有这些当中最为华丽的当数那不勒斯海湾沿岸的海景豪宅。[1]最富有的庄园主们在海面上建起休憩所，装配以雅致休闲区、冬夏可用的餐厅、私人浴池与养鱼池、图书馆与花园，再饰以自希腊世界进口的艺术品。在青铜与大理石之间也有着人中之宝——学者和手艺人。有些人戴着镣铐来到罗马，也有些则是被礼物所吸引，这些礼物都被赠予建筑师、艺术家与教师，以及各式各样的作家，比如哲学家、诗人、评论家和历史学家。[2]罗马道德家学们对奢华始终感到焦虑，但此时被当作奢华的东西已经不同了。用进口有色大理石建造一座临时剧场，然后在城中家宅重新使用这些石材，是一种奢华。西塞罗可是认为自己过着一种节制的生活。

这代人也同样是见证了他们的公民社会崩塌的一代。那些拥有最宏大庄园的人中，有许多将在内战中丧命；事实上，有些豪宅在主人遭缉杀之后转手十分迅速。但同一批精英，又凭借着恩

1　John H. D'Arms, *The Romans on the Bay of Naples: A Social and Cultural History of the Villas and their Owners from 150 B.C.to A.D.100* (Cambridge, Mass.: Harvard University Press, 1970); Andrew Wallace-Hadrill, *Houses and Society in Pompeii and Herculaneum* (Princeton: Princeton University Press, 1994); Eleanor Windsor Leach, *The Social Life of Painting in Ancient Rome and on the Bay of Naples* (Cambridge: Cambridge University Press, 2004).

2　Michael H. Crawford, 'Greek Intellectuals and the Roman Aristocracy in the First Century BC', in Peter Garnsey and C. R. Whittaker (eds.), *Imperialism in the Ancient World* (Cambridge: Cambridge University Press, 1978).

庇支持与自身的创造活动，主导了罗马知识文化的形成期。而且我们仅此一次得以在生动的细节层面观察它，这一部分是因为这一代人所建的华丽的宅邸与古迹，另外也多亏了马尔库斯·图里乌斯·西塞罗及其同时代人流传至今的著作。

帝国的生活

西塞罗于公元前106年生于一个富裕的罗马家庭，这家人来自罗马东南100千米多一点儿、沃尔西丘陵地区中的阿尔皮农城。[1]阿尔皮农自公元前4世纪晚期就已在罗马治下，其居民也早在同盟者战争前多年就已成为公民，但这一地方背景只会让西塞罗更渴望适应与因循。他的政治也比尤利乌斯·恺撒和格拉古兄弟这种贵族血统的激进派要更为传统。在罗马受教育后，他像所有其他骑士阶层青年一样服役，而后在希腊旅行、就学，并开始承接法律诉讼。罗马演说家们并不向其代理的客户收取费用，但如果诉讼成功，他们就会赢得感激，这将可能转变为未来的支持。此外，这一时期涉及贵族阶层的法律诉讼经常是政治化的。西塞罗选的刚开始的几件案件，是为了使自己与苏拉独裁的批评者结盟。这一战术取得了成功，他因而在公元前75年当选问政官（quaestor）：职位虽低，却使他成为终身元老。作为家族中第一个赢得此类官职的人，意味着他和先前的马略一样，是一位"新人"。这也并不少见。即使在格杀勿论令和内战还没有造成空缺

1　Elizabeth Rawson, *Cicero: A Portrait* (London: Allen Lane, 1975).

之时，元老院也始终向新鲜血液开放。¹但新人是他在整个生涯中可资利用的一种地位，在合适时，这一地位会将他本人表现为弱势者。出任问政官使他得以前往西西里，获取对罗马行省统治的一手经验。他早年的许多案件都涉及对地方长官的腐败指控。有些是他为其做辩护，有些——例如维列斯——则是他来起诉。

公元前66年当选裁判官后，西塞罗颇令人信服地推荐庞培接过讨伐密特拉达梯的指挥权。西塞罗于公元前63年就任执政官，这是一项重大成就，而他也不得不处理喀提林的未遂政变。他处死被指控参与密谋者的决定在当时获得了支持，可随后他却被这一决定所纠缠，并在公元前58年遭短暂放逐。出任执政官是他影响力的顶峰。公元前1世纪50年代的罗马政治围绕着庞培、恺撒和克拉苏的联盟运转。西塞罗并不愿意支持他们，而是试图打破他们的协定（但以失败告终）。在一段时间内他甚至被迫离开罗马，出任奇里乞亚地方长官。在庞培与恺撒内战期间，他试图保持中立；但最终他选择了庞培一方。恺撒对他的宽谅，使他有义务在事实上离开公共生活，直到恺撒在公元前44年3月望日遇刺。他的大部分哲学作品都作于被排挤出政治之外的公元前1世纪50年代后期，以及恺撒任独裁官末年及其后的八个月。诛杀恺撒并未如西塞罗所想的那样恢复传统的共和自由，西塞罗对此极为失望。激烈反对马克·安东尼的他，试图把屋大维推到与之旗鼓相当之位。但当安东尼和屋大维结成联盟时，西塞罗就名列格杀勿论令之中，他在公元前43年被捕并遭杀害。他的双手与首级被置

1　Keith Hopkins, *Death and Renewal: Sociological Studies in Roman History II* (Cambridge: Cambridge University Press, 1983).

于市政广场的演说台上，作为对自由演说之危险的严酷警告。

像同代人一样，西塞罗是在帝国的阴影下追求自己的事业的。帝国与同盟者战争，使罗马治下意大利的有产阶级成为一个帝国民族的精英阶层。[1]现代帝国通常从受过教育的中产阶级中征募行政人员。参与经营帝国保证了他们更好的生活方式，他们的地位也将比居于母邦可期的要更高。他们以书记员与官僚的身份接近帝国事务，依靠法规与规章进行统治。许多人成为帝国的职业雇员，有些人就此再未回家。罗马的帝国与此不同。贵族们在治理帝国中扮演主角，而他们的家人、朋友与奴隶则予以协助。指导地方官、将军和代理官（procurator）的，不是长期命令和协定，而是伦理与习惯原则。他们也始终注目于母邦的亲朋好友网络；他们并不"入乡随俗"。

西塞罗完美契合于这个模式。罗马的地方官或许会展现正义与明智，精力与能力，但看不出有任何人重视异域的官职胜过在母邦的生活。他们想要带回母邦的，是良好的声誉、罗马商人与重要包税人或者其他贵族的支持与感激，或许还有来自行省城市或地方要人的支持，当然还有金钱。盗窃、胁迫和受贿固然非法，但仍有打擦边球的合法方法从行省人那里榨取钱财，比如放出毁灭性高利贷。西塞罗显然试图模仿那些声名卓著的地方官，比如大祭司长昆图斯·穆奇乌斯·斯凯沃拉（Quintus Mucius Scaevola），他在公元前94年出任亚细亚的同执政官，并起草了

1　M. Cébeillac-Gervason (ed.), *Les Bourgeoisies municipales italiennes aux IIe et Ier siècles av. J-C.* (Naples: Éditions du CNRS & Bibliothèque de l'Institut Français de Naples, 1981).

一篇规定了好政府诸原则的典范性政令。[1]但在公元前1世纪50年代的变幻条件下，这份决议带给西塞罗的只有悲叹。

西塞罗曾从诸多角度体验过帝国。[2]在西西里担任督管财政的低阶政务官时，他的行省中的希腊城市对他是时而敬仰，时而作梗。多年以后他也不得不经历地方官必需的妥协，被迫在正义利益与他在母邦的那些有权势罗马朋友的利益中谋得平衡。作为律师，他有机会热情洋溢地为罗马殖民者和盟友代言反对腐败，也可以呼吁陪审员不要相信非罗马人的证词，而相信高贵的罗马人地方官的担保。如果说他的演说《反维列斯》（*Against Verres*）是对滥权的猛烈控诉，那么他为弗拉库斯（Flaccus）和冯特伊乌斯（Fonteius）的辩护就是在迎合最粗野的种族偏见。[3]他所面对的大多数议题（在我们）看来也是源自帝国。一系列问题都源自大量财富涌入的不稳定效应，这些财富在敌对政客和社会阶层间分配不均，助长了喀提林政变和克拉苏、庞培与恺撒势力背后的行贿和债务等因素。其他政治危机，都是罗马未能维持地中海安全的产物。

西塞罗并不是这么看的。上述在法庭和在元老院的两场演说中，他反复关注涉事个人的个人缺陷（或优点）。如果像维列斯这样的人得到他们应得的惩罚，而像庞培这样的人被授予为将其卓越天赋用于公共利益而需要的权力，那么罗马人民的利益就能

1　瓦莱里乌斯·马克西姆斯第8卷第15章第6节。——译者注

2　Catherine Steel, Cicero, *Rhetoric and Empire* (Oxford: Oxford University Press, 2001).

3　即他在公元前69年的《为马尔库斯·冯特伊乌斯辩护》和公元前59年的《为路奇乌斯·瓦莱里乌斯·弗拉库斯辩护》。——译者注

得到最好的保护。在西塞罗看来，罗马人民的利益和臣服者的利益没有必然的冲突。他的《论责任》（*On Duties*）中一段宣称，在苏拉以前，罗马对其盟友的管辖更像恩庇（*patrocinium*），而非帝国统治（*imperium*）：[1] 至于为何这种转变不能反转，则没有给出理由。在一份写给弟弟昆图斯，向他管理亚细亚提供建议的公开信中，西塞罗承认，臣服者与包税人之间的关系可能紧张起来，但他只是建议弟弟，要力促各个团体行为检点。[2] 一些人生来是统治者而另一些人生来是臣服者，这一观念和亚里士多德对奴隶制那声名狼藉的说理[3] 一样古老。此外，在《论责任》中，西塞罗还主张伦理教育事实上始终是最有利的。共和帝国的难题源自道德有亏，而不是利益的根本冲突或是体制问题。这些难题需要（且只需要）一种道德上的解决方案。

我们可对此给出两种反对意见。第一，西塞罗对结构性难题明显缺乏分析。将国家收入的征纳外包出去会导致短视主义和横征暴敛，这不是很显然吗？不预先准备好最终复员安置就大规模征兵会引发问题，这不是很明显吗？这两个问题的回答当然是肯定的，即使只是因为这些问题在不久之后就以同样的措辞被考虑到并得到了解决。在元首制下，筹措贡赋的责任主要交给了地方当局：他们或许也是一样地贪婪，但当地的稳定确实与他们有长期的利益关联。自奥古斯都以降，征募新兵有了确定期限，士兵也是独立退伍而非整体遣散；同时，又建立起一个军事国库（*aerarium militare*），来为士兵复员出资。西塞罗是没能看出这些

1　西塞罗《论责任》第2卷第27段。

2　西塞罗《致弟昆图斯书》第1封第1章。

3　参亚里士多德《政治学》第1卷 1254a17—1255b40。——译者注

问题，还是不愿意看出这些问题，我们不得而知。

第二，出于另一个原因，西塞罗对帝国臣服者的关切远远达不到一种帝国使命感。西塞罗时期的罗马人，看起来显然几乎没有现代意义上帝国的概念。[1]其结果之一就是，臣服者和外国人基本上被同样对待。例如，这两个群体都会派出使团，都受治权制约，他们在罗马国家中都没有利害关系，亦无因此而得的咨询之权。罗马人能善加统治，因他们将其归功于自己的本性，而与他者的权利并无关涉。*Imperium* 一词，在奥古斯都统治以前都不被用来指领土：在此之前，它的意思是指挥及指挥之权。

西塞罗虽是我们最好的共和帝国主义见证人，但也并非唯一一位。如果将西塞罗与同期其他作者相比较就可能看出，他的看法是多么传统。在公元前1世纪40年代著史的撒路斯提乌斯，也认为罗马的崛起伴随着道德的崩溃，并将外围地区的战争和中央的冲突，都归咎于罗马统治者的道德缺陷。[2]在稍晚时期写作的李维似乎也讲述了类似的故事。西塞罗完美呈现了罗马精英的意识形态立场，决然不将他们自己的欲求与国家利益、将罗马的利益与世界正义对立起来。这并不意味着，他们不能接受罗马的统治是大规模掠夺行径这一观点。撒路斯提乌斯虚构了一封由密特拉达梯寄给帕提亚皇帝以谴责罗马帝国主义的精彩的信函：

> 您难道不知，罗马人直到大洋西进至极之时，才掉头班师？您难道不知，从一开始他们就一无所有，只有那些偷来

1　Richardson, *The Language of Empire*.

2　D. S. Levene, 'Sallust's Jugurtha: An "Historical Fragment"', *Journal of Roman Studies*, 82 (1992).

的家园、妻子、土地和帝国（*imperium*）？您可知道他们曾是一群亡命之人，没有母邦、没有父祖，立足于寰宇之中的病疫之地，没有人神法度阻遏他们对盟邦友邻、远近部族、贫富族群不加区别地加以攻伐，所有不臣服于他们的，他们都敌视之，王权尤其如此。[1]

这封信巧妙地倒转了罗马起源神话——罗慕路斯的避难地、萨宾妇女以及特洛伊定居意大利，并在字面上影射瓦罗等人：这表明，它是一封针对罗马读者的混成之作。他们似乎很喜欢这种对帝国的歪曲，毕竟塔西佗和一些帝国时期的讽刺诗人也写过这种反罗马的文字。不过，笃信罗马统治本质上的正当性，对于维持天命至关重要。所有这些文本都呈现出一套普世意识形态的先声。罗马是全世界的恩主这一观念就是一个例子，而与亚历山大的比较和利用地理意象来总括帝国也可为例。[2]对西塞罗及其同侪来说，这一帝国主义不仅是政治问题。它还参与促进了对古典文化的罗马式和普世性观点的塑造。

在罗马的希腊知识生活

西塞罗这代人既没有创造拉丁文学，也没有创立一套特别的罗马教育正典概念，但他们却把这两者都固定于其经典形式之上。

1　撒路斯提乌斯《历史》第4卷第69章第17节。

2　Claude Nicolet, *Space, Geography and Politics in the Early Roman Empire*, trans. Hélène Leclerc, Jerome Lectures (Ann Arbor: University of Michigan Press, 1991).

像古代地中海的多数民族一样，罗马人生活了数个世纪的世界之中，文化就意味着希腊文化。最早用拉丁文写成的作品是表演用的——普劳图斯（Plautus）的戏剧、李维乌斯（Livius）的颂诗和加图的演说。[1]自公元前2世纪初以来，也有一些历史和古物学作品用拉丁文写成：加图也是个中翘楚。不过许多罗马作家仍然用希腊文写作，而哲学、修辞学、地理学、医学与科学则只有希腊文读者才能理解。究竟有多少罗马人在公元前2世纪中叶以前对除哲学以外的上述学科感兴趣，我们所知甚少。而一套全面自足的拉丁文学文化的创立，则开始于公元前1世纪60年代。[2]

获取希腊知识并非问题所在。早在古风时期意大利中部就已有希腊城邦，它们带来的进口品、图像与观念的影响力在一定意义上无处不在。爱琴海的古城也很易抵达。皮克托曾前往德尔斐，而加图在撰写意大利《起源记》叙述之时，想必也读到了不少希腊书籍。最初的拉丁史诗作家不仅通晓荷马，还知晓此后关于荷马作品的诸多希腊文评论和哲学注疏。波里比阿在罗马长期流亡及随后自愿居留期间，曾利用过马其顿列王的藏书，而这些藏书是皮德纳战后埃米里乌斯·保路斯掠得带回的战利品。保路斯将藏书带回罗马，暗示着早在公元前2世纪初罗马就对希腊学

1 Gruen, *Culture and National Identity in Republican Rome*; Thomas Habinek (ed.), *The Politics of Latin Literature: Writing, Identity and Empire in Ancient Rome* (Cambridge: Cambridge University Press, 1998).

2 Elizabeth Rawson, *Intellectual Life in the Late Roman Republic* (London: Duckworth, 1985); Andrew Wallace-Hadrill, 'Review Article: Greek Knowledge, Roman Power', *Classical Philology*, 83/3 (1988); Elaine Fantham, *Roman Literary Culture from Cicero to Apuleius*, Ancient Society and History (Baltimore: Johns Hopkins University Press, 1996).

术有了兴趣。这一兴趣或许并非新起。[1] 至公元前 2 世纪中叶，一些希腊人似乎已意识到罗马精英对哲学尤感兴趣。公元前155年，雅典向元老院派来了一个由斯多噶派、伊壁鸠鲁派和逍遥学派领袖组成的使团。[2] 保路斯之子西庇阿·埃米利亚努斯，不仅是波里比阿，而且还是斯多噶学者罗得斯的帕奈提俄斯（Panaetius of Rhodes）的保护人。两位学者都在罗马与他共度时光，并随他远行。但实际上，居留罗马的希腊学者在密特拉达梯战争之前一直很少。或许对他们能提供的知识真正感兴趣的罗马人也并不多。

公元前 2 世纪晚期，情况开始变了。对希腊事物的新兴趣标志之一，就是对那不勒斯海湾的新兴趣，此处的库迈和那不勒斯两城是距罗马最近的希腊城市。[3] 在公元前 2 世纪 90 年代罗马就曾在坎帕尼亚建立了一串殖民地。据传西庇阿家族的一些成员，在公元前 2 世纪早期就已在此据有房产。但最早被描绘成十分壮观的庄园，则要追溯到公元前 1 世纪初：于公元前 1 世纪 90 年代建成的马略的坎帕尼亚别墅，就是最早可确认的例子之一。到公元

1 　Purcell, 'Becoming Historical'.

2 　参看普鲁塔克《老加图传》第22章第1节；奥路斯·盖利乌斯《阿提卡之夜》第6卷第14章第8节等。注意在原始材料中的使节名单略不相同，但都没有伊壁鸠鲁派人士，而是学园派的哲学家卡尔内阿德斯（Carneades）。关于此事 Ferrary, *Philhellénisme et impérialisme* pp. 351–363 曾有过深入讨论，J. G. F. Powell, 'The Embassy of the Three Philosophers to Rome in 155 BC', in Christos Kremmydas and Kathryn Tempest (eds.) *Hellenistic Oratory: Continuity and Change* (Oxford: Oxford University Press, 2013), pp. 219–247 则是集大成之作。——译者注

3 　D'Arms, *The Romans on the Bay of Naples: A Social and Cultural History of the Villas and their Owners from 150 B.C. to A.D. 100*; M. Frederiksen, *Campania* (London: British School at Rome, 1984).

图 12 在博斯科雷阿莱的 P. 范尼乌斯·西尼斯托尔
（P. Fannius Synistor）庄园的卧室（cubiculum）墙上的一面湿壁画

前1世纪60年代至前1世纪50年代，海岸线上就布满了这些非凡的休闲娱乐中心，它们的图像留在了庞贝的墙面画中，而其本身也留下了耀眼的考古遗迹。皇帝奥古斯都在此地区度过了其实是度假的时光——包括希腊式游戏和服饰在内的娱乐，而与此相反的是他在罗马表现出的相当严格的罗马传统主义。提比略在卡普里的岛上别墅，或许因为实在难以抵达，引发了各种各样关于暴君之残忍与堕落的故事。那不勒斯海湾成了希腊在罗马帝国的分身。

　　年轻贵族此时被定期送往爱琴海世界的古城接受教育。雅典是主要目的地，但也有不少人造访罗得斯，这里已成为修辞学和哲学教育的主要中心之一。这两座城市都吸引从其他希腊邦国前来的年轻人。现在年轻的罗马人也加入其中。西塞罗和弟弟在公元前79年均在雅典听了学园派大哲学家、路库鲁斯的门客阿斯卡隆的安条克（Antiochus of Ascalon）的讲座。此时兄弟二人都是25岁左右。随后，他们继续游历罗得斯和士麦那。[1] 尤利乌斯·恺撒几年后也在罗得斯学习。此类访问中有些似乎是为了躲避在母邦的艰难政治局势而安排的，有些则也可能是为了让富有的年轻人远离母城的诱惑。不过它们留下了长久的印象。西塞罗对早年在希腊探索的回忆使人联想起从17世纪晚期直至19世纪早期，富有的欧洲人会用一场对意大利的古典和文艺复兴景点的壮游（Grand Tour）作为他们文化教育的最后一个阶段。

　　坎帕尼亚的夏日和前往希腊的学业旅行为罗马带来了新的认识。西塞罗一代的罗马作家深切认识到，在他们进入图书馆时，几乎所有的书籍都是用希腊文写成的。罗马最好的图书馆多数曾一度属于希腊化诸王。西塞罗和许多其他人都曾用过路库鲁斯设在他位于山城图斯库伦的别墅中的图书馆。[2] 希腊学者和罗马学者都曾利用他的馆藏。公元69年维苏威火山喷发出的泥浆埋葬了一处典雅的赫库兰尼姆宅邸，在此处出土了大批哲学作品以后，这里现在被称为"纸草庄园"（Villa of Papyri）。这一庄园可能属于卡尔普尔尼乌斯·庇索（Calpurnius Piso），他是恺撒的岳父，曾在公元前58年与伽比尼乌斯共同出任执政官。它那两侧包铜的长

1　事参普鲁塔克《西塞罗传》第4章。——译者注

2　T. Keith Dix, 'The Library of Lucullus', *Athenaeum*, 88/2 (2000).

条观赏泳池和奢华的大理石建筑，都在20世纪70年代由让·保罗·盖提（J. Paul Getty）在马里布复制过，现在又由精心的数字重建得以再造。[1]其中的哲学作品文库，是希腊博学家伽达拉的斐洛德谟斯（Philodemus of Gadara）长居于此而遗存的，他的著作涉及美学、文学批评以及伊壁鸠鲁主义。[2]

维特鲁威乌斯（Vitruvius）的手册《论建筑》（On Architecture）证实了维苏威下的庄园表现的东西，即罗马的富人有意将它们纳入自己的居住空间，居所的设计就旨在让人想起希腊文化，而这些元素也经常以希腊文命名：oecus 是希腊式餐厅，peristylum 是希腊式花园，而图书馆则常称为 bibliotheke。这些房间与术语中有不少都和考古所呈现的同时期雅典、以弗所等东地中海城市中存在的建筑并不完全契合。罗马人并非试图在意大利重建一个同时代的希腊世界。西塞罗在图斯库伦的别墅包含两个他称为 gymnasia 的区域，这个术语是从一种典型希腊式的以锻炼和教育精英男性为目的的机构名称化用来的。他把其中一个以亚里士多德学校的名字命名为吕克昂（Lyceum），另一个则以柏拉图学园之名命名为阿卡德米（Academy）。现存一系列信函，西塞罗在

1 Mantha Zarmakoupi (ed.), *The Villa of the Papyri at Herculaneum: Archaeology, Reception and Digital Reconstruction* (Berlin: De Gruyter, 2010). 【译按】主要是 Kenneth Lapatin, 'The Getty Villa: Recreating the Villa of the Papyri in Malibu', pp. 129–137; Mantha Zarmakoupi, 'The virtual reality digital model of the Villa of the Papyri project', pp. 181–193。

2 Marcello Gigante, *Philodemus in Italy: The Books from Herculaneum*, trans. Dirk Obbink, The Body, in Theory: Histories of Cultural Materialism (Ann Arbor: University of Michigan Press, 1995); David Sider, *The Library of the Villa dei Papiri at Herculaneum* (Los Angeles: Getty, 2005).

其中请求朋友阿提库斯试着获取一些适于装饰这些空间的希腊雕塑。[1] 无疑他在普特奥利附近的庄园也有着许多希腊式空间。但他在帕拉丁山上还有着严格罗马式的住所（domus），或许图斯库伦的庄园相比他生命的其他方面也有着更多的罗马式空间。他与同辈人一样，虽然将细加挑选的一部分希腊文化纳入了自己的生活中，但并未试图成为希腊人。[2]

　　西塞罗的通信提及了其他一些为罗马贵族座上宾而居留意大利十数年的希腊作家。他们不仅有来自雅典、罗得斯和亚历山大里亚这样伟大的东方重镇的，也有来自比提尼亚、亚细亚甚至叙利亚的希腊城邦的。毕竟不管从哪里来，罗马将军都已经走过那里了。有一些人开课教书，但很多人都是居留学者，为他们的罗马保护人营造文化气氛，一如精心布置的花园，他们遍走其间，在青铜的诸神、神话人物、哲学家、国王塑像之间讨论哲学。在罗马的希腊人得适应这种对自己文化的选择性改造。许多写在这一时期的希腊作品序言，歌颂了他们罗马朋友的慷慨。历史学家哈利卡纳索斯的狄奥尼修斯，把自己表现为罗马人的崇拜者：他把罗马与希腊制度、拉丁文和希腊文之间的一些相似之处，看作是罗马人本是希腊人的印记。[3] 伽比尼乌斯在公元前55年把亚历山大里亚的提玛格尼斯（Timagenes of Alexandria）俘虏带回罗

1　E. Bartman, 'Sculptural Collecting and Display in the Private Realm', in E. Gazda (ed.), *Roman Art in the Private Sphere: New Perspectives on the Architecture and Decor of the Domus, Villa and Insula* (Ann Arbor: University of Michigan Press, 1991).

2　Andrew Wallace-Hadrill, *Rome's Cultural Revolution* (New York: Cambridge University Press, 2008).

3　狄奥尼修斯《罗马古事记》第1卷第11章以降。——译者注

马。获释并受优待的提玛格尼斯曾一度成为奥古斯都本人的座上宾，但却以罗马的猛烈批判者而知名。据称他曾说过，关于这座城市遭受的多次火灾唯一该当后悔的事，就是被毁的建筑总是被规模更为奢华的建筑取代。最终，他转到了都城最早的公共图书馆之一的创立者阿斯尼乌斯·波利奥（Asinius Pollio）门下。其他被掳的希腊人适应起来似乎更容易一些。阿米索斯的提兰尼雍（Tyrannio of Amisos）作为俘虏被路库鲁斯带回罗马，后来则由庞培释放并加以恩庇。他成了西塞罗、恺撒和阿提库斯的朋友与知识导师，并且在罗马教授语法和评论。希腊人和罗马人都前来就学于他，如同他们也向医者，普卢夏的阿斯克勒皮阿德斯（Asclepiades of Prusias）求学一样。诗歌也和散文一样发生转型。在公元前73年的一场与密特拉达梯的战役中被俘的尼西亚的帕特纽斯（Parthenius of Nicaea），在罗马受到盛情款待，并激励了包括科涅利乌斯·伽卢斯和卡图卢斯在内的新一代拉丁诗人。在整个奥古斯都治下及嗣后，拉丁诗学都将专注于情诗与神话题材。另外也有一些来访者，至少有些是前来游历讲学的著名学者。阿帕梅亚的波塞冬尼俄斯（Poseidonios of Apamea）和以弗所的阿尔忒弥多罗斯（Artemidorus of Ephesus）都曾造访罗马和一些西方行省，开办讲座并为自己的历史与地理学搜集材料。其对罗马文化的累进式影响甚巨。

希腊学者总是需要恩主。在公元前3至前2世纪，他们会在亚历山大里亚、帕迦马和叙拉古王廷找到恩庇，但在公元前1世纪，他们来到了罗马。公元前2世纪末出生的那一代罗马人起到了重要作用。他们是第一批把那不勒斯海湾变成自己的游乐场的——一半是拉斯维加斯，一半是塞纳河左岸，也是第一批在年轻时赴爱琴海世界旅行，在希腊的古老城邦中学习的人。有一些人甚至在那里长居。西塞罗的朋友提图斯·彭博尼乌斯（Titus Pomponius）在雅典住了很久，以至于得了绰号"阿提库斯"（Atticus［意为"阿提卡人"]）；而逃脱了西塞罗起诉的维列斯，则亡奔希腊人的马赛城。在奥古斯都宫廷中失宠之时，提比略会在罗得斯经年度日。当东征或仅仅是他们的财富给了他们把希腊知识分子带回罗马的机会时，他们抓住了机会，一如他们用希腊的铜装满船舱，并四处寻觅稀有的希腊书籍。他们通晓希腊哲学，足以将他们划分学派：西塞罗属学园派，恺撒是伊壁鸠鲁派，而布鲁图斯则属斯多噶派，等等。[1]他们在私人书信和对话中写下希腊引言和词语。[2]但他们投身希腊文化最清晰的标志则是，这一代中有些人决意创造一个与之相匹的拉丁文知识文化。

新帝国的新经典

西塞罗在他的《图斯库伦论集》（*Tusculan Disputations*）导言中明确指出，他的哲学作品是一项有意识的计划中的一部分，旨在向希腊人发明的每一主要体裁提供一套拉丁经典：[3]

1　David Sedley, 'Philosophical Allegiance in the Greco-Roman World', in Griffin and Barnes (eds.), *Philosophia togata*, i.

2　Simon Swain, 'Bilingualism in Cicero? The Evidence of Code-Switching', in J. N. Adams, Mark Janse, and Simon Swain (eds.), *Bilingualism in Ancient Society: Language Contact and the Written Text* (Oxford: Oxford University Press, 2002).

3　Ingo Gildenhard, *Paideia Romana: Cicero's Tusculan Disputations*, ed. Tim Whitmarsh and James Warren, Proceedings of the Cambridge Philological Society Supplements (Cambridge: Cambridge Philological Society, 2007).

那些处理正确生活方式的学问——知识的理论与实践，都是那被称为哲学的关于智慧的学问的一部分。我相信自己有必要用拉丁文阐明它。从希腊作者与教师那里学到哲学并非不可能，但我一直认为，吾人在所有地方都比希腊人展现出更多智慧，无论是为自己发现，还是改善那些从他们那里取得的——那些吾人认为至少值得努力投身的学问。[1]

《图斯库伦论集》是西塞罗在恺撒独裁治下完成的大量以哲学为主的作品中的一部分，此时他发现自己既不能支持也不能反对这位奴役了共和国却放过他本人一命的人。图斯库伦是西塞罗的哲学主题退隐所，他在这里款待那些与他政治与文化兴趣相同的年轻元老。他的许多作品都被改编成对话形式，它们使人想起柏拉图对苏格拉底与学生辩论的叙述，并且也展现了伦理道德与高雅文化层面最佳时的罗马精英。《论集》实际上是题献给布鲁图斯的，而且正是这位布鲁图斯的伦理道德将造成血腥的后果。西塞罗开篇就赞扬罗马人相对于希腊人的实践道德，随即辩称，虽然希腊人在诸多领域领先于罗马人，但一旦罗马人开始同样的追求，就会使希腊人永远黯然失色。对罗马诗歌诸体裁的讨论之后转入了演说术。西塞罗本人关于演说术的作品本就被认为是创造罗马知识宇宙的关键一环。他说，现在他要进军哲学领域了。

这篇前言在各个方面都别有用意，而西塞罗的拉丁学术史，一如贺拉斯在一封明面上写给奥古斯都的信中收入的拉丁文学史，有时候被过分严肃对待了。但这一代人似乎想着自己在填补拉丁

1　西塞罗《图斯库伦论集》第1卷第1章。

写作和罗马知识的断层，这一点却是千真万确的。西塞罗并不是唯一的拉丁哲学家。卢克莱修伟大的伊壁鸠鲁派史诗《物性论》（*On the Nature of Things*）在他公元前55年谢世时已几近完成。科涅利乌斯·奈波斯和阿提库斯致力于史学研究，他们试图为罗马的过去建立一个绝对编年，使得罗马史上的关键时间得以与世界史（即希腊史）协调起来。而后又有瓦罗对宗教古事、罗马制度、拉丁语言及其他诸多事物的研究。尼吉狄乌斯·费古鲁斯（Nigidius Figulus）著书讨论语法、诸神与科学。奈波斯也为著名的罗马人撰写传记。罗马的知识人似乎有时认为自己与希腊古典文学中那些伟大人物相当。西塞罗把自己表现为新的德谟斯提尼（Demosthenes），也想过撰写埃拉托斯提尼《地理学》（*Geography*）的罗马版本。

所有这种活动有些时候都被表述为一种文化不自信的表征，但或许也可被理解为一种极大的野心。罗马在战争上胜过了希腊人，那为什么不在文学上也超过他们呢？但仔细阅读西塞罗及其合作者们的作品就会明显看出，他们并不是在试图创造一个另类的、平行的、自足的知识宇宙。他们支持一种折中的二元文化，主张对两种语言都文辞谙熟（*utraque lingua* "任何一语"几乎成了流行语），而当他们描述自己所求索的道德与文化优越性时，他们并不用以希腊主义（Hellenism）为模板的"罗马性"（*Romanitas*），而是用一个包括有文明和普遍人性的词——"人文性"（*humanitas*）。换句话说，罗马文化有着普遍性的任务。一如罗马的房屋有着希腊与罗马式的房间，而罗马宗教则为本邦和异域神明都留有空间，共和国最后一代人宣扬的价值观也比任一边的民族文化要更高。这使得罗马文化至少在志向上成了一个真正的帝国文明。

延伸阅读

伊丽莎白·劳森的《晚期罗马帝国的知识生活》(*Intellectual Life in the Late Roman Republic*, London, 1985)为我们传达了对罗马精英们好奇与精力的动人印象。劳森还写过至今仍是最佳且最全面的西塞罗传记:《西塞罗写真》。她在撰写这两本书期间完成的许多研究都收入了她的文集《罗马文化与社会》(*Roman Culture and Society*, Oxford, 1991)。英戈·吉尔登哈德(Ingo Gildenhard)的《罗马教化》(*Paideia Romana*, Cambridge, 2007)对西塞罗与希腊人的交往进行了细致的探究。

蒂姆·波特(Tim Potter)的《罗马意大利》(*Roman Italy*, London, 1987)和约翰·达尔姆斯(John D'Arms)的《那不勒斯海湾的罗马人》(*The Romans on the Bay of Naples*, Cambridge, Mass., 1970)分别极佳地引出了罗马意大利的物质背景与那不勒斯海湾的特质文化。罗马的文化史而今是安德鲁·华莱士-哈德里尔(Andrew Wallace-Hadrill)领域极宽的《罗马的文化革命》(*Rome's Cultural Revolution*, Cambridge, 2008)一书的主题。该书的核心是对罗马人在成长为帝国式文化之时,如何持续参照希腊与意大利的模板。埃玛·登奇《罗慕路斯的避难所》探索了相似的领域,展现了重塑罗马的认同所借的多条路径。

地图 4　2 世纪罗马帝国面积最大时的领土

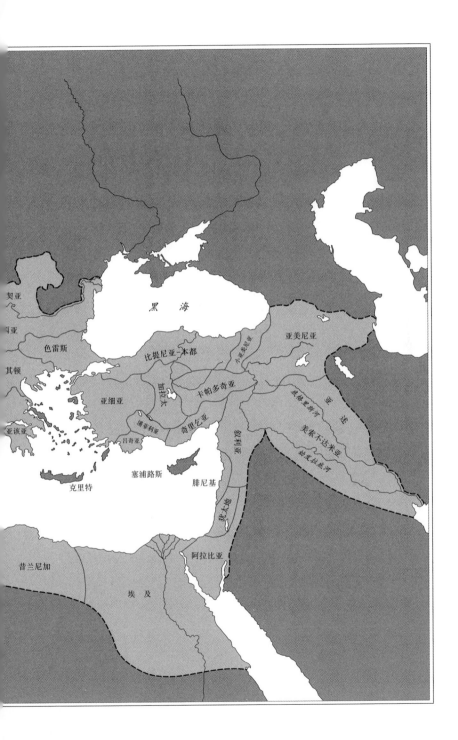

黑　海

契亚

亚

其顿

色雷斯

亚美尼亚

比提尼亚-本都

小亚美尼亚

亚细亚

加拉太

卡帕多奇亚

亚述

底格里斯河

美索不达米亚

浦菲利亚

奇里乞亚

叙利亚

幼发拉底河

亚该亚

吕奇亚

塞浦路斯

腓尼基

克里特

犹大地

阿拉比亚

昔兰尼加

埃及

大事记（五）

公元前 31 年	屋大维自亚克兴之战作为内战的胜利者而崛起
公元前 27 年	屋大维被元老院授予奥古斯都称号
公元 14 年	奥古斯都逝世。提比略即位
公元 41 年	盖尤斯（卡里古拉）遇刺。禁军强立克劳狄为新元首
公元 68 年	尼禄自尽，尤利－克劳狄王朝绝嗣
公元 69 年	四帝之年，以韦伯芗建立弗拉维王朝告终
公元 96 年	图密善遇刺，涅尔瓦即位
公元 98—117 年	图拉真在位。对达契亚人和帕提亚人先后大规模作战，罗马大兴土木
公元 117—138 年	哈德良在位，从美索不达米亚退却
公元 138—161 年	安东尼·庇护在位
公元 161—180 年	马可·奥勒留在位（与路奇乌斯·维路斯共治至 169 年）
公元 165—180 年	安东尼大疫西传席卷帝国
公元 180—192 年	康茂德在位
公元 192 年	康茂德遇刺引发短暂的内战，以塞维鲁胜利告终
公元 235 年	亚历山大·塞维鲁之死标志着塞维鲁王朝告终和 3 世纪军事危机的开始

皇 帝

罗马城起初有王。自由政体与执政官制度由路奇乌斯·布鲁图斯确立。独裁官制只是一时之任,十人委员会权威也只有两年,护军官(*tribunus militum*)职权亦不长久。秦纳和苏拉的独裁短命而亡,庞培与克拉苏的权势亦迅速转归恺撒,雷必达与安东尼的军队则降服于奥古斯都,他厘清了全民的混乱无序,并在帝国之下接受了元首(*Princeps*)称号。

——塔西佗《编年史》第1卷第1章

君主制的回归

在有皇帝前,罗马就有了一个帝国。本书的前一半已经讲述了它如何诞生的故事。一座与其他城市竞争的城市,先是奋力控制意大利,再是西方,最后是整个地中海盆地及更多地方。或者一如罗马人自己更常理解的那样,是一个**民族**赢得了对人居世界其他民族的领导权(*imperium, arche, hegemonia*)。罗马人将其想成一个集体之功:元老院与人民,罗马及其盟友,城邦的人与神协力成功。直到最后阶段，个人领袖们才从西庇阿、法比、梅泰利、埃米里·保利及其他大家族中涌现出来。苏拉、庞培以及恺撒的当权，从事后来看，似乎就是君主制的征兆。[1] 大将军们提供了帝国急需的资源与政策协调。皇帝们在这件事上做得更好，而且他们还带来了和平。在公元 2 世纪初（亚克兴战后约一个半世纪）写作的元老阶层史学家塔西佗，讽刺地把共和政府表现为在罗马君主制的宏大叙述中的一段短暂偏离。但无论是他还是他同时代的其他元老们，都没有实际反对诸恺撒统治的迹象。皇帝业已成为罗马帝国的必要一环。

本章讲述罗马人是如何不再担忧，并开始热爱他们的新王的，即使这些新王从来未能让罗马人以"王"的名义称呼他们。这一权变对身居罗马城的罗马人最为关键。希腊人乐于使用 *basileus*（王）一词，埃及人把他们当作 pharaoh（法老），各地的外省人都把家姓"恺撒"以及元老院于公元前 27 年授予屋大维的特别头衔"奥古斯都"作为君主的同义词。第一个皇帝明白，不宜进行公开革命，但帝国最初的三个世纪中，君主制逐渐从暗处来到明面。我们仍将早期帝国称为元首制时期，因为皇帝们在此期间仍使用 *princeps*（元首）之称。不过，君主制的所有要素从一开始就已完备，这点已成共识。这些要素包括：宠臣、顾问、秘书与卿相组成的核心圈；宫廷密谋（因为决策皆出宫中）；中央对信息的集中与对资源的掌控；以宫廷为中心的恩庇关系网；世袭继承原则（尽管这一原则在一段时间后方得认可）。

一如所有君主政体，罗马帝政的历史也是一部宫廷争权夺势

---

1 Elizabeth Rawson, 'Caesar's Heritage: Hellenistic Kings and their Roman Equals', *Journal of Roman Studies*, 65 (1975).

的历史、一部代际冲突的历史、一部性与政治纠缠冲突的历史、一部实际上的与疑似中的密谋的历史，但也是一部稳定性非凡的历史。虽说"皇帝不崩于榻"（一位历史学家所说）大体不差，但对许多皇帝个人的谋杀似乎也确实鲜少撼动体系本身。正是因此，本章的大量篇幅都关涉这发展中的制度，而非身居宝座之上那些着实多彩有趣的人物。本章的叙述和第13章有所交叠，那里将考察帝国的外在层面，尤其是战争与外交。那段故事将是谨慎稳固统治和有限前进扩张的两个世纪，而随后3世纪的危机全然出乎皇帝们的意料，帝国经过一世代还多的时间才从中恢复。帝国在来自欧洲北方的入侵与和重整旗鼓又怀攻略之心的波斯帝国的战争带来的双重压力中几近崩溃。而幸存下来的事实上已是一个新的帝国。它的故事将在第15和第17章中讲述。不过，凡此种种转型期间，皇帝其人始终是我们关注的焦点，而从第一位也是最伟大的皇帝开始当然是合适的。

奥古斯都

公元前30年8月，屋大维正身处其养父尤利乌斯·恺撒将近18年前几近相同的地方：在亚历山大里亚，敌人尸首之中，他沉思着胜利。但罗马的世界在法尔萨卢斯战后已经大变。回首公元前48年，恺撒还曾为庞培被杀而哀悼，并信誓旦旦地说自己本想放他生路。或许他真的会如此，一如他在战胜庞培后放了布鲁图斯和卡西乌斯一条生路。将近20年后的新赢家则全然不同。安东尼和克莱奥帕特拉均自裁殒命。但克莱奥帕特拉宣称自己为恺撒生下的男孩恺撒里昂（Caesarion），正是在屋大维的命令下被处死的。在与安东尼为恺撒党领导权而苦战之后，屋大维不会容许恺撒的任何其他后嗣。他也控制了埃及，将最后一个希腊化大王国吞并入自己的帝国。为安顿他和安东尼的士兵，他需要托勒密王朝的资金府库。屋大维吸取了他人的教训。他不会像苏拉一样依赖恫吓与立法来稳定国家，他不会模仿庞培公元前62年的举动遣散自己的军团，他不会像恺撒一样宽宏大量，他不会获取独裁官头衔而闲坐于罗马城等待刺杀者的匕首。他意在统治帝国。

讨论屋大维为何免于恺撒命运这一问题的著作已经浩如烟海。他是狡猾还是幸运？在亚克兴战后他当然也有敌人，而且或许也有密谋。但他真的面临同样的挑战吗？他回去统治的罗马和他化为盟友的统治阶层有什么不同呢？此时的罗马是否已经如此疲于内战，到了可以接受任何替代选择的程度？元老院是否已因格杀勿论令和内战的恐吓而不敢作声？人民真的终于相信他是拯救国家的神祇吗？回答这些问题并没有证据缺乏的困难：屋大维或曰奥古斯都漫长的统治期（自亚克兴战役至他死亡共计45年）在罗马史上是文献最丰富的时期之一。问题在于，屋大维及其盟友成功将他们的版本的历史表现成了主流叙事。在诸神支持下的更新、道德重塑以及复苏，这些主题在普罗佩提乌斯、维吉尔和贺拉斯的诗歌中，在罗马及一些行省主要城市的纪念性重建物中，在和平祭坛（Ara Pacis）、恺撒和奥古斯都的广场以及由第一位皇帝着手兴建的玛尔斯、阿波罗及其他神祇的神庙里精美的图像系组之中产生了共鸣。这一成功叙事也通过表演展现。我们难以想象观看公元前29年那场为庆祝他在巴尔干、亚克兴之战和在埃及的胜利而举行的三重凯旋式的体验。但观者都知道，这意味着内战的结束。这也同样适用于公元前17年宏伟的百年大祭（*ludi saeculares*），它表面上恢复了一个古老的节日，但奥古斯都则把它当作另一种表明一个时代结束与下一时代开始的方法。有些演出则更为微妙。公元前1世纪20年代，屋大维逐渐在一系列精心安排的放弃权力的过程中重塑了自己的形象，每一次放弃权力都伴随着元老院新授权衔。关键点发生在公元前27年1月的两场会议，他带着"奥古斯都"头衔、一个幅员辽阔的行省（本质上是驻有军队的帝国半壁江山）的十年统治权，以及通过差遣官进行治理的权利走出会场。公元前23年，他终于辞任数任中的最后一任执政官，并获授"更高治权"，这种权力曾使庞培及其他人得以身居行省长官之上。事实上，屋大维在几乎所有的头衔和权力中都更多继承了庞培而非恺撒。仅有的平民派元素，则是保民官的权力与不可侵犯地位。人民享有节日——俗话所说的"面包和马戏"（*panis et circenses*），[1]但人民大会选择政务官或通过法律的实际权力则衰落了。奥古斯都借由元老院通过自己的立法，指派元老掌握所有主要军事和政治管区、骑士掌握次一级的管区，选任一些政务官，并保有否决他人任命、决定最关键祭司选举的权利。虽从未创立皇帝这样一个正式的政制地位，他仍凭借影响力、游说、大笔财富与压倒性的军力威慑，在国家中积累奠定了一个决定性地位。在他死时，其全部权力以及几乎全部头衔都交给了他的继承人。公元前1世纪20年代，他的死亡当然为时尚早，不过频繁染疾也意味着无人能指望他长保健康。但这也给他很长时间来发展皇帝的角色功能。公元前1世纪20年代是关乎存续、军

---

1 尤维纳利斯《讽诗集》10.81。Paul Veyne 的学术名作也以此命名：*Le pain et le cirque: Sociologie historique d'un pluralisme politique* (Paris: Seuil, 1976)。——译者注

队复员、巡视和稳定行省、与元老院建立一种精巧共治的10年。在这10年中的很长时间里与罗马保持物理上的距离或许很有帮助。公元前22年的一场密谋引发了一场短暂的危机，但到了公元前17年和百年大祭之时，他就已极尽安全了。在统治中期，他发动了大规模征服战争。公元前20年他与帕提亚人讲和，克拉苏的军旗得以归还，而在东部稳定之时，他即能投入资源来征服欧洲。他的养子提比略和德鲁苏斯率领大军跨越莱茵河，征战多瑙河上下。征服世界几乎可以肯定是为解决国内关于"皇帝做了什么？"这一问题而设计的。直到公元9年于日耳曼一场灾难性的惨败之前，对此问题的答案都可以是：皇帝领导罗马实现其历史使命。奥古斯都时期的艺术与诗歌充满了世界征服的图像，并且自信地预告了印度、不列颠与北斯基泰的臣服。海外的胜利转移了对国内因争夺奥古斯都继承人之位而产生的丑闻的关注。最终胜利者是提比略。而其他人都未能幸免于难或是名誉无损。

在奥古斯都死时，提比略就已经分有了他的大部分正式权力，但他仍必须忍耐他的前任留下的最终安排。一座皇家陵寝在战神广场距离台伯河不远之处建立起来。自从于公元前28年竣工后，它已积累了许多奥古斯都曾期待的继承人的遗骨，尤其是他的女婿马尔凯路斯（Marcellus）和阿格里帕（Agrippa），以及外孙盖尤斯（Gaius）和路奇乌斯（Lucius）。只有受他钟爱的才被接纳到这里：他的女儿尤利娅被禁止与丈夫和儿子葬在一起，他的外孙女也被禁止安葬于此，[1]而在奥古斯都死讯已出、确保提比略在家族中再无可能敌手之后，他的小外孙旋遭杀害，传言还是奥古斯都下令处死

---

1 指尤利娅的长女小尤利娅（Julia the Younger），事参苏维托尼乌斯《圣奥古斯都纪》第101节。——译者注

的。[1]冷血无情的屋大维活在了宽宏仁慈的奥古斯都形象之下。在这一陵寝中奥古斯都的骨灰将得安置。但首先是送别式。

奥古斯都死讯传来时，维斯塔贞女们即出示了由她们保管的奥古斯都遗嘱。[2]提比略及其母、奥古斯都之妻李维娅被指为他那大笔私产的主要继承人，前者得三分之二，后者得三分之一。遗嘱也详述了罗马贵族惯常赠予亲眷、朋友与门客的遗产。但这些人的规模已今非昔比。奥古斯都把遗产分给了每一个罗马公民，以及罗马军队中的每一位士兵。遗嘱附有三份附记文书。其中一份是整个帝国的资产负债表。它详细记载了士兵们驻扎在何处、每个小队有多少士兵、公库中有多少资金、尚有多少欠缴赋税，并附有能提供更多细节的奥古斯都奴隶和被释奴的名单。它无声地宣告了，在伽比尼乌斯首次提出授予庞培打击海盗的特别治权后的近90年间，帝国的协调共治已有了多大进步。它也展示了奥古斯都如何通过私人家户，依赖他个人的僚属而非公共奴隶、元老或骑士来管理帝国。除此以外，从未有过其他账目。但这份文献是在展示其开放性，而非邀请元老院接掌大权。奥古斯都的奴隶和门客是提比略所继承遗产的一部分；而后者早已掌握"更高治权"以及所有其他要紧的权力。

第二份附记收录了关于奥古斯都葬礼的指令。将有一场贯穿罗马城的大规模游行，所有阶层都将与他的家庭成员一同参与其中。葬礼队伍将走向在战神广场上的一个特制的火葬堆。其上有

---

1 指尤利娅的幼子，"遗腹子"阿格里帕（Agrippa Postumus）。下令处死他的究竟是谁，罗马史家也观点不一，参见卡西乌斯·狄奥《罗马史》第57卷第3章第5—6节；塔西佗《编年史》第1卷第6章；苏维托尼乌斯《提比略纪》第22节。——译者注

2 苏维托尼乌斯《圣奥古斯都纪》第101节。

一座塔，塔顶将在点火之时放出一只鹰。这只鹰将会带着奥古斯都的灵魂飞向天国。奥古斯都将像此前的尤利乌斯·恺撒一样成为神祇。

第三份附记是奥古斯都给自己的行状，这并非一份回忆录或自传，而是用于立碑纪念的文字。它将被刻在陵墓外的两块铜板之上。这两块铜板早已无存，但其复制品遍布整个帝国。今存的最佳例证来自土耳其中部安卡拉的一座皇帝崇拜神庙。其希腊文开头如下：

> 移译镌刻神奥古斯都之功业与赠礼如下，他遗存的记述刻于罗马城两块铜板之上。

这句话准确描述了35个短章的内容，其中不厌其详地列举了被征服的民族、在罗马城内建立的纪念物，以及赠给各色人等的礼物。它也提供了一份对奥古斯都在内战中角色的颇有偏向的叙述。标题的拉丁原文有更多微妙之处。奥古斯都被描述为 divus——"神化的"，而非径直以神相称，他的成就被饰作使全世界臣服于罗马人民之意志的进程，而他的赠礼则被解释为他为国家和人民付出的全部。他是救世者、征服者、施恩者、庇护人，以及一位胜过其所有同代人和先辈们的罗马人。这是一份比苏拉为自己选择的墓志铭更长的墓碣文，但二者或许大同小异。

诸王朝

提比略在公元14年顺利继位，此事业已计划良久，且资地雄厚。在奥古斯都独享的个人魅力与地位被制度化成为皇帝角色一部分的诸多关键步骤之中，这是第一步。提比略统治帝国直到公元37年，他注重效率、为人审慎，但生性疏离且不受欢迎。在位后期的多数时间中，他都远离罗马，通过他的禁军长官（praetorian prefect）统治这座城市。虽然曾有过危机，但他都平安渡过难关。公元41年表明，在历经一场刺杀，即提比略的继任者卡里古拉遇刺之后，王朝依然可以存续下去。卡里古拉死后，据说元老院曾讨论过回归共和政体：在禁军将克劳狄推上宝座之时，论辩仍在进行着。据我们所知，这一议题再未被严肃提起。公元68年自杀的尼禄并未留下明确继承人，随后发生了一场短期内战。这是一个世纪期间的第一场内战，但持续不超过两年。高卢和西班牙的地方长官首先反抗尼禄，在后者死后就将伽尔巴（Galba）推为继任者。但伽尔巴未能说服罗马或其他军队，并在公元69年1月15日被杀，这一年也被记作四帝之年。禁军支持奥托（Otho），日耳曼军团支持维特里乌斯（Vitellius），而多瑙河、叙利亚军队与埃及长官则支持韦伯芗。但在韦伯芗党胜利后，帝国的制度却旋即回到正轨，一切似乎都在继续原来的路。就像是元老院、骑士、人民、军队与行省，都感到有必要由一人居于核心。一块铜板记载了公元69年12月通过并可能不久后就由人民大会正式准可的一份元老院决议，决议授予韦伯芗一系列特权，并援引曾授予奥古斯都、提比略和克劳狄的权力与权利作为前例。[1]在它颁布之时韦伯芗已无真正的敌手，而元老院与人民亦无切实

1　即所谓《韦伯芗治权法》（*Lex de imperio Vespasiani, CIL* VI 930），今存罗马卡皮托博物馆。基本讨论参见 P. A. Brunt, 'Lex de Imperio Vespasiani,' *The Journal of Roman Studies* 67 (1977), 95–116。——译者注

的选择，但决议仍表达了各方对恢复内战前原状的愿望。

公元69年的事件显示了皇帝其人作为象征性的核心，作为仪式与世界权威中心的重要性。毕竟，韦伯芗当选是由上天支持的。囚室中的一位犹太反抗领袖约瑟夫斯（Josephus）预言了此事；[1] 韦伯芗在亚历山大里亚居留时施行了疗愈神迹；[2] 女神伊西斯也支持他的事业。[3] 皇位空悬时，卡皮托陷于火海，又有德鲁伊诅咒的传言横行。世界确实看似要分崩离析。日耳曼的辅军和高卢反抗者梦想着在莱茵河建立一个新帝国。而全新的弗拉维王朝（韦伯芗的全名是提图斯·弗拉维乌斯·韦斯帕芗努斯［Titus Flavius Vespasianus］）定鼎，旋即恢复了世界的秩序。

后嗣是最紧要事。王的头衔在罗马仍被避免使用。但毫无疑问，从一开始罗马帝国就已经是家族事务。奥古斯都不仅宣扬自己为神祇（即神化的尤利乌斯·恺撒）之子，而且让整个城市布满了由家族成员及其配偶名字命名的纪念建筑。李维娅、屋大维娅和尤利娅的柱廊以及马尔凯路斯剧场和阿格里帕浴场，加入了尤利乌斯和奥古斯都广场的行列。这种纪念风格被他的继承者们保持下来。继承人从他的家族中指定，而他孙辈的成人礼规模则一时无两。诗人们和行省城市很快就明白过来：一个个皇家公子获得了过度的荣誉。一支驻扎在波斯边境的小股军队的日历[4]显

1　约瑟夫斯《犹太战记》第3卷第8章第9节。——译者注

2　塔西佗《编年史》第4卷第81章第1节；卡西乌斯·狄奥《罗马史》第65卷第8章第1节。——译者注

3　塔西佗《编年史》第4卷第84章第1节。——译者注

4　即发现于古城杜拉·欧罗坡斯的《杜拉节庆历》（*Feriale Duranum*, P. Dura 54 = TM 44772），公元225—235年间某年巴尔米拉第二十军团一支辅军营的仪式及节日记录。——译者注

示，许多为他们设置的节庆在200年后仍被庆祝。对那些暗弱皇帝的支持显明了对这一世袭原则的认可。在被禁军推上皇座之时，克劳狄的全部可取之处只有名字和家系。许多人拒绝相信尼禄已死，并且至少有三个冒充者宣称自己是尼禄。[1]当韦伯芽赢得东方和多瑙河军队对他竞逐大位的支持时，显然他的一大优势就是有着两位成年儿子作为潜在继承人，即提图斯和图密善。纵使缺少家系的关联，韦伯芽的正式皇帝称号仍是英白拉多·恺撒·韦斯帕芽努斯·奥古斯都（Imperator Caesar Vespasianus Augustus）。而"恺撒"的头衔则被创新地用于指明图密善为继承人。[2]

皇室女性也会参与王朝形象的展示。皇帝的妻子是公众人物，会出席庆典，接受元老院、人民和军队的荣誉，也经常被赋予宗教角色。[3]奥古斯都把自己的女儿嫁给了一系列潜在继承人。皇后们也是潜在未来皇帝的母亲。在失宠之前，克劳狄年轻美丽的妻子梅萨利娜（Messalina）抱着孩子不列塔尼库斯（Britannicus）的塑像，宣扬了王朝的后嗣。卡里古拉的姊妹在他的铸币与塑像中占有重要位置，并与枢德（cardinal virtues）联系起来。[4]小阿格里皮娜（Agrippina the Younger）则被尊为军营之母。[5]李维娅在生

1　分别参见塔西佗《编年史》第2卷第8—9章；苏维托尼乌斯《尼禄纪》第57节；卡西乌斯·狄奥《罗马史》第66卷第19章。

2　原文如此，事实上图密善之兄提图斯也获得了"恺撒"头衔。——译者注

3　Nicholas Purcell, 'Livia and the Womanhood of Rome', *Proceedings of the Cambridge Philological Society*, 32 (1986).

4　Susan Wood, 'Messalina, Wife of Claudius: Propaganda Successes and Failures of his Reign', *Journal of Roman Archaeology*, 5 (1992); Susan Wood, 'Diva Drusilla Panthea and the Sisters of Caligula', *American Journal of Archaeology*, 99/3 (1995).

5　即克劳狄的第四任妻子，日耳曼尼库斯和大阿格里皮娜侄女，尼禄的母亲。——译者注

图 13　皇后梅萨利娜及其子不列塔尼库斯，公元 45 年，罗马雕塑，大理
石质，藏于卢浮宫

前死后都获得了元老院尊荣。皇室女性或能享受奢华的葬礼并在死后被尊为女神，与被神化的皇帝相当。行省城市也常为在世皇后设置女祭司。[1]

后嗣的力量并不会出人意料。贵族家族自共和国初年就开始经营罗马，家族也始终居于罗马社会秩序的中心。任何其他形式的君主制都会更难得到解释。弗拉维王朝持续至公元96年图密善被刺杀之时。而皇帝秩序又一次迅速归于原位，这一次甚至没有发生内战，涅尔瓦（Nerva）就登上了皇位。他并不是一位成功的皇帝，但他收养了活跃的将军图拉真，使权力得以平稳交接。涅尔瓦、图拉真、哈德良和安东尼·庇护都没有儿子，故而必须因势利导，在较远的亲属和人际关系中选择继承人。但选任继承人总是伴随收养的，因此如果去解读皇帝的官方名字与头衔，这些麻烦的过渡就显得十分费解。故而图拉真统治时名叫英白拉多·恺撒·涅尔瓦·图拉雅努斯·奥古斯都（Imperator Caesar Nerva Traianus Augustus），哈德良则叫英白拉多·恺撒·图拉雅努斯·哈德里雅努斯·奥古斯都（Imperator Caesar Traianus Hadrianus Augustus），等等。养嗣无论如何都是贵族家族自我延续的一种传统方法。波里比阿的朋友、公元前146年攻陷迦太基、公元前133年在努曼提亚大捷的"征阿非利加者"普布利乌斯·科涅利乌斯·西庇阿·埃米利亚努斯（Publius Cornelius Scipio Aemilianus Africanus），本是皮德纳之战的胜利者卢基乌斯·埃米里乌斯·保路斯（Lucius Aemilius Paullus）的亲生子，但从小就被过继给"征阿非利加者"科涅利乌斯·西

1　对此的研究参见 Emily Hemelrijk, 'Local Empresses: priestesses of the imperial cult in the cities of the Latin West', *Phoenix* 61/3–4 (2007)。——译者注

庇阿（Cornelius Scipio Africanus）以保证后者能有后嗣。屋大
维（出生时名为盖尤斯·屋大维［Gaius Octavius］）则是通过
遗嘱收养成为其舅公尤利乌斯·恺撒之子。奥古斯都曾正式收
养他的继子提比略，而提比略则收养了他的侄子日耳曼尼库斯
（Germanicus）。皇室肖像相当标准化，显示出一种要让尤利–克
劳狄家族诸公子的家族长相显得极近的关切。[1] 收养表达了对家
族和王朝继承的一种持续信念。因此，在马可·奥勒留确实有一
个儿子康茂德的情况下，后者意料之中的即位并不惊人。康茂德
在公元192年被刺却并未导向一场有序的更迭。在几次失败的开
始之后，又一场短暂的内战在大军团将军之间展开。战争几乎是
公元69年事件的重演，在罗马元老院和禁军未能扶持当地继承
人之后，不同的军队支持各自的候选人。塞普提米乌斯·塞维鲁
（Septimius Severus）最终胜出，并建立了一个当权到公元235年
的王朝。缀名[2]卡拉卡拉的塞维鲁之子出生时名为卢基乌斯·塞普
提米乌斯·巴斯阿努斯（Lucius Septimius Bassianus），但最终掌权
后则称英白拉多·恺撒·马尔库斯·奥勒里乌斯·塞维鲁斯·安
东尼努斯·皮乌斯·奥古斯都（Imperator Caesar Marcus Aurelius
Severus Antoninus Pius Augustus）。这些对延续性的过分呈现不仅
掩盖了王朝之间的断裂，而且在频繁的刺杀中也维护了秩序的稳
定。卡拉卡拉本人在杀害了共治皇帝、弟弟盖塔（Geta）之后六
年，即217年被杀，实际上，刺杀鲜少引发内战，而且是典型的
短期事件。从行省居民的角度来看，不管是收养还是谋杀造成的

1　R. R. R. Smith, 'The Imperial Reliefs from the Sebasteion at Aphrodisias',
Journal of Roman Studies, 77 (1987).

2　拉丁文agnomen，是附丽全名上用于区别同名者的称号。——译者注

皇帝更迭可能都无关轻重。无论皇帝的位子看上去如何不稳，其制度都十分稳定，并且使整个帝国稳定为一体。

此种稳定性在3世纪早期告一段落。第13章将讲到北方边境的战端重开，以及进取的波斯新王朝的崛起如何造成一场几乎毁灭帝国的军事危机。重新崛起于3世纪80年代的复苏的帝国有了新的军事、财政与行政制度，有了新的货币，很快也会有新的公共宗教。但仍然有皇帝。公元235至284年，有20多位皇帝曾经统治或试图统治过：对于贵族历史学家来说，其中有一些皇帝几乎和蛮族一样粗鲁野蛮，他们将时间几乎都花在作战上。但4世纪的皇帝忙于着手建立他们的王朝，一如塞维鲁家族一样，捏造收养关系、使用古代王朝的名字和头衔。王朝原则在此后的几世纪中实际上变得更强了。当公元395年狄奥多西（Theodosius）一世去世时，他11岁的儿子、已经正式做了两年共治皇帝的霍诺留（Honorius）接管了整个西部帝国。罗马此前从未有过少年皇帝。东部帝国则由他的兄长、只有10余岁的阿卡迪乌斯（Arcadius）统治。两位皇帝都挣扎着在他们的重臣和女性亲属面前维护自己。这一情景在早期帝国是无法想象的，但实际上也标志着世袭原则在罗马已经扎下深根。

诸皇帝与诸帝国

在奥古斯都胜利至奥斯曼土耳其人于1453年攻陷君士坦丁堡期间的约1500年，几乎每一种罗马的制度都要么消失，要么彻底转型。人民大会在公元1世纪初淡出。提比略将选举移入元老院，而即便我们曾偶尔听说人民正式口头表决通过决议，人民的政治角色业已终了。[1]大众集会向皇帝欢呼或嘲讽之时，都是身处竞技场、剧场或圆形剧场。[2]元老院存续时间更久，但它也逐渐丧失了职能：在公元1世纪以后，使团很少再由元老院接见，而在2世纪期间，法律开始以皇帝钦命而非元老院决议作为自己权威之源。[3]3世纪期间，元老们在政府中失去了诸多职任。多数变动都并非计划为之，而是皇帝身处罗马城时间渐少导致的偶然结果。4世纪复苏的帝国有一套独立的帝国官僚体系以及数个帝国宫廷，每一位皇帝都有自己的一个。元老院仍存在于罗马和君士坦丁堡，但在政府中鲜有作用。骑士阶层——罗马较低层的贵族，曾在帝国早期显赫一时，许多军事指挥官、财政官员甚至地方长官皆出于此：该阶层是晚期帝国新的军政管理的基础。但到了4世纪末，它已不再作为一个独立实体存在了。[4]公共祭司在5世纪早期被基督教清除殆尽。罗马公民权拓展到行省贵族、退伍军人、被释奴，最终在3世纪早期几乎授予每一个人。其结果则是，公民权的价值和意义贬损了。随着皇帝渐少居留，罗马城本身渐遭边缘化。

1　关于帝国晚期的口头政治，参考 Charlotte Roueché, 'Acclamations in the Later Roman Empire: New Evidence from Aphrodisias', *Journal of Roman Studies*, 74 (1984) 和 'Acclamations at the Council of Chalcedon', In R. Price & M. Whitby, *Chalcedon in Context: Church Councils 400–700* (Liverpool: Liverpool University Press, 2011), 169–177。——译者注

2　Zvi Yavetz, *Plebs and Princeps* (London: Oxford University Press, 1969).

3　Richard J. A. Talbert, *The Senate of Imperial Rome* (Princeton: Princeton University Press, 1984).

4　Ségolène Demougin, Hubert Devijver, and Marie-Thérèse Raepsaet-Charlier (eds.), *L'Ordre équestre: Histoire d'une aristocratie (IIe siècle av. J.-C.–IIIe siècle ap. J.-C.),* Collection de l'École Française de Rome (Rome: École Française de Rome, 1999).

君士坦丁在博斯普鲁斯海峡建立的新首都与之竞争，并在意大利被蛮族王国分裂时彻底取代了罗马。

但皇帝仍然存在。在一连串危机和分裂过程中，在多个宫廷并立期间，在西方陷落之后，在7世纪领土大片丧于波斯和其后的阿拉伯人之手之后，甚至在超出本书范畴的中世纪期间，皇帝们都稳居中心地位。拜占庭皇帝保留了许多前任们的宫廷典仪，13世纪短暂取代他们的法兰克皇帝、最后的希腊王朝，以及最初的土耳其苏丹们亦复如是。[1] 在君士坦丁堡跑马场，盛大活动在新的穆斯林统治者面前表演，一如在查士丁尼和君士坦丁，或者在罗马在塞维鲁诸帝、康茂德、韦伯芗和直至奥古斯都的所有皇帝面前表演。是什么使君主制成为帝国如此成功的组成部分？

认识到罗马并非不同寻常是颇有助益的。如果考察其他的古代帝国，我们会发现中央无君主的情况极少持续甚久。中国秦朝（公元前221—前206年）秦始皇取代的不是一个共和国，而是统一了一批在战国时期占据着黄河和长江平原而彼此对抗的王国。团结其人口的诸多要素之一就是仪式王权（ritual kingship）的概念。先前的周代诸王在管理那用以维持神明青睐的礼仪中扮演了重要角色。祖先崇拜和世系被引入国家祭天之中。中国的历史书写始自司马迁的《史记》，它写于公元前1世纪前后，大致与瓦罗、阿提库斯和奈波斯试图架构一个罗马史的确定系年，处于同一时代。对司马迁来说，中国历史始自传说中的黄帝，在公元前1千纪

---

1 Averil Cameron, 'The Construction of Court Ritual: The Byzantine Book of Ceremonies', in David Cannadine and Simon Price (eds.), *Rituals of Royalty: Power and Ceremonial in Traditional Societies, Past and Present Publications* (Cambridge: Cambridge University Press, 1987).

长久统治的周代之前还确认了其他几个王朝。周代诸王，以及秦朝以后的皇帝们，将君主安置于中国的世界中心。无天子的帝国不可想象。[1]

阿契美尼德王朝的波斯皇帝同样统治着一个从诸多王国中创立的帝国，这些王国包括米底、波斯、巴比伦、埃及和吕底亚人的国度。"沙汗沙阿"（Shahanshah）这个由诸多波斯皇朝直到1979年伊朗革命前以各种变形使用的头衔，意为"诸王之王"。波斯君主们利用范围颇广的宗教传统，逐渐详尽地表述了自己的宇宙角色。[2]南亚最早的帝国是孔雀王朝（约公元前324—前185年），它与阿契美尼德波斯有一些相似。孔雀王朝创建于亚历山大征服波斯之后，在西北印度与塞琉古王朝为控制先前波斯诸省（satrapies）而相互竞争。这个王朝也同样是在征服了一批先前王国的基础上建立起来的。美洲的早期帝国我们所知甚少，但其中大多数似乎都以君主制为核心。印加人也主张一种和中国天子类似的宇宙中心性。

下面是一些笼统的观察结果。首先，君主制不仅在早期帝国屡见不鲜，在形成它们的早期国家中也很常见。当王国被统一

1　Yates, 'Cosmos, Central Authority and Communities in the Early Chinese Empire'; Michael J. Puett, *To Become a God: Cosmology, Sacrifice, and Self-Divinization in Early China*, Harvard-Yenching Institute monograph series (Cambridge, Mass.: Harvard University Press, 2002).

2　Amélie Kuhrt, 'Usurpation, Conquest and Ceremonial: From Babylon to Persia', in Cannadine and Price (eds.), *Rituals of Royalty*; Maria Brosius, 'New out of Old? Court and Court Ceremonies in Achaemenid Persia', in Antony Spawforth (ed.), *The Court and Court Society in Ancient Monarchies* (Cambridge: Cambridge University Press, 2007).

而形成帝国时，很难想象产生一种更大规模的君主制以外的形态。皇帝之于国王，一如国王之于臣民，这一观念——一如波斯的诸王之王概念——或许是相当明显的。等级社会通过阶层的增多而得以成长。其次，皇帝们经常成为仪式的焦点，这些仪式将他们置于宇宙的中心位置。个中细节则多有不同。许多古代皇帝被当作神，或者神的子孙，或者（像罗马皇帝一样）即将成神。其他皇帝则享有神的特别恩惠，或者像中国皇帝是天地间特别的中介。根据地方宗教组织方式，皇帝或许身为祭司，或许由祭司们膏立（anoint）。[1] 这种个人化角度的皇权世界主义（imperial universalism）经常被表述为是传统的，是古代仪式体系被改造以适应皇帝的产物，但有一些适应则显极端。波斯的居鲁士、亚历山大大帝、孔雀王朝的佛教君主阿育王、秦始皇，以及奥古斯都，每人都有理由被称为宗教创新者。罗马之不寻常之处只在于没有一个出于更早年的君主制，以及其宗教权威分散于更广的精英群这两点。

但仅是展示多数帝国最后都有君主制尚且不够。关键问题是，对于一个古代帝国来说，君主制相比其他政体形式有何优势？一种常见回答是——实际上自古代就已常见了[2]——君主制作为一种组织力量是极为强有力的。从卢克莱修的论述到卡尔·魏特夫（Karl Wittfogel）为先驱解释最早的城市和国家为何往往基于灌溉

---

1 这里使用了犹太教和基督教的政治术语，意指由祭司以仪式（在犹太教和各基督教传统中都是涂圣油）确认统治者的宗教式政治权威。其他宗教传统中也有类似的仪式，但不一定是用涂油的形式。——译者注

2 希罗多德《历史》第3卷第80—82章；卡西乌斯·狄奥《罗马史》第52卷第2—40章。

农业的治水专制主义（hydraulic despotism）理论，这些关于文明起源的论述都强调了君主作为社会主要鼓动者（animator）的重要性。[1]这一理论认为，只有君主制才有计划、协调、管理、规训社会以推进社会所依凭的集体工程的能力。人类学家曾经常出于相似的原因，将酋邦（chiefdom）看作发展成国家之前的必要前身，国家的形成与包括职官制在内的以法律为基础的权威的出现相关联；但国家的建立通常要归功于夺取传统的长者与世系权威的卡里斯马式（charismatic）个人。古希腊研究者熟稔僭主制在一定意义上是政治制度必要的助产士这一观念。西塞罗支持庞培的最高治权是基于只有在这个人的领导下，罗马人民才能解决帝国的难解问题的主张。此种想法也不限于精英。谷物价格在庞培公元前57年负责之后大幅下降，而在公元前22年一场相似的危机中罗马人民则试图使奥古斯都出任独裁官或者终身执政官。所有阶层的罗马人都相信个人的力量远胜体制的力量。

论证的另一流派悖谬地在古代君主制的弱点中找到其益处。这种论证主张，君主制的最大优势就是作为复杂政治结构的"拱顶石"（capstone）。[2]君王平衡着其他全部要素，一如拱顶石保护整个拱结构不致坍塌，但本人却少有主动权或者行动自由。君王或可仲裁冲突，并在难以达成共识的事务上做出决定。但其改变事项或采取主动的能力则很弱。在经济与技术上，古代国家过于

1　卢克莱修《物性论》第 5 卷 1105—1160 节。Karl August Wittfogel, *Oriental Despotism: A Comparative Study of Total Power* (New York: Yale University Press, 1957).

2　John A. Hall, *Powers and Liberties: The Causes and Consequences of the Rise of the West* (Oxford: Blackwell Publishers, 1985); Patricia Crone, *Pre-industrial Societies, New Perspectives on the Past* (Oxford: Basil Blackwell, 1989).

脆弱，不能给其执政首领足够的运作空间。皇帝或许更加不利，毕竟其领土规模意味着获取关于远方事件的可靠信息极为困难，更不必说迅速回应了。皇帝被迫信任当地的将军、地方长官和钦差。即使身处权力中心，宫廷的仪式和侍臣的阴谋都限制了皇帝的主动权。无权的国王身处空荡宫殿之中，完全依靠其奴隶、宦官、相辅和侍臣，这一观念确是不切实际，但也并非全然是误导。

最近，第三种对皇帝角色的看法开始流行。这种看法认为，皇帝与君王因作为象征性的核心、意识形态权力具象化的焦点而至关重要。[1]皇帝其人，有时甚至是其身体，以一种抽象概念与制度不可为的方式象征了帝国。宗教的维度在此又很显明，但也有其他要素参与。作为具象的象征符号，皇帝比主宰之城或者纪念神庙更易移动。皇帝可以在广阔领地上巡行。中国皇帝就不断巡行以参加在特定神庙的仪式。[2]马其顿君主时常以访问军队、掌控对军队的个人指挥来开始统治。[3]即使皇帝没有亲身在场，他的形象与名字也可能布设四处。每位法老都有自己的王名圈——内部刻有象形文字名字的长椭圆形圈，这种王名圈出现在王国各地的纪念物上。具象的权威也为敬奉提供了其他可能。人们会庆祝皇

1　Clifford Geertz, 'Centers, Kings and Charisma: Reflections on the Symbolics of Power', in Joseph Ben-David and Terry Nichols Clarke (eds.), *Culture and its Creators: Essays in Honor of Edward Shils* (Chicago: University of Chicago Press, 1977; reprint, *Local Knowledge: Further Essays in Interpretive Anthropology* (New York: Basic Books, 1983), 121–46).

2　Jonathon Spence, *Emperor of China: Self Portrait of K'ang-hsi* (London: Cape, 1974).

3　Michel Austin, 'Hellenistic Kings, War and the Economy', *Classical Quarterly*, 36/2 (1986).

帝生日，以及其他皇室成员的诸过渡礼仪（rites of passage）。[1] 皇室的概念很容易就能引申至皇室家系以及相信皇家血脉具有特异性。礼仪则自然地转为对触碰、呼叫、观看或背向皇帝存在的禁忌。有些皇帝被认为有治愈一些疾病的能力。人们相信，中世纪拜占庭皇帝必须身体完好，这导致废黜一位皇帝之后往往伴随着致盲和阉割。所有这些之下隐含的观念就是，皇帝的身体不像作为整体的帝国，是有形且可见的。

作为决策者、拱顶石式君王以及具象化存在的皇帝，所有这些概念都对考量罗马皇帝有所帮助。罗马皇帝确实化解了元老院与人民之间的冲突，虽然仅是给后者以面包与马戏，而夺去他们的投票权。更重要的是，各级等级晋升、职官与军事指挥官、地方长官和祭司职务的任命，都由皇帝决定，或至少深受皇帝影响。皇帝管理着荣勋的施取（economy of honours），也是最高的恩主。皇帝是法官，决断外交事务和整个帝国的财政。在公元1世纪，元老院就几乎没有参与这些决策了。[2]

同样在某种意义上，皇帝也经常更为被动反应而非主动积极，很类似拱顶石式君主概念的意义。[3] 这一意义在罗马真实程度如何，是争论颇为激烈的问题。一些史学家认为皇帝永远处于守势，相比发出命令更多是回应要求，并受到与边远行省交流耗时太长以

1　这里借用了阿诺尔德·范热内普（Arnold Van Gennep）同名经典人类学作品的概念，泛指人类诸种身份改变过程的礼仪。具体在罗马时代，主要是皇室成员的诞生礼、成人礼、婚礼、葬礼以及特定皇族的生日。——译者注

2　Saller, *Personal Patronage under the Early Empire*; Claude Nicolet, 'Augustus, Government and the Propertied Classes', in Fergus Millar and Erich Segal (eds.), *Caesar Augustus: Seven Aspects* (Oxford: Oxford University Press, 1984).

3　Fergus Millar, *The Emperor in the Roman World* (London: Duckworth, 1977).

及帝国预算的限制，而预算中军费开支占据了总税收的四分之三。另一些史学家则援引诸多人物，如在中欧发动重大战役及与波斯大战的图拉真，以及在尼禄统治的致命大火后重建罗马城的韦伯芗及其子嗣等。罗马人自己当然认为何人在位是要紧事，也付出了大量努力试图驱除暴君。如果皇帝孱弱而无关紧要，又何必如此呢？某些因素当然是观察角度问题。暴政在母邦更为尖锐：或许从行省看来，暴君和贤帝看来大体一致。毋庸置疑，早期帝国是一批缓慢前进的企业，是油轮而非快艇。或许最佳回答是，罗马帝国从来不易掌舵，而弱势统治者又极容易任由惯例程式与他们的最近侍臣运营这个帝国。对于其他君主国，这当然是事实。[1]但一些罗马皇帝不仅是在任，也在实际统治帝国。

至于作为帝国化身的皇帝，则随处可见。皇帝的名字和肖像嵌入了罗马帝国各处的公共庆典。[2]由戴上皇帝造像与皇冠的祭司运作的一年一度的皇帝崇拜节日，只是这一现象最显著的版本。诸神与皇帝分享神庙，允许皇帝的塑像加入他们的队伍，皇帝的名字也纳入了祈祷与颂歌之中。[3]皇帝的肖像在诸多其他建筑中也有出现。土耳其西部的萨迪斯城，在城中心建造了一座大型体育馆（gymnasium）和浴场，用于标榜市民文化和文明的价值观。[4]

1　Norbert Elias, *The Court Society* (Oxford: Blackwell Publishers, 1983).

2　Keith Hopkins, 'Divine Emperors, or the Symbolic Unity of the Roman Empire', in *Conquerors and Slaves: Sociological Studies in Roman History,* i (Cambridge: Cambridge University Press, 1978).

3　Price, *Rituals and Power in Roman Asia Minor.*

4　大英博物馆 B95 号铜币（*RIC* VI Londinium, 138），正面戎装头像配铭文 CONSTANTINVS P(ius) AVG(ustus)（虔敬的奥古斯都・君士坦丁），背面则是君士坦丁戎装骑马脚踏俘虏，两段铭文分别为 ADVENTVS AVG(usti)（奥古斯都的驾临）及 P(ecunium) L(ondi)N(ium)（伦敦铸币）。——译者注

图 14　钱币上罗马的驾临庆典

其中专有一间容纳诸位皇帝的胸像。全帝国的铸币，无论是皇家铸币厂发行的金银币还是希腊城市间或铸造的铜币，都刻有皇帝肖像。有些铸币还提到关键事件，比如皇帝驾临（adventus）所涉城市。军队也在皇帝生日举行仪式，将皇帝肖像置于军旗上，并且庆祝皇子的生日。渐渐地，围绕皇帝存在的仪式越来越多。到了4世纪，获准亲吻皇帝紫袍的下摆已是一种殊荣。

　　许多事都在逐渐演进。并不存在一个确切设计皇帝角色的时刻，实际上它仍缺乏一个给这段惊人时光的标签。屋大维从所有可能的来源中提取意识形态支持与王称头衔加以利用。"奥古斯都"具有一种有益的模糊的神圣意义，"保民官权力"（tribunicia potestas）使人想到人民授权，"首席元老"（princeps senatus）坚持了对尊贵等级制以及元老院在国家中的地位的尊重，而一系列暗表权威力量与个人英雄主义的祭司职任与其他称号则完善了这一整套头衔。这其中多数都聚焦于罗马城。在罗马以外的行省，他在希腊世界是王，在埃及是法老，对高卢和西班牙的部落民则天晓得他被看作是什么。军队称颂他为英白拉多（Imperator），一个赐予胜利将军的头衔：他则称军队为"战友们"。[1]

宫廷与帝国

帝国时代的史家抱怨道，在皇帝治下，你永远不能确知将发生什么。塔西佗和狄奥都是元老，他们也分有本阶层的偏见，但他们也并非全错。帝国终结了公共选举，终结了演说家们竞相说服人民是战是和、接受与否决有争议法案的人民大会，终结了准备会（contiones）——职官在危机时刻召集的公开集会，终结了法庭中的政治案件，也终结了元老院中的自由发言。政治曾一度发生于公共领域，这一空间仍旧存在，但此时只是仪式性了。决策发生在其他地方。

政治已被宫廷化。皇帝在私下接收信息，并与朋友和家人讨论国事。他的朋友可能包括元老和骑士。许多皇帝与某些元老有着亲密的友谊，他的一些亲属则是罗马贵族阶层中某一层的成员。骑士级的禁军长官经常非常接近权力中心。塞扬努斯（Sejanus）和马克罗（Macro）都是尤利-克劳狄时期的权力中介人，他们在2世纪的继承者们伴随皇帝出征，扮演有力的辅臣。而到了4世纪，禁军长官则成了帝国官僚体制中的高级人物。但这与正式咨询元老院或使他们介入决策并不相同。

此外，还有比皇帝友人和禁军长官更晦暗不明的影响势力。贵族们很有理由怀疑有些皇帝对他们的奴隶和被释奴比对元老更重视。克劳狄试图向他的被释奴授予公共荣誉，这一尝试非常不

---

1 Brian Campbell, *The Emperor and the Roman Army 31 BC–AD 235* (Oxford: Clarendon Press, 1984).

受欢迎。较晚的皇帝则将他们的被释奴藏在暗处，任命骑士担任各部门公开的首脑，但我们仍可推测被释奴承担了大部分工作。皇室女性尤其不受贵族们信任。她们不仅被认为对皇帝过度施加影响，而且她们之间的竞争据称也分裂着皇室，尤其是在她们为儿子及丈夫的继位而奋争之时。传言四起，各种指控也同时传扬。即使皇帝也可能感到自己身处事外。在一次危机中，克劳狄问他最信任的被释奴：“我还是皇帝吗？”这是一个好问题：他的皇后已经与他离婚，而皇后的新情夫则计划收养他们的孩子。[1]

　　所有这些活动开展的地方，是一个为人熟知的地方：宫廷。[2]所有的君主国都有宫廷，它们有着至关重要的职能，尤其是在传统社会之中。宫廷控制着对皇帝的觐见，保证他作为决策者的角色会在关键之处有效有用。宫廷为君主提供保护和服务。在存在其他有力体制——无论是元老院、教会还是议会——的地方，宫廷保护君主在国内的特权。宫廷就其本质来说多种多样。中世纪早期的国王设法利用战士团、家庭以及家仆。娱乐与招待的礼仪逐渐精细，而内臣等家内仆从，开始在政府中获得新角色。最为复杂的宫廷属于那些绝对君主：在凡尔赛及类似的宫殿中，仪式旨在整

1　指的是他的第三任妻子梅萨利娜，参见塔西佗《编年史》第11卷第26—38章。——译者注

2　Andrew Wallace-Hadrill, 'The Imperial Court', in Alan Bowman, Edward Champlin, and Andrew Lintott (eds.), *Cambridge Ancient History*, x: *The Augustan Empire 43 B.C.–A.D. 69* (Cambridge: Cambridge University Press, 1996); Aloys Winterling, *Aula Caesaris: Studien zur Institutionalisierung des römischen Kaiserhofes in der Zeit von Augustus bis Commodus (31 v. Chr.–192 n. Chr.)* (Munich: R. Oldenburg, 1999); Jeremy Paterson, 'Friends in High Places: The Creation of the Court of the Roman Emperor', in Spawforth (ed.), *The Court and Court Society in Ancient Monarchies*.

合王国，利用精细的规矩与礼仪创造了精细微妙的荣誉等级。[1]

罗马皇帝的宫廷在公元 1 世纪是一个相当晦暗的存在。如同中世纪欧洲的宫廷，它也是从家户演进而来的，但在此例中，是演进自罗马贵族家户中的奴隶。庞培和恺撒都依赖可信的被释奴与其门客和近友。皇帝亦如此，实不足为奇。但开始时并无繁复的仪式，实际上也没有真正的皇宫供他们表现这些仪式。位于罗马市政广场和大竞技场之间的帕拉丁山，在共和国晚期曾是贵族住宅区。西塞罗、克拉苏和安东尼等人都在那里置宅。奥古斯都买下了其中一栋房产并逐渐扩张他对这座山丘的管控，把房产、神庙和开放区域连接起来，创造了一个实际上的皇家建筑群。他的继承者们不断添加更多的建筑。自弗拉维时代以来，一个更有序的建筑群发展起来，它拥有大面积的接待区和有色大理石装饰。[2]在这座此时满是壮观的大理石神庙和娱乐场所的城市中，对纪念物最初却显得很节制，其可能的原因之一是，在 1 世纪缺乏对于皇帝地位的正式描述。奥古斯都在罗马以外都是王，在帝国许多地区还是神。但只有在都城他不得不圆融行事。马其顿诸王的宫殿有着相当大的建筑物，有恢宏的图书馆以及仿波斯皇帝的围场建造的狩猎围场。奥古斯都确实在帕拉丁山上有一座图书馆，但它内嵌于阿波罗神庙之中。而更狂野的娱乐则发生于那不勒斯海湾。

1　Elias, *The Court Society*; Jeroen Duindam, *Myths of Power: Norbert Elias and the Early Modern European Court* (Amsterdam: Amsterdam University Press, 1994).

2　Paul Zanker, 'Domitian's Palace on the Palatine and the Imperial Image', in Alan Bowman et al. (eds.), *Representations of Empire: Rome and the Mediterranean World*, Proceedings of the British Academy (Oxford: Oxford University Press, 2002).

在制度上，罗马宫廷也并不像塞琉古、安提柯和托勒密宫廷一样。罗马皇帝宣扬自己的公民性（*civilitas*）——公民美德感，但他们真正需要注意的隔阂并非统治者与臣民之间的，而是皇帝与贵族之间的。[1]问题在于，诸恺撒与其他显贵家族之间并无太大区隔。马其顿诸王身边有着出身高贵的青年伙伴，但他们的帝国除了大城市精英以外，并没有真正的贵族。他们的宫廷是独特的地方。中世纪欧洲的君王试图把自己的女儿只嫁给其他君主，这也是为了将自己与显贵阶层分离。但罗马皇帝就是罗马显贵的成员，他们的血管中没有皇帝之血，也并无神授的世系。元老院包括了他们的近亲，此外，既然皇帝从未决定将女儿嫁给波斯皇帝，元老院也就包括他们的姻亲。多数皇帝都经历过各类元老生涯，他们也从内部理解了元老们的偏见。有趣的是，克劳狄是个例外。或许这也是他会将包括佩戴与共和职官相关联的公职徽章在内的公开荣誉授予被释奴的原因之一。显然，皇帝与显贵之间关系紧密是有好处的。相比只局限于王室公主，皇帝有着更广泛的婚配选择。更重要的是，恩庇制度、由不同地位的友人参加的大宴（*cenae*），以及正式的友谊与敌对概念等，都可以为了新的目的进行调整。一位皇帝公开放弃与某元老的友谊就相当于死亡判决。皇帝也出于罗马人的义务将遗产留给友人。但即使如此，罗马仍然限制着宫廷、约束着皇帝的自由。

因此，他们离开了。皇帝并非一刻之间抛弃了罗马城。一如其他贵族，他们一直都有着罗马之外的居所。自奥古斯都统治的最初几十年以来，就有多次需要皇帝关注其他地区。提比略在罗

1　Andrew Wallace-Hadrill, 'Civilis princeps: Between Citizen and King', *Journal of Roman Studies*, 72 (1982); Wallace-Hadrill, 'The Imperial Court'.

马城以外度过了统治的最后十年，他主要住在卡普里，也有时在那不勒斯海湾。卡里古拉和克劳狄长期驻跸西北诸省，尼禄在希腊居留一年半，而图密善则曾出征日耳曼。当皇帝离开罗马时，他的宫廷也随他同行。这意味着，有一连串护卫和奴隶，包括各类个人侍从、嫔妾以及秘书，还有宫内各部门首脑在内都会伴随皇帝出行。[1] 使臣如果需要皇帝的裁决，那么无论皇帝在哪里都要追到他。自公元2世纪以后，出现了越来越多关于在边境前线或行省大城正式接待皇帝的逸事。众所周知，哈德良统治的大量时间都在巡行，去埃及和阿非利加，去不列颠和北方行省，以及一次次去往雅典。马可·奥勒留也感到必须在多瑙河行省度过统治期的不少时间以应对蛮族人。

巡行君主制经常是大型国家和早期帝国解决交流问题的一种方案。中世纪国王有时将自己饥饿的家仆迁往有食物之处，而非设法从一个首都寻求供给。一些中国皇帝多次各处巡行。罗马皇帝则是为了观看世界，并接近此时他最关注的问题而出行。即使在坐稳帝位以后，塞维鲁依然在波斯和不列颠远征。既然他们可以在任何地方治理国家，以何处为基地就无关紧要了。的确，他们再也不能在元老院接待外来访客，或者在那里经历立法讨论的动议。但或许这些并非不利之事。罗马城仍然是帝国的有力符号，即使在治理帝国中它已不再有真正必要的作用。[2] 图拉真、哈德良、塞维鲁和卡拉卡拉都在罗马大兴土木。多数公元三四世纪

1　Helmut Halfmann, *Itinera principum: Geschichte und Typologie der Kaiserreisen im Römischen Reich*, Heidelberger althistorische Beiträge und epigraphische Studien (Stuttgart: Franz Steiner Verlag, 1986).

2　Catharine Edwards and Greg Woolf (eds.), *Rome the Cosmopolis* (Cambridge: Cambridge University Press, 2003).

的皇帝则余闲更少，或许余钱也更少，虽然这并未阻止他们在约克、特里尔、西尔米雍、斯普利特和君士坦丁堡建造宏大的宫殿。更晚的皇帝访问罗马，则是为了观看过往的荣耀。元老们努力保持着交流通道的开放，频繁派出使团，甚至他们的一些孩子还进入了皇家官僚体系。但即使他们竭力阐述着"永恒罗马"（*Roma Aeterna*）这一口号，他们在心中也一定知道，帝国的中心已经不再是罗马城，皇帝及其宫廷的所在之处才是帝国的核心。

延伸阅读

　　罗马史上恐怕没有哪个时段的研究能和共和国到帝国转型期的同等细致。方法与观念的规模从以下三部论文集中可见一斑：弗格斯·米勒和埃里克·塞加尔（Erich Segal）主编的《恺撒奥古斯都》（*Caesar Augustus*, Oxford, 1984）、库尔特·拉夫劳伯（Kurt Raaflaub）和马克·托赫（Mark Toher）主编的《共和国与帝国之间》（*Between Republic and Empire*, Berkeley, 1990）以及卡尔·加林斯基（Karl Galinsky）的《剑桥奥古斯都时代指南》（*Cambridge Companion to the Age of Augustus*, Cambridge, 2005）。关于奥古斯都的传记和评论有许多。其中最有趣的是他本人的《圣奥古斯都功业录》（*Res gestae divi Augusti*），现已由艾利森·库利（Alison Cooley）翻译并有极佳的评注（Cambridge, 2009）。

　　弗格斯·米勒的《罗马世界中的皇帝》（*The Emperor in the Roman World*, London, 1977）将皇帝置于帝国的中心，不将其看作活生生的强人，而是看作其他所有制度的交汇点。该书根本上改变了早期帝国史的书写方式。布赖恩·坎贝尔（Brian Campbell）

的《皇帝与罗马军队》（*The Emperor and the Roman Army*, Oxford, 1984）是其重要的补充。当时的人如何理解和描述其统治者，是马修·罗勒（Matthew Roller）的杰作《建构独裁》（*Constructing Autocracy*, Princeton, 2001）的主题，安德鲁·华莱士－哈德里尔精妙的《苏维托尼乌斯》（*Suetonius*, London, 1983）一书一定程度上也是以此为主题的。关于各个皇帝统治时期的研究不胜枚举：个人最中意的有芭芭拉·利维克（Barbara Levick）的《政治家提比略》（*Tiberius the Politician*, London, 1976）和安东尼·伯利（Anthony Birley）的《哈德良：躁动的皇帝》（*Hadrian: The Restless Emperor*, London, 1997）。米里亚姆·格里芬（Miriam Griffin）的《尼禄：一个王朝的终结》（*Nero: The End of a Dynasty*, London 1996）既是一部关键转捩点的历史，也是一位非凡统治者的肖像，还是一部对宫廷文化与政治的研究，并且非常好读。

约翰·克鲁克的《元首顾问团》（*Consilium principis*, Cambridge, 1955）、保罗·韦弗的《恺撒之家》和近期出版的托尼·斯波福思（Tony Spawforth）的《古代君主政体中的宫廷与宫廷社会》（*The Court and Court Society in Ancient Monarchies*, Cambridge, 2007）考察了围绕皇帝的不同圈子，其中最后一部作品将罗马的宫廷政治与埃及、波斯、马其顿和中国汉朝并列而观。另一部处理一些类似问题的文集是大卫·坎纳丁（David Cannadine）和西蒙·普赖斯（Simon Price）的《王家之礼》（*Rituals of Royalty*, Cambridge, 1987）。皇室女性并不是黛安娜·克莱纳（Diana Kleiner）和苏珊·马西森（Susan Matheson）两部题为《我，克劳狄娅（一、二）》（*I, Claudia I and II*, Austin, Tex. 1996 & 2000）的文集的唯一主题，不过两部文集一起构成了一套有魅力的艺术史、历史和文学研究文集。

供养帝国

王国与战争在高卢始终存在，直到你们遵从了我们的法律。我们虽常常被你们激怒，凭胜利之权却仅将一物施与你们，我们借此物维持和平。毕竟，各族之间的平静不能没有军队，而没有军饷就不会有军队，没有税赋又不会有军饷：此外一切，我们都共有。

——塔西佗《历史》第4卷第74章

贡赋帝国的政治经济学

谁为帝国出钱？和所有帝国统治者一样，罗马人也将成本转嫁给其臣服者。罗马人深谙此事。塔西佗借罗马将军凯瑞阿里斯（Cerealis）之口，在一场旨在劝阻高卢的特雷维里人和林贡斯人参加公元69年叛乱的演说中讲出了这段关于帝国经济的简练概括。这实际上是底线。在塔西佗的时代，军队吞噬了皇帝以税款形式筹募而来的资金的大半。这样的表达之下，供养罗马帝国主义看起来似乎十分简单。但其运作机制却极为复杂并且持续演变着。罗马史在某种意义上就是为平衡帝国财政而无尽斗争的故事。或许这对所有帝国也都适用。

比较视野指出，罗马不得不在紧张限制下解决这些问题。早期帝国都是大型再分配系统，它们依赖的关键资源是土地和人力，金属、木材和硬石也很重要，古代近东青铜时代诸王之间的通信就已经常专注于获取这些珍贵的资源。但所有古代经济体的基础都是农业。归根结底，农业过剩为每一个早期帝国提供了资金。由于帝国建立在不平等基础之上又十分辽阔，它们也依赖交通基础设施。帝国一般要出资给士兵、官员和宫廷，而这些群体都不会在帝国控制的资源版图上均匀分布。分配资源的选择并不太多。食物可以被送到消费者手中；消费者可以前往食物所在的地方；货币系统可以被设计出来，这让政府可以用货币支付，但需要臣属人民在市场上售卖过剩产品，以赚钱支付税款，这也让消费者可以利用市场获取所需物品。罗马最终采用了这些选项的一种结合体，筑路设港，同时以实物和货币征税，向将货物运往帝国首都的商人提供优惠，并要求行省人民资助行进中的军队与皇帝行驾。[1]

罗马的解决方案因此与其他早期帝国采用的方案大体相似。大型基建工程包括了始建于公元前5世纪、在1000年后完工的中国大运河，从萨迪斯至苏萨的波斯御道，以及沿安第斯山脉的印加大道。罗马能统治一个环绕着地中之海的帝国着实特别幸运。将消费者向食物迁移，这对帝国来说要比对小国来说更不切实际。

1　Keith Hopkins, 'The Political Economy of the Roman Empire', in Ian Morris and Walter Scheidel (eds.), *The Dynamics of Ancient Empires: State Power from Assyria to Byzantium*, Oxford Studies in Early Empires (New York: Oxford University Press, 2009).

早期英格兰诸王可以相对容易地把自己的小宫廷在不大的王国中迁移，但帝国则需要更为复杂的体系。因此，多数帝国都创立了帝国货币体系，用以向士兵和国家官员支付饷酬。这通常需要扩大对一种更早货币的使用，诸如成为中国第一种统一货币的秦国铜钱，以及在共和国晚期逐渐取代地中海世界的其他所有贵金属货币的罗马银币德纳里。[1]帝国标准度量衡也常与帝国货币一并通行。雅典将提洛同盟（Delian League）转变成类似帝国的体制，其标志就是一项公民大会于约公元前5世纪20年代中期发布的要求其盟友使用雅典货币和度量衡的法令。[2]阿契美尼德波斯帝国发行货币，并要求一些税种用铸币支付；希腊化诸帝国则一般更多使用标准化货币系统。[3]

历史学家有时称这种政治体系为贡赋帝国，或许是出于显而易见的理由。[4]贡赋帝国可以与征服帝国相对比，后者的制度与意识形态都与持续扩张相适应。阿兹特克的政治秩序依赖于每年的

1　Michael H. Crawford, *Coinage and Money under the Roman Republic: Italy and the Mediterranean Economy* (London: Methuen, 1985).

2　Peter Rhodes, 'After the Three-Bar Sigma Controversy: The History of Athenian Imperialism Reassessed', *Classical Quarterly*, 58/2 (2008).【译按】此论述基于碑铭 *IG* I³ 1453 & *Athenian Tribute Lists* II, D14。

3　J. G. Manning, 'Coinage as Code in Ptolemaic Egypt', in William Vernon Harris (ed.), *The Monetary Systems of the Greeks and Romans* (Oxford: Oxford University Press, 2008).【译按】关于希腊化帝国的货币体系有很多新的探讨；适合入门的作品如 Peter Thonemann, *The Hellenistic World: Using Coins as Sources* (Cambridge: Cambridge University Press, 2016) 和 P. Iossif, 'Who's wealthier? An estimation of the annual coin production of the Seleucids and the Ptolemies', *Revue belge de Numismatique*, 161 (2015), 233–272。

4　Bang and Bayly, *Tributary Empires in History*.

战事，它的国家仪式也需要不断的战俘供应来做人牲。一段数年无胜仗的时期会导致政治崩溃。当征服国家对其邻邦享有持续的相对优势时，就可能出现惊人快速的扩张。这一般不仅涉及对征服者的回报，还包括新成员被征募进入征服者军队的方式。征服国家好似海啸般席卷政治版图。在634到720年建立了一个西至法国南部、东抵旁遮普的大哈里发国的阿拉伯征服，和1438年后一个世纪的印加征服安第斯都是这样的运动。但这种前进驱动力不可能无限期维持。所有的征服国家都注定了要么骤然崩溃（如匈人阿提拉的帝国），要么制度化成为贡赋帝国。阿契美尼德波斯提供了一个绝佳的例证。这个帝国由居鲁士及其子冈比西（Cambyses）创立于公元前559—前522年，二人共同征服了米底人、巴比伦人和埃及人的王国；但他们的帝国却在内战中濒临崩溃，直到大流士一世（Darius I）掌权，创立了单一货币、一套税收体系、一套行省体系并兴建御道。因内战的恐怖而着魔的希腊罗马作家们，多从建立内部和平的角度展现奥古斯都的成就。[1]但真正挽帝国于将倾的，是他成功停止了扩张，并围绕已经适合贡赋帝国可持续经济的制度将帝国整合起来。

贡赋帝国的统治者也只有少数几个财政制度选项。他们可以征募各种类型的地方统治者担当帝国的代理人；可以雇包税人；或可建立一套征税官僚体系。每种方式都有缺点。依赖地方精英意味着将部分权力让渡给行省。最近已有学者将罗马对地方精英的利用与莫卧儿帝国在当地柴明达尔（zamindar，意为"地税包收者"）帮助下征税并在过程中承认其重要自治权的情景加以对

1　Galinsky, *Augustan Culture*.

比。[1]包税人将税收款的风险与成本降到最低，保证了国家的稳定收入。但他们因追求短期利益臭名昭著，并且对纳税人极少同情。这种公私合作制的长期缺点我们现已熟知：贡赋帝国也不得不冒着由牟取暴利者刺激起来的反乱与抵抗的风险。一套官僚体系会给皇帝更大控制权，但其成本也明显更高，而这一成本最终还是必须从纳税人身上收回。

罗马穿越这些复杂局面的旅程的大道尽可简要说明。罗马在意大利的扩张紧密契合一个征服国家的理想模式。但到公元前2世纪就已经出现了更稳定征收收入的某些元素。败者赔款在这个世纪被规律性收入取代，此时，罗马吸纳了前希腊化诸王国，并将通过战胜获得的西方领土纳入版图。起初罗马依赖包税人：对于一个已经广泛利用波里比阿所见公共合约的国家来说，这十分自然。但包税在一些地区，尤其是西班牙并不可行，而希腊人对密特拉达梯的支持也普遍被归咎于那些握有在亚细亚征收罗马税赋合同的人骇人听闻的行径。恺撒将征收土地税委托给亚细亚诸城的地方精英，这一体系也在公元1世纪初普遍开来，只有免税的意大利和保留了托勒密王朝官僚体系的埃及是例外，或许还有军人充任各种官僚的一些前线区域。不过，早期帝国体系仍然特别复杂，而包税制也仍继续用于一些间接税种。[2]奥古斯都的体制在最高层级极具连贯性。而

---

1 Peter Fibiger Bang, *The Roman Bazaar: A Comparative Study of Trade and Markets in a Tributary Empire,* Cambridge Classical Studies (Cambridge: Cambridge University Press, 2008).

2 P. A. Brunt, 'The Revenues of Rome', *Journal of Roman Studies,* 71 (1981); P. A. Brunt, 'Publicans in the Principate', in *Roman Imperial Themes* (Oxford: Clarendon Press, 1990); Michel Cottier et al. (eds.), *The Customs Law of Asia,* Oxford Studies in Ancient Documents (Oxford: Oxford University Press, 2008).

深入基层，几乎没有人想要对运行足够好的系统进行改进，且也鲜有做出改善的尝试得以留下记载。所有这些都在3世纪危机中改变了。在经济因种种原因弱化，而地方贵族又面对前所未有的压力之时，帝国却需要更多收入。结果则是，一套新体制作为帝国复苏的一部分产生了，它有着新的税制、一种新的钱币和一套中央集权的官僚体制，并一直延续到拜占庭中世纪。

美好时光与艰难时世

财政体制可以看作是政府对国民经济活动的反应。理想中，他们会在不伤害经济活动情况下征收尽可能多的钱。正如提比略据说曾讲过的那样，"我希望给我的羊群剪毛，而不是剥皮"。[1]本书已讨论过地中海盆地及其腹地的历史生态学。[2]古典时代的土地制度大体稳定。罗马的统治为某些地区带来了一些新的农业技术和数种新作物，但并没有发生革命性改变。这一"正常"背景也有一些固有的短期不稳定性，尤其是在帝国的地中海部分，食品危机在这里是常事。[3]更广义上，古代地中海的特征就是高度地方化的丰产、歉收循环，促使小农耕作者采用作物的间作、贮藏与交换技术。[4]在那些出现增长的地方，生产增长是集约化的结果。

1　卡西乌斯·狄奥《罗马史》第57卷第10章第5节。——译者注

2　上文第4章。

3　Garnsey, *Famine and Food Supply in the Greco-Roman World*.

4　Peregrine Horden and Nicholas Purcell, *The Corrupting Sea: A Study of Mediterranean History* (Oxford: Blackwell Publishers, 2000); Nicholas Purcell, 'The Boundless Sea of Unlikeness? On Defining the Mediterranean', *Mediterranean Historical Review*, 18/2 (2004).

当土地所有者拥有资金和发展渴望，我们就可以观察到他们开始排水和灌溉；培育葡萄藤、橄榄树以及菜园等相较其他作物获利更多的作物；试验新品种树种，并选择性地饲育牲畜；通过开发黏土矿、建造陶窑和橄榄油榨坊来提升地产价值；建造磨坊及贮藏设施；改善他们使用的交通设施以便剩余产品进入市场。概言之，穷者忧心风险，富者寻求利益，但二者都在以大体传统的方式追求各自目标。

但在这一活动中确实出现了长期趋势，而贡赋帝国不得不应对这种趋势。相关研究发展迅速，很快丰满了这些趋势的细节，尤其是对它们进行量化研究。[1] 水下考古学已表明，沉船事故在共和国晚期达到峰值，这表明该时期古地中海长程贸易最为频繁。[2] 几乎在同一时期，意大利产品尤其是葡萄酒和陶制餐具，遍布地中海世界，在地中海世界以外也有出现。公元 1 世纪早期之后，这一证据大幅减少。但在行省有经济增长的迹象，包括北非和西班牙南部供出口的橄榄油生产，以及法国中部、罗马周边以及埃及的供当地消费的酿酒生产。换句话说，贸易率先繁荣，而当地生产同类产品的能力则随后发展起来。[3] 关于更高水平采矿与冶金

1　Alan Bowman and Andrew Wilson (eds.), *Quantifying the Roman Economy: Methods and Problems*, Oxford Studies on the Roman Economy (Oxford: Oxford University Press, 2009).

2　Anthony John Parker, *Ancient Shipwrecks of the Mediterranean and the Roman Provinces*, British Archaeological Reports International Series (Oxford: Tempus Reparatum, 1992); Andrew Wilson, 'Approaches to Quantifying Roman Trade', in Bowman and Wilson (eds.), *Quantifying the Roman Economy*.

3　Purcell, 'Wine and Wealth in Ancient Italy'; Greg Woolf, 'Imperialism, Empire and the Integration of the Roman Economy', *World Archaeology*, 23/3 (1992).

的新证据已出现于格陵兰冰盖钻取的冰芯之中。就当地已证实的大气铅、铜污染水平来判断，冶金业在罗马帝国早期达到了一个直到工业革命之前都未能再企及的高峰。[1]

这些变化多半是需求导向的。例如，对变革的主要刺激力之一就是以意大利精英为模板的新消费风尚在整个帝国的传播。油、酒、鱼露、纺织品、铜和装饰品在行省精英中都有需求。消费的改变并非只是影响了商品。教师、陶工和壁画师都在行省找到了工作。意大利建筑师、工程师和手艺人早在公元1世纪初就已经为西部行省的公共建筑工作了。[2]一旦当地人学习了这些技术、开辟采石场、开始制造砖瓦、新的木工技术和设计特点传播开来，我们就开始看到家庭建筑的转型，起初发生于城市之中，而后进入乡村。修建用于驱动纪念喷泉和浴场之类标志着新审美与装点感的引水道，则需要更为繁复的工程技术。所有这些工程都非常昂贵，但如果有一些罗马的臣服者被多剥削一点，来为这些出资，那其他人则可能在满足这些新品味时赚到钱。[3]

在帝国的许多地方，生活方式方面的最大改变是城市的成长。在帝国各地，城市的数量、密度和中心城市的人口都在增长。在罗马征服以前只有村庄的地区，即内陆高卢与西班牙、安纳托利

1　Wilson, 'Machines, Power and the Ancient Economy'; François de Callataÿ, 'The Graeco-Roman Economy in the Super Long Run: Lead, Copper, and Shipwrecks', *Journal of Roman Archaeology*, 18/1 (2005); Dennis P. Kehoe, 'The Early Roman Empire: Production', in Scheidel, Morris, and Saller (eds.), *Cambridge Economic History of the Greco-Roman World*.

2　J. B. Ward-Perkins, 'From Republic to Empire: Reflections on the Early Provincial Architecture of the Roman West', *Journal of Roman Studies*, 60 (1970).

3　Greg Woolf, *Becoming Roman: The Origins of Provincial Civilization in Gaul* (Cambridge: Cambridge University Press, 1998), 169–205.

亚中部、埃及部分地区以及巴尔干半岛经历的增长最大。在一些地区，如尼罗河谷、意大利中部和小亚细亚海岸，必须购置食物的非生产者逐渐增长到当地人口总数的30%。这一增长很大程度上是位于定居点等级顶端的少数巨型城市的出现带来的结果。罗马的人口达到约100万，约有另外10座城市突破10万人大关。城市体制本身也在变化，在一些地区，小城市缩小，而大城市则膨胀起来。[1]但按照多数估计，帝国的城市人口总量在公元200年左右增长到了最高点。[2]此外，一支在25万至50万人之间波动的常备军被建立了起来，新需求的来源显而易见。

　　罗马帝国偶然地、间接地推动了这些进程。帝国通过支持城市化和建立常备军，提高了净需求。在罗马治下传播至地中海盆地以外的文明生活模式，为商人、手艺人和建筑师提供了机遇。罗马的统治偏爱富人，而他们的总购买力则随着他们的致富程度而增长。标准化的货币和度量衡，以及对交通基础设施的投资这些出于服务行政与军事目的的设计，一定也更便利了贸易。法律、通用的语言以及和平，也必然做出了贡献。或许税收也起到了作用，刺激土地所有者生产更多的剩余产品，无论这些产品是要以

1　Susan E. Alcock, *Graecia capta: The Landscapes of Roman Greece* (Cambridge: Cambridge University Press, 1993).

2　Keith Hopkins, 'Economic Growth and Towns in Classical Antiquity', in Philip Abrams and E. A. Wrigley (eds.), *Towns in Societies: Essays in Economic History and Historical Sociology*, Past and Present Publications (Cambridge: Cambridge University Press, 1978); R. F. J. Jones, 'A False Start? The Roman Urbanisation of Western Europe', *World Archaeology*, 19/1 (1987); Greg Woolf, 'The Roman Urbanization of the East', in Susan E. Alcock (ed.), *The Early Roman Empire in the East* (Oxford: Oxbow Books, 1997).

实物供给军队还是要售卖以支付税款。[1]

这种集约化至少自公元前2世纪就开始推动增长，直到公元3世纪的某一时刻。但随后进程开始逆转。城市逐渐萎缩，对制造业的投资似乎也萎缩了，多种长程贸易则成规模衰退。不确定因素层出不穷。在一些情况中，贸易衰退反映了地方制造业者的增长成就，换言之，生产与消费循环正在渐趋地方化。对以北非陶制品为例的一些商品的考古研究表明，长程贸易在西部帝国崩溃时及其后仍在持续。阿非利加即使在汪达尔人治下仍是主要的粮食出口地。多数经济衰退的指标也显示，帝国北部和西部的衰退相比东部和南部行省更为剧烈。似乎叙利亚与小亚细亚部分地区的地方经济实际在古代晚期正处繁荣。但关于这些趋势中许多出现反转的原因，或是反转开始的时刻，共识就更少了。沉船数的峰值实际上出现在共和国晚期，而同时期意大利的大宗酒类出口到达的地区也越来越少。船运的改进或者境内酒类消费的增长可以部分解释这些吗？但城市化的高峰却出现在约两个世纪以后。

一旦过了城市化高峰，需求的急剧下降就确实产生了重大影响。包括罗马在内的许多西方城市都在公元200至300年人口急剧萎缩。一些西北行省城市的占地面积在3世纪末已缩减到2世纪最大面积的四分之一。一些城市甚至遭到废弃。在帝国晚期，许多城市定然包括了大片有着破碎建筑和小片空地的区域，并有不少蜷缩在旧有历史中心中一座坚固城堡周围。[2]在公元3世纪30年

---

1 Keith Hopkins, 'Rome, Taxes, Rents and Trade', *Kodai*, 6/7 (1995/6); R. P. Duncan-Jones, 'Taxes, Trade and Money', in *Structure and Scale in the Roman Economy* (Cambridge: Cambridge University Press, 1990).

2 W. Liebeschuetz, *The Decline and Fall of the Roman City* (Oxford: Oxford University Press, 2001), Chapter 2. ——译者注

代以后，几乎任何地方都没有新的城市地标建设。罗马本城的规模在同期也缩减至原来的三分之一。这些都定然影响了食品和纺织品、陶器与燃料以及建筑业市场。富人仍然富有，而且有些人变得更富：一些最华美的乡村和郊外庄园是在公元4世纪建造的，它们遍布整个帝国。但仅仅是富人的消费并不能吸纳农业集约化旨在造成的大规模生产。

人们曾提出过许多要素来解释这些变化。有时有人主张，随着经济越发地区化，帝国的某些部分只不过是选择了退出昂贵的城市化文明。但是很难在4世纪的文学文本中看到关于别种价值体系的表达。事实上这些文学作品口吻经常十分怀旧，因而被描述为"古典化"。3世纪晚期的蛮族入侵本不可能造成如此大损害，尤其在不列颠等未受这些突袭影响的地区十分明显。帝国也（尚）未将税负提升至生产基础面临压力的地步，富人也（尚）未富有到能够严重削弱公共财政。

最近，出于疫灾和气候变化角度的解释又复苏了。是否每个年代都面临着它对于罗马帝国衰亡的恐惧？无疑是有一场骇人的瘟疫在公元2世纪中叶深刻影响了帝国。[1] 有生动的描述留存下来，其中包括早期帝国最杰出的医生盖伦（Galen）的描述。它可能是天花、麻疹或者一种今已不存的疾病。瘟疫来自东方，一支军队在2世纪60年代与波斯人作战时遭遇此疾，并将其带入了罗马帝国，此后它迅速传遍多瑙河和莱茵河军事区，最终到达罗马；面

1　R. P. Duncan-Jones, 'The Impact of the Antonine Plague', *Journal of Roman Archaeology*, 9 (1996).【译按】更进一步的假说参见 Arjan Zuiderhoek, 'Government centralization in late second and third century A.D. Asia Minor: a working hypothesis', *Classical World*, 103/1 (2009, 39–51.)。

对瘟疫，难民（某一时刻甚至包括皇帝）纷纷涌出罗马城。但我们很难估计瘟疫对长期经济运行的影响：比较式证据显示，瘟疫可以对经济增长产生各种效应，有些甚至是积极效应。[1]气候变化的问题更为不确定，并且依赖对年均温度波动的大规模估定。如果在公元前1千纪中期气温确实小有降低，那就确实会影响农业生产。这两种看法都认为罗马经济的高点维持在相当脆弱的基础上，而这一论点在现有数据状况下，着实难以考量。此外仍有其他替代方案。一派观点认为古代经济在更早时候就已到达其最大承载力，而公元前1世纪的增长则是将新地区纳入地中海体系引起的最后喷发。目前我们还很难在这些假说之中做出决断。

无论什么原因，经济紧缩对一个贡赋帝国的结果是明显的。间接税抽取着贸易、拍卖和奴隶释放的利润。如果这些活动更少发生，收入也会减少。直接税则基于土地，但如果土地利润更少，可能征收的直接税也会存在上限。但是，这对我们来说要比对他们更为清楚。

驾驭古代经济

这幅从最近研究中形成的经济图景对罗马人自己来说会难以理解。他们对经济活动非常实用性的理解并不包括使用预测性或描述性模型，他们几乎不会搜集可以拿来分析趋势的数据，而且古代科学也没有作为独立存在的经济学概念。在这个意义上，皇

---

1 Christer Bruun, 'The Antonine Plague and the "Third-Century Crisis" ', in Olivier Hekster, Gerda de Kleijn, and Daniëlle Slootjes (eds.), *Crises and the Roman Empire, Impact of Empire* (Leiden: Brill, 2007).

帝们在设计和改造税制系统时是盲目的。

但他们对问题的解决方案却并不愚蠢。当地震摧毁亚细亚的城市时，提比略免除了五年的税负。奥古斯都在需要更多钱以资助军队时，就创收新税。当3世纪末物价开始飞涨时，戴克里先试图确立法定最高价。历史作家们理解，每当开辟新的银矿时，银价就会下降，以及管理利率的规定改变如何可以引起硬币短缺（即使他们没有专门术语描述"供给与需求"或者"流动性危机"）。由此可知，皇帝用来向这一大经济体征税的手段是很务实的，似乎也基本上是反应性和适应性的。他们并未付出很多努力来消除各行省间征税方式的不同：他们并不寻求统一性和一致性，也从未关切过在不同类的纳税人间建立平等。皇帝们机会主义式地收割着经济，旨在从不管什么利润中都分一杯羹。结果，早期帝国体系就保留了每一阶段罗马帝国主义，甚至更早年代的制度化石。

布匿战争以前的罗马共和国的政治经济几乎不存在。成功作战会带来一些战利品，尤其是私人奴隶和金银，其中大部分都会由盟友、公民兵、将军和诸神瓜分掉。在任何情况下国家都开销极少。这一时期多数纪念物都是为了实现战场誓言而建的神庙，往往从将军那份战利品中出钱。[1] 罗马的普查（census）确实会根据财富分派税务义务，但除了在公元前168年击败马其顿以后它被永久废止以外，我们对这种直接税所知寥寥。半岛上下的战争扩展了罗马对土地和人力的控制。被征服的人力会通过奴役投入使用，而结盟则要求臣属各国提供军队来支持罗马军队。被征服

1　Orlin, *Temples, Religion and Politics in the Roman Republic*.

土地成为公共土地（*ager publicus*），并用于建立殖民地或出租给罗马公民。这些地租（*vectigalia*）成为国家最初的定期可期收入来源之一。[1]

与迦太基和马其顿的海外战争带来了其他收入来源。在公元前241年和公元前201年，罗马两次向战败的迦太基强索赔款，两次赔款都被分摊成一连串每年赔付的款项。马其顿和塞琉古叙利亚在分别于公元前196年和公元前188年被击败后也不得不支付巨额赔款。在此期间，罗马城开始了大规模公共建筑工程。[2]其他公共合同也被分发出去以供应军队。只有手握保证资金的罗马公民可以承包公共合同，合同也是一种将帝国的推进分配给有产阶级的方式。

罗马开始获取海外领地时，其政治经济也转型了。第一个行省是西西里。迦太基曾经对自己在西西里岛西部的领地征税，罗马或许在第一次布匿战争后接手了这一财政体系。在第二次布匿战争期间的公元前211年占领叙拉古以后，罗马又收编调整了希伦王的税收体系。以《希伦法》（Lex Hieronica）为人所知的体系实际上要向岛上多数希腊城市的农产品抽什一税。罗马容许一些城市免缴税款，并且剥夺了另一些城市的土地。通过税收褒奖盟友、惩罚敌人成了一种标准的罗马式技巧。吞并这个小型希腊化王国或许开阔了罗马人的眼界，使他们看到以税收的方式从其军事优势中带来稳定收入的可能性。毋庸置疑，当提比略·格拉古成功在公元前133年要求接管帕迦马王国时，其核心动机就是为他的土地分配计划提供一个收入源流。罗马人民从王室税赋和王

1　Roselaar, *Public Land in the Roman Republic*.

2　Coarelli, 'Public Building in Rome between the Second Punic War and Sulla'.

室土地中收取收入。包税人（*publicani*）从征税中赚取利润，而这为格拉古在罗马带来了政治支持。

各类包税在帝国时期对于征收间接税仍然很重要。[1]近年于以弗所发现的尼禄时期的碑铭显示，帕迦马诸王创设的多种关税，在罗马接管两个多世纪以后仍以完全相同的方式征收着。[2]在共和国末年失去征收土地税的暴利合同后，包税人仍然负责收取境内关税。旧帕迦马王国边境上课征的关税或许是新种境内税的模型，类似奥古斯都治下创设的进出高卢诸行省2.5%商品关税。起初这一税种是由包税人团体、随后改由个体合同承包者（两者都有骑士级代理官监管，但后者更加方便控制）、最后在2世纪晚期交由国家官员征收。[3]这一演变或许刻画了一种向中央对税收控制增强的方向发展的更广趋势，这一趋势甚至发生在3世纪中期经济萎缩和军事危机降临之前。

但地方差异在当地体系运作着的任何地方都仍然存在。托勒密王朝在埃及创立的税收体系远比西西里的复杂，它由以宫中一位宰相为首的官僚体系管理。这套系统同样也在亚克兴战后被全盘吸收。托勒密王室的特别产司库（*idioslogos*）现在是一个骑士

1　Brunt, 'Publicans in the Principate'.

2　Cottier et al., *The Customs Law of Asia*.【译按】这份公元62年的碑铭（*SEG* 39–1189 = *AE* 1989, 681）原文及相关历史背景的论文，参考 H. Engelmann & D. Knibbe, *Das Zollgesetz der Provinz Asia: eine neue Inschrift aus Ephesos*, Epigraphica Anatolica 14 (Bonn: Rudolf Habelt, 1989). Brunt, 'Publicans in the Principate'，相关条款见于67行以下。

3　Jérôme France, *Quadragesima Galliarum: L'organisation douanière des provinces alpestres, gauloises et germaniques de l'Empire romain, 1er siècle avant J.-C.–3e siècle après J.-C.*, Collections de l'École Française à Rome (Rome, 2001).

图 15　以弗所的税收法（现藏于以弗所博物馆）

级职务，隶属亚历山大里亚与埃及长官，而非君主。其他例子也不胜枚举。共和国将军和皇帝似乎都并不觉得在领土内推行一致的财政体系有很大必要，只要行省能提供所需品便足矣。

　　并非帝国的所有部分都能如此轻易接入帝国财政的财政系统。我们并不清楚，我们和罗马人理解的私有财产是否在罗马征服之前的一些北方或西方地区存在过。恺撒提到过一些高卢部落征收关税，但多数贸易都未货币化。罗马人在第二次和第三次布匿战争后分别取得的迦太基先前在西班牙和北非的领土，是西部的部分例外。汉尼拔在卡塔赫纳周边开辟的银矿被没收成为国家财产：这些银矿随后由数以百计的小规模承包人应用奴隶劳作加以开发。同样，的黎波里塔尼亚诸城向迦太基缴纳的橄榄油贡品也被转向罗马。但在很多地区，罗马人必须临时搭台，这通常是出于供养军队和支付军饷的需要，这些军队或将在当地驻留超过一场战役的时间，但预计获得战利品相对更少。正是在远征西班牙之时，罗马人第一次感受到了压力。当地人自布匿战争以后就被要求出资维持军队生存。罗马人对盟邦也无规律征税来为军队出资。在公元前2世纪早期某时，这些无规律税收被正式确定为规律的钱谷年赋。[1]

奥古斯都统治期是一段重整财政的时期。即使在他统治末年在日耳曼的军事失败之前，罗马不可能永久扩张这一点就已显明了。而奥古斯都对内战的解决方案也代价甚高。在中央，公元6年建立了一个军事国库，引入1%的销售税和5%的遗产税提供专项收入来支付老兵的退伍奖金。最终，帝国大约75%的收入将花在军队上。[2]公元前1世纪20年代在许多行省进行了大规模土地清估，此后原则上又会定期更新，而永久性的税赋义务就此固定于整个社群之上。其使用的语言是普查的话语，但这并不是共和国监察官们执行的那种分配政治权利和责任的活动。一些地区被分到货币税额，另一些地区则被要求以实物纳税。其中特别常见的是谷物税，而这些税最有可能是分派给邻近的军营。一位代理官驻扎在摩泽尔河谷的特里尔，协调整个法国北部（贝尔吉行省）和莱茵河中游地区的帝国财政：公元1世纪，有三分之一的帝国军队驻扎于这片地区。他很可能负责从巴黎盆地的产粮地供应当地。一些税收配额更为特别。莱茵河口的弗里斯人被核定缴纳兽

---

1 Richardson, 'The Spanish Mines and the Development of Provincial Taxation in the Second Century B.C.'.

2 Dominic Rathbone, 'The Imperial Finances', in Bowman, Champlin, and Lintott (eds.), *Cambridge Ancient History*, x.

皮：就当地经济对畜牧业的依赖以及军队对皮革的需求而言，这十分合理。其他务实的特殊税收也存在于帝国其他部分。

奥古斯都在他漫长的统治期间征服了大片新的领土。许多新领土简单地接受了征税；而在部落领地上，也像庞培在本都曾做过的那样创建了新的城市地区，部落首领也被授予了与亚细亚和北非的市政精英相同的政府职责。一部分领土被征用来安置军队。奥古斯都也为自己留下了一些土地，尤其是之前属于诸王室的领地。监管行省税收的骑士级代理官逐渐也开始管理行省的皇帝私产。皇帝控制着最大的采石场、矿场以及其他众多资源。他们巨量的农产土地有些是从元老们手中没收而来，有些则继承自他们的前任。在罗马，公共财政和皇家财政保持着严格的区分，但两者都没有独立监管；这一区分颇为有用，因为它能使皇帝个人得以充当施恩者。

奥古斯都并非在一夜之间就改变了整个帝国的税收。"征服国家"和"贡赋帝国"这两个术语是在社会学意义上描述了理想类型。自公元前2世纪开始，罗马就展示出这两方面的特点，但它是持续向可持续贡赋经济方向发展的。战利品是战争的一项主要目标这点一直延续到奥古斯都时期，此后也间或如此：图拉真在罗马的大规模建筑计划就是由他在达契亚的战争出资完成的。但长期趋势则是指向可持续收入的，而只有税收才能提供可持续的收入。

帝国早期的罗马税收系统给我们留下一种冗赘繁复之感，但它某些工作运作得很好。建立在较小的地方税收系统之上使其能适应意大利及行省经济生活的重大差异，包括贸易水平、土地产权性质甚至是农耕方式的差异。整齐划一的最要紧之处要么在于分配正义——这并非皇帝主要考量之一，要么在于其能使中央集权的机构更高效运作。但很少有什么被集权化了。不过这套税收体系也存在缺点。首先，税收运作中始终存在不确定性：这对于极大依赖纪念碑铭的解说来重构这套系统的历史学家来说非常有用，但其本身则定然会浪费大量时间。其次，所有体系中都存在将税负重压加在最贫穷者身上的趋势，因为免税权一般会授予已有特权的群体和个人。考虑到帝国内财富巨大的不平等，皇帝实际上只能承受得起在年景较好之时稍稍放过富人。最后，这套税收体系的灵活性极小。中世纪欧洲君主可以召开议会来获取新税，现代政府也频繁地修改税率，但罗马皇帝却没有办法这样做；实际上他们在什一税区很易受收成不佳的影响，在间接税上也易受贸易量缩减的损伤。在艰难时期，帝国税收系统的财政僵化会使皇帝深陷困境。而随着经济走向衰退，问题就明显变得更加困难。

延伸阅读

罗马经济引发了近年一些最具创意的作品，它也可以利用大量高质量的新考古数据。最近的全面考量收录于《剑桥希腊罗马世界经济史》（*Cambridge Economic History of the Greco-Roman World*, Cambridge, 2007）。这些论文并未取代《剑桥古代史》第十至十二卷中关于经济事务和帝国财政的出色章节。威廉·哈里斯对这两部大项目以及在更广泛意义上的这一主题下都有重要贡献：最重要的内容现在收入了他的《罗马的帝国经济》（*Rome's Imperial Economy*, Oxford, 2011）。一种新式重要研究的最初成就已经以此研究项目的两位主管艾伦·鲍曼（Alan Bowman）

和安德鲁·威尔逊（Andrew Wilson）主编的《量化罗马经济》（*Quantifying the Roman Economy*, Oxford, 2009）形式出版。考古学界对此讨论的贡献有凯文·格林（Kevin Greene）的《罗马经济考古学》（*Archaeology of the Roman Economy*, London, 1986）和大卫·马丁利与约翰·萨蒙（John Salmon）主编的论文集《超越农业的经济》（*Economies beyond Agriculture*, London, 2001）加以综述。或许可以合理地说，佩里格林·霍登和尼古拉斯·珀塞尔的《堕落之海》中极为独到的论点仍尚未被吸纳进入这些讨论中。克里斯托弗·豪格哥（Christopher Howgego）的《从钱币看古代史》（*Ancient History from Coins*, London, 1995）并不只是关于罗马或是关于经济，而是对两者都有迷人的表述，并且卓为清晰。

关于税收的研究主要基于纸草学和碑铭学材料。或许是出于这个原因，相关讨论通常高度技术化并且主要出版于期刊和会议集刊，不过最近也有一部极佳的例外之作，即米歇尔·科捷（Michel Cottier）的《亚细亚的关税法》（*The Customs Law of Asia*, Oxford, 2008）。最佳的介绍是彼得·布伦特（Peter Brunt）原载于1981年《罗马研究期刊》，并于专著《罗马帝国诸题》（*Roman Imperial Themes*, Oxford, 1990）中重刊的论文《罗马的收入》（'The Revenues of Rome'），以及多米尼克·拉思伯恩（Dominic Rathbone）为《剑桥古代史》第十卷撰写的章节《帝国财政》（'The Imperial Finances'）。对这一主题或许最有影响力的贡献是基思·霍普金斯（Keith Hopkins）一篇刊于1980年《罗马研究期刊》的论文《罗马帝国中的赋税与贸易》（'Taxes and Trade in the Roman Empire'），他主张早期帝国的税收体系实际上刺激了经济。霍普金斯数次回到这一主题上来：他的最后观念（和其他不少重要论文）也最容易在沃尔特·沙伊德尔和西塔·冯雷登（Sitta von Reden）主编的文集《古代经济》（*The Ancient Economy*, Edinburgh, 2002）中找到。

大事记（六）

公元前15年—公元9年	奥古斯都在欧洲征服战争主要时段，以条顿堡森林战役三个军团被歼告终
公元43年	克劳狄治下开始入侵不列颠
公元66—70年	犹太战争
公元69年	四帝之年，自亚克兴战后的首次内战
公元82—83年	图密善出征莱茵河
公元85—89、101—102、105—106年	图密善与图拉真对达契亚人用兵
公元106年	吞并阿拉伯
公元114—117年	图拉真的帕提亚战争。他去世时哈德良即从新行省美索不达米亚撤军
公元166—180年	马可·奥勒留在多瑙河前线进行马克曼尼战争
公元193—197年	内战，最终导致塞维鲁王朝的建立
公元226年	萨珊人推翻波斯的帕提亚人
公元241—272年	波斯皇帝沙普尔一世统治时期
公元249—252年	戴奇乌斯统治时期
公元3世纪50年代	阿拉曼尼人及其他族群跨莱茵河袭击增多

公元260年   波斯人俘获并处决瓦勒良

公元253—268年   伽利恩努斯统治时期。高卢诸皇帝和
                     巴尔米拉的统治者得以事实自治。法
                     兰克人攻陷塔拉科（264年）、赫鲁利
                     人攻陷雅典（267年）、哥特人毁坏以
                     弗所阿耳忒弥斯圣所等诸多灾变

公元268年   克劳狄二世在纳伊索斯击败哥特人

公元270—275年   奥勒良统治时期。对汪达尔人、阿拉
                     曼尼人和尤吞吉人作战，环绕罗马城
                     建筑新城墙，镇压巴尔米拉暴动、击
                     败高卢分裂皇帝泰特里库斯并在274
                     年凯旋，有组织地从达契亚行省撤离

公元284年   戴克里先即位

战　争

自恺撒·奥古斯都时代至我等之时已近200年，在此期间，由于恺撒们的怠惰，人们似乎苍老而衰弱了，除了在元首图拉真治下身体又得振奋，超乎所有人对帝国年老的预期，好像返老回春一般。

——佛罗鲁斯《罗马史略》第1卷序言第8节

恺撒们的怠惰

皇帝们的崛起与罗马扩张的实际终结紧密相接。当时人们已经注意到这点，并且提出了抱怨。在公元2世纪初写作的塔西佗抱怨征服日耳曼耗时太久。[1]大致同时写作的佛罗鲁斯则将罗马史分为四个时代，每个时代都对应人生的一个阶段。罗马的童年处在诸王治下，少年是到第一次布匿战争为止的共和国时期。从那之后直到奥古斯都的统治，罗马平定天下。"这既是帝国的青年，

1　塔西佗《日耳曼尼亚志》第37节。

也同时是罗马的壮年。"[1]但随后的时期罗马变老了。生物学的类比看来已不再是描述帝国史的好方法，但奥古斯都时期似乎仍然象征着断裂。

这一断裂自然是一种简化。皇帝们继续以空前规模庆祝海外战争的胜利。他们在奥古斯都死后继续作战，甚至又多征服了一些领土。但——且不论把行省体制扩展到先前盟友诸王统治地区的大趋势——真正的扩张地区屈指可数。不列颠在克劳狄治下遭入侵，并在1世纪剩余时间（极其缓慢而谨慎地）被征服。在日耳曼西南，边境在图密善治下从流贯黑森林的莱茵河推进到内卡河谷。图拉真在2世纪早期征服了今罗马尼亚的部分地区。他也入侵了美索不达米亚，以及今天的叙利亚和伊拉克。但相比于公元前1世纪五六十年代大胆的征服，或是公元前15至公元9年奥古斯都扩张全盛期时其诸子在整个欧洲的大规模作战，这些扩张的规模看起来很小。此外，除了不列颠以外的全部新领土都很快又丧失了。美索不达米亚被图拉真的继承人哈德良交还帕提亚人。图密善和图拉真在欧洲征服的领土于3世纪军事危机之中均告失陷。日后的皇帝仍会越过多瑙河和幼发拉底河作战，但帝国边境却很少移动了。

奥古斯都帝国的诸多核心制度都建立在恺撒、庞培甚至更早几代人的实验的基础上。与税收的发展并列的措施，还有扩展公民权的实践，逐渐依赖地方精英来运营他们自己的城邦；以城邦为基础建立政府，即使在从未存在过城邦的地区也推行此措施。描述在千年之交时帝国转型的方式的说法之一是，在很长时间内

1　佛罗鲁斯《罗马史略》第1卷序言第7节。——译者注

图16　图拉真记功柱细部，展示这位皇帝在第一次征伐达契亚人后的凯旋式

罗马政权经受着两种不同倾向之间的张力：第一种我们可称之为追求荣光，第二种则是渴望安全。向一个方向的运动会使与之相黏合的运动更为可行，也更为可能。公元前2世纪中叶和公元前1世纪初的灾难——森布里人入侵、同盟者战争与密特拉达梯战争，以及平民派的崛起——曾将国家向渴望安全的方向推动了许多。霸权已转变为帝国，而为了统治帝国，新的制度也发展起来。与之相对的是，从苏拉到奥古斯都期间的领导人之间逐渐加剧的竞争，则将帝国推向了更有风险的对荣光的追求。在亚克兴战后，安全则一直胜过荣光。

或许这一选择从来都是不经意间完成的。罗马的意识形态肯定并不总是反映帝国的新逻辑。"征服世界是切实可行而又值得称赞的目标"这一观念被反复重申，它在公元前1世纪被明确地写入拉丁文学经典，从而进入课堂并在这里影响力甚巨。帝国的纪念建筑与仪式也重现着一个征服国家的配乐，即使是征服早已不再适合罗马史的情节。[1] 但对帝国军事体系的细致考察——丰富的碑铭材料使之成为可能——展现出一套互相支持的制度，它们全然为维护和平而设，并因此使进一步征服变得困难和昂贵。甚至有人曾主张，皇帝对征服如此大声鼓噪，是为了弥补他们对尝试征服越来越弱的欲望。[2] 图拉真在一定意义上是复古者，也是皇帝无须被其角色拘束的例证。但他的统治，以及其间无效而短命的征服，也表露出扩张已经不再很好地契合罗马帝国了。

在决定征服欧洲时的奥古斯都曾提供过一次较早的借鉴。一些历史学家曾试图以他对地理的无知为此辩解：或许他确实把世界想得比实际要小，或者他没有像样的地图？但这些都不可信。地球的直径早在当时的两个世纪前就已得到估算。当时的地理学著作已经包括了对印度的描述，并提及了远方的丝国之人——中国人。奥古斯都以前500年就有人环绕非洲航行。更有可能的情况是，奥古斯都的欧洲战线是因为短期政治困局导致的战术错误。公元前1世纪20年代，奥古斯都的许多挑战者都是大行省的指挥官。奥古斯都敢让其他人在巴尔干或埃及南部取得胜利吗？此外，

1　Rolf Michael Schneider, *Bunte Barbaren: Orientalenstatuen aus fabrigem Marmor in der römischen Repräsentationskunst* (Worms: Wernersche Verlagsgesellschaft, 1986); R. R. R. Smith, 'Simulacra gentium: the Ethne from the Sebasteion at Aphrodisias', *Journal of Roman Studies*, 78 (1988); M. Sapelli (ed.), *Provinciae fideles: il fregio del tempio di Adriano in Campo Marzio* (Milan: Electa, 1999).

2　Erich Gruen, 'The Expansion of the Empire under Augustus', in Alan Bowman, Edward Champlin, and Andrew Lintott (eds.), *Cambridge Ancient History*, x: *The Augustan Empire 43 B.C.–A.D. 69* (Cambridge: Cambridge University Press, 1996).

一旦国内和平得到恢复，奥古斯都本人在国家中究竟该担任什么角色仍不清楚。他的继承人们的军事成功或许对他们的继承计划亦有助益。对外战争在罗马显然仍广受欢迎，虽然显而易见的是，自这一时期起，军团中的意大利战士越来越少。因此，奥古斯都求助于对荣光的追求，即使此时他面对的情况按理说更需要努力创造安全保障。在他的宫廷中写下的诗歌宣扬着未来的征讨，预示着对不列颠和帕提亚、印度和斯基泰的征服，而同时宏大艺术则呈现着已被征服的世界的图景。[1]

但征服要从哪里开始呢？波斯是危险的敌人，曾经击败克拉苏并羞辱安东尼，且似乎不想发生进一步冲突。欧洲北部的部落似乎是更简单的选项：恺撒曾在仅仅八年之间就率领同样多的军团征服高卢全境。除了轻而易举的胜利，不列颠和日耳曼还会带来什么呢？起初胜利确实看来很容易，德鲁苏斯和提比略的军队翻越阿尔卑斯山，战至多瑙河，跨越莱茵河，远抵易北河。但迅速推进只是假象。被征服的潘诺尼亚在公元6年起兵反抗，花了三年，秩序方得恢复。

几乎紧随其后，一支由三个军团组成的罗马军队就在公元9年于日耳曼被歼灭。以被归咎的将军而得名的"瓦卢斯之劫"是一场重创，在奥古斯都末年的历史和文学中均有回响。星相学家曼尼里乌斯（Manilius）以此作为彗星预示灾变的一个例证。[2]实际上这场败仗是一次持续数日的游击战：其发生地在临近奥斯纳布吕克的卡尔克里泽，原址已经细致重现。这场失败使罗马军队失

1　Nicolet, *Space, Geography and Politics in the Early Roman Empire.*
2　参见曼尼里乌斯《天文学》第1卷第898节以下。其中提到，在战败之前曾有彗星陨落。——译者注

去了将近10%的人力。莱茵河以东全部领土均遭放弃。近期于瓦尔德吉尔梅斯发现的未落成的罗马城市，提供了对这一方向急转的诡谲见证。一个大规模的新行省本来已在计划中，城市社群网络的建设也已开始，一如恺撒征服后在高卢、庞培在本都那样。反映官方态度的罗马历史记载责备瓦卢斯（Varus），说他的行为举动犹如身处一个已被征服的行省，把时间花在执法裁判、征收税款上，并且将军队分散于本地城镇之中。但他无疑是在遵守皇帝的命令。浩劫之后，遭到打击的罗马退回莱茵河，放弃了瓦尔德吉尔梅斯并直到易北河的全部领土。这场征服从未被正式宣布放弃，但在奥古斯都治下也从未继续。另一位皇亲日耳曼尼库斯在下一朝造访了浩劫现场，但他的战役同样并非成功，只是不那么戏剧化。北方开始被暗暗贬为不可治理、贫穷而令人不快之地。在提比略治下写作的斯特拉波，宣称占领不列颠也将得不偿失。[1] 2世纪的史学家阿庇安更进一步主张，异民族曾乞求被帝国接纳，但皇帝们拒绝了他们。[2]这些都是谎言。

因为，皇帝们从安全中获益良多，要获取荣光也有更简便的途径。奥古斯都可曾意识到庞培和恺撒发动战争的真正动力在于竞争？而现在他已经没有竞争对手了。皇帝并非筹划着和平，而是从错误中学习。失败的风险从来不会补偿军事远征可能带来的回报。更多事情可以由外交来达成。皇帝也很快发现如何粉饰从前线来的消息、夸大小规模成功、封锁负面消息、将所有胜利都归于自己，并在大事不妙之时归咎于瓦卢斯这样的前线将军。恺

---

1 斯特拉波《地理志》第4卷第5章第32节。
2 阿庇安《历史》序言。

撒们的怠惰是对缺乏竞争对手的一种非常务实的回应。

没有历史的世界？

    选择安全而非荣光促成了并不刺激的历史。或许，是帝国时期的元老假装这样去想的。宫廷密谋和皇室暗杀着实造就了相当好的戏剧。元老塔西佗和狄奥写作的历史，以及廷臣苏维托尼乌斯及帝国晚期的后继者们写作的中伤式传记，都各自为后世鲜活的小说与电影提供了灵感。但公元头两世纪政治史的清晰叙述的确很难找到。制度上、文化上和经济上都在缓慢起着变化。[1] 公民群体扩大，罗马法也随之覆盖到越来越多的帝国臣民：这一同化过程一直延续到《卡拉卡拉敕令》之后多年。[2] 规模最大的那些城市持续发展，并添加了更多纪念建筑。富人越发富有，建起大规模的乡村居所，并捐资在母城设立节庆、建造神庙、剧场和浴场。[3] 城市网络之间、划分帝国的生态分水岭两侧，贸易兴旺发达。所有这些改变都真实存在，但当时人却鲜能目睹，这些变化也不

1　Garnsey and Saller, *The Roman Empire*.

2　A. N. Sherwin-White, *The Roman Citizenship*, 2nd edn. (Oxford: Clarendon Press, 1973); Peter Garnsey, 'Roman Citizenship and Roman Law in Late Antiquity', in Simon Swain and Mark Edwards (eds.), *Approaching Late Antiquity: The Transformation from Early to Late Empire* (Oxford: Oxford University Press, 2004).

3　Paul Veyne, *Le Pain et le cirque: Sociologie historique d'un pluralisme politique* (Paris: Seuil, 1976); Arjan Zuiderhoek, *The Politics of Munificence in the Roman Empire: Citizens, Elites and Benefactors in Asia Minor*, Greek Culture in the Roman World (Cambridge: Cambridge University Press, 2009).

是古人理解中历史的主题。

皇帝统治的风格也渐有改变。皇帝统治的君主制本质变得越发公开。随着皇帝从巡回宫廷中统治，他们似乎也逐渐发展出对直接控制之于间接管控的偏好，并且更依赖国家官僚而非贵族同政务官。奥古斯都曾广为巡游，但他在1世纪的继承者们很少会离开罗马很长时间。图拉真的远征和哈德良不停歇的巡游在一些意义上都是自愿之事，而从138至161年在位的安东尼多数时间都在罗马。这一情况在继承了他的统治直到180年去世的马可·奥勒留开始改变。他和自己的共治皇帝路奇乌斯·维路斯（Lucius Verus, 161—169年在位），及此后他的儿子与继承者、统治直到192年被刺的康茂德，都被迫在任上长时间身处边疆。自193至235年统治罗马的塞维鲁王朝皇帝们全部如此。这些必要的迁移伴随着一种新的、更为公开的君主制模式的出现。远离元老们的敏感，皇帝可以如国王（他们也一直是这样的）那样统治。

到4世纪早期，在任何时间都有最多四个不同的宫廷，在帝国北方和东方边疆连成一串。只要宫廷停留数年的地方——无论是特里尔还是安条克、西尔米雍还是拉文纳——就会建起壮丽的宫殿以及宏伟的浴场、跑马场和接待区。帝国最终分裂为四个大的行政大区（prefecture），每个大区由一位大区总长主管，其行政管辖延伸下达数量越来越多的行省。元老们在帝国行政中不再起到较大作用，而元老院本身（或者说在君士坦丁于博斯普鲁斯海峡上新首都建立又一元老院后的两个元老院）也在政治制度中变得无关紧要。使节们在军营中找到皇帝；立法必须通过敕令而非元老院决议；咨政即使是出于形式，也已不再切实。与弟弟们一同于337年接替君士坦丁的君士坦提乌斯二世，直到357年之前都未访问过罗马。而在这一新秩序产生之前，帝国必须面对更为严肃的军事紧急情况，在某种意义上，这一情况持续了整整两代人。

早期帝国安保体系

历史学家有时将罗马写得如有一个大战略（Grand Strategy），[1] 但并无确实迹象显示罗马人曾计划过或执行过任何此类战略。军团的部署实出偶然，由渐进变化逐步发展来的产物是对当下需求的反应。扩张告终时，奥古斯都的出征军团就停驻在行经路上。军队将为克劳狄入侵不列颠这样的皇帝远征而调动，或在有需要的时候去镇压叛乱或参加内战。随着时间的推移，军团逐渐被吸引到了局势紧张的地点。西班牙远离边疆并且相对安定，因此其驻防规模就逐渐缩小。在多瑙河和东方，军队数略有增加，但其规模始终受限于军饷。皇帝们知道军队现在何处、人数多少以及欠银多少。但没有迹象表明他们利用这一信息来计划短期事项以外的任何事。[2]

奥古斯都治下早年，军队具体配置在何处并不总是清楚的，明确的是，他们总在意大利以外，而只有以额外薪水使之忠诚的禁军才被允许进入首都。但提比略当政10年后，我们偶然从塔西

1　Edward N. Luttwak, *The Grand Strategy of the Roman Empire: From the First Century AD to the Third* (Baltimore: Johns Hopkins University Press, 1976).

2　Fergus Millar, 'Emperors, Frontiers and Foreign Relations, 31 BC to AD 378', *Britannia*, 13 (1982).

佗《编年史》中看到了一段当时25个军团驻地的简况。[1]他们压倒性地集中于北方和东方边疆，亦即面对莱茵河、多瑙河对岸，以及驻扎在与帕提亚及其附庸的漫长边境一线。在西班牙、阿非利加和埃及只留下象征性军力。许多其他行省则实际上全无武装。重装步兵军团构成了帝国早期军队的核心。他们在装备和战场战术上类似共和国时期的军队。骑兵、轻步兵和投射兵辅助小队，以及工程师和其他专门团队则予以支持。在地中海有着海军基地，而最终在大河之中也建立了舰队。这一模式直到3世纪中期都基本未曾改变，即便军团增加到了33个，而有些军团也移驻新征服地区，如不列颠南部以及达契亚。罗马的总体军力一直很小。在数量最高时，帝国早期军队的军团士兵也不到20万人，加上或许同样数量的支援部队，来保护并控制一个拥有5000万至1亿居民的帝国。

考虑到军队消耗帝国预算的巨大比例，保持军队小型化是财政需要。这意味着军队必须非常高效。共和国晚期和奥古斯都治下出征军队行军扎营的规模很大，但军队的新角色需要不同的兵力配置。帝国边疆的逻辑完全是建立在相较于对手的交通优势基础上的。边疆逐渐成为一套密集网络，这一网络包括了基地（有些基地规模很小）、信号站、壁垒、指挥部以及最重要的道路。哈德良长城（Hadrian's Wall）提供了一个于2世纪发展起来的此类系统的上佳例子，但今日最震撼我们的壕沟与壁垒，却是边疆体系中最晚出现也最不重要的要素。一批宝贵的文多兰达（Vindolanda）书信展现了关于边境以外事件的信息搜集与处理过

1　塔西佗《编年史》第4卷第4—5章。

程，军需供给的管理，边境沿线士兵的持续调配，以及与背后行省的联络。[1]信号站沿海岸一线布置，观察提防海上突袭。侦察军小组在长墙以北行动，而当地领袖则被罗马人以援助之名的礼物拉拢。另一套略有不同的信号站与堡垒体系则在上日耳曼边境来回传递关于蛮族动向的消息，在北非准沙漠地区，军事设施又有不同。物理上，边疆是零星无序发展起来的，适应当地环境而无一种核心模式，但其指导逻辑则是相同的。

多数军事单位都以边境为基地。不过，士兵却在帝国到处都存在。分遣队保护着行省长官和代理官、信使和包税人、谷物与金钱的运输、以奴隶和罪犯为劳动力的皇家矿场与采石场主管，以及更大更不稳定城市的权威人士。百夫长尤其获得了我们通常不会与军方联系起来的一系列功能。他们在北方行省充当区域军官，可以参与组织供给的分遣队，也是《新约》中描绘的罗马政府最明显的代表。特别可靠的士兵会担任受执政官恩者（ *beneficiarii consulares* ），实际上是长官的侍从官。早期帝国没有行政部门，有些工作被不明智地交给了皇室奴隶和被释奴。

帝国宣传宣称，是士兵们保护了行省。这一描述只有一半正确。军团也是皇帝反对行省叛乱和贵族篡权者的终极武器。[2]三头时期，罗马士兵大规模复员是财政与政治优先驱动的。军队是危险的，被拖欠薪饷的军队尤甚。而现在，他们则由服役20年或更

1　Alan Bowman, *Life and Letters on the Roman Frontier: Vindolanda and its People* (London: British Museum Press, 1994).

2　Benjamin Isaac, *The Limits of Empire: The Roman Army in the East* (Oxford: Clarendon Press, 1990).

图 17 哈德良长城

久的职业士兵构成，他们忠于皇帝，而非他们的指挥官。[1]在退伍时，皇帝会向每个人提供一笔可观奖金，只要此人能证明自己的忠诚。从元老和骑士阶层拔擢的指挥官们来去往往。维持指挥与军事技艺稳定的，则是行伍出身的百夫长。为使士兵与皇室紧密相系，又布置了诸多仪式。军事小队会庆祝皇帝的生日，并将皇帝与军旗（*signa*）一并崇拜。3世纪一份出于东部边疆杜拉哨所的日历开列了无尽的节庆日，这些节日标明了皇室成员的生日，

---

1 Campbell, *The Emperor and the Roman Army 31 BC–AD 235*.

即使有些成员早已去世。皇帝和他们的儿子会留心到访军团，甚至在安全时指挥军队。

这套系统大多数情况下都会起作用。只有在整个王朝彻底毁灭的公元68年和196年才爆发了内战。一些反叛将军以自己为代价发现了当时军队对皇室的忠诚。[1]这种忠诚意味着军团们也能被用于平定行省叛乱。公元69年，莱茵河中游地区诸军团先被调往平定反叛尼禄的南高卢元老文德克斯（Vindex），后又被调去对付试图以尼禄死后的罗马内战作为分离机会的下莱茵巴塔维人。军团原则上是从罗马公民中征募，但意大利人在奥古斯都统治以后就很少从军。新兵的主要来源先是内地行省中的罗马城市，后来则多出自军人团体本身。皇帝为维持军队忠诚（或许也包括对长期服役者的社会化努力）所进行的投入成功了，其标志之一，就是军队几乎从未与邻近的行省居民协力共进。在高卢和日耳曼征募的军队乐于被调往讨伐不列颠、高卢和日耳曼的叛乱，而努米底亚的军队也会征讨非洲的篡逆者。[2]

但这主要是因为士兵们生活在一个他们自己的世界。在不列颠北部、莱茵河中游地区、多瑙河行省与阿非利加的大型军营最终发展到堪比城市，设有宏伟的城墙和大门、石制圆形剧场、浴场以及圣所。正式规定中士兵不能结婚，军营也由完全平行的大排营房组织起来，但营房中发现的物品和衣服显示，在这些人群中也有女人和小孩，与他们一同发展起来的还有一些被称为"驻屯"（canaba）的自然村落。在叙利亚和埃及，士兵则更是主要住

---

1 Egon Flaig, *Den Kaiser herausfordern: Die Usurpation im römischen Reich* (Frankfurt-am-Main: Campus Verlag, 1992).

2 Brent D. Shaw, 'Soldiers and Society: The Army in Numidia', *Opus*, 2 (1983).

在城市中。来自杜拉的文献表明，士兵也会结婚和购置土地，并普遍在当地社会中担任一定角色，他们相对较高的薪饷和上佳的人脉都能为此担保。[1]

罗马帝国并没有大战略，但它也发展起了一套与其他许多贡赋帝国颇为相似的边疆体系。最常见的比较对象就是中国的边疆。[2]和罗马类似，中国也享有对其邻居的技术优势，虽说在一些时期内曾发生某种意义上的军备竞赛，中国试图阻止与蛮族的技术交流。和罗马类似，中国也能够从农作和税收密集的腹地供应和补给军队。中国也混用线形壁垒和驻防点、正规军与非正规盟军，他们也争取获得对对手的信息优势。信息系统延伸深入诸省，直到皇宫或各个宫廷。使这两个帝国存活的并不是什么大战略，而是信息优势带来的战术先手。

边疆危机

罗马的体制自然也有弱点。依赖一支驻扎于帝国边缘的步兵，其结果之一就是对内地灾变反应迟缓。罗马军队在公元头两个世纪镇压行省叛乱中总体上很成功，因为多数叛乱都发生在相对靠近边疆之地，叛军也常滞留一处，且无防御工事。通常数月之内，秩序就得以恢复。犹太战事积日良久，就是因为犹太人据有要塞。另一个问题是，更多的机动之敌一旦突破边境，就可以甩开罗马军队。当边境确实崩溃时，比如3世纪，游袭军队深入雅

1　Ramsay MacMullen, *Soldier and Civilian in the Later Roman Empire* (Cambridge, Mass.: Harvard University Press, 1963).

2　Lattimore, *Inner Asian Frontier of China.*

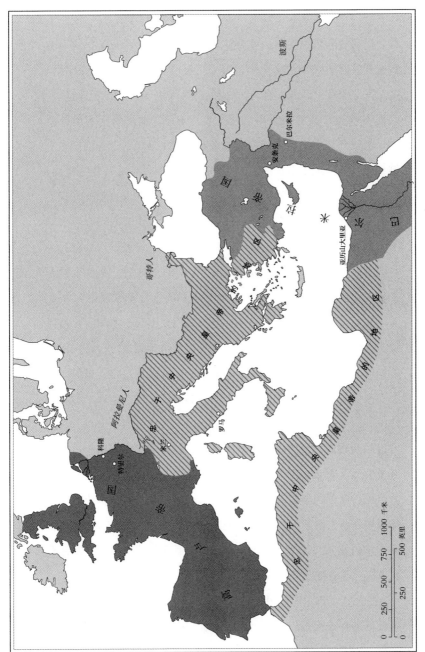

波斯

高卢

特里尔 · 科隆

阿拉曼尼人

罗马

米兰

帝国

高卢帝国

西哥特人

帝国

防区

安条克

巴尔米拉

帝国

亚历山大里亚

中央帝国的地区

中央帝国的地区

地中海

0 250 500 750 1000 千米

0 250 500 英里

地图 5 3 世纪危机

典、以弗所和塔拉戈纳，就会发现富庶的城市全不设防，通常也没有有效的护城墙。城市人口吸取了这一教训。在3世纪晚期至4世纪，一座接一座城市建起护城墙，有时则拆除早年的纪念建筑，以便在曾经广阔的城市中心建立安全区。3世纪的皇帝奥勒良（Aurelian）实际上环绕着罗马城中心建起了城墙。他的前任之一伽利恩努斯（Gallienus）也开始发展一支以骑兵为主、更为机动，能充当快速反应部队的军队。在军团之外，在北部边疆战况变幻之时调用这种军队越发频繁。他们作用的扩大也要归功于君士坦丁。同时，在帝国东端，罗马人和波斯人都在发展以重装骑兵为主的军队。在城市守备与围城战技术同步发展之处，军事全景看来越来越像中世纪了：一个小农背景上的骑士与城堡的世界。

公元头三个世纪渐进的社会经济转型并不限于帝国的政治界限内。帝国的政治经济可被看作一个大型再分配系统，将内地各处的资源吸引来消耗在边境，主要用于军队薪饷。宫廷是另一个主要的受供者，它也日益居于边地而非居于帝国的地理中心。或许没有一个行省社会像那些位于边疆的社会转型那么彻底。我们可以从新式崇拜、碑铭与技术的传播，以及那些一度属于边缘的区域的显著繁荣，来勾勒转型的效果。这些效果也不局限于罗马的臣民。东部边境将有着古代共同语言、崇拜、贸易传统的一串驿道城市断为两截。从地中海延至波斯湾长弧上都有人讲希腊语、阿拉米语及其姊妹语言。到3世纪末，罗马与波斯边境两侧都有犹太人、基督徒和摩尼教徒人群。

罗马的北部边疆将另一批拥有共同史前文化的民族一分为二。边境区的存在促进了联系。这一地区的人口密度相比地中海世界要低，并且在罗马行省之外并无城市。但这里的农业潜力巨大。

贸易，包括奴役，都跨越了边疆，而也有考古证据表明在背靠边境50—100千米的宽阔地带存在着罗马手工业。[1]技术转移同样存在。这一区域的政治单位和民族群体似乎很不稳定。罗马作家有时会将此归咎于人的性情不同，并将蛮荒刻画为缺乏定居城市社会的稳定性。或许更大的霸权本质上就是短暂的。但这些人并非以游牧为生，他们的政治碎裂也可能是罗马主动完成的，罗马人（像中国人一样）补助盟友、扣押人质、庇护流亡君主，并总是试图将自己的控制扩展到行省界限之外。周期性的突袭和远征只是一套复杂关系的一部分。从公元1世纪早期起，也出现了征募"蛮族人"在罗马军队中服役的证据，有些还升至高位。罗马人经常发现自己面对着由前罗马士兵指挥的敌军，比如领导了公元9年对瓦卢斯军团的屠杀的阿尔米尼乌斯（Arminius），而实际上很多人还讲拉丁语。到2世纪，许多与罗马边境接壤的社会都被锁进了一系列与罗马权力的相互依赖关系中。我们在3世纪听说的这些社会的领头者，如上莱茵河的阿拉曼尼人和多瑙河下游的哥

1　Jürgen Kunow, *Der römische Import in der Germania libera bis zu den Markomannenkrieg: Studien zu Bronze- und Glasgefässen*, Göttinger Schriften zur Vor- und Frühgeschichte (Neumunster: K. Wachholtz, 1983); L. Hedeager, 'Empire, Frontier and the Barbarian Hinterland: Rome and Northern Europe from a.d. 1–400', in Michael Rowlands, Møgens Trolle Larsen, and Kristian Kristiansen (eds.), *Centre and Periphery in the Ancient World* (Cambridge: Cambridge University Press, 1987); Michael G. Fulford, 'Roman and Barbarian: The Economy of Roman Frontier Systems', in J. C. Barrett (ed.), *Barbarians and Romans in North-West Europe from the Later Republic to Late Antiquity*, International Series (Oxford: British Archaeological Reports, 1989).

特人，当然也对罗马帝国十分了解。[1]

世界在2世纪晚期开始变化，对其原因的争论十分热烈。一个思想学派把蛮族社会的转型看作边境崩溃的主要原因。与罗马的长期关系造就了组织和装备更佳的敌人，这些人深知帝国必须付出的财富。最终罗马输掉了军备竞赛，而边疆也告崩溃。其他学者则认为改变是源自罗马在东部前线越来越高的军事花费。随着军队被从西方调去先是对付波斯军队，随后平定一连串内战，西部边疆精密的平衡也已倒塌：阿拉曼尼人、法兰克人及其他人群步入了实际上不设防的行省。另有一些学者则从远方草原上难以捉摸的动向中看到危机的源头。在这片草原上，真正的游牧民族，尤其是后来被罗马人称为匈人的一族，对温带欧洲的定居蛮族施以重压，迫使一些族群如哥特人一样，向南向西进入罗马边境。大规模人口迁徙在欧洲多个时期无疑都有发生，并且多次闯入地中海世界，包括高卢人在公元前4和前3世纪攻陷罗马、德尔斐，以及共和国末年的森布里战争和赫尔维提移民。自然可以想象出以上种种因素的多种组合。而问题只是在于，我们对罗马边疆另一边的活动所知寥寥。

一种对危机的传统叙述开始于公元2世纪晚期，当时马可·奥勒留讨伐马克曼尼人和萨尔马提人的战争使他多年始终忙于北方边疆。传说中他打算建立的新行省本当位于图拉真该世纪早些时候建立的三个达契亚行省西侧。但不像图拉真的战争那样，

1　Michael Kulikowski, *Rome's Gothic Wars from the Third Century to Alaric*, Key Conflicts of Classical Antiquity (New York: Cambridge University Press, 2007); John Drinkwater, *The Alamanni and Rome 213–496 (Caracalla to Clovis)* (Oxford: Oxford University Press, 2007).

这些战争并非出于皇帝主动。马克曼尼战争起自日耳曼人于166年对意大利的入侵，并持续到175年，中间只有短期的休战。177年，一场新战争又将奥勒留拉了回来，而他在180年去世时仍在作战。康茂德放弃而非完成了战争。即使是罗马军队在2世纪90年代分心于内战之时，边境也明显依然得以维系。北部边境再起事端，始自3世纪30年代的多瑙河，伴随着对罗马黑海船队以及随后对罗马行省默西亚的突袭。哥特军团在3世纪40年代劫掠达契亚和多瑙河诸行省。249至252年在位的戴奇乌斯曾短暂驱退了他们，但他在一次反击中丧命了。哥特人在3世纪50年代继续袭扰。这些尚未统合成单一势力或民族的人群是谁？一种可能是，哥特人源自曾居住于图拉真新设的达契亚行省边境上的居民，这些民族近来经历了社会转型的过程，而这种转型早年莱茵河上的其他讲日耳曼语的人群就已经历过了。[1]无论是在多瑙河下游的战争使罗马忽视了更西边的问题，还是当时不可见的压力在这世纪中从东方移向西方，安全危机都扩散了。在多瑙河中游，萨尔马提人在3世纪50年代后期侵袭了诺里库姆、来提亚和潘诺尼亚。同时，阿拉曼尼人跨越莱茵河侵入高卢直抵西班牙。到3世纪60年代期间，塔拉科陷于法兰克人，雅典被赫鲁利人攻克，以弗所则遭哥特人洗劫。罗马的复苏到268年克劳狄二世（Claudius II）在纳伊索斯击败哥特人后才终于开始，此后复苏的迅速令人吃惊。奥勒良在3世纪70年代初就将尤吞吉人赶出意大利，而普洛布斯（Probus）则击退了276年最后一次大规模入侵高卢的蛮族人。

1　Kulikowski, *Rome's Gothic Wars from the Third Century to Alaric*.

两线作战

与北方民族恢复正常关系这个任务非常对应的，是在东部前
线发生的关系恶化。这通常被归咎于226年出现的波斯新王朝萨
珊王朝和沙普尔皇帝（Shapur Ⅰ，241—272年在位）的野心，后
者与罗马作战多次，于240年击败了皇帝菲利普（Philip），256
年占据了安条克城，260年俘获并处死了皇帝瓦勒良（Valerian）。
但罗马人对所有这些负有一定的责任。这一故事也可追溯到2世
纪60年代。在图拉真的征服与哈德良从新的美索不达米亚行省撤
出之后，罗马曾与帕提亚人长期保持和平，直到在马可·奥勒留
和路奇乌斯·维路斯共治时罗马军队在未遭多少挑衅的情况下又
一次入侵波斯。[1] 数十年后，塞维鲁也如此行事。罗马的侵攻确实
是使帕提亚王朝陷于不稳的重要一环，并为萨珊的取而代之创造
了机会。现今已不好说是波斯利用了罗马在北部的困局还是反过
来，抑或只是早期罗马帝国的安全体系无力应对来自如此多方面
的威胁。

清楚的是，皇帝们无力保护大城市和帝国内地的不设防行
省，引发了有关他们合法性的一场危机。这场失败的标志之一是，
235—284年，有20多位皇帝曾经统治。其具体数字取决于有多
少反叛者被当作短暂的统治者。失败的另一个标志则是地理上的
破碎。当地统治者、附庸王以及军队指挥官纷纷担起保护毗邻地
区的责任。当奥勒良在270年掌权时，高卢、西班牙和日耳曼的

1　Brian Campbell, 'War and Diplomacy: Rome and Parthia 31 BC–AD 235',
in John Rich and Graham Shipley (eds.), *War and Society in the Roman World*
(London: Routledge, 1993).

大部地区都已被莱茵河中游地区的统治者统治了超过 10 年，而叙利亚的驿道城市巴尔米拉诸君主则控制了近东大片地区，甚至包括亚历山大里亚。在阿非利加、多瑙河、埃及和小亚细亚都有人试图篡权。成功与不成功的篡权者都出自军事阶层，他们与其军队的联系是私人化的，并取决于他们持续的成功。内战与边境的失利彼此加剧。只有军事胜利能够恢复合法性并逆转权力的碎片化。瓦勒良之子伽利恩努斯在外战中取得了一定成功。曾将尤吞吉人逐出意大利的奥勒良（270—275 年在位），进而重新控制了埃及（272 年）、镇压了巴尔米拉（273 年）和特里尔诸皇帝（274年）领导的脱退运动。他的继承者们则让日耳曼人吃到了更多败仗。卡鲁斯（Carus）最终将波斯战争推往美索不达米亚，并占领了波斯的都城泰西封。283 年他在征战途中去世，其继承者努梅里安（Numerian）也撤了军，但仅仅一年内努梅里安就被戴克里先取而代之，后者一直统治到 305 年退位。他在长时间在位期间，也在多瑙河作战，与波斯交战，并必须维护自己在埃及的权力，同时镇压在西方的反叛者。他留下了一个完全重整过的罗马帝国。从 235 年塞维鲁王朝终结到 284 年戴克里先登位的时期有时被称为无君时期（Anarchy）。任何持续半个世纪的"危机"都会带来巨大的制度代价。除了一套新的军事体系，戴克里先的帝国确实需要一套新的货币、一套新的税收体系以及一套新的行政体系。在君士坦丁治下，帝国又有了一座新首都和一种新宗教。但晚期罗马帝国并非创生自一场革命。远在戴克里先统治以前，一种新的皇帝理想就已出现，并取代了元老史学家和希腊颂辞作家的作品。这样的皇帝是军人，而非公民同胞，他被壮观的仪式和酷烈的司法环绕着。

我们事后来看，这段故事最令人惊奇的部分并不是危机的爆发，而是帝国竟然幸存下来了。军人皇帝的能量当然是因素之一，但也有当时未获注意的其他力量来源。举例来说，可以考察帝国精英对维持帝国持续存在所做的努力。在260至274年控制高卢并一度控制西班牙与不列颠行省的"高卢诸帝"（Gallic emperors）当为良例。其主要人物——波斯图姆斯（Postumus）、维克托里努斯（Victorinus）和泰特里库斯一世（Tetricus I），都是军人并且似乎都是当地富家后裔。他们获得了当地贵族和莱茵河驻军的支持。他们的"帝国"源于一场反对伽利恩努斯的暴动，但其主要努力都旨在存续并保护既得利益。随着克劳狄二世和奥勒良的先后成功，诸行省、各个城市甚至最后一位皇帝都重新加入了中央帝国。我们主要从钱币中了解到，在整场脱退运动中，政治宣传完全是罗马式的。在帝国的另一端，希腊城市发起的激烈反抗甚至利用了更古老的效忠誓言。普布利乌斯·赫勒尼乌斯·德克希普斯（Publius Herennius Dexippus），一位曾在雅典组织反抗的史学家，将自己的努力呈现为雅典反抗蛮族漫长历史的最后一节。这些效忠誓言的留存，是早期帝国创立身份之持久性的上佳见证。帝国得以存续，是因为在它看似即将破碎之时，统治阶层与诸多臣民**选择**了挺身相救。

延伸阅读

罗马军事机器的演进在菲利普·萨宾（Philip Sabin）、汉斯·范威斯（Hans van Wees）和迈克尔·惠特比（Michael Whitby）主编的《剑桥希腊罗马战争史》（*The Cambridge History of Greek and*

Roman Warfare, Cambridge, 2007）第二卷的数篇论文中均有概述。阿德里安·戈兹沃西的《战时的罗马军队》(The Roman Army at War, Oxford, 1996）生动描述了军队实际上是如何运作的。惠特克（C. R. Whittaker）的《罗马帝国的边疆》(Frontiers of the Roman Empire, Baltimore, 1994）一书的主题是稳定边疆的演变，以及其社会及经济影响。论争仍主要在回应爱德华·勒特韦克（Edward Luttwak）颇具争议却令人激动的《罗马帝国的大战略》(Grand Strategy of the Roman Empire, Baltimore, 1976）。约翰·里奇与格雷厄姆·希普利的文集《罗马世界的战争与社会》收录了这些回应的一组优选作品。本雅明·以撒（Benjamin Isaac）的《帝国的限度》(The Limits of Empire, Oxford, 1990）讨论了罗马军队在管控他们声称在保护的行省人口中起到的作用。

　　通常的参考书都有涉及3世纪危机的复杂历史，但还有一部上佳的专著：大卫·波特（David Potter）的《走投无路的罗马帝国》(The Roman Empire at Bay, London, 2004）。奥利维耶·赫克斯特（Olivier Hekster）、赫尔达·德科莱因（Gerda de Kleijn）与达妮埃尔·斯劳彻斯（Daniëlle Slootjes）主编的文集《危机与罗马帝国》(Crises and the Roman Empire, Leiden, 2007）很好地使我们得以感知历史学家们当前的争论。

帝国认同

　　从前，诸王统治着这座城市，但他们未能将城市传给本家的继承人。外来者夺去了他们的统治，其中一些实际上是异邦人。因为继承罗慕路斯的努马来自萨宾人——虽是邻居，但在那时就是异邦人。继承安库斯·马尔奇乌斯（Ancus Marcius）的老塔克文（Tarquin the Elder）是混血，因他的父亲德玛拉托斯（Demaratus）生于科林斯，而母亲则是塔尔奎尼人。她虽出身高贵但并不富足，结果不得不接受这样的丈夫。正是因此，老塔克文被摒除于父邦的贵族序列之外。但他移居罗马，并在这里成了王。

　　　　——克劳狄刻于铜板的一篇演说，《拉丁铭文选》212 号[1]

苦寻罗马人

　　克劳狄于公元48年对元老院的演说，提议向高卢诸行省最

1　即《里昂克劳狄铜板》（Lyon Tablet, Table claudienne），今藏里昂卢格杜努姆博物馆。——译者注

富有、最显贵的公民开放元老院成员席位。他的部分言辞保存在里昂的一块铜板之上，而塔西佗也记录了元老们对这项动议的愤慨。[1]对吸纳新血液可能稀释民族认同的恐惧，是今人也非常熟知的。克劳狄诉诸古代包容传统或许不能服人，但此时他已是皇帝，也无须服人。但是，罗马认同自一开始就处于不断变动之中，在这一点上他是正确的。

写作罗马史，不可能不涉及关于"罗马人"的书写，而似乎谁应划入这一术语之中是显而易见的一样。但回答"罗马人是谁？"这个简单问题却惊人地困难。

当然存在一些官方的答案。假如要应用严格的法律标准，我们就必须着眼于罗马公民。[2]但这群人的本质和组成不断转变着，而同时罗马从一座集会、税收和军队全部基于公民权的传统城邦成长为由各类帝国臣属组成的地中海强国。在此期间我们需要考量共和国中期的公民，他们集中于罗马城，但在半岛上下也有成片的公民殖民地；随后是意大利，在同盟者战争以后几乎所有自由人都成了公民；之后是早期帝国的情况，包括行省贵族和退伍辅军等多种特权群体都获得了公民权；最后，《卡拉卡拉敕令》普及了公民权，此后的罗马世界中多数人都成了公民，但公民地位仍奇怪地很受重视。[3]

或许同样有必要考虑以下特征，如罗马习惯向许多被释奴授予公民权，还有一众"半公民"，他们中多数都被称为各种各样的"拉丁人"。这一称呼引申自其原义——其他拉丁邦国公民，

1　Miriam Griffin, 'Claudius in Tacitus', *Classical Quarterly*, 40/2 (1990).

2　Sherwin-White, *The Roman Citizenship*.

3　Garnsey, 'Roman Citizenship and Roman Law in Late Antiquity'.

先拓展到罗马在共和国中期于意大利建立的拉丁殖民地成员，他们是一群罗马人和盟邦人定居者的混合体；之后拉丁人又扩展到某些在一系列自恺撒时代开始的地方授权中被授予拉丁权（Latin right）的行省社群公民；还有另一类被释奴，他们并非完全公民，而被称为"尤尼式拉丁人"（Junian Latins，得名自设立这一地位的《尤尼法》[*Lex Iunia*]）。其他的地中海公民权也都被纳入体系：在罗马埃及惊人复杂的社会中，亚历山大里亚公民不仅指这一行省首府的公民，也指被视为其他埃及人与罗马人之间的一种地位的人。多重公民权也绝对是正常的，其意义不仅是像西塞罗那样拥有两个母邦——阿尔皮农和罗马——而且也包括许多行省城市会认可双重公民权，并设立本邦的半公民权，用以授予居留的外邦人一系列权利和义务。这些授权中有一些属于特权，另一些手段则是旨在确保财产流动性越来越强的阶层既不会在居留地，也不会在出生地规避当地义务。[1]

　　也并非所有公民都是平等的。在共和国时期曾有过设置无投票权公民的实验。传统的人民大会至少会以复杂方式组织起来，以赋予普查分类较高者相比其他人群更高的投票权重。被释奴可以投票，但在许多城市不准担任公职或跻身最高级市政议会。所有社会阶层的女性都面对行使公民权程度的严格限制。罗马公民的妻子和女儿可以将公民权传给儿子，但她们的政治参与实际为零，极少有人能够财务独立或者独立运用法律，而她们在祭仪中的角色，尽管常常十分重要，但也总是从属于男性祭司的权威。许多在共和罗马中界定公民角色的事务，包括投票、战斗、献祭、

1　Fergus Millar, 'Empire and City, Augustus to Julian: Obligations, Excuses and Statuses', *Journal of Roman Studies*, 73 (1983).

纳税、承担公共合同以及接受普查，都从未适用于女性。关键点在于，罗马人并未把公民权当作在自身与外人之间构建确定分界的方式。相反，他们用公民权的语言表达一套地位与关系，而个人得以借由这些，以不同方式和多种程度介入社群。

用来标识界限的还有其他方式。罗马人通常拿蛮族人来做对比，尤其是在帝国宣传中。2世纪一种常见的钱币类型就描绘了一个骑马的皇帝践踏着一个畏缩的蛮族人。这些母题更精致的发展出现在图拉真记功柱这样的纪念建筑中。罗马文学也呈现了排外与种族主义固有观念的丰富结果，这份或许出自诟詈传统的遗产在罗马的演说术中至关重要。[1]而同样地，自西塞罗时代以来以拉丁语写作的学者开始区分希腊人的作品和"吾人"（nostri）的作品。塔西佗描述在他之前讨论不列颠的作者时就做了这样的区分，而老普林尼在自己的《博物志》每一卷都加入了一份资料清单，将罗马与外邦专家分列出。这种安排也在罗马的图书馆中得到复制，这里希腊和拉丁书籍似乎至少在理论上分开排架。罗马祭司传统上也会区别出一批崇拜，它们被当作来自外邦的崇拜，需要"以希腊礼"庆祝，实际上，这些祭仪并非如此，但区别的观念显然至关重要。[2]

罗马人与其他人的区分或许在行省社会**之中**最为关键。西班牙南部的金属探测者们找到了数块铜板残篇，上面记载着公元1世纪

1　J. P. V. D. Balsdon, *Romans and Aliens* (London: Duckworth, 1979); Benjamin Isaac, *The Invention of Racism in Classical Antiquity* (Princeton: Princeton University Press, 2004).

2　Scheid, 'Graeco ritu'.

后期皇帝授予当地社群的宪章。[1] 这些拉丁自治市（*municipia*）定然是奇特的世界，在一些方面是小号的罗马，有着市政议会、同僚政务官、祭司职务、举办角斗表演的公共责任、法庭等。这一基本法律中有一条规定，任何该法涉及范围的空隙之处都应按照这一团体是罗马公民的情况处理。实际上，几乎只有政务官、前任政务官以及曾任政务官家族后裔才是真正的罗马公民：当然还有他们的被释奴！

　　公民通常是他们居住的社会中最有特权的成员。《使徒行传》中一段戏剧性场景描述，保罗从亚细亚传教回到耶路撒冷时，被愤怒的暴民抓获，这吸引了罗马士兵的注意。保罗用希腊语呼叫士兵，请求准许他向自己的犹太同胞自我辩护，他用土语解释道，自己是塔尔索的犹太人，在耶路撒冷受教育并长大，随后他描述了自己的皈依。他的演说使民众陷入狂乱，于是被捕并被士兵拖走要行鞭打。在此时（直到此时），他向百夫长透露自己有罗马公民权。百夫长随即为自己曾下令要鞭打保罗而深感惊恐。花钱才艰难获得公民权的百夫长与宣称自己生来就是公民的保罗之间发生了微妙的交换。这只是另一种重要的区分吗？百夫长当即给保罗松绑，并将他交给祭司公议会（Sanhedrin），在那里保罗熟稔地挑起了两个祭司派别——撒都该人和法利赛人之间的争执。[2] 这些事情究竟多少是史实不大要紧，因为即使是虚构，这段故事

1　Julián Gonzáles, 'Lex Irnitana: A New Copy of the Flavian Municipal Law', *Journal of Roman Studies*, 76 (1986).

2　《使徒行传》第21—22章。【译按】原文如此，作者似乎混淆了百夫长和护军官 tribune，这段叙述中第一处以外的百夫长都应是护军官（各《圣经》译本作千夫长）。

也反映了对身份政治在罗马行省中如何运作的有趣估量。保罗被描述成精巧地利用了自己的多重身份：犹太人、罗马公民、塔尔索公民、法利赛人，以及居留耶路撒冷的外邦人。他讲多种语言的能力显然也帮上了忙。

很容易识别出帝国中这种细微区别干系重大的地区。边疆社会有着自己的地位层级。[1] 军团士兵从公民中征募，而辅军则出身于其他臣民，他们被罗马人称为 *peregrini*，就是"外地人"的意思。与他们一同服役的也同样多是外地人，但不像其他人，辅军可以在退役时预期获得公民权。考古学家们发现了数以百计像这样给退役辅军的铜质授权证明：这些证明显然都是退伍士兵颇为自豪地展示在家中的。在他们服役的20到25年期间，各种士兵自然而然地与当地女性建立了关系：但这些关系并非正式婚姻，诞生的孩子也不会成为公民。[2] 专门的特许使得士兵得以立下遗嘱，但他们的妻子与孩子不会因他们而自动获得权利。辅军老兵可以通过释放奴隶使后者成为公民，但他在退役前的任何孩子如果想要获得同等地位，就必须自己也参军。诸如此类的考量意味着，如果不算上许多非罗马人的话，我们是不可能研究"罗马社群"的。但如果我们把所有的行省人都当作"一定意义上的"罗马人，也就掩盖了在当时至关重要的一些区分。

---

1 MacMullen, *Soldier and Civilian in the Later Roman Empire*; Adrian Goldsworthy and Ian Haynes (eds.), *The Roman Army as a Community,* Journal of Roman Archaeology Supplements (Portsmouth, RI: Journal of Roman Archaeology, 1999).

2 Sara E. Phang, *The Marriage of Roman Soldiers (13 B.C. – A.D. 235): Law and family in the imperial army,* (Leiden: Brill, 2001).——译者注

温顺的身体

越来越多的罗马居民逐渐获得了公民权。我已经表明，罗马世界之所以在3世纪危机中得以保全，原因之一就是，在足够多的罗马居民的感觉中，这个世界已经是他们的世界了。同样清楚的是，行省人口生活方式的诸多方面都汇合起来，并未形成一个单一或均质的帝国文化，而是融合进了一个由这些非常罗马式的差异建构的世界：这些差异基于教育、地位和文化能力的阶层等级，保罗（或曰《路加福音》《使徒行传》的作者与读者）对此深有了解。授予选举权、效忠与文化适应（acculturation）并非一件事，但它们之间有着很深的联系。

对帝国的多数部分来说，罗马式习惯与态度兴起的最佳证据是由物质文化提供的。试想罗马式洗浴。罗马式浴场建筑非常特别；建筑师、考古学家和文化史家已研究过帝国各处的案例。[1]希腊人也会洗浴，他们的裸体曾震惊了老加图。但集体洗浴的设施在公元前1世纪以前却相当原始。其原因之一是技术。元首制之前，少有希腊城市建有引水道，而水工混凝土则迟至千年之交前夕才在坎帕尼亚发展起来。（希腊人不得不使用坐浴设施，而这只是体育锻炼的空间中十分次要的一部分。）最终，浴场建筑群也将运用新技术来覆盖广大的封闭空间，并利用砖瓦来构建通过温热地板加热的以及流通空气的空间，在最大的建筑例证中，人们建造了玻璃日光浴室。但洗浴行为的扩散不仅关乎技术。它也表示着一种对清洁、健康与美的新共识正在兴起。这些观念也可从

---

1 Fikret K. Yegül, *Baths and Bathing in Classical Antiquity* (Cambridge, Mass.: MIT Press, 1992).

图 18 庞贝的斯塔比亚浴场

其他方面探知：卫生间设施、镜子与化妆品的传播，雕塑上标准发型的出现，等等。但现在我们先继续考察浴场。

首先将洗浴发展成文明生活方式的一个核心部分的是富人。不足为奇，最早的奢华浴场是在公元前 1 世纪晚期建立在那不勒斯海湾的，正当诸多其他罗马精英文化被改造之时。[1]但甚至在共和国末年以前，洗浴文化就已风靡于社会其他部分。任何人都去得起的公共浴场随后出现。庞贝的斯塔比亚浴场是现在已知的最早例证之一。奥古斯都治下，阿格里帕（Agrippa）在他位于战神广场的庄园中包罗了一处宏大的浴场。提图斯、图拉真、卡拉卡拉和戴克里先则在罗马先后建立了更为壮观的建筑群，通常称为

1　I. Nielsen, *Thermae et Balnea: The Architecture and Cultural History of Roman Baths*, 2 vols. (Aarhus: Aarhus University Press, 1990).

"大浴场"（thermae）：这些建筑群包括训练场、游泳池、蒸气浴池以及精美的雕塑陈列，这些雕塑和庞培曾陈列于他的剧场拱廊中的同属一类。即使至今，戴克里先浴场现存的框架仍然容纳了一座博物馆以及数座教堂，而卡拉卡拉浴场则是室外歌剧与音乐会的演出地。这些皇帝对首都的赠礼是一类遍及帝国所有大城市市政赠礼的最大例证。

希腊城市如以弗所和萨迪斯，都为这一主题的变体，即浴场建筑群与希腊体育馆的结合，提供了重要证据。体育馆早在古典时代就已是精英教育与娱乐的设施。但在亚历山大征服的新土地上，希腊人通常是具有特权的（有时也是四面受敌的）城市少数族群，体育馆也因而在一种特定定义的希腊文化中居于中心。希腊式教育与希腊认同在这些社会中的运作，相比于作为特定族群的标识，更多是作为一种排异文化。运动竞技主义（athleticism）在这种认同中居于核心。"与奥林匹克运动会相当"的节庆由施恩者在希腊世界到处设立，年轻贵族在这些节庆中为名誉而非现金奖金竞技，专业运动员也出现了，而运动竞技主义则成了一些类别的希腊文学的焦点。[1]罗马埃及的城市精英甚至被称为"体育阶

---

1 Michael Wörrle, *Stadt und Fest in kaiserzeitlichen Kleinasien: Studien zu einer agonistischen Stiftung aus Oinoanda*, Vestigia (Munich: C. H. Beck, 1988); Onno van Nijf, 'Local Heroes: Athletics, Festivals and Elite Self-Fashioning in the Roman East', in Goldhill (ed.), *Being Greek under Rome*; Jason König, *Athletics and Literature in the Roman Empire*, ed. Susan E. Alcock, Jas Elsner, and Simon Goldhill, Greek Culture in the Roman World (Cambridge: Cambridge University Press, 2005); Zahra Newby, *Greek Athletics in the Roman World: Victory and Virtue*, ed. Simon Price, R. R. R. Smith, and Oliver Taplin, Oxford Studies in Ancient Culture and Representation (New York: Oxford University Press, 2005).【译按】另参关于古代晚期的运动竞技主义的近作：Sofie Remijsen, *The End of Greek Athletics in Late Antiquity* (Cambridge: Cambridge University Press, 2015)。

层"（gymnasial classes），这些空间对此种精英文化至关重要，而这种注目于希腊典范的文化，实际上直到罗马治下才广为传播：这些城市精英也同样，或至少自我宣称是世袭的，并与身边生活的埃及人截然分离。体育馆在各处都成了纪念建筑的焦点，而体育官（gymnasiarch）也成了市民社会中的重要角色。希腊世界各地城市都保存下来了长长的规则清单，显示出体育馆已经被看作制造和训练新公民的关键地点。浴场很容易融入这一关联体系。

但浴场在各地都很流行。在较大的军营中，有供士兵使用的浴场，这些大军营在种种意义上都很像城市：一些不列颠例子中配有室内锻炼场，而非常见于地中海地区的室外运动场（*palaestra*）。在发现温泉的地方，医疗机构设立了起来。富裕的土地所有者在他们的乡村宅邸中建造了小型洗浴套房，尽管只有在主人在这些宅邸时它们才会被用上。小普林尼写道，来到自己的一栋别墅时，时间太晚，为了表达他的亲切体贴、没有架子，他决定在当地城镇的浴场洗澡，而不是让人为他自己的浴室烧水。洗浴此时已经融入贵族的生活方式，这是一种把白天的工作和晚上的休闲分开的社会活动。其他会采用的建筑包括圣所，尤其是治疗型的圣所，而医学作家花费大量笔墨宣扬洗浴的好处（只不过这些好处由于他们对感染缺乏了解被些微破坏了）。但我们毕竟是在处理意识形态问题。清洁的习惯和理想已经成为帝国传播的自我与文明观念的组成部分。没有现成的文本宣称肮脏的身体是野蛮人的身体——尽管裤子和胡须受到了一些轻微的羞辱，但是向上流动的外省人几乎无法忽视罗马人关于文明标准的概念。

关于食物也有类似的故事。这一故事包括精致的就餐礼仪的传播；饮酒的普及；新的烹饪风格（包括在各种谷物中更偏爱面包小麦）；在陶制餐具和盘子方面的餐具首创；进口橄榄油、胡椒、鱼露和地中海水果等新列入基本食材的食材的证据；晚餐在罗马社会和拉丁文学中的中心地位。[1]在整个帝国普遍共有的新式生活方式或称生活世界（Lifeworlds）还有许多其他维度。一种新的照明文化出现了，而在南北两面的玻璃窗、灯具和用作燃料的油的传播，使之成为可能：夜晚变成了一个可供工作或休闲的新时段。新式服饰发展起来，随之还有新的身体姿势与手势礼仪。当然，教育也产生了影响，虽然教育从未达到普及，但也不再局限于文士抄工。对于行省的儿童来说，向西塞罗和维吉尔学习拉丁文、向荷马和悲剧家学习希腊文、学习以特定方式公开演说，也产生了效果。不过，我不打算对这一点一再重复。如果说我们考虑的是身份认同的改变，那么它主要是一种由日常生活和训练所创造的认同，是一种自我意识的体现而非一套关于"罗马性"（Romanness）的抽象概念。这些学来的美好生活理想与政治行动之间的关系是复杂的。但是，3世纪的蛮族掠夺者没有什么东西可以替代这一切，他们或许对替代这一切也并不感兴趣，而在4世纪末和5世纪进入帝国的人群已经相信罗马习俗是优越的，他们只是想要这些习俗为己所用。换句话说，日常生活的转变是深刻的，并产生了深远的影响。

1　William J. Slater (ed.), *Dining in a Classical Context* (Ann Arbor: University of Michigan Press, 1991); Emily Gowers, *The Loaded Table: Representations of Food in Roman Literature* (Oxford: Clarendon Press, 1993); Oswyn Murray and Manuela Tecusan (eds.), *In vino veritas* (London: British School at Rome, 1995); Garnsey, *Food and Society in Classical Antiquity*; Purcell, 'The Way We Used to Eat'; Jason König, 'Sympotic Dialogue in the First to Fifth Centuries ce', in Simon Goldhill (ed.), *The End of Dialogue in Antiquity* (Cambridge: Cambridge University Press, 2008).

身份与帝国

关于罗马帝国的身份政治的研究大多集中在最大规模的身份如"罗马人"和"希腊人"之上，以及关于他们对彼此态度的自觉陈述。近年来这一领域进步很大。通过对文学文本中的明确陈述的研究，通过对二者间的对立何以借由话语和修辞实践建构的讨论，通过物质文化与文学的对照，范围颇广的希腊对帝国的反应已得到非常细致的探索。[1] 罗马的理想观念现在也变得更加明晰，特别是一代又一代文化领袖的自觉努力在多大程度上并非着眼于创造一种与希腊文化平行的另一种高等文化，而是在于创造一种希腊和罗马都参与其中的普世文明（通常称为人文，*humanitas*）。[2]

希腊和西方精英现在看来有很多共同点；包括两者共有的对强调他们之间差异的责任感。也许我们应该怀疑这一点，因为公元二三世纪的许多希腊作家——包括阿里安（Arrian）和狄奥——都既是古典希腊过往的仰慕者也是罗马元老，而他们同时代的许多西方作家，包括奥路斯·盖利乌斯（Aulus Gellius）、弗隆托（Fronto）以及皇帝哈德良和马可·奥勒留，都深入参与了

1 Simon Swain, *Hellenism and Empire: Language, Classicism and Power in the Greek World, AD 50–250* (Oxford: Clarendon Press, 1996); Tim Whitmarsh, *Greek Literature and the Roman Empire: The Politics of Imitations* (Oxford: Oxford, 2001); Susan E. Alcock, John F. Cherry, and Jas Elsner (eds.), *Pausanias: Travel and Memory in Roman Greece* (New York: Oxford University Press, 2001).

2 Greg Woolf, 'Becoming Roman, Staying Greek: Culture, Identity and the Civilizing Process in the Roman East', *Proceedings of the Cambridge Philological Society*, 40 (1994); Stephen Hinds, *Allusion and Intertext: Dynamics of Appropriation in Roman Poetry*, Latin Literature in Context (Cambridge: Cambridge University Press, 1998); Wallace-Hadrill, *Rome's Cultural Revolution*.

希腊文化和写作。两种教育制度并存，而许多城市精英大概只在一种制度下感到舒适。然而，大多数希腊人对拉丁语的了解和使用必定比他们在古典化作品中容许的要多得多。如果不精通拉丁语，帝国时期的希腊历史学家开展历史研究是不可想象的。最能说明问题的是地中海世界精英物质文化的广阔统一，尤其是在精英的住宅中，无论这些住宅是在城市还是农村。餐厅中精致的镶嵌画，以及镶嵌画中关于食物和神话、占星术和狩猎、角斗士和哲学家的繁丽设计；精英们对大理石雕像的品味——诸神与怪物、国王与诗人在其中争抢空间；开辟通往想象中的城市景色和自然风光、过分强调舞台布景或描绘生机盎然的花园的壁画：借由这些深入精英文化的人，是无法想象在罗马帝国中存在两种而非一种高等文化的。[1]当然，许多区域差异仍然存在。但占主流的印象是一个单一的想象世界，一个可以通过艺术和文学理解的世界，无论人们是在西西里岛还是法国南部，在叙利亚还是小亚细亚，在北非还是日耳曼。

在现代帝国主义的讨论中，身份政治看起来十分不同。在那里，焦点并不在于宏大帝国认同的出现，而在于帝国政权如何塑造地方经验，在于新自觉民族与民族国家的产生，在于流散侨居与迁移，以及移徙经历如何影响无数个人的生活。世界主义、文

---

1 John Percival, *The Roman Villa: An Historical Introduction* (London: Batsford, 1976); Roger Ling, *Roman Painting* (Cambridge: Cambridge University Press, 1991); Jas Elsner, *Imperial Rome and Christian Triumph: The Art of the Roman Empire, AD 100–450*, Oxford History of Art (Oxford: Oxford University Press, 1998); Katherine M. Dunbabin, *Mosaics of the Greek and Roman World* (Cambridge: Cambridge University Press, 1999); Leach, *The Social Life of Painting in Ancient Rome and on the Bay of Naples*.

化混杂以及正式帝国（formal empire）结束后经济、文化支配的延续，是后殖民研究的中心议题。古代的帝国虽然存在很久，但从根本上讲是弱势的，而过去几百年的帝国虽然短命但却异常强大，两者之间显然存在着巨大的差异。古代帝国主义对人口转移的影响从未达到像把非洲人作为奴隶运送到新世界的程度，或在非洲、欧洲和北美洲确立南亚血统的人口，在太平洋周围扩散东亚血缘社群，更不用说来自欧洲的人群对世界上诸多温带地区的殖民化这样的程度。现代帝国造就了至今仍然存在的巨大财富的不平等。由于各帝国对公共健康的冲击，并因为它们将经济作物和工业化出口到边缘地区，帝国导致全球环境发生了巨大变化。现代世界的世界主义，与发达国家和不发达国家大城市的建立联系在一起。任何与古代的比较都必须牢记这些差异。

后殖民方法对古典时代的研究以及对罗马世界内的世界化（Globalization）进程和地方化的兴趣相对较新，但最近的一些研究表明了它们的潜力。[1]早在罗马扩张之前，地中海世界及其内

---

1 David Mattingly (ed.), *Dialogues in Roman Imperialism: Power, Discourse and Discrepant Experience in the Roman Empire*, Journal of Roman Archaeology Supplements (Portsmouth, RI: Journal of Roman Archaeology, 1997); Robert Witcher, 'Globalisation and Roman Imperialism: Perspectives on Identities in Roman Italy', in Edward Herring and Kathryn Lomas (eds.), *The Emergence of State Identities in Italy in the First Millennium B.C.* (London: Accordia Research Institute, 2000); Richard Hingley, *Globalizing Roman Culture: Unity, Diversity and Empire* (London: Routledge, 2005); Rebecca J. Sweetman, 'Roman Knossos: The Nature of a Globalized City', *American Journal of Archaeology*, 111/1 (2007); R. Bruce Hitchner, 'Globalization avant la lettre: Globalization and the History of the Roman Empire', *New Global Studies*, 2/2 (2008).【译按】另参论文集 Martin Pitts & Miguel J. Versluys (eds.) *Globalisation and the Roman*（转下页）

陆地区就都经历了多种多样的人口流动。[1]然而，罗马帝国主义在古代地中海世界主导了或许是前所未有的人类流动。奴隶贸易、士兵的招募、退伍和安置以及城市的发展，都起到了一定的作用。我们或许应该料到人口在向核心行省，特别是最城市化的地区净流入，因为古代城市的死亡率当然高于出生率，并有赖于移民来维持人口。罗马当权者偶尔也会跨过边境迁移部落人口。传教者、朝圣者、商人、旅行学者和手艺人都在帝国各地来回旅行，其中许多人至少有意回家。[2]如果他们没有回家，那么他们的墓碑就提供了关于他们旅行的宝贵信息，而一系列骨骼材料分析技术也提供了客观证据。[3]此外它还可以为应对和控制人口流动的

（接上页）*World: World History, Connectivity, and Material Culture* (Cambridge: Cambridge University Press, 2015)。

1　T. C. Champion, 'Mass Migration in Later Prehistoric Europe', in Per Sörbom (ed.), *Transport Technology and Social Change: Papers Delivered at Tekniska Museet Symposium No. 2, Stockholm, 1979* (Stockholm: Tekniska Museet, 1980); Nicholas Purcell, 'Mobility and the Polis', in Oswyn Murray and Simon Price (eds.), *The Greek City from Homer to Alexander* (Oxford: Oxford University Press, 1990). 【译按】该领域近期研究颇丰，代表的有 Laurens E. Tacoma, *Moving Romans: Migration to Rome in the Principate* (Oxford: Oxford University Press, 2016); Elio Lo Cascio, Andrea Giardina and Laurens E. Tacoma, *The Impact of Mobility and Migration in the Early Roman Empire* (Leiden: Brill, 2017)。

2　John F. Matthews, 'Hostages, Philosophers, Pilgrims, and the Diffusion of Ideas in the Late Roman Mediterranean and Near East', in F. M. Clover and R.S. Humphreys (eds.), *Tradition and Innovation in Late Antiquity* (Madison: University of Wisconsin Press, 1989).

3　David Noy, *Foreigners at Rome: Citizens and Strangers* (London: Duckworth, 2000); Edwards and Woolf, *Rome the Cosmopolis*; L. Wierschowski, *Fremde in Gallien: 'Gallier' in der Fremde: Die epigraphisch bezeugte Mobilität in, von und nach Gallien vom 1. bis 3. Jh. n. Chr*, Texte-Übersetzungen-Kommentare（转下页）

行动提供法律和文献证据：希腊城市已经制定了关于居留异邦人（metoikoi）的规定，西方城市则开始对富裕的居留者（incolae，指其正式登记的原籍地在其他地方的城邦居民）施加财政义务。[1] 犹太人、叙利亚人和希腊人的散居地在帝国时期得到相当充分的证明。[2] 通常，对特定神祇崇拜的传播为帝国各地的侨居社群提供了最佳证据。[3] 阿塔伽提斯（Atargatis），即叙利亚女神（Dea Syria），最终吸引了其他崇拜者，但她在爱琴海和意大利神庙的创始人都是真正的移民。在整个罗马东部和西部一些地方都有犹太会堂。在新的地点设置崇拜中心这一事实表明，移民不仅是半永久居民人口，而且与来自同一地区的移民保持联系。罗马的所有主要城市都有少数族群居住，而在如维苏威地区的城市、奥斯

（接上页）159, Historia Einzelschriften (Stuttgart: F. Steiner, 2001); Hella Eckart (ed.), *Roman Diasporas: Archaeological Approaches to Mobility and Diversity in the Roman Empire*, Journal of Roman Archaeology Supplements (Portsmouth, RI: Journal of Roman Archaeology, 2010).

1 Millar, 'Empire and City, Augustus to Julian'; William Broadhead, 'Migration and Transformation in Northern Italy in the 3rd–1st Centuries bc', *Bulletin of the Institute of Classical Studies*, 44 (2000); Claudia Moatti (ed.), *La Mobilité des personnes en Méditerranée de l'antiquité à l'époque moderne: Procédures de contrôle et documents d'identification*, Collection de l'École Française de Rome (Rome: École Française de Rome, 2004); Claudia Moatti and Wolfgang Kaiser (eds.), *Gens de passage en Méditerranée de l'antiquité à l'époque moderne: Procédures de contrôle et d'identification*, Collection L'Atelier Méditerranéen (Paris: Maisonneuve & Larose, 2007).

2 Erich Gruen, *Diaspora: Jews among Greeks and Romans* (Cambridge, Mass.: Harvard University Press, 2002); Christopher P. Jones, 'A Syrian at Lyon', *American Journal of Philology*, 99/3 (1978).

3 Ramsay MacMullen, *Paganism in the Roman Empire* (New Haven: Yale University Press, 1981).

提亚和一些北非港口等拥有丰富碑铭证据的地方，这些社群也非常引人注目。

但几乎没有迹象表明东道主社会（host society）对混杂或多元文化给予任何积极的价值。虽然富人花重金购买印度洋香料和丝绸等异国原料，但他们对吃异国菜肴或受外国风格影响的新服饰并不感兴趣。犹太人和伊西斯崇拜者都在共和国后期被赶出罗马。向社会上层流动的人有意抛弃他们的地方口音。只有希腊演说家才能从他们的异国血统中谋得好处：琉善（Lucian）强调了他的"亚述人"身份，而阿尔勒的法沃里努斯（Favorinus of Arles）则表示，他生活中的一个矛盾之处在于，尽管他是高卢人，但他可以"扮演希腊人"。可他们强调的是他们跨越的文化距离。据说塞普提米乌斯·塞维鲁即使在身为皇帝的时候也不让他的妹妹来罗马，因为他对她的阿非利加口音感到尴尬。

成为帝国的一部分也对帝国不同民族所宣称的身份认同产生了更微妙的影响。今天的全球化理论家指出，加强联系往往会使一个群体更加意识到其在整体中的独特位置。有人认为，希腊人和犹太人都是以新的方式构建了自己独特的身份，以回应他们生活的更广大的帝国世界。[1] 从使用希腊文到以圣典而非耶路撒冷圣殿仪式为基础的礼拜形式，犹太人生活的一些方面变得更为方便，且在希腊、罗马城市更容易复制。希腊教育也比基于祖传圣殿的仪式更易传承。伊西斯崇拜者可以在仪式中使用象形文字，甚至

---

1 Swain, *Hellenism and Empire*; Seth Schwartz, *Imperialism and Jewish Society 200 BCE to 640 CE*, ed. R. Stephen Humphreys, William Chester Jordan, and Peter Schäfer, Jews, Christians and Muslims from the Ancient to the Modern World (Princeton: Princeton University Press, 2001).

进口尼罗河水，但他们无法将崇拜与河水泛滥相适应。许多教派在外表上变得彼此相似，但在崇拜者的内心，所做或所知方面保持（甚至变得更加）独特。侨居人口并不是唯一发现帝国新认同的人群。东西方的地方社群发展出平行的神话历史，并将特洛伊和希腊的建城祖先及一系列类似的比喻安置其中，如嫁给难民王子的当地公主、指出城市应该在何处建立的神谕等。这种神话构建是一项古老的传统，但在罗马世界的各处都兴盛起来了。[1]

延伸阅读

罗马史上几乎没有任何话题像本章主题一样产生了如此多的最新研究，虽然在考察罗马统治的广泛社会与经济结果的尝试，将集体认同作为有意识经历的现象所做的研究（就像在文本、纪念物和物质文化中表现的那样），皇帝的臣民间忠诚与团结产生

---

1 Elias Bickermann, 'Origines Gentium', *Classical Philology*, 47 (1952); T. Peter Wiseman, 'Domi nobiles and the Roman Cultural Élite', in Cébeillac-Gervason (ed.), *Les Bourgeoisies municipales italiennes aux IIe et Ier siècles av. J.-C.*; Erskine, *Troy between Greece and Rome*; Alan Cameron, *Greek Mythography in the Roman World*, ed. Donald J. Mastronarde, American Philological Association: American Classical Studies (New York: Oxford University Press, 2004); Simon Price, 'Local Mythologies in the Greek East', in Christopher Howgego, Volker Heuchert, and Andrew Burnett (eds.), *Coinage and Identity in the Roman Provinces* (Oxford: Oxford University Press, 2005); Hans-Joachim Gehrke, 'Heroen als Grenzgänger zwischen Griechen und Barbaren', in Erich Gruen (ed.), *Cultural Borrowings and Ethnic Appropriations in Antiquity*, Oriens et Occidens: Studien zu antiken Kulturkontakten und ihren Nachleben (Stuttgart: Franz Steiner Verlag, 2005); Woolf, *Tales of the Barbarians*.

方式的研究之间，仍有混淆之处。这些问题明显互相关联，但它们并不相同。

对罗马统治影响的研究差异很大，尤其是在研究如何处理文化现象时。例如马丁·米利特（Martin Millett）的《不列颠的罗马化》（*The Romanization of Britain*, Cambridge, 1990）、尼可·罗伊芒斯（Nico Roymans）的《北高卢的部落社会》（*Tribal Societies in Northern Gaul*, Amsterdam, 1990）、苏珊·阿尔科克的《被征服的希腊》（*Graecia capta*, Cambridge, 1993）、大卫·马丁利的《帝国领地》（*An Imperial Possession*, London, 2006）、安德鲁·华莱士-哈德里尔的《罗马的文化革命》和《成为罗马人》（*Becoming Roman*, Cambridge, 1998）。这些作品提供了多种方法选择，它们都利用了考古数据，并且通常都与其他证据相结合。两部论文集也同样如此：汤姆·布拉格（Tom Blagg）和马丁·米利特的《早期罗马帝国在西部》（*The Early Roman Empire in the West*, Oxford, 1990）与苏珊·阿尔科克的《早期罗马帝国在东部》（*The Early Roman Empire in the East*, Oxford, 1997）。很容易对这份清单再加补充。

对罗马认同的有意表达是埃玛·登奇《罗慕路斯的避难所》的主题，而西蒙·斯温（Simon Swain）的《希腊主义与帝国》（*Hellenism and Empire*, Oxford, 1996）和西蒙·戈尔德希尔（Simon Goldhill）主编的《在罗马治下做希腊人》（*Being Greek under Rome*, Cambridge, 2001）考察了帝国内记载最丰富的臣服民众的身份政治。塞特·施瓦茨（Seth Schwartz）的《帝国主义与犹太社会》（*Imperialism and Jewish Society*, Princeton, 2001）对第二著名的案例（犹太人）提出了一些相同的问题。弗格斯·米勒的《罗马近东》（*The Roman Near East*, Cambridge, Mass., 1993）开辟了一大片研究领域，这个领域主要因一批令人眼花缭乱的语言写成的碑铭而知名。在很大程度上，关于文化认同、政治权力、法律与社会团结如何在早期帝国时期联系起来的问题最有深度的研究仍是克利福德·安藤（Clifford Ando）的《罗马帝国内的帝国意识形态与行省的忠诚》（*Imperial Ideology and Provincial Loyalty*, Berkeley, 2000）。

最近的研究则集中于帝国时期特定族群如何发展出通常基于社会记忆的共同身份认同。三部最近的文集为这一问题的现状提供了一点意见：托恩·德克斯（Ton Derks）和尼科·罗伊芒斯（Nico Roymans）的《古代的民族建构》（*Ethnic Constructs in Antiquity*, Amsterdam, 2009）、蒂姆·惠特马什（Tim Whitmarsh）的《帝国希腊世界中的地方知识与微观认同》（*Local Knowledge and Microidentities in the Imperial Greek World*, Cambridge, 2010）和埃里克·格伦（Erich Gruen）的《古代地中海的文化身份认同》（*Cultural Identity in the Ancient Mediterranean*, Los Angeles, 2011），后者本身也包括许多其他内容。

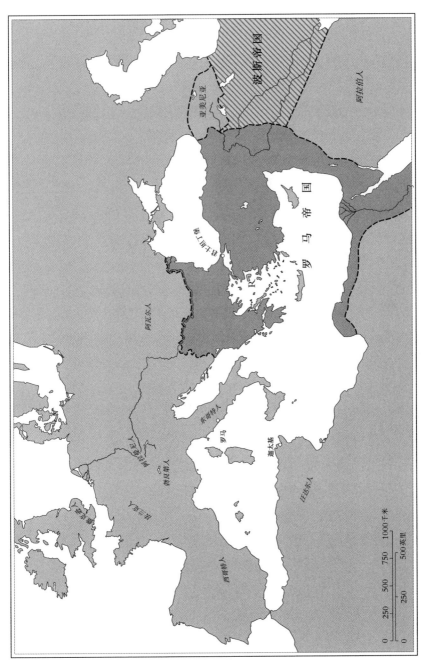

地图 6　公元 500 年的帝国

大事记（七）

公元284—305年　戴克里先统治时期

公元303—311年　大迫害

公元306—337年　君士坦丁统治时期

公元313年　君士坦丁的《宽容敕令》

公元325年　尼西亚大公会议

公元361—363年　尤利安统治时期

公元376年　瓦伦斯允许部分哥特人跨过多瑙河，开启了一系列事端并终致东罗马军队在哈德良堡大败

公元395年　狄奥多西一世死后，帝国西部由霍诺留、东部由阿卡迪乌斯统治，二者均年幼

公元409—475年　西哥特人逐步征服伊比利亚半岛

公元410年　罗马遭哥特人洗劫

公元429年　汪达尔人入侵阿非利加，于439年攻克迦太基

公元435—438年　编纂《百官志》

公元442—452年　阿提拉领导匈人侵袭巴尔干、高卢和意大利

公元455年　罗马遭汪达尔人洗劫

公元476年　最后一位西部皇帝被东哥特王奥多亚克废黜

15

复苏与崩溃

当迈加洛波利斯的波里比阿决定把他那个时代最重要的事件记录下来时，他认为应该从事实出发，展示出罗马人在建城后的600年里并没有赢得一个伟大的帝国，尽管他们在这时期经常与邻国发生战争。相反，只有在占领了意大利一部，接着又在汉尼拔入侵及坎尼战败失去这块土地后，只有在他们从城墙处确实看到敌人的威胁后，罗马人才赢得一个伟大的帝国。直到此时，他们才开始受到命运的青睐，在不到53年的时间里，他们不仅控制了整个意大利，还控制了整个阿非利加。西方的伊比利亚人也臣服于他们。开始一个更大计划的他们，跨越亚得里亚海，征服了希腊人，拆散了马其顿帝国，活捉了他们的国王，将他掳到罗马。没人能把这种成功仅仅归功于人类的力量。解释必定是命运（Fata）的永恒计划、诸行星的影响，或者对所有公正人类事业保有青睐的神意。这些要素建立了一种因果模式，引导着未来事件以同样模式出现，这一模式表明，相信人类事务服从某种神圣意旨（Divine Providence）的他们是多么正确。结果，当他们的能量被激发出来，他们就会兴盛起来；但当他们变得使诸神不悦时，他们的事业就会衰落到当下状态。我现在将要讲述的事件将会表明这一命题为真。

——佐西莫斯《新史》第1卷第1章第1—2节

皇帝与基督徒

戴克里先皇帝从公元284到305年统治帝国，君士坦丁一世则从306到337年在位。在这半个世纪中，他们并不是仅有的皇帝，而内战也是两者治下的共同特点。但是他们漫长的统治时期是帝国愈发稳定的一个确实迹象。另一迹象是，边境虽然从未和平，但却仍然维持着。几乎导致帝国崩解的军事危机似乎已被避免。用转型、改革和复苏书写这两位皇帝的统治曾经很常见，但这过分简单了。罗马帝国的制度确实转型了：但许多"改革"都没有成功，复苏仅限于局部，而在西方的复苏则更是短命。

有一项转型特别影响到此期的全部历史。在公元2世纪和3世纪初，帝国的宗教多样性逐渐演变出一个宗教竞争的世界。这一演进如何发生将是下一章的主题，但其后果必须在此处探讨。在军事危机的低潮期即3世纪50年代，皇帝戴奇乌斯和瓦勒良都试图利用对基督徒的普遍敌意来建立一种更广泛的帝国统一感。戴克里先的反应更为极端。他的大迫害（Great Persecution）是一项有计划地试图消灭基督教的尝试，公元303至311年，这场迫害给帝国大片地区带来了创伤。君士坦丁的策略恰好相反：首先宽容新的宗教，然后对其加以保护、赞助、恩庇，最后借由于325年在尼西亚举行的大公会议寻求规范和统一基督教。历史仍然牢记戴克里先是迫害者（the Persecutor），而君士坦丁是皈依者（the Convert）。希腊罗马史家对这些事件看法截然不同，这取决于他们是否信奉新的宗教（比如恺撒里亚主教优西比乌［Eusebius of Caesarea］，他创立了教会史，并为君士坦丁写作了颂赞式传记），或者是否痛惜于放弃祖先的宗教，一如在本章开头做出评断的佐西莫斯（Zosimus）。

史家们的不同回应反映了帝国精英们的不同反应。在公元3世纪末以前曾有过多种希腊文拉丁文的历史作品——地方史和总体史、罗马全史、当代史以及更像是一套连续皇帝纪传的史书。一些史家和传记作者重在神话和奇迹，另一些则更贴近讽刺和丑闻。但凡此种种都反映了一系列关于皇帝角色的共同理念的恢复和瓦解。这些理念融合了希腊的王权观念和罗马的好公民意识。好皇帝是公正的，在战斗中是成功的，他们遵从传统，尊重精英的权利（特别是财产权），谦虚仁慈，不增赋税。他们的性生活应当平淡无奇而无可指摘。坏皇帝则有相反的恶行：试想卡里古拉、尼禄、图密善或康茂德。[1] 现在又有一个胜过所有其他标准的新标准：他如何支持教会？他是迫害者还是护教者，然后，他是正统还是异端？

中立的史家是不存在的。基督徒们尊奉君士坦丁，将他看作圣徒和帝国的第二位缔造者，而野蛮地谴责像戴克里先和加列里乌斯（Galerius）那样的皇帝，把多数皇帝都当作迫害者。也许这对于经历了大迫害和君士坦丁恩庇教会的一代人来说很可以理

1　Matthew B. Roller, *Constructing Autocracy: Aristocrats and Emperors in Julio-Claudian Rome* (Princeton: Princeton University Press, 2001).

解。拉克唐修（Lactantius）是一名阿非利加的修辞学家，被戴克里先传召到东方首都尼科米底亚教书，然后在303年迫害中遭解职。但他移居西部，保存性命又为君士坦丁的长子授业。在他生命末段，拉克唐修写作了恐怖的《论迫害者之死》（*On the Deaths of the Persecutors*），叙述了上帝留给加列里乌斯、戴克里先及其他人的恐怖惩罚。优西比乌和拉克唐修为帝国历史提供了新视野，即将其作为上帝开展计划的一部分。相反，那些非基督徒的作家们则谴责对市政崇拜的支持的缩减、随意容许对神庙采取暴力，以及他们认为抛弃诸神的毁灭性后果。[1]

但如果我们暂且不谈他们对宗教斗争兴起的对立态度，戴克里先和君士坦丁与公元3世纪末年在他们之前的皇帝也并非全然不同。

首先，他们都是军人皇帝。和许多在3世纪兴衰的皇帝和准皇帝一样，戴克里先（出生时名叫戴克里斯［Diocles］）也出身巴尔干。直到283年他作为皇帝努梅里安的卫兵指挥载入史册之前，人们对他全无确知。努梅里安的父亲卡鲁斯是一名禁军长官，于282年反叛了普洛布斯。卡鲁斯于283年被杀——我们不知他是如何被杀，也不知是谁杀的——而努梅里安仅仅统治了一年就又被他自己的禁军长官阿佩尔（Aper）谋杀，但被军队拥立为奥

---

1 Averil Cameron and Stuart G. Hall, *Eusebius' Life of Constantine: Introduction, Translation and Commentary* (Oxford: Clarendon Press, 1999); Anthony Bowen and Peter Garnsey, *Lactantius' Divine Institutes*, vol. xl, Translated Texts for Historians (Liverpool: Liverpool University Press, 2003); Roger Rees, *Diocletian and the Tetrarchy,* Debates and Documents in Ancient History (Edinburgh: Edinburgh University Press, 2004).

古斯都的则是戴克里先。到目前为止，一切都很传统。同样传统的是戴克里先的第一次出征，他征讨卡鲁斯的另一个儿子（也是努梅里安的共治皇帝）卡里努斯（Carinus），后者在285年兵败被杀。接下来10年的大部分时间里，戴克里先都在作战，先是在东部边境，后是在多瑙河上游，然后再回到东部；他同样来自巴尔干的盟友马克西米安（Maximian）一开始担任恺撒，然后担任共治奥古斯都，主要身在西部边境。293年，两人收养了两位年轻的将军，加列里乌斯和君士坦提乌斯（Constantius），作为他们的恺撒，使这种合作变得更加正式和复杂。四帝（the tetrarchs）成功合作直到305年，在戴克里先的倡议下，两位奥古斯都退任而两位恺撒继任，并任命了两位新恺撒。在戴克里先长达20多年在位的多数时间里，他与其他皇帝都往返于北部和东部边境基地之间，大部分时间里他们都在与罗马的敌人作战。

四帝共治的成功在一定程度上有赖于早期军人皇帝，如伽利恩努斯和奥勒良的成就。罗马军队现在更好地适应了对北方蛮族的战争，东部城市现在是设防基地；而与3世纪中叶的皇帝们不同，戴克里先和马克西米安能够在边境或外邦土地上指挥大部分战争。其最大创新是皇帝集团内部的团结。最终使戴克里先掌权的是政变，但这一连串政变和未遂政变基本得到压制，即便控制不列颠耗费了时间。戴克里先在仪式和头衔上投入很多，但也许正是他在军事上的成功使他面临更少挑战。一旦稳坐江山，他就有可能做出其他改变，修建更多防御工事，并扩大军队规模，而为了支持这些，他调整了军队的指挥结构，以及诸行省的治理和征税方式。这些改革并非在执行一个宏大计划，而是由诸多切实的权宜之计累积而成。许多举措都建立在早先皇帝们更成功的实践基础上，而所有这些都聚焦于军队的需求。

305年的共同退位标志着共识的结束。甚至在戴克里先去世之前，大约312年，精心策划的继任计划就开始瓦解。其中的波折包括君士坦提乌斯于升任奥古斯都仅一年后，即306年就去世了，由他的儿子君士坦丁继位。君士坦丁大帝本人于337年去世，但在30年在位期间他只有在末期才是唯一的皇帝。此前，皇帝之间的关系来回转换了10年，这10年间君士坦丁本人则在征伐法兰克人。到312年底，一种新的模式开始出现。加列里乌斯已经去世（如果相信拉克唐修的说法，他被虫蠹吞噬而亡，但并非在他正式结束大迫害的《宽容敕令》之前）；君士坦丁在米尔维桥战役中对竞争对手马克森提乌斯（Maxentius）取得了决定性胜利，并控制了罗马；他与李锡尼（Licinius）结成了联盟，后者在第二年就消灭了他的对手马克西米努斯·达亚（Maximin Daia）。君士坦丁与李锡尼的联盟冲突不断，直到325年君士坦丁得以击败并处死他，后独掌大权。那时君士坦丁已经庆祝自己执政20周年，并开始在拜占庭城址兴建一个伟大的新首都，名为君士坦丁堡。他生命的最后10年分心于多瑙河战争，以及试图以他三个在世的儿子（他的第四子克里斯普斯［Crispus］已于326年被处决）和侄子建立新的皇帝集团。像戴克里先一样，他的大部分统治时间都在对外作战。

很难说戴克里先压制基督教和君士坦丁试图调和其各个派系时，谁耗费了更多精力。君士坦丁公开赞助基督教之后不久，就被卷了在阿非利加惨烈的多纳图斯派（Donatist）裂教运动，而举办尼西亚大公会议原因之一就是试图对基督的本质形成单一观点，以回应史称阿里乌斯派（Arian）的异端。基督教作家，尤其是优西比乌，最为关注君士坦丁与教会的关系、他的个人旅程、他的建筑工程，以及大公会议。然而和他之前的戴克里先一样，君士坦丁也着意改变军事和民政管理结构，提高税收，以及更改货币。戴克里先和君士坦丁都是3世纪出现的一种新皇帝类型中非常成功的。称他们为士兵皇帝颇为便利，但他们也是卓越的管理者。他们似乎首先考虑帝国，而不是罗马城，更不用说元老院与人民。他们都没有在帝国内部或罗马本城上花费太多时间。元老和骑士阶层的贵族旧秩序对他们来说不足挂齿。至于宗教，也许他们被怨恨或热情皈依所驱动。谁能说明呢？但他们的政策——迫害、宽容和宗教推广，都与帝国统一有关。君士坦丁尤其有充分的机会来扮演狂热信徒，特别是反对异端，但他对此尽皆拒绝。主教们觉得自己在君士坦丁的宫廷中颇有地位——其中有些确实如此——但很难找到任何一个政策领域君士坦丁对基督的信从并不为他的帝国愿景服务。

君士坦丁之后，唯一不是基督徒的皇帝是他的侄子尤利安，他出生在君士坦丁于337年去世的六年前。尤利安的童年在君士坦丁继承人之间内战的背景下度过。君士坦丁死后一年之内，他的两个侄子即遭谋杀，而帝国则被君士坦斯（Constans）、君士坦丁二世（Constantine II）和君士坦提乌斯二世三人瓜分。君士坦斯在340年击败并杀死了君士坦丁二世，在10年内与君士坦提乌斯二世瓜分了帝国。君士坦斯本人在350年被篡位者杀害。到351年，君士坦提乌斯二世成了唯一的奥古斯都，并一直在位，直到361年去世。在此期间的大部分时间里，尤利安被排除在公共生活之外。但是，当他的兄长伽路斯（Gallus）在351年被任命为副皇帝（junior emperor）的恺撒头衔时，他本人重返公共生活似乎不可避免。伽路斯因叛变罪名于354年被处决。次年，尤利安又被任命为恺撒，并获得了高卢的控制权。我们只能推测家族谋杀和阴谋对尤利安的影响。但我们知道，在他20多岁时，部分由于自己的阅读，部分受哲学家以弗所的马克西姆斯（Maximus of Ephesus）的影响，他拒绝了自己成长其中的（阿里乌斯派）基督教，并秘密地欣然信奉着——在他的情况中这一词并非过强——一种非常特殊且高度知识化的、他当作先祖宗教的广泛的多神教，其中罗马人、希腊人和犹太人的神各有其位。尤利安将其称为希腊主义（Hellenism）。我们很难避开基督徒们对它的命名，异教（paganism）。但先祖诸神崇拜，在基督教作家想象之外，从来没有形成我们通常称为宗教的有勾连、有组织的实体。对尤利安的幻想来说颇为讽刺的是，他试图恢复和体系化的异教的本质、其宇宙观的一致性和他希望推动的公益体制，是他的基督教成长环境的最明显证明之一。

考虑到君士坦丁家族的历史，没有人会惊讶于361年尤利安对君士坦提乌斯二世的反叛。只是后者的死亡阻止了另一场内战。但当尤利安不仅不是基督徒而且更是先祖宗教的热情倡导者一事显明之时，帝国震惊了。在对波斯的战争和与兄弟们的敌对之外，君士坦提乌斯二世也卷入了那个时代宏大的宗教争讼，这一争讼因阿里乌斯"圣子耶稣完全从属于圣父"的教导而起。君士坦丁曾试图在325年推动在尼西亚召开的主教大公会议上达成妥协，但争论仍在继续。现在突然之间，一切都被扫除殆尽。尤利安的宫廷尊崇新柏拉图主义哲学家，而不是主教。在尤利安短暂的统治期间，他狂热地写下了自己的观点，试图禁止基督徒涉足教育，恢复资助市政崇拜，计划重建耶路撒冷，并试图将旧教派改组为一种反教会（counter-church）。他所面临的来自各方的反对表明，基督教的意识形态和帝国已经深刻相融，尤其是在统治阶层之中。如果尤利安没有在363年因伤死于一场新的波斯战争中，他会更进一步吗？不得而知。事实上，"叛教者"死后的名声深受唾弃，他的继任者们又热情投身于与主教们关于正统的斗争中了。[1]

大事已定了吗？尤利安的统治似乎表明，虽然古老的神仍然有一些敬献者，但君士坦丁的帝国体制转型已经走得太远，无法逆转。但是先祖宗教的支持者们还有谴责基督及其追随者的最后一刻。因为在尤利安死后的一个世纪中，一场进展缓慢的灾难席卷了罗马帝国。戴克里先、君士坦丁、君士坦提乌斯二世、尤利安和他的继任者约维安（Jovian）都与波斯人作战，而这些战争一直持续到5世纪。战争消耗资源和生命，却没有导致"兄弟皇帝"之间势力的重大转变。随着时间的推移，这两个帝国会看上去越来越相似。[2] 二者间的关系会断断续续地维持下去，直到波斯帝国在7世纪被阿拉伯人毁灭，而罗马人却勉强逃过了同样的命运。但雪崩来自北方而不是东方。3世纪末的罗马复兴，见证了伽利恩努斯、克劳狄二世、奥勒良、普洛布斯和戴克里先对北方各民族的征战。对帝国的入侵已经被遏止，但其代价是弃守现处罗马尼亚的图拉真创建的达契亚诸行省。帝国现在与世代因与罗马相接触而转变的各民族接壤，这些接触除了包括战争，还包

1　Shaun Tougher, *Julian the Apostate* (Edinburgh: Edinburgh University Press, 2007). 关于基督教对尤利安的形象再塑造，参考 Hans Teitler, *The Last Pagan Emperor: Julian the Apostate and the War against Christianity* (Oxford: Oxford University Press, 2017)。——译者注

2　Canepa, *The Two Eyes of the Earth*, 45.

括贸易和军事服役。甚至有传教士在帝国边境以北传教。哥特人在4世纪中叶部分皈依了（阿里乌斯派）基督教。但在该世纪末，这些民族发现自己身处来自北部和东部压力之下。

新来者是匈人。所有记载都把他们描述得完全不同于罗马人或哥特人，他们是高度游动的游牧民族，向西移动极快，就像铁器时代早期的辛梅里安人和斯基泰人，以及将在中世纪和近代早期出现的鞑靼人和蒙古人一样。他们明显震慑了被征服的定居农业社群。他们在4世纪70年代于黑海北部某地首次出现，然后向西进逼。很难评估匈人的威胁有多新奇或多严重。相比3世纪军事危机之前，帝国仍然更为虚弱。哥特人既感受到了因匈人入侵而产生的推力因素，也感受到了拉力因素——他们对在帝国境内的安全的渴望，以及对财富的渴望。无论从哪边看，哥特人群体都寻求跨入帝国的许可，而在376年皇帝瓦伦斯准许了。瓦伦斯能阻止他们吗？又是不得而知。但两年后在哈德良堡战场上面对他们时，瓦伦斯自己丧命，并损失了大部分东部军队。连锁反应开始了，越来越多的人群越过莱茵河和多瑙河边界，而皇帝们越来越倾向于向一些北方民族让步，以作为对其他民族的唯一防御。到5世纪50年代，匈人在阿提拉王的率领下出征巴尔干、法国北部乃至意大利。453年阿提拉去世后，他脆弱的帝国在内部竞争和臣民反叛交织下崩溃了。在这一点上，它也类似于历史上其他游牧帝国。[1]但他们留下的政治局面却永远改变了。

1　Christopher Kelly, *Attila the Hun: Barbarian Terror and the Fall of the Roman Empire* (London: The Bodley Head, 2008); Roger Batty, *Rome and the Nomads: The Pontic-Danubian Realm in Antiquity* (Oxford: Oxford University Press, 2007).

到了5世纪末，半个罗马帝国被蛮族王国占领。东部帝国的军事力量和财政资源已经瘫痪到无法修复。回溯密特拉达梯战争最黑暗的日子，罗马人一度失去了对亚得里亚海以东所有领土的控制。500年后的此时，亚得里亚海以西的所有领土均告陷落。罗马本城曾两遭蛮族洗劫。罗马创建的帝国在共和国后期充气膨胀，直至包罗整个地中海。现在气球泄气了，却把罗马留在了外面。君士坦丁在博斯普鲁斯海峡作为新罗马建立的城市君士坦丁堡，现在是帝国剩下的唯一首都。佐西莫斯在公元500年左右在这里开始按年记载罗马的兴衰，并把它描述为与波里比阿对罗马帝国崛起的描述相匹配的叙述。对佐西莫斯来说，罗马命数的衰退是君士坦丁灾难性地抛弃传统罗马诸神的直接后果。

崭新的帝国？

今日历史学家经常把公元四五世纪的帝国与公元头三个世纪的帝国进行对比。我们会用英语中的"late empire"或"later empire"或者法语中的"haut（高）-empire"，来与"early empire"或者"bas（低）-empire"对立。[1]其中一些标签表现出了一个隐含的预设，即公元头三个世纪的帝国是主要的，后来版本的罗马帝国是次要的。将古代晚期称为"后古典时代"（post-classical）是这一预设的明确表达，正如关于继承罗马遗产以及古典世界转型的书写所述。当然，唯有历史变化确是恒常稳定的。没有不变的

1　原文如此。但法文表述颠倒了，haut-empire（高帝国）指的正是公元头三个世纪，而bas-empire（低帝国）才是4世纪以后的帝国。——译者注

时代，但是有些时代比其他时代对变化更有认知，而现代用词则反映了某些古代的关切。

晚期罗马帝国至少在某些方面，自我意识到其全盛期已过。一群用希腊语写作的史家——其中最重要的是欧纳皮俄斯（Eunapius）、奥林匹奥多罗斯（Olympiodorus）和佐西莫斯——因此常被称为"古典化"作家。[1]把公元前5—前4世纪产生的希腊文学作为文体模范本不新鲜。我们依据公元3世纪传记作家斐洛斯特拉托斯（Philostratus）将他们称为"第二"智者的公元2世纪演说家们，正是因此而得名。他们努力说一种"阿提卡式"的希腊语，这种希腊语与口语截然不同，甚至在学校学习古典作品的精英也不这样讲话。[2]拉丁借词和希腊文新词均被回避。创作于公元1世纪末的普鲁塔克《平行列传》（*Parallel Lives*），将伟大的希腊人和伟大的罗马人配对。其中的希腊人大多来自公元前5至前4世纪，没有一个生活在罗马征服以后：而其中的罗马人都来自共和国时期。两个古典时代平行并置，而早期罗马帝国被认为同时是希腊和罗马二者的后古典时代。尼科米底亚的阿里安在哈德良治下治理卡帕多奇亚，但却以色诺芬的风格写作。塞维鲁时期，另一位来自比提尼亚的希腊元老卡西乌斯·狄奥写作了一部《罗马史》（*Roman Histories*），修昔底德的思想与语言在其中总是隐约可见。[3]但古代晚期的古典主义有所不同。佐西莫斯的努

1　Roger Blockley, *The Fragmentary Classicising Historians of the Later Roman Empire: Eunapius, Olympiodorus, Priscus and Malchus*, 2 vols. (Liverpool: Francis Cairns, 1981–1983).

2　Swain, *Hellenism and Empire*.

3　Ewan Bowie, 'The Greeks and their Past in the Second Sophistic', *Past and Present*, 46 (1970); Philip A. Stadter, *Arrian of Nicomedia* (Chapel Hill, （转下页）

力更像是挽歌，仿佛古典的过去一去不返了。此外，佐西莫斯、欧纳皮俄斯和其他人都在自觉地避免写作一版基督教化的史书，而基督教的版本某种层面上正在成为官方叙事。晚期拉丁文学也专注于与某种拉丁文正典的关系，这一正典以西塞罗和维吉尔的作品为基础。[1]这点早在3世纪后期高卢的颂辞作家们那里就已经成真。

到公元4世纪后半叶，奥索尼乌斯（Ausonius）和他的同代人、古代晚期最伟大的拉丁史家阿米亚努斯·马尔凯利努斯（Ammianus Marcellinus），提供了与希腊同行十分相似的角度。同样，强调经典并不新鲜：早期帝国的拉丁文关注这些经典，而公元1世纪期间罗马元老们创作了一系列明显是后维吉尔式的史诗。但是到了古代晚期，奥古斯都和图拉真的时代似乎很久远。身为军事精英中的一位异教徒，阿米亚努斯记录了崇高但徒劳的传统德行实践，特别是尤利安的统治；他非常钦佩尤利安，甚至对他鲜少批评。他的许多叙述看起来很熟悉——宫廷阴谋、北方与蛮族的战争、与波斯大规模无休止的敌对关系——但他所经历的世界已经部分被毁，城市被洗劫，元老院朽坏，其文明则被一个更幸福时代的文学幽灵所烦扰。

（接上页）NC: University of North Carolina Press, 1980); Fergus Millar, *A Study of Cassius Dio* (Oxford: Clarendon Press, 1964); G. J. D. Aalders, 'Cassius Dio and the Greek World', *Mnemosyne*, 39/3–4 (1986).

1　Graeme Clarke (ed.), *Reading the Past in Late Antiquity* (Rushcutters Bay, NSW: Australian National University Press, 1990); Roger Rees (ed.), *Romane memento: Vergil in the Fourth Century* (London: Duckworth, 2003); Gavin Kelly, *Ammianus Marcellinus: The Allusive Historian* (Cambridge: Cambridge University Press, 2008).

　　这种主要由有产阶级的代表表达的悲观主义，需要由士兵皇帝恢复稳定的现实来缓和，不论皇帝是异教徒还是基督徒。在帝国重组中，市政精英和元老院一般不是赢家。元老们失去了他们在政府中的角色，几乎没有机会接触身处特里尔、西尔米雍，甚至米兰和君士坦丁堡统治的皇帝们。围绕宫廷日益增长的官僚体系疏远了许多元老，特别是在西方，而税负也更加重了。[1] 公元四五世纪帝国的许多独特特征可被视为诸多长期趋势达到顶峰，这些趋势有的确立于 3 世纪中叶的一世代军事紧张期间，有的甚至更早。皇帝宫廷的发展及其向流动政制的转变可以追溯到哈德良和马可·奥勒留。一旦军务将皇帝推往边疆，元老院的角色就不可避免地被边缘化了。希望在公共生活中发挥作用的元老们成了将军和廷臣。敕令取代元老院决议成为法律的来源，处理实务的使者现在不再前往罗马而是前往皇廷。这些先例都可以追溯到奥古斯都时期。

　　然而仍有一些新事物出现，并且多有公认。从危机中再起的帝国由一群皇帝或者一个皇帝团统治。每位皇帝都以自己的宫廷为基础，每位皇帝都有责任分担一部分军队和行省。因此，每位皇帝都能够对其臣民采取更有效的行动：在大量文献中对他们如何运作都有记载。[2] 行省的数目在 3 世纪略有增加。戴克里先增加了行省数量并把它们划分为更大的单元，把行政管辖权交给一个个禁军长官。最终形成四个大区（prefecture），每个大区管理帝

1　John F. Matthews, *Western Aristocracies and Imperial Court, A.D. 364–425* (Oxford: Clarendon Press, 1975).

2　Simon Corcoran, *Empire of the Tetrarchs: Imperial Pronouncements and Government, AD 284–324* (Oxford: Clarendon Press, 1996).

国的四分之一，并有官僚体系的一支，以直接征税并组织政府，而元老或地方精英的参与则越来越少。[1] 这是在向着更为中央集权的政府形式发展，这一形式建立于我已描述过的税收制度发展基础之上。这也有助于皇帝征收更多的资源以供应略有扩大的军队。或许在无意之间，它也使一些地区实际上实现了自给自足：一个地区防卫所需的税收通常在当地又有提高。这一发展将使今后的分裂更加容易。

戴克里先提出并经君士坦丁修改后的改革，在许多传统精英中并不受欢迎。但日益成长的官僚体系为受过教育的外省人，甚至为一些蛮族领袖加入新的统治阶级提供了许多机会。一旦被招募做官，他们就迅速社会化并创造出自己的传统办事方式，这些方式将坚定地抵御6世纪更进一步的变革。[2] 罗马官僚体系的效率或许并不太高。它并非一个现代国家，恩庇仍有重要作用，腐败盛行。[3] 但其内在动力已经发生了变化。

皇帝和宫廷的多头化（multiplication）回应了一种认识，即一位皇帝不可能在需要他的所有地方无处不在，而在他缺位之时，篡位者就会出现。就像其他许多制度一样，多帝共治也是从早先权宜之计的偶然修改演变而来的。戴克里先在收养马克西米安时提供了模板：先做恺撒，再晋位奥古斯都。使用恺撒这一头衔来

---

1 A. H. M. Jones, *The Later Roman Empire, 284–602*, 2 vols. (Oxford: Blackwell Publishers, 1964).

2 Christopher Kelly, *Ruling the Later Roman Empire* (Cambridge, Mass.: Belknap Press of Harvard University Press, 2004).

3 Ramsay MacMullen, *Corruption and the Decline of Rome* (New Haven: Yale University Press, 1988).

指副皇帝和/或待任奥古斯都的做法，可以追溯到韦伯芗统治时期。它也曾被其他皇帝连同收养一同使用以确保继承。戴克里先强化这一稳定性意在使每个奥古斯都收养一个新的恺撒，形成一个四人皇帝团——四帝。二位奥古斯都最终会退任，由他们的恺撒继位，继位后又会收养自己的副手继承者。然而，分享帝国统治也本非新事。早在2世纪中叶马可·奥勒留就曾以共治奥古斯都（co-Augustus）之位与路奇乌斯·维路斯共同统治，塞维鲁曾短暂与他的两个儿子共治，并似乎曾期待两个儿子接替他成为共治皇帝。戴克里先唯一真正的创新，即两个平行王朝通过定期收养更新换代的想法，恰恰是新方案中唯一没有成功的部分。

在4世纪早期的内战之后，君士坦丁作为唯一皇帝统治了一段时间。在他死后三个儿子都有继位，并开始了他们的权力之争。此后，皇帝的数量因内战和政治命运的偶然而异。君士坦提乌斯二世是从350到361年唯一的奥古斯都，他的两位短命继任者尤利安和约维安也是唯一皇帝。但在约维安于364年去世后，瓦伦斯和瓦伦提尼安（Valentinian）兄弟共治，并且又有两位家中成员幼年称帝统治，直到他们的王朝在378年哈德良堡战役后的大混乱中走向灭亡。狄奥多西一世是唯一皇帝，但当他于395年去世时，他的两个儿子都已成为他的共治者。共治从来不代表帝国分裂成两个、三个或四个独立国家，而且共治皇帝多为亲属。一般来说，如果其目的是减少内战和篡权的发生，那么这一制度是行之有效的。西方边境似乎更为强大了，因为统治者身处特里尔或米兰，并且也没有再发生过3世纪60年代那样将军队、资源和注意力都转移到东方的情况。讽刺的是，西方的衰落正是由东方军队的失败引发的。然而，皇帝多头化的效应之一，是政策可能

图 19　四帝共治紫斑岩雕塑，位于意大利威尼斯圣马可广场的圣马可大教堂

缺乏一致性。在哈德良堡之战后的几年内，这一点暴露得最为明显，此时各个宫廷似乎都对将哥特移民群体逐出自己的势力范围最感兴趣。

4世纪的许多创新都有先例这一事实，并不意味着整套方案都是一成不变的。戴克里先和君士坦丁在多大程度上把自己看作创新者是另一个问题，但这个问题或许不太重要。也许3世纪军事危机的真正意义在于它将试验过程集约化了：一位又一位皇帝寻求新的解决办法，这些办法必须脱身于策略和旧习的考量之外。戴奇乌斯和大规模迫害、伽利恩努斯的军事改革、奥勒良和对不败日神（Sol Invictus）的崇拜、戴克里先和《最高价格敕令》都是绝望中采取的主动动议，但它们并非疯狂的想法。元老们对一些士兵皇帝的描述非常恶毒，这标志着宫廷和元老院之间出现的社会距离。马克里努斯（Macrinus）被描绘成与蛮族几乎无异。然而，一些举措是非常有效的。[1]另有一些试验则堪称灾难：在税收因篡权行为而耗尽时，贬值铸币以供养更大的军队是一种短期解决办法，但它激起了通货膨胀，并致命地削弱货币体系。戴克里先不得不设计一种新的货币体系，后来又由君士坦丁加以修复来维护经济稳定。这一项举措行之有效，但戴克里先关于最高价格的法令却难以实施。不过其他的试验，如建立一支更具机动性的野战军，更为成功。凡此种种改革的最终结果，是为4世纪建立了一个高效的帝国，为一个可以维持更多世纪的更小的帝国打下了基础。

新帝国的最后一个组成部分是表象上的。仪式变得更加精

1　Garnsey and Humfress, *The Evolution of the Late Antique World*, 9–51.

致。[1]统治者和廷臣们身着非凡的套装，一如我们在拉文纳和伊斯坦布尔的镶嵌画中所见。当时的人已经注意到了宫廷礼仪的突然增加。尤利安皇帝写过一篇题为《诸恺撒》(Caesars)的讽刺文字，其中他的每一位先帝来到奥林匹斯山参加由罗慕路斯举行的农神节(Saturnalia)时都遭到挖苦。当戴克里先出现时，他身着华丽的服装，在四帝中其他人如歌队般的簇拥下大方入场。[2]作为同胞公民、穿着妻女织成的简便托加的皇帝形象，被永远废弃了。[3]奥勒良、戴克里先、君士坦丁、君士坦提乌斯二世和狄奥多西一世等人都曾大加铺排地庆祝凯旋式。[4]皇帝在位满10年或20年，就会举行纪念日庆典。君士坦丁和东哥特王狄奥多里克(Theoderic)都曾在罗马庆祝过掌权30周年，即卅年大祭(tricennalia)。[5]皇帝莅临一座城市也会衍生出一个重大节日。巨大的雕像和宏伟惊人的宫殿被建筑起来。走近皇帝所在之处会引发真正的敬畏。宗教仪式被用来达成这些目的，毕竟皇帝们在试图回到宇宙的中心。塞维鲁曾于公元204年组织了百年大祭，但菲利普却在248年为庆祝罗马建城千年举办了另外一套仪式。戴奇乌斯试图组织一次由帝国所有公民进行的大规模献祭，即公祭

---

1 Sabine MacCormack, *Art and Ceremony in Late Antiquity, Transformation of the Classical Heritage* (Berkeley and Los Angeles: University of California Press, 1981).

2 尤利安《诸恺撒》315A。

3 Wallace-Hadrill, 'Civilis princeps'.

4 Michael McCormick, *Eternal Victory: Triumphal Rulership in Late Antiquity, Byzantium and the Early Medieval West*, Past and Present Publications (Cambridge: Cambridge University Press, 1986).

5 君士坦丁的卅年大祭实际上是在君士坦丁堡举行的。——译者注

（*supplicatio*）。这很可能是帝国内基督徒人数第一次显明出来的时间点，因为随后在公元250年的第一次大迫害正是针对那些不进行献祭的人。在埃及还发现过证明曾参与过大献祭的献祭证书。组织帝国范围的仪式这一想法是新的，即便它在某些方面是卡拉卡拉为包罗帝国大多数居民而扩大公民群体的合理结果。在战胜巴尔米拉后，奥勒良于274年在罗马兴建了一座不败日神的神庙，并创立一个新的祭司团专职敬奉。太阳神自3世纪初就在钱币上与皇帝人像有了密切的联系。征服巴尔米拉为建造这座宏伟的神殿提供了足够战利品，或许还有一些域外来的雕像。戴克里先把每一位奥古斯都和他的恺撒都与一位守护神联系起来：朱庇特是他的守护神，赫拉克勒斯则归于马克西米安；戴克里先旨在创立属于朱庇特和赫拉克勒斯的王朝。也许正是出于确立宗教统一的类似想法，他也发动了大迫害，这使他受到基督教护教士拉克唐修和优西比乌的谴责。

军事成功造就了自己的合法性。一旦个别皇帝比平均年龄活得更久，那么他们似乎自然而然地变得不易被挑战，并因此也能够取得更多成就。趋势自3世纪50年代就已开始转向。253—268年在位的伽利恩努斯尽管统治遭遇了灾难，包括他的父亲、共治皇帝瓦勒良在260年被俘杀，但伽利恩努斯还是因为一系列对阿拉曼尼人的成功作战和为建立机动野战部队迈出的重要步骤而闻名。与谋杀伽利恩努斯有牵连的奥勒良在270—275年统治帝国，在自己被谋杀之前，他在与高卢皇帝泰特里库斯和巴尔米拉女王芝诺比娅（Zenobia）作战中凯旋。戴克里先和君士坦丁仅凭活得更久，就恢复了皇帝制度的连贯性和皇帝大位的威望。

演进中的帝国

所有的帝国体制都随着时间的推移而演进着。公元4世纪的罗马帝国与1世纪的罗马帝国绝不相同，这并不令人意外。对帝国的许多居民来说，这可能确实看似一个成功的故事。内战再次爆发，但这些内战似乎是皇帝集团内部经常出现的暴力式改组，例如君士坦丁的儿子们争夺控制权，或者其中最成功的君士坦提乌斯二世面临他拔擢为恺撒的侄子发动的政变。这些冲突一般都是短暂的，似乎没有严重破坏帝国在其他层面的管理。

帝国在诸多长期变化（其中许多变化并无计划，比如罗马人的思想和生活方式习惯的扩散，还有一些变化几乎同代人少有注意，比如缓慢的社会变动）、逐步的调整（如小规模的部队重新部署或财政制度的改变），以及一些对危机的剧烈反应的结合中演进着。帝国现在的结构与奥古斯都在停止重大扩张、最初实现从征服国家向贡赋帝国的过渡时所创立的结构有很大不同。奥古斯都帝国呈同心圆结构。罗马居于中心，外面是由几百万罗马公民居住的、免缴多种税赋的意大利，在外面还有更广大的纳税行省，行省由新老城市的有产精英管理，最外面有新兴的边境区包络，那里的公民军对外警戒着蛮族，对内留心潜在的叛乱者。到了4世纪，意大利与内地行省的差异消失了，而帝国中几乎全部居民都成了公民。帝国被恰当地比作一个庞大的民族国家。

各行省之间的文化距离在精英阶层中大幅度缩小，无论他们住在哪里，他们都共享一种共同生活方式的基本组成部分。教育系统将受教育者讲拉丁语的省份与希腊语主导的省份相区分：粗略地看，语言界限将现代的利比亚和亚得里亚海一分为二，并转向东北将讲拉丁语的多瑙河诸行省与希腊语世界分开。但在最高阶层，这种划分并不绝对，任何想要在官僚体系中谋得职位或在元老院谋取一席之地的人都会讲拉丁语。2世纪出现的共同的贵族式生活方式一直延续着，虽然此时或许更多出现于农村宅邸而非城市中，但仍有令人惊叹的马赛克、雕塑收藏以及赞美会饮飨宴和古典知识的文学可供佐证。市政纪念建筑的开支随着城市减少而减少。[1]这一点大多是通过考古学观察到的，而在文献中几乎看不到记载；然而，这种差异对于像在莱茵河和波斯边境服役、访问过罗马和安条克的军人阿米亚努斯这样的旅行者以及许多其他人来说必定是显而易见的。

在精英阶层之下，物质文化表现出较大的地域差异。这些差异中只有一部分看来是继承自500年前以武力并入帝国的诸多社会的多样性。在公元前1世纪末和公元头几个世纪，从神庙到餐具，从青铜雕像到葡萄酒和橄榄油，行省对罗马风格的产品的需求是惊人的。意大利和其他地中海产地向新的行省，特别是地中海以外的省份供应这些货物，使产地得以迅速致富。包括制砖和使用防水混凝土、葡萄栽培和树木栽培、畜牧业和鱼类腌制以及制作精细陶器等的后续技术的传播也都有迹可循。这些产品立即投入当地使用，随着当地生产的建立，区域风格开始出现分化。虽说在帝国各地精英们的生活方式都在趋同，其他许多人的生活方式则恰好相反，尽管情况因向上流动者对当地富人的模仿以及商人、朝圣者和士兵在帝国范围内的旅行变得复杂起来。统一的

---

1 W. Liebeschuetz, *The Decline and Fall of the Roman City* (Oxford: Oxford University Press, 2001).

高层文化和多样的地方文化模式是世界上各个早期帝国反复出现的模式。无论如何，精英成员比他们的从属者更具流动性，而帝国政府结构的变化只会加剧这种情况。

早期的罗马帝国被描述为"没有官僚的政府"：元老和骑士阶层这些帝国贵族中产生了数量稀少的地方长官和将军，他们监管着一个由地方精英管理的城市构成的世界。维系这一体系的是一种共同的贵族文化。4世纪的新官僚机构规模大得多，其成员从受过教育但通常并非贵族的人中招募而来。这个官僚机构有一套复杂的内部等级体制，分为不同部门，而整个系统集中于地处边境各个都城的大区总长和宫廷。统治和平的内地城市的贵族有产者保有他们的社会地位，但开始受到财政压力，而且此时可能与帝国政府疏远了。即使罗马也是如此，皇帝很少来到罗马，并且从来不把这里作为基地。罗马仍是一个文化中心，而且4世纪元老院贵族的财富惊人，但罗马与新权力中心的关系岌岌可危。4世纪后期，身处米兰的皇帝通过市政长官与元老院沟通，元老院也像早期帝国的大城市一样，向皇帝宫廷派遣使者、递送请愿。

一些珍贵的文献为我们呈现了这一时期的帝国风貌。其中一份是《百官志》(*Notitia Dignitatum*)，它的一份16世纪制作的精美插图抄本留存了下来。原作写于4世纪末，有部分在5世纪初以一种复杂到至今仍然不甚清楚的方式修改过。其中每一页都描述官僚等级中的一个不同职位——大区总长、管区副官(vicar)、各类行省长官，然后是平行的军事等级，包括军队、要塞和兵工厂。文献所包含的信息正是一个中央集权的帝国所需要的，但它被如此奢侈地展示出来却几乎立刻过时这一事实，表明它也呈现了一种权力的全景画。每一个条目都充满了那些对内部人士才最为重要的细节：准确的头衔、官员序列与年资、分配给每位官员的差旅份额多少。在帝国事实上被一分为二的时期，这份文献把东西方官员与军队单位并置呈现，这一点表明，它在描述一种理想化的、既是意识形态的也是实践上的身份秩序。

第二份关键文献是《狄奥多西法典》(Theodosian Code)，这是一份自君士坦丁统治之初以来颁布的所有敕令的汇编记录，它汇纂于435至438年，然后按照狄奥多西二世的敕令分发到帝国两大部分。[1] 该法典既展现了帝国政府的长处，也呈现了其局限。能在如此短的时间内规划和执行这一项目，表明了帝国官僚机构能如何发挥作用并产生成果。然而，要编纂这一总集必须写信给帝国各地的行省长官要求他们提供他们归档的所有法令副本，这一事实表明，记录保存之缺失令人吃惊。完成一部全编，有逻辑地将其按主题排为十六卷，并去除矛盾和前后不一之处，这一愿景完美地表达了对理性和普遍规律的渴望，以及理想与现实之间的差距。这项工程直到5世纪30年代才开始实施，表明尽管有哈德良堡后一代人的劫难，但帝国和帝国社会在皇帝及其幕僚的心目中绝对是一回事而非两回事。法典记录从君士坦丁统治开始，也是证明存在一个与我们现代"晚期罗马帝国"相近的古代概念的罕见证据。最终，狄奥多西的伟大工程立即就和帝国君主制等同起来。其最明显的迹象，不是皇帝向前来君士坦丁堡觐见的西方元老院使节递交法典副本的精致仪式；也不是记录在法典

1　Jill Harries and Ian Wood (eds.), *The Theodosian Code: Studies in the Imperial Law of Late Antiquity* (London: Duckworth, 1993); John F. Matthews, *Laying down the Law: A Study of the Theodosian Code* (New Haven: Yale University Press, 2000).

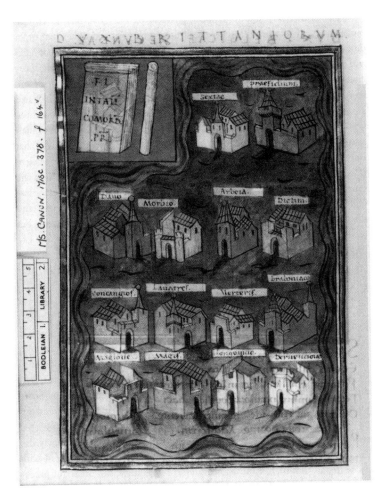

图 20　古代晚期的《百官志》中的一幅插图

序言中的元老们收到这本书时的赞美欢呼；而是在未来的几个世纪里，每当西方帝国的蛮族军阀试图把自己转变成世袭君主、拥有自己的宫廷和典仪之时，他们首先要做的事之一就是颁布自己的法典。

没有帝国的文明？西方的崩溃

378年瓦伦斯在哈德良堡战役阵亡后，皇帝们对昔日敌人的依赖性大幅提高。一代人的时间里，东西方的皇帝都采用贿赂、外交和武力威胁等手段来收纳或调走哥特人。但帝国的弱点此时已显而易见。哥特人最终进入意大利，而罗马则于410年遭劫。[1] 皇帝们为了保护内地诸行省而节节败退。甚至在哥特人劫掠之前，不列颠就已被放弃。

此时进入帝国的其他多数民族都起源于那些长期了解深知罗马的广大民族群。[2] 有些民族越过莱茵河，如汪达尔人、苏维汇人及其他，他们穿越高卢，前往西班牙。哥特人后来搬到了阿基坦，至418年他们在此作为"客族"定居下来。从这里出发，他们将势力扩大到西班牙，将其他人群驱赶至他们前方。429年，汪达尔人进入非洲，10年后占领了罗马西部第二大城市迦太基。与此同时，法兰克人、勃艮第人和匈人加入了争夺高卢北部的争斗。正在此时于古代晚期的高卢写成的大量文献幸存了下来，通过这些文献，我们可以步步追溯对皇帝信心的丧失、脱离罗马控制的各省、土地领有阶层和他们的新统治者之间达成的地方和解。在奥勒良镇压了从公元260到275年统治该地区的主张分裂的高卢皇帝之后，四帝对帝国这一部分更加关注。位于摩泽尔河畔的特里尔成了帝国的首都，君士坦丁赠予本城一座大型宫殿和大教堂、

1　Peter Heather, *Goths and Romans 332–489* (Oxford: Clarendon Press, 1991); Hugh Elton, *Warfare in Roman Europe, AD 350–425* (Oxford: Clarendon Press, 1996). Kulikowski, *Rome's Gothic Wars from the Third Century to Alaric.*

2　Drinkwater, *The Alamanni and Rome 213–496.*

（从未完工的）皇家浴场以及其他纪念建筑，其中许多一直保存至今。[1]这一时期的一系列颂扬演说表明了地方贵族为吸引皇帝对其城市青睐所做的努力。从特里尔的宫廷中，我们读到了奥索尼乌斯（Ausonius）的诗歌，这位来自波尔多的语法和修辞教师在4世纪70年代曾担任过少年皇帝格拉提安（Gratian）的地方长官和教师，之后晋升执政官。他的诗歌描述了他在波尔多的亲戚和同事，以及摩泽尔河谷的风景，但最主要的是西方帝国上一世代受教育者的城市生活。5世纪初，世界一步一步发生着变化。[2]使用罗马头衔的蛮族军阀，跟在保护自己地区时表现得像是地方土皇帝的罗马将军，越来越难区别开来了。[3]各地的社群都在寻求当地的保护者。许多贵族进入了教会。一些人信奉禁欲主义的戒律，而另一些人继续在他们的城市中担任主教行使社会权威。西多尼乌斯·阿波利纳里斯（Sidonius Apollinaris）的书信提供了一幅细致入微的图景，描绘了奥索尼乌斯那文化贵族玩着复杂文学游戏的世界是如何变成为自己的人民向战士国王求情的教士的世界的。[4]

到了5世纪中叶，西方的罗马帝国仅限于意大利和法国南部的部分地区。一支汪达尔船队从阿非利加出发，于455年再次洗

1　Edith Mary Wightman, *Roman Trier and the Treveri* (London: Hart-Davis, 1970).

2　John Drinkwater and Hugh Elton (eds.), *Fifth Century Gaul: A Crisis of Identity* (Cambridge: Cambridge University Press, 1992).

3　Raymond Van Dam, *Leadership and Community in Late Antique Gaul*, Transformation of the Classical Heritage (Berkeley and Los Angeles: University of California Press, 1985).

4　Jill Harries, *Sidonius Apollinaris and the Fall of Rome, AD 407–485* (Oxford: Clarendon Press, 1994).

劫罗马。[1]最后一位西方皇帝在476年被蛮族"客族"废黜，他的位置被一位哥特王取代，而后者是西方皇帝曾经依赖的众多蛮族领袖之一。东方皇帝无力干预，被迫在西方运用外交手段，以腾出资源用于北部和东部的防御。没有某一个危机的时刻被认为是我们所谓西方帝国的结束。但这对佐西莫斯却是显然的。

在亚得里亚海以西和巴尔干半岛以北，一个属于诸蛮族王国的新世界取代了罗马诸行省。他们的社会与他们的铁器时代祖先在欧洲中部生活过的社会截然不同。[2]在他们的边疆生活期间新的社会结构已经产生了。大多"蛮族"统治者都是基督徒，他们的王权观念在很多方面都以罗马皇帝的形象为模板。哥特人、汪达尔人和勃艮第人起初也依赖戴克里先建立的税收体制。[3]他们坐镇罗马诸城统治，在城内修复纪念建筑，建立宫廷，并在其中恩庇罗马学者和教会人士。5—6世纪，他们的行政管理主要依靠精英群体，而这群人在教育和文化观点上和他们的祖先一样有罗马特点。一些学者把他们的学术用于重构新的主人的古代传统，将部落传统与希腊神话结合起来。[4]战团逐渐转变为军队，酋长则转变为地主。历任国王都颁布法典，就像狄奥多西皇帝曾做过的，不

1　Christian Courtois, *Les Vandales et l'Afrique* (Paris: Arts et Métiers Graphiques, 1955).

2　Julia M. H. Smith, *Europe after Rome: A New Cultural History, 500–1000* (Oxford: Oxford University Press, 2005).

3　Chris Wickham, 'The Other Transition: From the Ancient World to Feudalism', *Past and Present*, 103 (1984).

4　Peter Heather, 'Cassiodorus and the Rise of the Amals: Genealogy and the Goths under Hun Domination', *Journal of Roman Studies*, 79 (1989).

过可能规模稍小。[1]其中一些法典体现了多民族国家的原则，而每
个民族都使用自己的法律。就像罗马皇帝一样，国王们也与主教
们争吵，他们也被卷入围绕异端的争论中。直到6世纪法兰克人
和伦巴第人从北方到来，7世纪阿拉伯人到来时，罗马文明在某
些方面与以前依旧非常相似。但帝国已经不复存在。

延伸阅读

蒂姆·巴恩斯（Tim Barnes）的《戴克里先与君士坦丁的新
帝国》（*The New Empire of Diocletian and Constantine*, Cambridge,
Mass., 1982）是理解罗马政府在3世纪末转型的基础，并且不
仅仅是他《君士坦丁与优西比乌》（*Constantine and Eusebius*,
Cambridge, Mass., 1981）的姊妹篇。帝国制度在安东尼·琼斯
（A. H. M. Jones）的《晚期罗马帝国》（*The Later Roman Empire*,
Oxford, 1964）中有细致描述：它们如何实际运作是克里斯托
弗·凯利（Christopher Kelly）《统治晚期罗马帝国》（*Ruling the
Later Roman Empire*, Cambridge, Mass., 2004）的主题。约翰·马
修斯（John Matthews）的《阿米亚努斯的罗马帝国》（*The Roman
Empire of Ammianus*, London, 1989）提供了哈德良堡浩劫之前的
包括政治与社会的帝国生动图景。弗格斯·米勒的《希腊式罗马
帝国》（*A Greek Roman Empire*, Berkeley, 2006）提供了对5世纪
早期的新视角。西蒙·斯温和马克·爱德华兹（Mark Edwards）

---

1 Peter H. Sawyer and Ian Wood (eds.), *Early Medieval Kingship* (Leeds: The
School of History, University of Leeds, 1977).

编辑的《走近古代晚期》(*Approaching Late Antiquity*, Oxford, 2004) 收录了一批特别有用的论文。[1]

在这些关注政治和制度的研究之外，古代晚期也成长为文化史的广阔天地。彼得·布朗 (Peter Brown) 的《古代晚期的世界》(*World of Late Antiquity*, London, 1971) 在某些方面堪称这一进路的宣言。他本人众多的著作，以及他的学生和关系者们的作品，已经缜密地探索了基督教作品提供的丰富材料。布朗的《希波的奥古斯丁》(*Augustine of Hippo*, rev. London, 2000) 就展示了在这一矿脉上究竟有多少可以开采。或许对古代晚期最佳的概要是布朗、格伦·鲍尔索克 (Glen Bowersock) 和奥列格·格拉巴里 (Oleg Grabar) 三人合编的《古代晚期：后古典世界指南》(*Late Antiquity: A Guide to the Post-Classical World*, Cambridge, Mass., 1999)。

---

1 史蒂芬·米切尔近作《晚期罗马帝国史，公元284—641年》(*A History of the Later Roman Empire, AD 284–641*, 2nd ed. London, 2014) 是值得推荐的单卷本指南。——译者注

基督教帝国

您要我对那些上帝之城的异邦人喷出的歪曲谎言写一篇回应。他们因乡野交叉道和他们所住的村镇（*pagi*）得名异教徒（*pagani*），又被称为异族人（*gentiles*），因为他们所知的不过是地上俗务。他们对未来之事毫无兴趣：至于过去，他们要么已经忘记，要么全然无知。但他们仍然宣称，当下之世灾祸重重的原因只有一个，即人们相信基督、敬奉上帝，而偶像获得的崇拜则越来越少。

——奥洛修斯《破异教史》序言第9节

诸宗教的兴起

从前，罗马人觉得自己享受了来自他们的诸神的特殊恩惠。诸神在某种意义上是他们的公民同胞。在罗马的公共圣事（*sacra publica*）中，对他们的崇拜，是罗马人宗教生活和身份认同的组织核心。正如我已解释过的那样，这种崇拜与帝国其他社群的公共崇拜是如何谐和的，略有不明之处。然而，古典地中海的诸多多神宗教体系大同小异，而皇帝崇拜在所有这些体系中都有不同方式的体现。在整个帝国，有钱人建造庙宇，担任祭司职务，庆祝节庆：一切似乎都很繁荣。

在许多人看来，放弃与天堂之约是导致了罗马的命运崩溃的疯狂行为。奥古斯丁在410年罗马首度遭劫后写下了《上帝之城》，他感到自己必须回答这些指控。他认为，罗马的成功并非得益于对诸神的崇拜，因为即使在异教崇拜时期也有灾难降临。宗教虔诚将回报带到彼世，而不是此世。人间的灾难，比如罗马的陷落，则是无关紧要的。奥古斯丁真的会这么想吗？他以北非城市"王城"希波主教之身写作了《上帝之城》，但在生涯早年，他曾在迦太基任教，后来被罗马的元老阶层长官相中，在那里出任一个更有声望的职位，最后前往帝国西方都城米兰。直到在米兰，上帝才拥有了他，并借由一群慎思的学者将他送去这座距他成长的更小村镇不远的北非小城领导基督徒。即便如此，他也不能不对5世纪初的事件感到震惊。阿非利加远离崩溃中的北部边界，而奥古斯丁出生、学习和教学的世界，完全是罗马式的。搬到罗马曾吸引过他，因为那里的学生们据说要比迦太基的安静。在米兰，他一定更清楚恶化的景况，但是罗马的陷落震惊了所有人。汪达尔人已经到达西班牙，正如他所写：在他死前，汪达尔人越过直布罗陀海峡，开始一场为时很短以他们占领迦太基告终的战争。从西班牙逃到阿非利加的难民中，一个叫奥洛修斯（Orosius）的人成了奥古斯丁的学生，并于417年在奥古斯丁的建议下写了另一篇回应，一部七卷本的《破异教史》（*History against the Pagans*）。此书前言阐明，无知的异教徒声称当下灾难祸患更多，是因为人们相信基督、敬拜上帝，并越来越忽视对偶像的崇拜。奥洛修斯展示了更早年代里的许多灾祸。其结果是一部恐怖的世界历史，其中六卷讲述基督诞生前的事件，最后一卷则对罗马历史给出了一个迷人的叙事。在这卷中，皇帝暴政和军事浩劫都因上帝之力而得到改善，而与此同时，帝国内的基督徒人数增加了。

传统世界观与基督教历史之间的差距显而易见。但这一差距预示了一个更广泛的现象。基督徒不仅在当前危机的原因上不同意他人，在宇宙论与政治和社会秩序的关系上也持异见。传统上，仪式活动主要局限于现有的社会实体，如家庭、城市、军队单位或帝国本身。基督教社群则由信徒组成，除了信仰之外这些信徒可能没什么共同之处，并且可能因这种信仰与他们的家庭、城市等的成员相分离。基督徒在这方面也非孤例。摩尼教徒、犹太人和其他几个群体也开始认为他们的宗教身份与社会的其他层面是分开的。奥古斯丁在区分地上之城和上帝之城时比大多数人更清楚地表达了这一点，但这一观念已广为传播。正是基于这一观念，我们形成了作为独立存在的"宗教"概念，而不是只将宗教活动当作更广泛社会生活的维度之一。基督徒之所以能够抵御罗马遭劫的灾难，是因为这种关于宗教的观念已经根深蒂固。换句话说，罗马帝国的宏大历史已经被另一个更为宏大的叙述所取代，那就是诸宗教的兴起。

作为自有体制和成员的有界实体，作为可以与公民身份、阶级或亲属关系相对比存在的事物，宗教的发展在世界史上是相对较新的。人类拥有仪式的时间要早得多：它可能起源于5万至10万年前的智人，并且是真正使我们与所有其他动物物种区分开来的少数事物之一，毕竟其他动物物种中有一些也使用工具，也拥有某种语言，也生活在复杂的社会中。而只有人类埋葬死者，创作艺术、音乐和舞蹈，并举行仪式。[1]直到最近，所有这些仪式都与日常生活紧密相连。把雅典人或罗马人的宗教身份与其更广泛的归属感区分开来，几乎是不可能的。由此可见，归信在古代或多或少是没有意义的，除非作为改变一个人公民身份的组成部分之一。[2]与我们现代的宗教概念相对应的希腊或罗马词汇并不存在。事实上宗教史专家们认为，这一概念不过是在逐渐演变。我们现代的有成员、规范、具体的信条和实践的有组织实体这一宗教概念，以及一种排他的崇信——一个人必须选择属于某一种宗教——或许直到19世纪才变得普遍。[3]

宗教作为一个独特领域分离出来的最初迹象出现在古典时期。

1　Steven Mithen and Pascal Boyer, 'Anthropomorphism and the Evolution of Cognition', *Journal of the Royal Anthropological Institute*, 2/4 (1996); Stewart E. Guthrie, 'Anthropological Theories of Religion', in Michael Martin (ed.), *Cambridge Companion to Atheism* (Cambridge: Cambridge University Press, 2007).

2　Arthur Darby Nock, *Conversion:The Old and the New in Religion from Alexander the Great to Augustine of Hippo* (Oxford: Clarendon Press, 1933).

3　Wilfred Cantwell Smith, *The Meaning and End of Religion: A New Approach to the Religious Traditions of Mankind*, Mentor Books (New York: New American Library, 1964); Jonathon Z. Smith, *Drudgery Divine: On the Comparison of Early Christianities and the Religions of Late Antiquity* (Chicago: Chicago University Press, 1990); Talad Asad, *Genealogies of Religion: Discipline and Reasons of Power in Christianity and Islam* (Baltimore: Johns Hopkins University Press, 1993); Tomoko Masuzawa, *The Invention of World Religions: Or, How European Universalism was Preserved in the Language of Pluralism* (Chicago: Chicago University Press, 2005).【译按】关于古代宗教与身份认同，另见 Henk S. Versnel, *Coping with the Gods: Wayward Readings in Greek Theology* (Leiden: Brill, 2011)。

写于公元前5世纪末的欧里庇得斯的《酒神的伴侣》(*Bacchae*)，以戏剧的形式表现了一场宗教运动的破坏性力量，这场运动挑战了城市领导者的宗教权威，并可能让家庭和社群分裂。这种酒神崇拜代表了宗教多元化的几个起源之一。罗马在公元前186年也经历了对酒神崇拜的恐慌。关于奇异的夜间仪式的流言四起，正如之后基督教兴起时一样。但显而易见的是，真正令人震惊的是对社会界限的不尊重，以及对现有宗教权威的隐性挑战，而这些宗教权威在多数地区都集中在精英手中。

　　成员主要由宗教联合起来的群体在希腊化时期和罗马早期变得更加普遍。[1]狄俄尼索斯/巴库斯是古老的神祇，其名号在希腊青铜时代的文献中就有出现，他在雅典公共宗教中发挥着中心作用，其表现就是作为戏剧表演主要场合的大狄俄尼索斯节（Greater Dionysia）。令人震惊的并不是酒神本身，而是以酒神主义为代表的崇拜和联系形式。其他群体则源自移民人口的崇拜，而后从他们旅居的社群中吸引崇拜者。希腊化式的埃及女神伊西斯就是这样在地中海地区流行起来的。同样还有叙利亚诸城的巴尔神（Baalim）、出自小亚细亚佩西努斯的诸神之母，以及犹太人的神。人口在波斯帝国、希腊帝国和罗马帝国内流动的原因很多：商人、奴隶、士兵、殖民者和传教者在城市体系内流动，并带着

1　John North, 'The Development of Religious Pluralism', in Judith Lieu, John North, and Tessa Rajak (eds.), *The Jews among Pagans and Christians in the Roman Empire* (London: Routledge, 1992); John North, 'Pagan Ritual and Monotheism', in Stephen Mitchell and Peter Van Nuffelen (eds.), *One God: Pagan Monotheism in the Roman Empire* (Cambridge: Cambridge University Press, 2010).

他们的神祇。[1]有些神祇，如诸神之母，在一些城市里获得了公共崇拜，而另一些则总是处于边缘。宗教也植根于希腊社会。秘传信仰激增，其中许多模仿了在厄琉息斯原初的得墨忒耳与室女神秘仪，这一秘仪曾是一座独立城市的主要崇拜，但在古风时期被雅典宗教吞并。朝圣者前来这里或在萨莫色雷斯岛以及一系列其他中心被接纳入教，而一些更为流动的群体，包括聚伯勒和密特拉（Mithras）的崇拜者，都发展出了自己的秘仪。[2]哲学派别则提供了另一种使用单一名称命名的人群模式——伊壁鸠鲁派、斯多噶派、昔兰尼派（Cyrenaics）——这些群体通常有一位卡里斯马式创始人以及权威的文本，而个体可以选择加入或离开群体。从公元1世纪起，犹太人也开始认同不同的传统，其中至少有一个传统，即我们从死海古卷中了解的昆兰（Qumran）社群，看起来非常像是一种宗教。圣所吸引了来自世界各地的朝圣者。[3]然而我们经常看到，起源于特定地方的崇拜正在转变成一种更流动的形式。这种从"位置性"到"乌托邦式"的转变的例子包括希腊化版本埃及神如伊西斯和塞拉皮斯（Serapis）的创立，犹太教中拉比传统的成长发展，当然还有基督教。几乎所有这些群体都是跨社群张力的周期性焦点：罗马当局会在不同时期对酒神崇拜者、伊西斯崇拜者、犹太人、占星家和基督徒开火。其他城市也经常

---

1 MacMullen, *Paganism in the Roman Empire.*【译按】关于移民与宗教的最新讨论，参见 Laurens E. Tacoma, *Moving Romans: Migration to Rome in the Principate* (Oxford: Oxford University Press, 2016), 223–232。

2 Walter Burkert, *Ancient Mystery Cults*, Carl Newell Jackson Lectures (Cambridge, Mass.: Harvard University Press, 1987).

3 Jaś Elsner and Ian Rutherford (eds.), *Pilgrimage in Graeco-Roman and Early Christian Antiquity: Seeing the Gods* (Oxford: Oxford University Press, 2005).

如法炮制。然而，这类宗教团体继续蓬勃发展。密特拉教和摩尼教都代表着白手起家的宗教，它们借鉴了更古老传统中的符号、仪式和神名，但又将它们融合成了全新的组合，非常适合于它们寻找新信徒的社会环境。我们可以看到一些为崇拜者或至少是为他们可能带来的赠礼而互相竞争的迹象。也许最明显的迹象是，一种崇拜的成功特征将被另一种崇拜所接受。古老的厄琉息斯秘仪在萨莫色雷斯被复制，被聚伯勒、密特拉崇拜者和其他人群复制着；标准的希腊式人格化形象被一种又一种崇拜采用；占星术被纳入几乎每一种宗教传统，从犹太教和密特拉教，到埃及和日耳曼神祇崇拜；到处都有与至高至尊朱庇特（Jupiter the Greatest and Best）相等同的男性神祇。竞争的另一标志是为保持崇拜者的关注所做的努力。密特拉信徒被引致通过一系列等级的修行；在厄琉息斯的入仪者必须在下一年回来进行第二次入仪；一种与聚伯勒相关联、献祭公牛的牛牲礼（Taurobolium），必须每20年举行一次；而在治疗圣所和神谕所的祭司则宣扬他们的成功，并鼓励回谒。

对垄断拯救的宣称或许就是在这一语境下产生的。"一个人可能会以个人的方式专注于多神教诸神中某一个神"的观念十分古老，从共和时期起就被罗马人加以利用。[1] 苏拉培养着他是维纳

1　H. S. Versnel, *Inconsistencies in Greek and Roman Religion 1: Ter unus: Isis, Dionysos, Hermes; Three Studies in Henotheism*, Studies in Greek and Roman Religion (Leiden: Brill, 1990); John North, 'Pagans, Polytheists and the Pendulum', in William Vernon Harris (ed.), *The Spread of Christianity in the First Four Centuries: Essays in Explanation*, Columbia Studies in the Classical Tradition (Leiden: Brill, 2005).

斯特别宠儿的观念，奥古斯都声称阿波罗青睐于他，韦伯芗在他的政变中得到伊西斯的帮助，等等。许多神在敬献铭文中被称为"至大至善"或"至高"。[1]对一位神明赋予一个特殊位置有时被称为拜一神教（henotheism）。一些伊西斯的启示性文本声称，伊西斯是女神的"真实"名字，她也以其他名字获得崇拜，包括聚伯勒、阿耳忒弥斯、维纳斯和赫卡忒。

早期基督教产生在这种复杂的宗教环境中。尽管起源于犹太教，但排他性主张作为相对于其他新兴的原始宗教而言的一个独特卖点，可能是最重要的。福音书表明，跟随基督这一选择可能会以最激进的方式分裂家庭。路加讲述了一个故事：一个人说他一埋葬自己的父亲就去追随基督，而基督则回答，"任凭死人埋葬他们的死人"。[2]这类故事有很多。甚至更早些时候，保罗就宣称，在信徒中并不分犹太人、希腊人，自主的、为奴的，或男或女。[3]我们在这些经文中看到的是主张一种只建立在宗教身份上、跨越了古代最基本社会边界的新型社会身份。基督徒们并不是唯一一个坚持这种身份的群体。奥古斯丁生来就是基督徒，但有一段时间加入过摩尼教，而摩尼教的创始人正是利用基督教、琐罗亚斯德教、犹太教及其他传统创立新宗教的。摩尼教传教士被派往北非、印度，最终进入中亚和中国。此外还有相当神秘的美索不达米亚的曼达派（Mandaeans），他们的仪式和经文是在与犹太教、琐罗亚斯德教、基督教和伊斯兰教的长期对话中形成的。传统的宗教实践不可避免地被重新解释为一种对立且虚假的宗教的实践，

1　Mitchell and Van Nuffelen (eds.), *One God*.

2　《路加福音》第9章第59—62节。

3　《加拉太书》第3章第28节。

这种宗教有时被称为希腊主义，有时被称为异教。

基督教的兴起

对基督教发展的现代评估强调了基督教起初规模极小。很难想象第一代基督徒的生活是什么样的：他们没有圣典，大部分是犹太血统，也许许多人仍然认为自己是犹太人。他们不过几千人并非常分散，大多活动于东地中海世界的大城市中。[1]保罗的书信和《使徒行传》中关于他旅行的叙述，使人们对这些团体如何保持联系并维系某种凝聚力略有了解。但是我们的知识却有很大断层。到了古代晚期，北非和埃及有了大型基督教社群，但我们对它们的起源一无所知。在后来几个世纪里，人们越来越关注正统与纪律，这造就了对早期教会高度剪辑过的描述。

基督教于公元2世纪从这些阴影之下兴起。基督教作家和犹太领袖，出于不同的动机并且绝非共谋地在基督教和犹太教之间造就了更尖锐的分立，而这种分立于4世纪在帝国力量的帮助下会根深蒂固。[2]家庭教会在各个城市聚集起来，由一名主教领导。基督徒的人数呈指数增长。许多人一定觉得自己身边被归信者和

1　Wayne A. Meeks, *The First Urban Christians: The Social World of the Apostle Paul* (New Haven: Yale University Press, 1983); Keith Hopkins, 'Christian Number and its Implications', *Journal of Early Christian Studies*, 6/2 (1998); Judith Lieu, *Christian Identity in the Jewish and Graeco-Roman World* (Oxford: Oxford University Press, 2004).

2　Daniel Boyarin, *Border Lines: The Partition of Judaeo-Christianity,* Divinations: Rereading Late Antique Religion (Philadelphia: University of Pennsylvania Press, 2004).

一场迅速成长的运动包围了。然而基督徒绝对人数仍然很小：在公元200年前，非基督教文本很少提到基督徒的存在。从2世纪后期开始，我们在北非和高卢发现了基督教社群的最初证据。大多数人似乎都使用希腊语，这表明与他们联系最密切的地区仍然是地中海东部。这一时期也出现了一些与我们《新约》概念相近的体系，尽管对如《启示录》等作品的收录仍然有争议。基督教经文的拉丁文翻译在2世纪中叶开始流传，与此同时还有护教作品，以及维护教会界限的最早尝试。异端者（Heretics）是指那些持有虚假信仰的人，例如完全反对犹太经文的马西昂派（Marcionites）。裂教者（Schismatics）则有正确的信仰，但拒绝接受拥有恰当权威者的权威。

主教权威的兴起与正统观念的兴起密切相关。里昂的爱任纽（Irenaeus of Lyon）的生平与作品提供了一个早期事例。优西比乌在君士坦丁归信后不久撰写的《教会史》（*History of the Church*）中说，爱任纽是士麦那殉难主教波利卡（Polycarp）的学生，而后者据信是使徒约翰的弟子。但这种谱系是树立权威的传统方式。在某一时期，爱任纽在里昂讲希腊文的基督教社群里担任祭司，这大概是在优西比乌记载的一场当地迫害时期，时在马可·奥勒留治下。这一社群派遣爱任纽为特使谒见罗马主教，因为安纳托利亚中部的祭司孟他努（Montanus）声称收到了上帝的新预言，令他们感到忧虑。孟他努派只是爱任纽第一个加以反驳的异端。身为里昂主教的他用希腊文写了大量的著作，其中有对四部福音书正典地位的辩护，以及最早的异端研究（heresiologies）或曰异端目录之一。这项工作的直接灵感来自一群希腊商人来到里昂传播瓦伦丁（Valentinus）思想，这一思想融合了基督教思想和神秘启示，形成了现在被称为诺斯替主义的一种早期形式。但对爱任纽来说，这个错误可以追溯到曾出现在《使徒行传》中的行邪术者西门·马古（Simon Magus），爱任纽因而创造了一个谬见错解的谱系，以和正统教义的谱系相对立。罗马主教希波律陀（Hippolytus）则利用了爱任纽的一些著作来反对瓦伦丁主义。反对孟他努派和瓦伦丁教义的运动都说明了地中海早期基督教社群之间的相互联系。在这个网络中，新观念随着传教士和文本迅速流通。从古代晚期开始，有几大部主教书信保存下来，它们主要关切的就是维持一个反对裂教和异端的统一战线。[1] 教会的组织是自下而上产生的，它的制度和上层权威则是那些执着于团结者的创造。主教们围绕正典团结一致，并反对新的启示和卡里斯马式先知对他们权威的威胁。[2]

基督教社群为这一运动投入了巨大精力，但这一活动非常晦涩深奥。非基督徒可能对他们的实际信仰或关切相对来说知之甚少，一如许多人对他们之中的犹太人一无所知。少数的地方性迫害留下了记录。而大部分的迫害都是借由优西比乌及其4世纪早期同时代人的著作而为人所知的，他们热衷于搜集殉道者的事迹和死亡的叙述。罗马的地方长官和皇帝没有将他们有时在类似情况下给予犹太社区的保护扩展到基督徒身上。小普林尼在担任比

1　古代晚期的主教书信集已成为最近研究热点之一。Christiana Sogno, Bradley Storin and Edward J. Watts, *Late Antique Letter Collections: A Critical Introduction and Reference Guide* (Berkeley CA: University of California Press, 2019) 分章提供了多部主教书信集的研究指南。——译者注

2　Averil Cameron, 'How to Read Heresiology', *Journal of Medieval and Early Modern Studies*, 33/3 (2003).

提尼亚－本都总督期间和图拉真之间的书信表明，确实存在来源并不明确的某种禁令，但皇帝们并不热衷于执行它。相比单纯的不受欢迎，迫害可能并非那么常见。直到3世纪初，基督徒也许还是一个相当内向的群体，即使它不断成长。很少有学者相信在君士坦丁时代有超过10%的帝国臣民是基督徒，而且这个数字很可能更小。我们极少知道有在公元3世纪以前社会地位较高的基督徒。

第一次大迫害就是戴奇乌斯皇帝在公元3世纪50年代组织的，此时正是军事危机最黑暗的日子。这次行动可能是对一些基督教领袖和社群拒绝参与所有罗马公民都在进行的集体祭祀仪式公祭的反应。[1]自从卡拉卡拉于211年颁布敕令以来，公民群体就包括了皇帝的大多数自由臣民。换言之，大迫害是一种意外。卡拉卡拉不经意间创造了一种早先几世纪完全缺乏的存在，一种可以应用于整个帝国的宗教权威形式。戴奇乌斯利用这一权威的尝试，揭露出了一个排他崇拜唯一神的群体。然而，激起迫害的怒火也许源于"军事灾难以及大瘟疫是在回应基督教抛弃诸神"这一观念。加列里乌斯和戴克里先在303年组织他们的大迫害时，似乎利用了同样的情绪。这场迫害包括清洗军队、没收和销毁圣典，以及袭击教堂和教堂财产。

这不是此类法令中的第一份。此前一年，戴克里先及其共治皇帝给阿非利加总督写了一封信，信中强烈谴责了另一种新宗教——摩尼教。摩尼的教义被谴责为迷信和错误，并且与传统、先辈对诸神的崇拜相冲突。像基督徒一样，摩尼教徒被指控试图

1　Rives, 'The Decree of Decius and the Religion of Empire'.

抛弃对古老诸神的崇拜。更糟糕的是，摩尼教徒起源于罗马的敌人，波斯人的帝国。摩尼教传教士和神圣的经文应予烧毁，如果任何高地位的罗马人曾经归信，那么他的财产将被没收，而他将被送往矿场。[1]这两次迫害的动机似乎很明显。基督徒和摩尼教徒是传统诸神的敌人；他们的起源和观点是非罗马的；他们不受欢迎，而皇帝希望把自己与传统价值观和崇拜联系起来。对这些法令的执行却是另一个问题，不幸的是，我们的主要材料来源都是基督教的。

教会历史学家强调殉教，但这在帝国的许多地方或许很少见。这种迫害在除阿非利加之外的西部诸行省影响有多大，仍是问题。少数为信仰而死的人，以及那些遭受酷刑而不放弃圣典的人，后来被当作偶像敬奉，这让那些既没有死也未受刑的主教们感到恼火。在北非，那些交出圣书的基督徒和那些被指控为努力寻求殉道的基督徒之间爆发了分裂。311年迦太基主教孟苏瑞（Mensurius）的死与那些没有选择立场的人有关，这引发了一场权威危机。危机以多纳图斯派（以他们的主教多纳图斯［Donatus］命名）和追随孟苏瑞路线者之间的分裂告终。在许多城市出现了对立的主教和教会，而分裂一直持续到5世纪早期。迫害的失败对皇帝有多重要，是很难说的问题。但是拉克唐修和优西比乌却把戴克里先和其他迫害者皇帝描述为怪物，并幸灾乐祸地讲述了他们可怕的死亡。

1　这份公函参见 M. Hyamson (ed.), *Mosaicarum et Romanarum Legum Collatio* (Oxford: Oxford University Press, 1913), XV.3。关于其定年及深入讨论，参见 F. Decret, *L'Afrique manichéenne (IV–Ve siècles)*. (Brussels: Brepols, 1978), vol. 1, 168–189。——译者注

基督教帝国

迫害为何会被放弃？如果它颇受欢迎，并在帝国内部建立了更强的忠诚和团结意识，为什么要停止呢？基督教护教士声称，迫害加快了归信的速度，因为殉道士树立的榜样给迫害者和（竞技场上的）观众留下了深刻的印象。然而，比较证据确实表明，对基督教的几近根除并不是不切实际的目标。摩尼教最终因基督教罗马皇帝和琐罗亚斯德教波斯沙阿的联合行动而在西方遭迫害而归于绝灭。佛教在中世纪印度先遭到由婆罗门精英主宰的君主的镇压，后被穆斯林征服者们几乎消灭殆尽。在伊斯兰哈里发的统治下，罗马叙利亚、阿非利加和西班牙的基督教社群只有碎片幸存下来，尽管公开的宗教歧视在其领土上并不常见。或许戴克里先不可能完全消灭一个增长如此之快的群体，但他很可能可以使他们边缘化，并逆转它在地位较高的社会群体中取得的进步。罗马世界对基督徒的迫害，是否因为基督徒并未被仇视到成为合适的目标的地步，而终归失败？基督教的敌人是否组织不足或动机不够？还是说，迫害的停止只不过因为在没有地方狂热分子的地区推行它太过昂贵？

不管是什么原因，加列里乌斯在311年、君士坦丁和李锡尼在313年于米兰分别颁布了《宽容敕令》。宗教宽容，或至少是停止迫害，本身并不奇怪。毕竟，戴奇乌斯和戴克里先的统治时期也发生过类似的事。更值得注意的是，在312年前后，君士坦丁开始积极恩庇基督徒。他几乎立刻开始在罗马城周围建造了一系列大教堂，其中就包括拉特兰圣若望大教堂和圣彼得大教堂。大多数教堂都在4世纪20年代中期完成。实际上它们是基督

图 21　特里尔大教堂，曾是君士坦丁皇帝的王座室，现为新教教堂

教崇拜最早的纪念性场所。然而此事对基督徒比对皇帝更具革命性。其他 2 至 3 世纪的皇帝特别重视特定的神明，也有些皇帝在首都为这些神明修建了宏伟的神庙。哈德良在罗马市政广场和大竞技场之间的一个平台上建造了维纳斯－罗马大神殿。康茂德把自己描绘成赫拉克勒斯，并把尼禄的巨型日神雕塑改造成赫拉克勒斯。[1] 埃拉伽巴鲁斯（Elagabalus）试图在罗马建立叙利亚埃梅萨（Emesa）主神崇拜则不那么成功。奥勒良用征讨巴尔米拉裂国者的战利品建造了一座巨大的太阳圣殿，而戴克里先用朱庇特和赫拉克勒斯来代表他自己和马克西米安以及二人将建立的平行收继式王朝。在君士坦丁崛起期间，他以更为传统的方式与赫拉克勒斯、阿波罗和不败日神相关联。君士坦丁时代的罗马城并未基督

1　Olivier Hekster, *Commodus: An Emperor at the Crossroads*, Dutch Monographs on Ancient History and Archaeology (Amsterdam: J. C. Gieben, 2002).

教化：这更多是在拥挤的神圣景观中增加了另一位与皇帝相熟的神明的圣殿。[1]但基督是一种不同的神，并非大多数罗马人所认识的赫拉克勒斯和日神那样。基督的崇拜者也不是值得寻求支持的有影响力的人物。建筑帝国神殿的传统为理解君士坦丁的行动提供了一种语境，归信则为基督徒提供了另一种语境，但两者似乎都没有提供一个完整的解释。史料传统的两极分化无助于我们重建君士坦丁的规划，但有时会让人觉得他是故意参与到复杂的维持势力均衡的行为中来。

君士坦丁并不要求他的廷臣归信基督教，但到4世纪末，皇帝宫廷就以基督徒为主了。皇帝身边有了新的、强大的人物。君士坦丁给予基督教主教们一系列法律特权，而有些主教还与他有特别的接触：接触意味着影响力，这是帝国宫廷中的常态。君士坦丁还把皇帝拥有的最宝贵资源即他本人的时间，倾注在他们身上。在宣布赞助基督教之后，他几乎立即收到了多纳图斯裂教中两派成员的请愿。向皇帝请愿是一种非常普遍的程序，而基督徒利用它也不足为奇。然而在许多请愿都只得到简短的答复，或导向一个给予地方长官或市政议会的命令的情况下，皇帝确实给出了他确实的个人关注。这只能得出这样的结论：君士坦丁的顾问们在很早时期就向他强调了统一和正统的重要性，并且中立对皇帝来说并非一种选择。君士坦丁是无辜卷入这个他不清楚其复杂性的问题的，还是说他是一位狂热分子，被鼓动着去把皇帝的司法权以及他的财富奉献给教会，或者他实际上是非常传统的罗马

1　John Curran, *Pagan City and Christian Capital: Rome in the Fourth Century*, Oxford Classical Monographs (Oxford: Clarendon Press, 2000).

皇帝，关心着要为罗马人民赢得最强大神明的支持？[1]

无论如何，无力促使阿非利加主教之间立即达成和解这件事并没有阻止他进一步努力实现统一。他最具雄心的计划是324年召集的尼西亚大公会议，并为此允许主教们使用帝国交通系统。优西比乌提供了一份生动的描述。主教们被从帝国各地叫来在皇宫内集会，皇帝在此用拉丁语对他们讲话，而为多数人着想，他的言语被翻译成希腊语。这次会议的直接原因是另一次和解的尝试，但这一次不是针对裂教，而是针对一派异端，即阿里乌斯派。这场争论的中心是关于基督本质的论述，是关于他的人性和神性如何联系在一起，以及他如何与圣父构建关系的争论。君士坦丁关心的似乎是实现统一。他的传记作者优西比乌声称他实现了这一目标：一个关于基督的本质的描述形成了，公认的复活节日期以及《尼西亚信经》被议定。君士坦丁自己的宣言也多有讲到犹太人的邪恶。主教们随后也受到款待，并参与他在位20周年纪念日的庆祝。但统一当然没有实现。阿里乌斯异端在4世纪仍然是分裂的主要根源，君士坦丁的几位继承者也接受了这一教义。基督教传教士也向蛮族人传播了阿里乌斯思想，而最严重的是向哥特人和汪达尔人群传播，以至西方的大部分新国王都与东方帝国以及他们自己的基督教臣民在教义层面上分离开来。然而君士坦丁将自己置于凯旋的教会中心，获得了巨大的长期声望。当他于337年去世时，教会的地位已不容置疑。在他统治的最后几年，

---

1 关于君士坦丁与基督教主教和裂教各派的关系，参考近作 Noel E. Lenski, *Constantine and the Cities: Imperial Authority and Civic Politics* (Philadelphia: University of Pennsylvania Press, 2016)。——译者注

波斯境内的一些基督徒正把他看作是反对萨珊沙阿的天然盟友。[1]
一场波斯对基督徒的迫害随之而来。或许这一切都源于戴克里先
302年反摩尼教法令中的反波斯论战。君士坦丁的长期统治导致
了永久性的转变。除了一位皇帝（公元361—363年统治的尤利
安），所有后来的皇帝都是基督徒。这一阶段似乎注定是基督教
普世主义与罗马帝国意识形态的有力融合，但实际上基督教帝国
不过是逐步形成的，并且远未统一。

首先，传统宗教并非一夜之间消失了。即使尤利安恢复它
的尝试失败了，先祖宗教在帝国的许多地方仍以种种形式幸存下
来。在一些城市，得到公共资助的古老神祇崇拜一直持续到4世
纪末，而安条克的利巴尼乌斯（Libanius）等人的著作表明，这
些神祇在精英中仍有捍卫者。[2] 罗马元老们尤其是古代诸神顽强的
支持者，尽管他们在这个问题上与皇帝的对抗一直持续到4世纪
80年代。他们的归信过程是缓慢的，既要归因于帝国的压力，也
要归因于社会的影响。[3] 皇帝们并未强迫加快转变信仰。对异教神
庙的袭击在4世纪末以前很少发生；古典神话一直有人阅读，并
在艺术中得到体现，直到5世纪。雅典的哲学学校一直开放到529

1　T. D. Barnes,'Constantine and the Christians of Persia', *Journal of Roman Studies*, 75 (1985).

2　W. Liebeschuetz, *Antioch: City and Imperial Administration in the Later Roman Empire* (Oxford: Clarendon Press, 1972); Isabella Sandwell, *Religious Identity in Late Antiquity: Greeks, Jews, and Christians in Antioch*, Greek Culture in the Roman World (Cambridge: Cambridge University Press, 2007).

3　Michele Renee Salzman, *The Making of a Christian Aristocracy: Social and Religious Change in the Western Roman Empire* (Cambridge, Mass.: Harvard University Press, 2004); Alan Cameron, *The Last Pagans of Rome* (New York: Oxford University Press, 2011).

年查士丁尼关闭它们为止。崇拜古代诸神的孤立社区显然在小亚细亚存在到6世纪末。[1]

君士坦丁本人也对主教在这方面的影响加以一些限制。《米兰敕令》把宽容扩大到所有宗教活动。犹太"神职人员"享有一些与基督教神职人员相同的特权，尽管那些试图使基督徒改宗、拥有基督教奴隶或给他们行割礼的犹太人会受到可怕的惩罚。古代神庙仍在拜占庭得以保存，哪怕是它在324年被重建为君士坦丁堡之后。事实上还增加了一些新神庙，而城市的建立也有占星家和占卜师介入。然而，君士坦丁禁止了血祭，同样也禁止咨询神谕和为古代诸神竖立雕像。而这些在传统宗教中都是中心仪式。毫无疑问，这些禁令没有一项得到普遍接受，而关于仪式实践的争论一直持续到此世纪末。禁令的发布以及加诸犹太人的法律限制表明：君士坦丁并没有设立一个多信仰的、其中每个宗教社群都可以在世俗国家的仁慈和公平保护下自行其是的帝国社会的宏大远景。对于一个从内战中脱颖而出的军人皇帝来说，采用实用主义似乎更有可能统治30年。

君士坦丁的宗教动机总是模糊不清，但他为基督教皇帝设定的模式更为清晰。即使是通过优西比乌《君士坦丁传》圣徒传式的过滤，他的形象也是一个其成功在某些方面非常传统的皇帝。他在内战和宫廷阴谋中战斗并幸存下来。他建立了新的城市并赞助了罗马元老院和人民。在军事和财政上，他在漫长的统治结束时留下的帝国情况比他登位时要好。他统治的风格确实壮观，我

---

1 Glen Bowersock, *Hellenism in Late Antiquity*, Thomas Spenser Jerome Lectures (Cambridge: Cambridge University Press, 1990).

图 22　君士坦丁大帝巨大雕像的头部，藏于罗马卡皮托利博物馆守护者宫

指的是权力通过在宏伟舞台上演出的每日仪式和偶尔的节庆表演而增强。他投入基督教一事的性质必然与这一切是一致的。投身基督教为纪念建筑提供了一片新的领域，也提供了一些新形式的礼仪。在意识形态上，它使君士坦丁能够在神圣统治者和他自己

的统治之间进行隐含的类比。这给他带来了一批新的支持者。但如果这是为了提供新的意识形态团结，那么它是失败的。4世纪的基督徒似乎都同意一个共同正统和共同权威的重要性。他们的普世大公会议完全不同于现代主张宽容信仰和仪式上的差异、主张不同教会松散联盟的普世主义（ecumenism）。然而4世纪的基督教因裂教和异端而分裂。结果，基督教帝国将比此前更加分裂。在现代人看来，君士坦丁和他的继任者在异端和裂教问题上似乎投入了过多时间。随着北方边境的逐渐崩溃、与波斯的关系变得如此艰难，他们怎么能证明自己花在教会上的精力和时间是正当的呢？主教们当然有自己的优先事项，而他们的影响力随着时间推移越发增长。但皇帝既不是傻瓜，也并非被骗。君士坦丁与基督签订下了浮士德协定。基督教提供的意识形态支持和主教们的修辞能力对这个四面楚歌的帝国价值巨大，但皇帝们也负担不起忽视其分裂的趋向的后果。

延伸阅读

蒂姆·巴恩斯的《君士坦丁与优西比乌》无疑是对君士坦丁治下复杂历史的最佳介绍，即使他在认为君士坦丁从一开始就全然是基督徒这点上并未说服所有专家。

关于基督教兴起的文献汗牛充栋。威廉·哈里斯主编的文集《基督教的传播》（*The Spread of Christianity*, Leiden, 2005）很好地收录了诸多观点，但不试图强加一个答案。拉姆塞·麦克马伦（Ramsay MacMullen）的《基督教化罗马帝国：公元100—400年》（*Christianizing the Roman Empire AD 100–400*, New Haven, 1984）

是一份清晰的叙述，颇多洞察。罗得尼·斯塔克（Rodney Stark）的《基督教的兴起》（*Rise of Christianity*, Princeton, 1996）曾激怒了不少历史学家。玛丽·比尔德、约翰·诺斯和西蒙·普赖斯颇有助益地在《罗马宗教》中把基督教和其他变化并置。罗宾·莱恩·福克斯（Robin Lane Fox）的《异教徒与基督徒》（*Pagans and Christians*, London, 1986）相比此主题的其他任何作品，令人惊讶地呈现出这段令人兴奋时期的氛围。

君士坦丁决策对帝国和帝国社会造成的结果引出了一些最具创新性的学术。彼得·布朗的《身体与社会》（*The Body and Society*, New York, 1988）追溯了苦行主义新文学与实践的产生；基督教与帝国高层文化的和解是埃夫丽尔·卡梅伦（Averil Cameron）《基督教与帝国修辞》（*Christianity and the Rhetoric of Empire*, Berkeley, 1991）的主题；多米尼克·简斯（Dominic Janes）高度原创的《古代晚期的上帝与黄金》（*God and Gold in Late Antiquity*, Cambridge, 1998）探索了一种生于贫困的宗教如何与惊人财富相妥协；加思·富顿（Garth Fowden）的《从帝国到联邦》（*Empire to Commonwealth*, Princeton, 1993）追踪了宗教与帝国普世主义之间的张力与相互作用，直到早期中世纪。艾伦·卡梅伦（Alan Cameron）的《罗马最后的异教徒》（*The Last Pagans of Rome*, New York, 2011）是对一代人文化、政治与社会的生动写照。

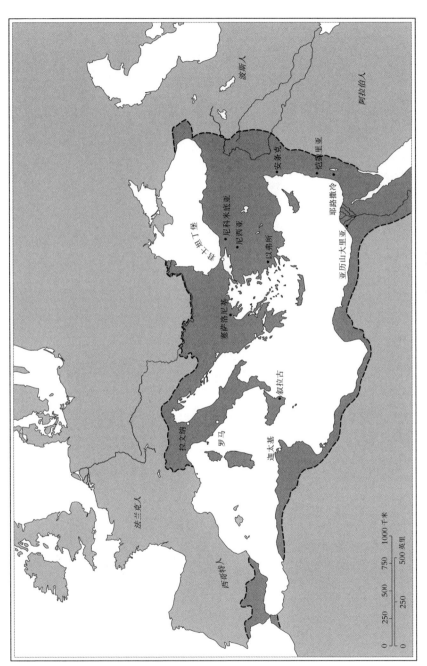

地图 7　查士丁尼的再征服（565 年）

大事记（八）

公元 527—565 年	查士丁尼统治时期
公元 533 年	罗马从汪达尔人手中重新征服北非，随后在意大利作战成功直到 540 年，并于 551 年入侵西哥特西班牙
公元 540 年	波斯人攻陷安条克
公元 567 年	阿瓦尔人开始袭击巴尔干半岛
公元 568 年	伦巴第人入侵意大利
公元 610—640 年	希拉克略统治时期。罗马帝国失陷耶路撒冷（614 年）和埃及（616 年）于波斯人，并采取守势直到希拉克略于 627 年在尼尼微取胜
公元 622 年	穆罕默德迁往麦地那。伊斯兰历元年
公元 626 年	君士坦丁堡被阿瓦尔人和波斯人围困
公元 628 年	罗马与波斯媾和
公元 636 年	阿拉伯军队在耶尔穆克击败罗马军队。耶路撒冷在 638 年、埃及在 640 年被占领，安纳托利亚于 647 年遭入侵。波斯帝国在 651 年被灭
公元 671 年	君士坦丁堡从阿拉伯封锁中幸存

公元697年　　　　　　阿拉伯人占据迦太基

公元711年　　　　　　阿拉伯人跨越直布罗陀海峡，入侵西哥

　　　　　　　　　　　特西班牙

17

分崩离析

让城市恢复昔日的辉煌，让任何人都不会将乡村愉悦置于古人遗迹之先。为什么要在和平时期离开我们用战争保护的地方？谁会不欢迎高贵之人的陪伴？谁不喜欢和同伴交谈，在市政广场上漫步，观察正直技艺的实践，在法庭上参与法律诉讼，或玩帕拉莫德斯（Palamedes）式跳棋游戏，或与朋友一起前往浴场，或邀请他人参加盛大宴会？然而，那些选择在农村一直与他们的奴隶度日的人们会错过所有这一切。

——卡西奥多鲁斯《杂函集》第8卷第31章第8节

帝国如何终结

各帝国并非都有着同样的命运。关于崩溃和转型的现代研究未能建立单一的帝国衰亡理论，而是提供了一系列不同的灾难。[1]

1　Joseph A. Tainter, *The Collapse of Complex Societies* (Cambridge: Cambridge University Press, 1988); Norman Yoffee and George L. Cowgill (eds.), *The Collapse of Ancient States and Civilizations* (Tucson, Ariz.: University of （转下页）

或许这并不令人惊讶。帝国，即使是早期的帝国，都是其中许多部件可能会出问题的复杂引擎。本书的观点一直是，坚持和生存下来才需要解释，而衰落和灭亡不需要。罗马的天才——或者说好运——在于从一次又一次危机中恢复过来的能力。直到这最后一次危机。

一些帝国被突然和意外的外部暴力压垮。印加帝国在皮萨罗（Pizarro）入侵面前崩溃了，阿契美尼德的波斯帝国被亚历山大一扫而尽。它们的灭亡之所以迅速，似乎既是因为在第一次受挫之后人力和资源方面遭受的真正损失，也是因为此时表现出了其统治者所宣称的上天眷顾这一说法的脆弱性。皇帝们总是漫天讲大话。当它们的弱点暴露出来时，失望往往是致命的。这种崩溃说明了早期帝国是多么依赖意识形态和象征来维系。

其他早期的帝国，如中国的汉帝国和阿拔斯哈里发帝国，则只是分裂了。分裂可以说是贡赋帝国结构中所必备的风险。毕竟，大多数早期帝国是在征服者积累了一系列已有王国之后整合起来的：阿契美尼德波斯和中国的秦王朝为这种发展提供了范例。更早的身份认同很少在前工业化霸权和拱顶石式君主制的轻微影响下被侵蚀。埃及人在波斯、马其顿和罗马人占领之时仍记得他们的法老。希腊作家则回望比罗马和马其顿更早的雅典和斯巴达古典时代。即使问题不是关于古老传统的，这些帝国仍往往由可分离的部分组成。贡赋帝国通常以允许各地区供应自己的占领军与

（接上页）Arizona Press, 1988); Mario Liverani, 'The Fall of the Assyrian Empire: Ancient and Modern Interpretations', in Alcock et al. (eds.), *Empires*; Jared M. Diamond, *Collapse: How Societies Choose to Fail or Survive* (London: Allen Lane, 2005).

地方长官的方式来简化他们的后勤工作。这也使个别区域有可能得以自给自足。亚历山大帝国崩溃是因为它依赖于由当地的外省行政机构支撑的马其顿军队。分裂通常从边缘地区开始。在远方行动对所有皇帝来说都是问题，而通信的原始则使距离变得更加遥远。对此常见的回应措施是建立强大的边境副王（viceroys）、贵族宫伯（lords palatinate）、边境伯爵（margraves）等，并使他们拥有独立应对外部威胁的权力和资源。但是当中央无力控制这些边境时，将军往往选择自己单干。阿契美尼德帝国和塞琉古帝国的外省就经常起义。当然，分裂可能是暂时的。奥勒良重新统一了罗马帝国，安条克三世也重新统一了波斯。中国的帝国史则常常表现为分裂与重新整合的交替。

然而，其他帝国则只是萎缩了。它们因暴动或征服而失去了对外部省份的控制，但成功地缩退到原来的（或新的）核心区域。它们的统治者经常维持着它们更伟大过往时的帝国风格和仪式。公元前4世纪的雅典帝国、希腊化时代后期的叙利亚和埃及、印度莫卧儿王朝最后一个世纪的统治都提供了例子。第四次十字军运动导致法兰克人于1204年占领了拜占庭，但此后在伊庇鲁斯、尼西亚和特拉布宗，仍有小型的希腊帝国继承者。历史社会学家始终难以区分大型国家与小型帝国。或许最好的说法是，一些帝国已经回复成了普通国家，只不过有着非凡的记忆。

公元5—7世纪，罗马帝国经历了所有这三种命运：入侵、分裂和急剧萎缩。罗马帝国一再遭到侵略。我在第15章中描述了阿拉曼尼人、汪达尔人、匈人和其他人是如何追随于公元376年进入帝国的哥特人的。西部各省的陷落并不像印加或阿兹特克的陷落那么快。然而在哈德良堡战役后百年之内，罗马的地中海帝国就不复存在了。在6至7世纪又有了更多的入侵。从北方而来的阿瓦尔人和斯拉夫人入侵巴尔干各省，伦巴第人则入侵了意大利。而波斯对叙利亚周期性的袭击在540年攻陷安条克时达到高潮。最后在7世纪初，阿拉伯征服席卷了拜占庭治下的阿非利加、埃及、西西里和叙利亚，并在下个世纪摧毁了西哥特西班牙。

帝国也四分五裂了，这一分裂是指西方的政治统一分阶段地崩解，但一段时间内罗马的税收制度、罗马城市和管理这两者的拉丁精英则未受损害。[1]税收通过大区总长移交给被称为教区的各行省团体，这一事实无疑使分裂更为可行。对西方的一些罗马人来说，也许只是统治者的身份似乎发生了变化。[2]东哥特王狄奥多里克在帝国首都拉文纳立有宫廷，在罗马大竞技场和大赛车场兴办比赛，并恩庇西方元老院，甚至为修复罗马城内遗迹的工作提供了一些支持。罗马元老卡西奥多鲁斯（Cassiodorus）在6世纪初曾在拉文纳的哥特宫廷中任职，先是担任宫廷问政官，然后出任百官总长（magister officiorum），最后担任意大利大区总长。[3]

1　Glen Bowersock, 'The Dissolution of the Roman Empire', in Yoffee and Cowgill (eds.), *The Collapse of Ancient States and Civilizations*.

2　S. J. B. Barnish, 'Transformation and Survival in the Western Senatorial Aristocracy, *c*.A.D.400–700', *Papers of the British School at Rome*, 56 (1988); Chris Wickham, *Early Medieval Italy: Central Power and Local Society 400–1000* (London: Macmillan, 1981).

3　James J. O'Donnell, *Cassiodorus* (Berkeley and Los Angeles: University of California Press, 1979).【译按】近来关于卡西奥多鲁斯又有 M. S. Bjornlie, *Politics and Tradition between Rome, Ravenna and Constantinople: a study of Cassiodorus and the Variae, 527–554* (Cambridge: Cambridge University Press, 2013)。另需注意古代晚期虽然沿用共和国时期的不少官名，但职任已经变化很大。比如问政官在此时已经不像共和国时期一样管理财务，（转上页）

这些职位是东哥特人继承的罗马遗产的一部分，都是官僚体系中最高级的职位。像公元四五世纪的元老院廷臣一样，他也曾为了在罗马的执政官职位中断过自己的廷臣生涯。卡西奥多鲁斯一生中创作了优雅的拉丁文学作品，还撰写了他负责起草的王室书信。他对蛮族国王的颂赞辞和他的（今已散佚）哥特人史表明，受过教育的罗马人很容易适应新的环境。晚年，他创办了一座修道院，并把注意力转向宗教写作。许多西方早期世代的王国——例如东哥特人、汪达尔人和勃艮第人的王国——实际上都是混合社会；罗马人遵循一套法律生活，并履行民事职能，而蛮族领袖则遵照他们不同的习俗生活，并提供军队。蛮族"客族"得到供养的确切方式尚不清楚。他们是拥有一块土地，还是会分得土地的利润呢？也许不同的王国发展出了不同的调和方式。[1]但很明显，国王居于这些社会的顶端，部落领袖和罗马政务官联合起来，颁布法律并向所有臣民分发恩惠。西班牙的西哥特王国保留了这种融合的元素，直到8世纪初该王国被阿拉伯人的征服一扫而尽。

在君士坦丁堡，也有一些人定然对蛮族诸王有时自称是皇帝的臣属，并把东方皇帝的头像放在他们的铸币上这一事实感到欣慰。但实际上，这些皇帝对蛮族诸王的任命和统治方式没有任何影响。在大多数情况下，保卫他们的领土免受来自多瑙河对岸的袭击或与波斯的战争就足以使他们操心了。但是此前分裂曾被遏

（接上页）而是东西罗马皇帝或诸族国王的法务幕僚和顾问，也负责起草诏书和公函。大区总长即原来的禁军长官，已不再管理禁军，而成了帝国各个大区的军政首长。

1　Walter Goffart, *Barbarians and Romans, A.D. 418–584: The Techniques of Accommodation* (Princeton: Princeton University Press, 1980).

制过，东方皇帝没有立即放弃西方也不足为奇。所有介入之中最引人注目的是6世纪中叶的查士丁尼的干涉。查士丁尼在527—565年在位，他在位期间的文献记载出奇丰富，其中最重要的是普罗柯比的历史著作，后者不仅记录了皇帝的征服战争和建筑活动，还记录了宫廷内部的阴谋。[1]查士丁尼制定和编纂的大量法律，以及他的大区总长吕底亚人约翰对帝国行政管理的记述，共同生动地描绘了6世纪帝国的面貌。[2]查士丁尼的将军们于533年成功从汪达尔人手中重新夺回北非，到540年则从东哥特人手中获得了西西里和意大利大部的控制权，并最终于551年在西哥特西班牙建立了一座滩头堡。但在意大利的战争一直持续到561年，它耗尽了帝国的力量，并使得罗马人和哥特人不可能再像狄奥多里克这样的国王和卡西奥多鲁斯这样的元老那样共处。重新征服意大利是短暂的：568年，半岛再遭入侵，而这一次前来的是伦巴第人。

最后，帝国自行崩解并萎缩，当然不是向罗马而是向拜占庭萎缩。[3]萎缩不仅仅意味着体量缩小：帝国的基本经济和行政结构正在重建之中。甚至在8世纪初，当安纳托利亚南部全部陷落，而阿拉伯侵略者正在渡海进入西班牙之时，当伦巴第人把查士丁尼在意大利的大部分成果尽数扫灭之时，当巴尔干半岛大部实际上已脱离了皇帝的控制之时，君士坦丁堡仍然是一座壮观的城市。但从某种意义上说，它现在已是爱琴海周围一个微型基督教帝国

1　Averil Cameron, *Procopius and the Sixth Century* (London: Duckworth, 1985).

2　Michael Maas, *John Lydus and the Roman Past: Antiquarianism and Politics in the Age of Justinian* (London: Routledge, 1992).

3　John F. Haldon, *Byzantium in the Seventh Century: The Transformation of a Culture*, rev. edn. (Cambridge: Cambridge University Press, 1997).

图 23 描绘查士丁尼皇帝的马赛克，出自拉文纳圣维塔莱大教堂

中唯一真正的城市。它复杂的行政与法律体系，在拉丁语已脱离日常使用很久以后，仍保有罗马特色，而宫廷中的仪式和阴谋也一如既往地有着精心策划。[1]随着法兰克人的力量从 8 世纪开始增长，拜占庭是唯一可以模仿的模板，而直到 11 世纪，拜占庭仍然给西方的蛮族后代提供了一个迷人的奇观，而此时十字军运动把各个社会带入了另一种关系。罗马的三个继承者——西方基督教世界、伊斯兰教和现在已成为恰切称呼的拜占庭[2]——是分裂、入侵和萎缩的产物。每个部分都有自己的帝国命运和梦想，但罗

---

1 Cameron, 'The Construction of Court Ritual'.

2 Judith Herrin, *The Formation of Christendom* (Oxford: Blackwell Publishers, 1987).

马帝国的故事就此结束了。

长时段上的连续

　　公元6—7世纪详尽的政治史并不能解释罗马帝国的灭亡。那些写此种历史的人，无论是像佐西莫斯这样为灾难编年的史家，还是像普罗柯比这样心态矛盾的帝国成功的记录者，都没有真正的宏观意识。基督教史学讲述了基督教本身的故事，而在一些此类故事中政治变化几乎无关紧要：尘世王国来来往往，但教会一直前进。在此之外，政治史就遵从罗马人熟悉的形式，成功的皇帝和不成功的皇帝交替出现。社会、经济和其他趋势在他们的角度中几不可见。因此，查士丁尼在6世纪的成功，随后莫里斯（Maurice）和福卡斯（Phokas）统治时期的灾难，以及希拉克略在7世纪初对波斯人的胜利，并不能解释帝国的结构性转型。我亦不打算在此概括这些叙述。

　　在本书的写作进程之中，我已提请大家注意使罗马帝国得以成功的一些背景。地中海盆地提供了一条沟通相对容易的走廊。撒哈拉和大西洋共同提供了一旦到达就确实不需要防卫的天险边界。即使考虑到古代的技术限制，地中海世界及其腹地的铁器时代文明依然产生了足够的人口和农业盈余，以支持城市和国家的崛起。大致类似于我们今日情况的气候条件，或许也有助于这一时期的普遍繁荣，使农民更容易生产国家和帝国所依赖的盈余。

　　到公元7世纪，这种情况几乎没有改变。瘟疫偶尔蹂躏帝国。至少从公元前1千纪中期以来，各种流行病在旧大陆人口较为稠密（城市化程度较高）的地区之间来回传播。但这种情况可能是在开始蓄养动物和第一批城镇出现后才经常发生的。欧亚大陆的疾病池从新石器时代起就通过贸易路线和城市系统松散地联系在一起。地中海的瘟疫往往来自东方，而中国的瘟疫则多来自西方。[1] 文献史料，即我们唯一的证据，记载了马可·奥勒留统治时期、公元3世纪中叶以及查士丁尼统治时期的可怕流行病。但是仅根据当时人的证词很难评估这些事件的严重程度或其对经济或人口水平的长期影响。估定气候变化问题也同样困难。即使平均气温的微小变化也会对边缘地区的土壤肥力产生巨大影响。一些地区留有古代晚期海平面上升的记录，而树轮年代学数据则表明土壤肥力略有下降。但这种规模的变化很难与历史问题紧密联系起来，例如帝国在不同时期抵抗外来人群的相对成功。今天很少有历史学家赞同对罗马势力崩溃的流行病学或气候解释，也很少有历史学家相信帝国人口的急剧崩溃。但是在这些领域的研究进展很快，可能性的平衡很可能会改变。[2]

如果罗马帝国的外部环境大体不变，那么关键变量就一定在于最初建立罗马统治并随后维持罗马统治的制度和惯例。我已强调了家庭、奴隶制和城市，地方精英与帝国精英之间构造的利益共同体，意识形态产品（包括那些与国家崇拜有关的意识形态产品）的力量，在捕捉罗马其他臣民想象力方面的作用。所有这些要素在波里比阿和佐西莫斯之间的七个世纪期间都并非化石般僵

1　McNeill, *Plagues and Peoples*.

2　近年就有关于这一问题的专著出版：Kyle Harper, *The Fate of Rome: Climate, Disease, and the End of an Empire*, Princeton University Press, 2017（［美］凯尔·哈珀著，李一帆译：《罗马的命运：气候、疾病和帝国的终结》，北京联合出版公司，2019年）。——译者注

化不动。但罗马社会的许多特征仍可辨识。

连续性体现得最明显之处，在于最底层的组织，即家庭和奴隶制这些与帝国赖以生存的原始经济生产条件联系在一起的组织。卡西奥多鲁斯的著作和查士丁尼的法律向我们展示了这些帝国最基本的砖石在6世纪仍然多么重要。罗马式家庭生活风格或许比以往任何时候都更为普遍，这是通过公民身份的扩散、古代晚期教育的适度扩展以及帝国精英的文化融合而传播的。西塞罗熟知的奴隶制和家庭的观念仍然处于罗马和蛮族法典的核心。奴隶和自由人之间的数字平衡可能变化很小。但在记录较好的地方，如古代晚期的埃及，没有迹象表明社会结构发生了巨大变化。[1]研究这些主题的学者相比"危机"，更中意"转型"这一术语。

根本的变化在被我们称为"更高级别的组织"的层面上体现得更为明显，即与城市、地方和帝国精英以及帝国政府本身有关的组织。崩溃往往是通过剥离诸最高级别者的社会复杂程度而发生的，这一观点在这里有一定的应用。[2]在最高一级，即皇帝的力量和权威，随着帝国的分裂显然发生了巨大的变化，尽管这被传统主义和仪式所遮蔽。[3]罗马学者在某种程度上能够在东哥特意大利的混乱中或在查士丁尼的君士坦丁堡日益集中的权力下重现他们习惯的生活方式。而农村生活方式受到的影响则最小。但是，如果我们把注意力集中在以城市、地主精英为代表的帝国社会的

1　Roger Bagnall, *Egypt in Late Antiquity* (Princeton: Princeton University Press, 1993).【译按】另参 Giovanni R. Ruffini, *Social Networks in Byzantine Egypt* (Cambridge: Cambridge University Press, 2008)。

2　Tainter, *The Collapse of Complex Societies*.

3　Gilbert Dagron, *Emperor and Priest: The Imperial Office in Byzantium* (Cambridge: Cambridge University Press, 2003).

层面，以及自罗马帝国从征服国家转变为贡赋帝国以来这些人与之联系起来的财政体系的话，情况就不同了。

城市及其统治者

早期帝国建立在罗马的有产阶级与意大利及各行省有产阶级之间的利益勾结之上。这些精英中的许多人已经被安置在一个由城邦构成的世界里，无论他们是希腊人、布匿人、伊特鲁里亚人还是其他出身的人。其他人被那种贵族模式所吸引，并借此塑造了他们的形象。在西部和北部各省，在西班牙内地、北非和安纳托利亚，在叙利亚，甚至最后在埃及，古典模式的城市建立起来了。这些城市为皇帝提供了最基本的政府工具。统治这些城市的地方有产阶层维持秩序并征收税款，而作为回报，帝国维护并加强了他们对其社会其他成员的权力。

今天，各个罗马城市会使人们想起神庙和王庭、剧院和浴场、圆形大剧场和大赛车场：这些亮点建筑代表了某种纪念性，这种纪念性及其变体在所有负担得起它的地方逐渐成为早期罗马帝国的特征。[1]这种纪念建筑代表了富人对某种特定城市式文明——在财政和道德上——的投入。这种文明包括一种公共的政治和社会生活方式，以及一种暗指过去、颂扬现在和旨在确保未来的节庆文化。[2]这些纪念建筑的遗存是城市社会的有形遗迹，是人类生活

1　Edmund Thomas, *Monumentality and the Roman Empire: Architecture in the Antonine Age* (New York: Oxford University Press, 2007).

2　Veyne, *Le Pain et le cirque*; Vivian Nutton, 'The Beneficial Ideology', in Garnsey and Whittaker (eds.), *Imperialism in the Ancient World*; Zuiderhoek, *The Politics of Munificence in the Roman Empire*.

和公共言论的短命材料从此消失的坚硬化石。

6世纪的统治者和我们一样着迷于这些城市文明的痕迹。但到了他们的时代，这些痕迹在帝国大部分地区也仅仅是遗迹而已了。几乎所有行省城市的纪念建筑也都是在公元3世纪中叶以前建造的；即使是维护这些纪念建筑也是各种统治者所关心的问题。[1]本章开头引用的一封信是卡西奥多鲁斯写给东哥特国王阿塔拉里克（Athalaric）的，这位国王热衷于鼓励有产阶级回到他们想象中的城市基地。普罗柯比写过关于查士丁尼建筑的长篇叙述，但是当我们仔细研究《论建筑》（On Buildings）一书时，就会发现皇帝的注意力几乎完全集中在教堂和防御工事上。他在自己在色雷斯的出生地建立了第一查士丁尼亚纳城时，这座城市占地约7公顷（0.07平方千米），而早期帝国城市通常占地100多公顷（1平方千米）。[2]在意大利和西方大部分地区，有产阶层几百年前就已经搬到了他们的豪宅庄园。在北方诸行省城市的收缩最为严重，到公元300年前后，这些省份的占用区下降到原来的三分之一，到了4世纪末，一些占用区不过就是避难所，是在大片荒凉城镇的中心用掠夺来的遗迹建造的设防要塞，而在这些城镇中，尚未变成菜园和田地的废弃居住区正在逐渐崩溃。

这一图景在我们看来是灾难性的。但在大多数地区，变革进

---

1 Bryan Ward-Perkins, *From Classical Antiquity to the Middle Ages: Urban Public Building in Northern and Central Italy AD 300–850*, Oxford Historical Monographs (Oxford: Oxford University Press, 1984).

2 在今塞尔维亚的莱巴内。《论建筑》本就是普罗柯比敬献给查士丁尼的颂辞，其中的描述也有夸张或争议之处，参考Mary Whitby, 'Procopius' Buildings, book1: a panegyrical perspective', *Antiquité Tardive*, 8 (2000) 45–57。——译者注

程可能是渐进的过程，是选择而非必然性的产物。富人总是在城镇和乡村都有住处，随着时间的推移，他们在乡村花的时间（和金钱）相比在城镇越来越多。在大多数城市，公共建筑和节日赞助在公元200到300年之间已经耗尽。与此同时，4世纪的庄园则展现出奢华的扩建和装饰。在任何精英缺席的地方，没有了精英及其奴隶、被释奴和门客消费的巨大刺激，也没有了精英偶尔的赞助，城市经济体皆陷于萎缩。

描绘并解释古典都市性的崩溃一直是考古学家和古代晚期历史学家的一个主要研究重点。[1]一个明确的发现是，这幅图景之中有些例外，但这些例外并不在我们可能会预期的地方。例如，罗马遭遇了人口急剧下降。奥古斯都时代估计人口在100万上下，到5世纪早期大约只剩下三分之一，而当查士丁尼军队于536年从哥特王手上夺回罗马时人口只剩约8万。这一衰退开始太早，不可以用哥特战争或者西方的崩溃来解释。另一方面，少数几座城市中则有证据显示建造私宅和大规模贸易一直持续到5世纪，有时甚至到6世纪。马赛和迦太基、以弗所、亚历山大里亚和恺撒里亚都是特别好的研究对象：它们都是港口城市。[2]不列颠、日耳

1　John Rich (ed.), *The City in Late Antiquity*, vol. iii, Leicester–Nottingham Studies in Ancient Society (London: Routledge, 1992); Liebeschuetz, *The Decline and Fall of the Roman City*; Kenneth G. Holum, 'The Classical City in the Sixth Century: Survival and Transformation', in Michael Maas (ed.), *The Cambridge Companion to the Age of Justinian* (New York: Cambridge University Press, 2005).

2　Clive Foss, *Ephesus after Antiquity: A Late Antique, Byzantine and Turkish City* (Cambridge: Cambridge University Press, 1979); S. T. Loseby, 'Marseille: A Late Antique Success Story?', *Journal of Roman Studies*, 82 (1992); Neil Christie and S. T. Loseby (eds.), *Towns in Transition: Urban Evolution in Late Antiquity and the Early Middle Ages* (Aldershot: Scolar, 1996).

曼和高卢北部经历了比其他任何地方都更早且更严重的城市收缩，而叙利亚和小亚细亚的城市生活方式似乎维持时间最长，在叙利亚明显延续到了伊斯兰统治时期。西班牙的城市在4世纪有所转型，基督教建筑取代了旧遗迹，但在3世纪时，这里就很少建造公共纪念建筑了。[1] 阿非利加的许多城市在4世纪及以后表现良好，其他城市则不然。[2] 都市性在巴尔干地区普遍未有蓬勃发展，但在许多内陆地区城市从来都不算很大。埃及未经灾难式衰落，但神庙建筑也从3世纪，在教堂开始出现一段时间以前，就开始衰落。许多古典城市至少在那些充满记忆的地点仍有来生。许多城市都建立在交通节点的关键场所上，数世纪的公路建设和港口建设只是突出了这些优势。主教辖区也以2世纪的城市框架为基础。许多城镇幸存到中世纪，但只是作为环绕教堂的围墙，或在少数例子中成为蛮族国王的宫殿。否则，实体城市要么崩溃，要么就被吸收了。在君士坦丁之后，神庙的赞助人自然越来越少，有些神庙遭到物理拆除，但很多都成了教堂。[3] 在建造结束后，引水道持续发挥作用的时间长得惊人。商店、摊点和市场则在6世纪侵占了叙利亚城市的大柱廊和公共广场。

　　想要总结这幅图景仍很困难，更不用说以一种完全令人满意的方式加以解释。但我们可以分离出几个趋势。第一，在几乎所

1　Michael Kulikowski, *Late Roman Spain and its Cities* (Baltimore: Johns Hopkins University Press, 2004).

2　Claude Lepelley, *Les Cités de l'Afrique romaine au bas-empire*, 2 vols. (Paris: Études Augustiniennes, 1979–1981).

3　关于神庙改建成教堂的例子，近来的研究呈现了更复杂的图景：Anna Sitz, 'Hiding in Plain Sight. Epigraphic Reuse in the Temple-Church at Aphrodisias', *Journal of Late Antiquity* 12.1 (2019), 136–168。——译者注

有地方，富人都在公元3世纪末以前停止了建造公共纪念建筑以及捐赠资金：在公元4—6世纪发现有建造新建筑的地方，通常建筑都包括防御工事、教堂和私人别墅。第二，即使在精英阶层将其支出从公共部门转移到私人部门之后，他们在多大程度上选择居住在城市或其附近也相当因地区而异。第三，部分地主阶级一定陷入了贫困：其中至少有一部分是由于国家增负，同时更多的地方精英能够通过加入帝国官僚机构或教会来逃避财政义务。[1]第四，市政机构陷入崩溃，尽管多位皇帝都曾努力迫使地方精英维持这些机构：这些机构的角色被皇帝任命的贵族和地方长官、主教和头面公民（first citizens）群体接管。[2]第五，尽管有以上这些趋势，少数港口城市似乎仍因将埃及、叙利亚和北非等地的密集农耕区与远方消费者连接起来而蓬勃发展。第六，不能把这些变化的责任归咎于环境变化或任何其他外部因素：唯一看似合理的罪魁祸首是有产阶层和帝国，而他们当然未有合作。

帝国、贵族与危机

并非所有帝国都依赖城市基础设施。罗马人也并未完全选择这条道路：地中海城市体系在罗马掌权之前很早就已存在，并构建了他们扩展进的社会与政治空间。尽管如此，在不平等联盟、附庸王政、包税制度、非正式霸权等其他机制的缺陷显露之后，城市和市政精英才真正成了共和国后期帝国运行的中心。庞培和

1　Millar, 'Empire and City, Augustus to Julian'.

2　Mark Whittow, 'Ruling the Late Roman and Early Byzantine City: A Continuous History', *Past and Present*, 129 (1990).

恺撒为此奠定了基础，奥古斯都则将这一体系推而广之。

但是从那时起，帝国经历了一系列渐进性和急剧性的变化。渐进的变化包括官僚体系的逐步扩大，作为一个独立管理机构的宫廷发展起来，在有产阶层中出现了一批极度富有的家族。急剧性的变化包括戴克里先和君士坦丁建立的新的货币、财政和政府体系。由大区总长和从4世纪初开始由百官总长（即卡西奥多鲁斯在东哥特王狄奥多里克宫廷中担任的职务）管理的官僚机构，比与其相对应的早期帝国机构大得多，它承担了财政、司法和组织职能，而此前履行这些职能的要么是作为机构的城市，要么是为皇帝效命的贵族。不出所料，皇帝们越来越不愿意要求地方精英成员——西方称为 curiales，东方叫 bouleutai——履行市政义务，如果他们愿意加入帝国公务体系。一面受制于精英免税，一面又受制于致使有资格出任政务官的家庭减少的财富集中，一些城市显然在运营中出了问题。然而，其他城市似乎得以幸存并繁荣起来的事实表明，这并非一个普遍威胁，而是新秩序中可能出现的危险。

那么，虽然把罗马帝国主义看作是一种成长于古典城邦文明而后杀死自己的寄主（因而杀死自己）的宏观寄生现象（macroparasitism）颇为吸引人，[1] 这个理论却过于简单了。它不仅没有解释不同城市的命运之间的所有差异，也说不通一些（但不是全部）富人不再喜爱城市生活的过程为何很长。另一种叙述认为，这些有产阶层是寄生虫，他们利用帝国积累财富和权力，然后拒绝尽自己的责任，结果农民变得疏远了，而皇帝也没有金钱保护古代

1　McNeill, *Plagues and Peoples*.

世界免受蛮族破坏。[1]这也同样过度简化了。如果说一些精英确实能够有效地把财富积聚在越来越少的人手中，他们也不能完全免受4世纪税收制度的影响。同样，很难表明帝国农民在古代晚期普遍比在其他时期更加不满。最后，如果仔细阅读西多尼乌斯的书信、佐西莫斯的史书、卡西奥多鲁斯博学的研究或奥古斯丁和奥洛修斯热诚的护教作品，就很难把受教育者和富人的态度和动机化约到如此粗略的经济利益计算上。

因此，如果城市对古代帝国来说并非不可或缺，为什么罗马没有把自己改造成一个非城市帝国呢？4世纪建立的官僚机构与军队相结合，定然能增加收入、保证和平。从某种意义上说，这正是7世纪以降在爱琴海周围拜占庭余土上所发生的事情。君士坦丁堡是仅存的真正的城市，而其他城市或遭废弃或变成了集市小镇，而帝国被划分为几个称为军区（*themata*）的区域，其中由一名官员一并行使军事和民事权力，在当地筹集他所指挥的部队所需的资源。[2]但这一制度显然是在帝国崩溃之后建立的。使用转型的话语来描述公元300到700年罗马帝国发生了什么，是在逃避问题。以领土、人口、影响力和军事力量来衡量，崩溃的事实是毫无疑问的。古人承认了这一点，我们应该也一样。

在这个帝国的故事中，我一直强调它得以生存的时刻。扩张的时期在世界历史上并不少见，短命的霸权也不罕有。然而，罗马加入的高端俱乐部只属于少数政治实体，它们在自身扩张中幸存下来，并能够衍生出新的制度、意识形态和习惯。成功的帝国

1　De Ste Croix, *The Class Struggle in the Ancient Greek World.*

2　Haldon, *Byzantium in the Seventh Century.*

是靠与其他社会实体的长期关系维持的，它们在某种意义上与这些社会实体共生着。罗马帝国的成功，有赖于它在帝国主义和贵族、帝国主义与奴隶制、帝国主义与家庭、帝国主义与城市以及帝国主义与文明之间谋划的协同作用。这些关系并非一成不变：在共生的期间，每组协作伙伴都在改造彼此。但这些组别也不是很不稳定。罗马人自己列出的"幸免于难的危机"可能包括高卢人的劫掠、阶层冲突、汉尼拔和坎尼战役、同盟者战争、内战，以及一连串专制皇帝，直到3世纪的无君时期。我强调过帝国演进过程中一系列略有不同的关键时刻，但每一次关键时刻都孕育出一套新的制度。从公元3世纪开始，有迹象表明帝国的每一个下一代版本在一些方面都不如其前代成功。古代晚期期间，帝国与古典城市和有产阶层的共生关系变得越来越弱。只是因为替代它们的要素没能很好运作，这一点才至关重要。

皇帝们似乎意识到了这一点，因为革新的步伐并未放缓。他们曾试图重塑帝国的贵族，使其更易摆布也更有用。高级廷臣得到了新设计的头衔，君士坦丁堡的元老院受到皇帝尊重对待，并策划盛大仪式来吸引群众。皇帝在帝国官僚机构中开设职位，然后实际上卖给买得起它们的人。一旦上任，官僚们就被允许收取相当于名义工资数倍的贿赂。查士丁尼试图使他的臣民团结在基督教信仰周围，并和君士坦丁一样致力于统一信仰。他强调一套单一的法律制度，并兼传统道德和军事价值观。他对西方的重新征服和他宏大的教堂建设运动赢得了支持。但是一种不断需要获得成功的意识形态在艰难时势下是得不到支持的。军事失败和向蛮族付钱损害了一些皇帝的声誉。相比于传统的国家崇拜，基督教并不是一套那么有效的帝国意识形态，这一部分是因为它长期存在异端和裂教的倾向，部分是因为基督教赋予宗教领袖独立的权力，例如罗马主教。在6世纪期间，一个人可以成为基督徒而不必成为皇帝的臣民，也可以成为在蛮族国王治下的罗马人。在西方，没有人张开双臂欢迎查士丁尼，而即使在以大多数标准来看都是一段非常成功的统治结束时，查士丁尼仍然受到宗教分裂的困扰。

从某些方面讲，7世纪晚期的帝国是一个非常成功的城邦。我们可以把它与公元前2世纪初的罗马做比较，当时罗马正处于扩张到意大利以外的前夕，而这两个时期领土规模也大致相当。在地缘政治上，7世纪帝国的防御能力较弱，有着漫长的巴尔干边界，并面临着来自陆地和海洋的阿拉伯入侵者威胁。但是它的遗迹更令人印象深刻，而帝国的统治者从他们九个世纪的帝国中积累了更具象征意义的资本。内部政治仍然是派系化的，无论是在宫廷里对立的宦官之间，还是在城市里的竞技派系之间。然而帝国却是稳定的，因为它的体制现在更注重存续而不是扩张。没有人计划着收缩，但也没有人计划着要扩张。罗马权力的兴衰都是由当时制度的内在逻辑所衍生的。

当然，周围的世界已经发生了变化。基督教和伊斯兰教现在以早年多神论从未做到过的方式来左右决策。在罗马留下的缺口之中没有建立起其他帝国，这一迹象表明，萎缩并不应归罪于皇帝们本人，而罗马的制度也并非中心问题。公元前2世纪，一些地区强国争夺霸权，在西方是迦太基和罗马，东方是塞琉古、托勒密和安提柯，而在其之外则有帕提亚人。一方的失败为另一方创造了机会。当帕提亚人势力缩小时，萨珊人逐渐取代了他们。在更早时期的近东以及晚些时候哥伦布之前的中美洲也可以观察到类似的动态。但这并没有发生在中世纪早期的旧大陆。狄奥多里克扮演罗马之王的角色，但他无法将象征性的权力转化为对其他西方王国有意义的上位控制力。加洛林帝国是一个比它的榜样罗马更为脆弱易碎的实体。而哈里发的力量从另一个角度也是如此。帝国的时代似乎已经结束了。除非某些普遍和长期的环境灾难的理由得到证实，否则，使世界不太容易接受帝国体制的最有可能的因素一定是古代晚期新的普世宗教的出现。[1]基督教和伊斯兰教并没有摧毁罗马帝国，但它们带来的世界对古代的宏大政治帝国并不那么友好。

延伸阅读

迈克尔·马思（Michael Maas）的《剑桥查士丁尼时代指南》（*Cambridge Companion to the Age of Justinian*, Cambridge, 2005）超越了题材的限制，重新描绘了这一时代。恺撒里亚的普罗柯比的几部作品是研究这段时期的基石。埃夫丽尔·卡梅伦（Averil Cameron）的《普罗柯比与6世纪》（*Procopius and the Sixth Century*, London, 1985）是最佳的入门之作。她关于公元6—7世纪的许多重要论文，有一些被收录进了《6世纪拜占庭的延续与变化》（*Continuity and Change in Sixth-Century Byzantium*, London, 1981）和《拜占庭早期变动的文化》（*Changing Cultures in Early Byzantium*, Aldershot, 1996）。关于西方，朱莉娅·史密

---

[1] Garth Fowden, *Empire to Commonwealth: Consequences of Monotheism in Late Antiquity* (Princeton: Princeton University Press, 1993).

斯（Julia Smith）的《罗马之后的欧洲》呈现了一部原创而又清晰的全新综述。

古代城市体系的转型是诸多作品的焦点。约翰·里奇（John Rich）主编的《古代晚期的城市》（*City in Late Antiquity*, London, 1992）以及尼尔·克里斯蒂（Neil Christie）与西蒙·洛斯比（Simon Loseby）主编的《转变中的城镇》（*Towns in Transition*, Aldershot, 1996）是两部非常有用的文集。沃尔夫·利伯舒茨（Wolf Liebeschuetz）的《古代城市衰亡史》（*Decline and Fall of the Ancient City*, Oxford, 2001）是最佳的综述：此外克里斯·威克姆的《构建早期中世纪》也值得一读。关于罗马城请参阅威廉·哈里斯主编的文集《古代晚期罗马城的转型》（*The Transformations of* Urbs Roma *in Late Antiquity*, Portsmouth, RI, 1999）和朱莉娅·史密斯主编的《早期中世纪罗马与基督教西方》（*Early Medieval Rome and the Christian West*, Leiden, 2000）。

罗马的过去与罗马的未来

> 我不会彻底死去,大部分的我将逃过利比提娜(Libitina)。后世的颂扬将让我长青不朽,只要大祭司和沉默的贞女还会登上卡皮托利山。
>
> ——贺拉斯《颂诗集》第3卷诗30第6—9行[1]

这些文字是诗人贺拉斯在奥古斯都统治时期写的。当你阅读它们时,你就已超越了他最具野心的期望。公元4世纪末以后,大祭司或维斯塔贞女已于史无证。而自从贺拉斯写作以来,卡皮托利山业已多次被毁坏并重建。然而我们确实仍在读着贺拉斯的《颂诗集》(Odes)。和罗马文明的其他部分一样,贺拉斯并没有彻底死去。

我的最后一章关于遗存,关于我们如何对罗马帝国了解如此之多。偶然与运气二者都在这个故事中扮演了一些角色,最近也

---

[1] 引自(古罗马)贺拉斯著,李永毅译:《贺拉斯诗全集》,中国青年出版社,2017年。——译者注

作用于我们自己的研究，而本书大部分内容都建基于这些研究之上。但设计谋划也存在，而且这不仅仅是贺拉斯。因为罗马人用瓶子带给了我们许多信息，它们被一代又一代地传送给遥远的后代。我们不能独享发现古罗马的全部功劳：古罗马人想要被发现。

偶　然

很少有帝国能像罗马帝国那样持续如此长的时间，或者对它们所统治的人们产生如此大的影响。在这本书里，我一直挣扎于我自己以及别人的比喻。罗马帝国曾被比作流行病、机器、气球、吸血蝙蝠和巨大的共振震动，被比作海啸和潮汐，被比作只有通过其化石肢体才能了解的有机体，被比作一个人的一生。有时，帝国社会看起来也是一场宏大的舞会，它吸引了越来越多的舞者，然后舞者越来越少，直到音乐变得截然不同。我最后的比喻是，把罗马帝国比作冰期。潮汐扫过海滩，然后退却，迷人的浮屑杂物留在海滩上，但只有在一场大风暴之后，海滩才看起来真正有所不同。但是如果我们考虑罗马帝国对传统和认同、文化和宗教、生活方式和信仰的影响，就会发现远为根本的变化。帝国如一块冰冠般发展，把冰川推向四面八方。当这些冰川回缩，退到拜占庭而非罗马时，它们留下了被凿出的全新景观，以及它们的新居民不得不居住于其周围的巨大冰碛石。这些民族已不再是罗马最初征服的民族：有些是新移民，而几乎所有其他民族都已经忘记了冰期前的情况。

在仔细研究罗马的遗迹艺术、铭文和文献，这些罗马行省臣民表达认同的主要材料时，我们发现在先前帝国的大部分地区，对更早时期的所有记忆都已消失了。西方诸民族，无论是罗马人征服过的高卢人和西班牙人等民族，还是曾征服罗马的汪达尔人和哥特人等民族，对罗马以前的他们自己的过去都没有可靠的记忆。从帝国早期开始，西部省份的许多民族就认为自己是特洛伊难民和希腊英雄的后代。[1]古代地名和先祖神已被遗忘了，他们的许多语言永远消失了，而他们所知道的唯一历史就是罗马的历史。500年后，卡西奥多鲁斯和其他人帮助新来的蛮族建立了新的谱系，通常遵循同样的模式，尽管此时《圣经》人物在族谱开始时就与特洛伊人布鲁图斯及其他传说人物你争我夺。[2]这种情况也非西方独有。居住在罗马近东广袤弧形地带的许多民族似乎也几乎没有保留下早期的记忆。[3]犹太人仍然保有他们的圣典以及其中包

1 Greg Woolf, 'The Uses of Forgetfulness in Roman Gaul', in Hans-Joachim Gehrke and Astrid Möller (eds.), *Vergangenheit und Lebenswelt: Soziale Kommunikation, Traditionsbildung und historisches Bewußtsein*, Script Oralia (Tübingen: Gunter Narr Verlag, 1996); Erskine, *Troy between Greece and Rome*; Woolf, *Tales of the Barbarians*.

2 Heather, 'Cassiodorus and the Rise of the Amals'; Ian Wood, 'Defining the Franks: Frankish Origins in Early Mediaeval Historiography', in Simon Forde, Lesley Johnson, and Alan V. Murray (eds.), *Concepts of National Identity in the Middle Ages* (Leeds: Leeds University Press, 1995); Andrew Gillett (ed.), *On Barbarian Identity: Critical Approaches to Ethnicity in the Early Middle Ages*, Studies in the Early Middle Ages (Turnhout: Brepols, 2002).

3 Fergus Millar, *The Roman Near East, 31 BC–AD 337* (Cambridge, Mass.: Harvard University Press, 1993); Fergus Millar, 'Ethnic Identity in the Roman Near East, 325–450: Language, Religion and Culture', in Graeme Clarke (ed.), *Identities in the Eastern Mediterranean in Antiquity: Mediterranean Archaeology, Australian and New Zealand Journal for the Archaeology of the Mediterranean World: A Round up of Material and Problems. Not Really an Argumentative Piece* (1998); Stephen Mitchell and Geoffrey Greatrex (eds.), *Ethnicity and Culture in Late Antiquity* (London: Duckworth and Classical Press of Wales, 2000).

含的历史。巴比伦、腓尼基和埃及的历史传统，在希腊化和罗马早期的希腊文著作中还留有踪迹。与西方传统一样，它们也经过了改造以适应希腊式规范的记忆与传统。[1]在很大程度上，这些民族的身份认同也与他们长期以来对马其顿和罗马帝国的臣服相适应。只有希腊历史传统这一罗马学者长期以来接受的传统仍然存续。然而，即使在希腊人中，帝国也重新塑造了集体认同和他们所保存的记忆。[2]除了基督徒们忙于创造的传统，不存在另一种传统，无论是颠覆性的还是不具颠覆性的。由此可见，几乎所有幸存下来的东西，即使是偶然留存，也都保留着帝国意识的痕迹。

罗马与我比较过的大多数其他早期帝国相比都有着更丰富的记载。对此的解释既包括历史与文化因素，也包括生态和经济因素。热带地区的帝国，如中世纪印度的毗奢耶那伽罗帝国或尤卡坦半岛的玛雅诸王国，都很快被植被吞噬。相比之下，罗马帝国的地中海中心地带，至少在地理上，是一个相对稳定的环境，在

1　Fergus Millar, 'The Phoenician Cities: A Case Study in Hellenization', *Proceedings of the Cambridge Philological Society*, 29 (1983); Price, 'Local Mythologies in the Greek East'; John Dillery, 'Greek Historians of the Near East: Clio's "Other" Sons', in John Marincola (ed.), *A Companion to Greek and Roman Historiography* (Malden, Mass.: Blackwell Publishers, 2007).

2　Bowie, 'The Greeks and their Past in the Second Sophistic'; Swain, *Hellenism and Empire*; Susan E. Alcock, *Archaeologies of the Greek Past: Landscape, Monuments and Memories* (Cambridge: Cambridge University Press, 2002); Simon Price, 'Memory and Ancient Greece', in Anders Holm Rasmussen and Suzanne William Rasmussen (eds.), *Religion and Society: Rituals, Resources and Identity in the Ancient Graeco-Roman World: The BOMOS Conferences 2002–5* (Rome: Edizioni Quasar, 2008); Christopher P. Jones, 'Ancestry and Identity in the Roman Empire', in Whitmarsh (ed.), *Local Knowledge and Microidentities in the Imperial Greek World*.

这样的环境中，石质建筑和坟墓如不受人类干扰，可以屹立数个世纪。许多地中海地区在罗马之后的几个世纪里所遭受的贫困也造成了良性的忽视。尽管有文艺复兴时期的意大利和早期现代的西班牙，但罗马在接下来的几个世纪里几乎无可企及。在中世纪，经济实力的前沿向北转移到了法兰克人的土地，向东转移到了巴格达。西班牙、意大利、法国南部和希腊的城市保留了其罗马街道规划的一些元素，部分原因是其中很少有城市受到中世纪晚期及以后在欧洲北部盛行的大规模重建项目的影响。

因此罗马城墙和城门被保存它们的房屋所覆盖，有时甚至完全隐藏了几个世纪。罗马时期阿尔勒的圆形竞技场被盖上了塔楼，并被建成了城堡，特里尔的黑门成了教堂，戴克里先在斯普利特为自己建造的大皇宫则成了住宅和商铺密集区。有时，只有罗马遗迹的影子在迷宫般的中世纪街道中幸存。即使最初建筑已经无一存于地面上，人们也有可能绕着在罗马历史中心的庞培大剧场的曲线行走；卢卡的圆形剧场在城市中留下了一个椭圆形的空间，这片空间在19世纪30年代被清理出来，以建设一个广场；塞维利亚和里斯本的大市政广场和神庙，先是被宏伟的清真寺取代，在再征服运动（reconquista）后又被巴洛克式大教堂所代换。伦敦和巴黎的情况与此大不相同，在这两个城市，大规模的建筑运动摧毁了主要的罗马城市。只有几处像西尔切斯特这样的地方，定居期的中断使得整个城市图景得以显露。阿非利加和叙利亚的古代城市中，有许多由于埋在沙中而保存得更好。平心而论，外围行省的许多城市从来没有中部行省的城市那么宏伟，有些则更多是用木头和瓦而非石材建成的。尽管如此，今天看到罗马遗迹的最好地方确实仍然是南欧、北非和中东相对贫穷的国家。

图 24　阿尔勒的圆形竞技场

　　一些罗马遗迹不是被中世纪的房屋或沙漠所包裹，而是被罗马许多潜在继承人的政治意图所笼罩。我在第 2 章中描述了历代政权是如何利用罗马的权力象征来发展它们自己的帝国形象的。欧洲历史的特点是连续不断的"复生"（renaissances），在这种"复生"中，学者或艺术家群体自觉地参照罗马的过去，为他们的创造力赢得新的地位。加洛林的僧侣、哈里发王朝的翻译家、12 世纪的神职学者、意大利 15 世纪的艺术家、第一批人文主义者、启蒙运动之父们以及许多其他人都以这种方式恢复了罗马的各种文本、建筑和艺术品。帝国的遗迹像在漫长的接力赛中的接力棒一样在历史上流传。

　　最后，有些物品之所以维持很久，仅仅是因为它们的材质经久耐用。早期的帝国首先是大规模的积累体系。通过强力和武力威胁，各个帝国从它们所有领地吸取物质和能量，以供消耗及存放于它们的首都。罗马收集了来自世界各地的珍宝、大理石和珍稀动物：贵金属早已消失，异邦动物在竞技场上被屠杀，但坚硬的石头依然存在——明亮的白色大理石来自土耳其西北部的普罗孔内索斯和意大利的卢尼，暗黄色石材来自阿非利加切姆彤的采石场，斑岩和稀有的花岗岩产自埃及东部沙漠中，而绿色的角砾岩则出自爱琴海。[1] 即使在今天，万神殿和卡拉卡拉浴场也确实非同寻常：在它们建成时，在它们珍贵的饰面石材被剥除之前，它们会让泰姬陵相形见绌。老普林尼的《博物志》收录了雕塑和青铜雕像的长篇记述。尽管他试图将此整理成一部系统的艺术史，但他总是被转移注意力，写下罗马的哪个神庙、柱廊或花园，它们现在或许都可以被看作杰作。因为征服和购买，希腊、埃及和其他地方的古代珍宝齐聚都城。[2] 当然，许多珍宝已经消失，大多数青铜器在文艺复兴恢复古典艺术的兴趣很早之前就已遭熔化。现代收藏的核心珍品得以保存下来，要归功于文艺复兴时期收藏者的充沛精力，他们收集了大量大理石，这些古物通过各种途径进入了欧洲的王室收藏及后来的国家收藏；在18世纪和19世纪期间，这些收藏又因激进的收购政策得到补充。考古仅为这些收藏增添了少数藏品，但有些藏品也非常珍贵。我们对古代青铜器的了解很大程度上有赖于水下发现，比如里亚切青铜器（Riace

1 Hazel Dodge and Bryan Ward-Perkins (eds.), *Marble in Antiquity: Collected Papers of J. B. Ward-Perkins* (London: British School at Rome, 1992).

2 Sorcha Carey, *Pliny's Catalogue of Culture: Art and Empire in the Natural History*, Oxford Studies in Ancient Culture and Representation (Oxford: Oxford University Press, 2003); Catharine Edwards, 'Incorporating the Alien: The Art of Conquest', in Edwards and Woolf (eds.), *Rome the Cosmopolis*.

Bronzes），它们是两尊在古典希腊时期铸造的上佳战士雕塑，于1972年由水肺潜水者发现于意大利海岸。在土耳其阿弗洛狄西亚斯和萨加拉索斯两个城市的当下的发掘工作已经为帝国时代大理石雕塑提供了极佳实例。[1]

仅有少量大型建筑足够经久不衰，能够留存的痕迹不仅限于意大利城镇街道布局。罗马并没有像一些现代强国那样通过超过其竞争对手的重大技术优势来赢取帝国。但是罗马通过创造一个使建筑师和工程师得以游走和交流创意的宏大空间、通过集中财富以使资助大型项目成为可能，执掌了建筑技术方面的重要进展。这一点从技术书作，特别是维特鲁威乌斯的著作《论建筑》之中，以及从对现存遗迹的研究中，可以明显看得出来。[2]希腊风格的模板仍然至关重要。但是，公元前1千纪末期混凝土的发明、砖和瓦的大量应用与生产以及越来越先进的勘测和设计技术，所有这些结合起来，使得规模空前的建筑物成为可能。拱顶和圆顶使王

1　Herbert Hoffmann and Nigel Konstam, 'Casting the Riace bronzes: modern assumptions and ancient facts', *Oxford Journal of Archaeology*, 21.2 (2002) 153–165. Roland R. R. Smith, 'Marble workshops at Aphrodisias', in *Roman sculpture in Asia Minor*. ed. by Francesco D'Andria, Ilaria Romeo and Johanna Auinger (Portsmouth RI.: Journal of Roman Archaeology, 2011), pp. 63–76. Marc Waelkens et al. 'Marble and the Marble Trade at Sagalassos (Turkey)', In *ASMOSIA 5*, ed. J. Herrmann, N. Herz, and R. Newman (London: Archetype Publications, 2002) 370–380.——译者注

2　Sarah Macready and F. H. Thompson (eds.), *Roman Architecture in the Greek World*, Society of Antiquaries of London Occasional Papers (London: Society of Antiquaries, 1987); Thomas, *Monumentality and the Roman Empire*; Serafina Cuomo, *Technology and Culture in Greek and Roman Antiquity*, ed. Paul Cartledge and Peter Garnsey, Key Themes in Ancient History (Cambridge: Cambridge University Press, 2007).

庭、神庙、皇家浴场和宫殿得以享有巨大的封闭空间。即便是今天，万神殿和圣索菲亚大教堂也让我们屏息凝神。建造引水道也同样消耗大量能量，并需要惊人的工程技术。一些引水道到中世纪仍然发挥作用，其他则作为桥梁幸存下来，或仅仅是因为建得太好不致崩塌，并且拆除太过困难或地处偏远。

大竞技场和加尔引水道（Pont du Gard）这样的建筑似乎第一眼就定会令人着迷。[1]事实上，并非所有的时代都如此沉迷于古代。"只要可能，就应该保留罗马建筑"的观念是最近才出现的。[2]许多罗马建筑今日只能通过早年旅行者、建筑师和壮游者（Grand Tourists）的素描和描述才能为人所知。直到19世纪，当像法国的普罗斯珀·梅里美（Prosper Mérimée）等活动家首先开始要求将古代遗迹当作国家宝藏来保护时，拆除罗马拱门或神庙来为现代化项目让路并不罕见。[3]20世纪，这一斗争转向争取对地表不可见的考古材料提供法律保护。这场战争在欧洲已经基本取得胜利。但是偶尔也有丑闻，而且赫库兰尼姆和庞贝这样的遗址的保护成

---

1 Keith Hopkins and Mary Beard, *The Colosseum*, ed. Mary Beard, Wonders of the World (London: Profile Books, 2005); Elke Stein-Hölkeskamp and Karl-Joachim Hölkeskamp (eds.), *Erinnerungsorte der Antike: Die römische Welt* (Munich: C. H. Beck Verlag, 2006).

2 Alain Schnapp, *The Discovery of the Past* (New York: Harry N. Abrams, 1997); Claudia Moatti, *In Search of Ancient Rome, New Horizons* (London: Thames and Hudson, 1993); David Karmon, *The Ruin of the Eternal City: Antiquity and Preservation in Renaissance Rome* (New York: Oxford University Press, 2011).

3 对此最佳的讨论见 André Fermigier, 'Mérimée et l'inspection des monuments historiques', dans Pierre Nora (dir.), *Les lieux de mémoire*, vol. 1, (Paris: Gallimard Quarto, 1997),1599–1614。——译者注

本仍然令人深感忧虑。

纪念物

今天，我们使用的术语"monument"（纪念物）几乎可以与"remains"（遗迹）互换。在英国，皇家历史遗迹委员会（Royal Commissions for Historical Monuments）对所有过往遗存的人类活动遗址负责。但是拉丁语中的 *monumentum* 一词有更具体的含义。它表示为了纪念过去某个人或事件而有意创造的事物，旨在为了将这种记忆呈现给未来。

当一个社会建造纪念物时，很多关于对时间与社群的集体态度得以揭示。首先，它肯定了历史的重要性。其次，无论多么不安，它都确立了对后代的信心，即未来将会有观众或读者群。最后，它构想出了一个在时间上有延展的社群，这个事件或这个人对哪些人很重要，对哪些人仍会重要，这两个群体都联系着原初事件。它表明，社群与延续性相关。罗马纪念物立刻捕捉到了这种罗马人民——从他们的神秘过去到未来命运的共同旅程中的旅伴们的感受。换句话说，贺拉斯当时并非直接对我们说话，因为我们并非这个社群的一部分。但是我们可以聆听罗马人给他们想象中的后代传达的信息。

并非所有社会都如此关注后世子孙。我们如此了解罗马的原因之一是，这种纪念性一段时间内几乎都是一种文化执着。但情况并非总是如此。公元前4世纪中叶以前，罗马是意大利一大强邦。然而，他们建造的纪念性建筑却极为稀少。当然，神庙常常也是纪念物，但罗马也是诸神的家，而且建造神庙看来是城市的人神成员之间当下对话的一部分。对于许多游客来说，共和国中期的城市似乎并不那么令人印象深刻。几个世纪以来，写作也一直被用于世俗目的，但无论是在为了留传而设计的大型公共铭文中，还是在任何类型的文学作品中，写作都很少被赋予一种纪念物的形式。以古代标准来看，罗马人在这一方面并非与众不同。但是，决定不建造大型纪念物、不立碑、不写作伟大作品，是有意识做出的选择：罗马人非常清楚周遭希腊城市的纪念建筑，或许也了解希腊文学和历史，他们当然本可以模仿其中任何一个。但是战利却更多的是花在那些谈论现在而非未来的、精心策划的节庆上，虽然其中定然有许多关于过去的传统，但似乎对发展出一个共同、集体的罗马历史并无什么真正关切。[1]

在公元前4、前3世纪之交，一种对后代的新的关切出现了。公元前312年出任监察官的阿皮乌斯·克劳狄乌斯·凯库斯（Appius Claudius Caecus）授权修建了一条引水道和一条南向大公路，并以他的名字分别命名为阿皮亚引水道和阿皮亚大道。西庇阿家族在公元前3世纪初建造的精美陵墓群中刻下的墓偈，明确表明是留给未来的读者看。这些想象中的读者是谁？铭文的位置暗示着读者可能是家族成员，但当铭文提到西庇阿家族的个人"在你们之中"担任公职时，很难不让人想到罗马人民的形象。公元前2世纪初，越来越多宏伟的建筑项目开始纳入委托建造它们的人的名字。在监察官任上，老加图把他在市政广场旁边建造的封顶大厅命名为波尔奇王庭（basilike），这是对帕迦马国王阿塔洛斯赠予雅典的王家（βασιλική）柱廊，以及加图所属的波尔奇

1　Wiseman, *Remus*; Purcell, 'Becoming Historical'.

氏族的暗示。第一条架过一系列巨大拱门通往罗马的引水道是以公元前144年市政裁判官昆图斯·马尔奇乌斯·雷克斯（Quintus Marcius Rex）的名字命名的。鲁奇乌斯·穆米乌斯（Lucius Mummius）的名字出现在许多城邦的胜利纪念物上，他在这些纪念地把一部分从科林斯掠夺来的战利品授予这些城邦。从此时起，公共建筑与个人的联系变得极其常见。共和国晚期的大将军们进一步发展了这一风格。从公元前1世纪中叶开始，一系列全新的纪念建筑类型出现了。其中最为人所知的是剧场、圆形大剧场和竞技场。超过一千座建筑都建设于公元前50至公元250年之间。[1]除此之外，还有尤利围院（*Saepta Julia*）[2]、皇家大浴场（*thermae*）、公共花园、图书馆、装满夺来的艺术品的柱廊等。并非所有元老都拥有能够赢得了战利以建造胜利神庙的幸运，也只有少数元老担任了监察官之类的职务，使他们得以利用公共资金建设。此外，公元前1世纪，至少就公共建筑而言，在庞培以他的大剧场树立了新标准之后，竞争变得越发困难了。建造墓葬提供了一种更廉价的纪念模式。共和国晚期的坟墓变得越来越精致和多样，包括阿皮亚大道上的高塔以及凯斯提乌斯（Cestius）所建的、现在跨于奥勒良城墙上的金字塔。

最终，皇帝们把他们的竞争对手赶出了罗马城。但其结果只

---

1 Jean-Claude Golvin, *L'Amphithéâtre romain: Essai sur la théorisation de sa forme et de ses fonctions*, 2 vols., Publications du Centre Pierre Paris (UA 991) (Paris: De Boccard, 1988).

2 *saepta*是一类由拱廊围起的空间，本用作公民投票之用，后来也被用于角斗士竞技等。据西塞罗《致阿提库斯书信》第4卷第16封第14节，此设计由恺撒首倡，因此以恺撒的族姓冠名。——译者注

是将纪念建筑移到了意大利和各行省的城镇。[1]这一运动的根源，在于人们对纪念性越来越感兴趣，而运动至少在时间上与罗马霸权的起源相吻合，并一直持续到帝国危机。但是，今天参观罗马遗迹时，我们主要是在观看漫长的2世纪创造的纪念物。在帝国大部分地区，这种大兴土木在公元1世纪加速发展，在公元200年左右达到顶峰，并在随后的一个世代间崩溃。

如果在图表上画出这一纹路，我们会发现它与拉丁碑铭兴衰的曲线十分吻合。[2]多数铭文都是墓志铭。这种纪念的习惯似乎已经从元老院贵族扩散到社会的其他阶层，特别是低级贵族和前奴隶。自由出生的大众基本上被排除在外，而帝国的农民则或多或少是不可见的。成百上千的此类铭文从罗马时期流传至今，尽管我们所得的铭文可能还不及原本题刻的铭文总数的5%。罗马城和周边地区发现铭文最多，但这种习惯也扩散到意大利各城市和各行省，甚至被边境士兵和远离母城的商人所接受。这些铭文也是一种纪念物，是有意为后人记录下人们生平的尝试。而碑铭现在也是罗马历史的宝贵信息来源，因为许多碑铭记录了死者的成就和地位，以及他或她的最近亲属，父母和子女、主人和奴隶、战友和朋友。他们为我们诉说了一个时代，此时的罗马社会最具活力，社会流动性最大，而帝国的城市网络也达到了顶峰。人们最常纪念的自然是成功的故事——获得自由的奴隶，在长期服役后

---

1 Werner Eck, 'Senatorial Self-Representation: Developments in the Augustan Period', in Millar and Segal (eds.), *Caesar Augustus*.

2 Ramsay MacMullen, 'The Epigraphic Habit in the Roman Empire', *American Journal of Philology*, 103 (1982); Greg Woolf, 'Monumental Writing and the Expansion of Roman Society', *Journal of Roman Studies*, 86 (1996).

获得公民身份的士兵，出任过市政祭司职和公职的市政议员。他
们个人的骄傲和焦虑呈现在对未来会有读者的信心之上；亦即，
他们成功的世界将以与现在大致相同的形式继续下去。

最后一种纪念物可以与墓葬和引水道、大剧场和墓志铭并立，
那就是文学文本。在最初的纪念性墓葬出现不久之后，建造它们
的罗马贵族就开始用拉丁文创作文学。[1]就像西庇阿家族的石棺一
样，最初创作的作品明显有着希腊式模板。就像石棺一样，这些
作品立即在罗马那相当不希腊的社会秩序中被用于新的目的。我
用来开篇的贺拉斯的诗，首先借用希腊诗人品达那别出心裁的表
达：诗歌相比实物雕像，是更有效力的纪念物。[2]实际上，我们无
须把纪念物和文字过于严格地区分开来，因为罗马纪念物从一开
始就被文字覆盖。西庇阿族墓中最早的石棺刻有一种从希腊模式
发展而来的新诗体铭文。[3]加图在创作他的文学丰碑（monumenta）
时，还把自己的名字确确实实地刻在了市政广场侧边的王庭之上。
弗尔维乌斯·诺比里奥尔赞助史诗诗人恩尼乌斯，也建造他的诸
缪斯之赫拉克勒斯神庙。这种联系在帝国初期才得到加强，到了
此时，一些诗人和历史学家本身就是元老，甚至是皇帝。

一个精英写诗的帝国是非常不寻常的。所有早期的帝国都会
用到书写，但大多只是为了管理的目的。许多帝国中也存在文学
团体，僧侣与宫廷诗人、祭司与科学家，但他们中很少有人接近

1　Habinek, *The Politics of Latin Literature: Writing, Identity and Empire in
Ancient Rome*.

2　品达《涅墨亚颂歌》第5首。——译者注

3　J. van Sickle, 'The Elogia of the Cornelii Scipiones and the Origins of
Epigram at Rome', *American Journal of Philology*, 108 (1987).

权力的操纵杆。或许只有中世纪中国的士大夫才能与罗马帝国博学的元老和骑士接近，尽管在罗马，这类活动是许多对精英开放的文化选择之一。[1]罗马作家有时把雅典表现为军事性罗马的文明化对手。然而，罗马时期的雅典节庆聚焦于纪念波斯战争中的战役，[2]而埃利乌斯·阿里斯提德斯在向雅典致敬的演说中，利用雅典帝国的过去加以奉承。另一方面，罗马帝国创造了各种教育和文学文化繁荣的条件。诗人和演说家都在宫廷中受到款待，皇帝在许多行省城市中为哲学和修辞教师授予职位。皇帝在首都、元老和市政议员在其他城市建起大型图书馆。帝国早期创作的文学文本可能比古典时期的任何其他时段都要多。大部分作品都以希腊文写成，涵盖主题范围广泛，从医学文本到关于几何学的诗歌，从色情诗作到城市历史。这些作品同样只有一小部分幸存下来，但通过这些纪念物，我们也可以听到罗马人与他们未来自我的对话。

罗马的诸未来

罗马人想通过他们的纪念物告诉后代什么？许多信息可以放进漂流瓶。最明显的是作者希望保留自己的名字，而不希望彻底死去。皇家纪念物与王朝、皇帝及其亲属的名字联系在一起。因

1　Greg Woolf, 'The City of Letters', in Catharine Edwards and Greg Woolf (eds.), *Rome the Cosmopolis* (Cambridge: Cambridge University Press, 2003).

2　Antony Spawforth, 'Symbol of Unity? The Persian-Wars Tradition in the Roman Empire', in Simon Hornblower (ed.), *Greek Historiography* (Oxford: Clarendon Press, 1994); Newby, *Greek Athletics in the Roman World: Victory and Virtue*.

此，屋大维娅和李维娅的柱廊，图拉真的市政广场，卡拉卡拉的浴场，都在罗马城的城市景观上留下了永久的印记。塞维鲁时期设计的罗马城宏大的大理石规划上写满了几代罗马强人的名字。体育馆、剧场、图书馆和其他市政建筑墙上的希腊文和拉丁文铭文纪念着它们的建造者。即使是诸神名字占据首要位置的神庙，也记录着那些为建造和后续修复而出资的人。诗人常常以致赞助者的文字作为他们作品的开篇。墓碑上开列了死者所取得的社会地位、担任的宗教和政务官职、职业、部落和年龄，以及身后处理葬礼者的姓名。这一切现在对我们来说都完全可以理解。

所有纪念物对未来的态度都是模棱两可的。创造纪念物的行为是一种相信未来会有读者的行为，但对未来读者的需要暴露了对一切都将被遗忘的恐惧。即使当我们想到帝国最稳定之时，这种恐惧似乎也是合理的。接下来的时期又是什么样呢？目前对纪念建筑的终止原因尚无共识。权势者是对未来失去信心，还是仅仅耗尽了与此相通所需的资金？随着帝国经济的萎缩，以及政府重担对那些关系不畅者施加更大的压力，许多人无疑陷入了贫困。建筑业如果崩溃，可能会对甚至是规模不大的纪念物生产造成连锁反应。然而，4世纪奢华的庄园和不断增长的教堂开支表明，单纯从经济角度解释不通。铭文仍在被继续制造，虽然数量越来越少，并且现在只为富人而作。或许我们应该想象，人们对未来会存在观众已经失去信心，特别是那些在早期帝国城市中为表演和城市纪念物提供观众的同胞公民。也许富人并不把后世看作是公民社会的继续存在，而是重新把他们想象为如他们自己一样持续存在的读者群体。这些人，是西多尼乌斯5世纪在他的奥弗涅庄园里写作的对象吗？

公元4世纪的文学中出现了对古代的新态度，但无论是对历史还是对未来都没有出现新的共识。[1]古典化作家把自己表述为传统主义者，但他们当然不是。佐西莫斯的做法展露了这一点：他在提到波里比阿对罗马崛起的描述时，立刻问出谁能想象出这不是出于诸神的青睐。[2]答案当然是波里比阿，他根据政治体制的相对优势及其灌输的观念做出了解释。但是这一争论显然已经变成了关于宗教的争论。然而即使是基督徒也未就过去达成一致。在君士坦丁之前一个多世纪，萨迪斯主教梅利托（Melito of Sardis）认为，基督诞生于罗马帝国起源之时表明罗马世界是一个神眷的创造。[3]奥洛修斯也试探性地暗示了类似的意思。[4]但在我们看来，这似乎偏离了他的老师奥古斯丁的立场，即地上之城的动荡与天国之城的公民基本没有关系。并非所有基督教式的未来都涉及罗马，基督教的过去也并非都有罗马一席之地。图尔的格里高利（Gregory of Tours）写于6世纪晚期的十卷《法兰克人史》（*History of the Franks*）以创造世界开始，接着讲述了基督教法兰克统治者的故事。西罗马帝国的灭亡位于第二册中某处，但在格里高利的叙述中并不重要，甚至不值一提。[5]对基督徒来说，这

1　Robert A. Kaster, *Guardians of Language: The Grammarian and Society in Late Antiquity* (Berkeley and Los Angeles: University of California Press, 1988); Clarke, *Reading the Past in Late Antiquity*.

2　佐西莫斯《新史》第1卷第1章第2节。——译者注

3　梅利托致马可·奥勒留书，经由优西比乌《教会史》（第4卷第26章第5—11节）保存下来。——译者注

4　奥洛修斯《破异教史》第6卷第22章。——译者注

5　格里高利《法兰克人史》第2卷第18—19章提到了萨克森人和罗马人的战争，以及奥多亚克进占意大利，但未确实提及废黜西罗马皇帝事。——译者注

种灵活性是一种优势。没有什么能使他们突陷困境，无论是西方帝国的垮台，拜占庭千年传承，还是阿拉伯征服的恐怖结果。

今天的罗马后代呢？回头观看望远镜，我们看到最坏的时候已经过去了。大多数曾成文的古典文学作品都是在公元5世纪到8世纪散佚的。[1]当城市收缩之时，公共和私人的图书馆不再得到扶持，书籍被焚、腐烂或碎裂。考虑到在印刷术时代前生产多种版本的成本，有些书可能从来都只有寥寥可数的副本。从纸草卷子到大体与现代书册形制相近的册子本形式的转变，也起到了过滤的作用。没有传送到新格式中的内容就此散佚了。在将近200年内，西部几乎没有生产过任何非基督教文本的副本。但幸存到加洛林文艺复兴时期的作品就有很大机会能被人文主义者收集，并保存直到印刷术发明。几乎所有古典文本现在都可以获得电子文本，并有原文和许多译文。目前看来，这些遗存看起来都很安全。

我们同样可以对考古遗产表示乐观，至少是其最著名的组成部分。对遗产的保护原则在法律中得以稳固确立，而现在罗马遗迹也很少受到拆除威胁。大众对过去的兴趣拯救了考古遗迹，使其成为不太富裕国家用以吸引游客的宝贵资产，以及民族自豪感的象征。各地的本地活动家们保护着罗马及其他古物。而考古遗迹也不是一种死的遗产。我在这本书中试图指出，许多领域中的研究正在改变我们对罗马帝国的理解。在19世纪创立古典学研究

1　Leighton D. Reynolds and Nigel G. Wilson, *Scribes and Scholars: A Guide to the Transmission of Greek and Latin Literature*, 2nd edn., revised and enlarged (Oxford: Clarendon Press, 1974).【译按】现该书已有从第四版译出的中译本（［英］L. D. 雷诺兹、N. G. 威尔逊著，苏杰译：《抄工与学者：希腊、拉丁文献传播史》，北京大学出版社，2015年）。

的语言学者，现在已经与考古学者、艺术史学者和各种社会科学学者相联合。老问题正被给出新的答案，古代罗马的每个方面的新问题正被提出和解答。无论是广大公众还是中小学生和大学生，对于拼接起一场在我们今日所居住的世界中留下如此多痕迹的历史大运动，都没有失去兴趣感。我们并不是任何一代罗马人想象中的后人——我们怎么可能会是呢？但在我们手中，罗马帝国的未来将是令人兴奋的。

延伸阅读

没有单独一本书能够处理本章集中的所有话题，但也有许多触及某些角度的作品颇有启发。找回包括古典古代在内的过去，是阿兰·施纳普（Alain Schnapp）的《发现过去》（*The Discovery of the Past*, New York, 1997）和大卫·洛温塔尔（David Lowenthal）的《过去即异邦》（*The Past is a Foreign Country*, Cambridge, 1985）的主题。埃蒙德·托马斯（Edmund Thomas）的《纪念性与罗马帝国》（*Monumentality and the Roman Empire*, Oxford, 2007）是一部对罗马最有形遗迹的既生动又学术的论述。罗马人如何看待古代艺术，是雅希·埃尔斯纳（Jaś Elsner）的《罗马之眼》（*Roman Eyes*, Princeton, 2007）一书的主题。关于后世对罗马的接受史，其关键著作已开列于第2章的延伸阅读之下。

有一批作品考察了社会记忆：阿兰·高英（Alain Gowing）的《帝国与记忆》（*Empire and Memory*, Cambridge, 2005）、苏珊·阿尔科克的《希腊过往的考古》（*Archaeologies of the Greek Past*, Cambridge, 2002）以及哈丽雅特·弗劳尔（Harriet Flower）

的《忘却的艺术》(*The Art of Forgetting*, Chapel Hill, NC, 1992)
给出了互相矛盾的模型，而每一个都很有趣。詹姆斯·芬特雷斯
(James Fentress)与克里斯·威克姆主编的《社会记忆》(*Social
Memory*, Oxford, 1992)同样提供了很多思考，虽说本书中古代只
牵涉过去。但关于罗马后世的巨著仍有待未来……[1]

---

1 现在已有了 Jonathan J. Price and Katell Berthelot (eds.) *The Future of Rome:
Greek, Jewish and Christian Visions* (Cambridge, 2020)。——译者注

参考书目

Aalders, G. J. D. 'Cassius Dio and the Greek World', *Mnemosyne*, 39/3–4 (1986): 282–304.

Abulafia, David. 'Mediterraneans', in *Rethinking the Mediterranean*, edited by William Vernon Harris, 64–93. Oxford: Oxford University Press, 2005.

Alcock, Susan E. *Graecia capta: The Landscapes of Roman Greece*. Cambridge: Cambridge University Press, 1993.

——— ed. *The Early Roman Empire in the East*. Oxford: Oxbow Books, 1997.

——— *Archaeologies of the Greek Past: Landscape, Monuments and Memories*. Cambridge: Cambridge University Press, 2002.

——— John F. Cherry, and Jas Elsner, eds. *Pausanias: Travel and Memory in Roman Greece*. New York: Oxford University Press, 2001.

——— T. D'Altroy, K. D. Morrison, and C. M. Sinopoli, eds. *Empires: Perspectives from Archaeology and History*. New York: Cambridge University Press, 2001.

Ando, Clifford. *Imperial Ideology and Provincial Loyalty in the Roman Empire*. Berkeley and Los Angeles: University of California Press, 2000.

——— 'A Religion for the Empire', in *Flavian Rome: Culture, Image, Text*, edited by A. J. Boyle and W. J. Dominik, 321–44. Leiden: Brill, 2003.

——— 'Interpretatio romana', *Classical Philology*, 100 (2005): 41–51.

———*The Matter of the Gods: Religion and the Roman Empire*. Berkeley and Los Angeles: University of California Press, 2008.

Asad, Talad. *Genealogies of Religion: Discipline and Reasons of Power in Christianity and Islam*. Baltimore: Johns Hopkins University Press, 1993.

Aubert, Jean-Jacques. *Business Managers in Ancient Rome: A Social and Economic Study of Institores, 200 B.C.–A.D. 250*, Columbia Studies in the Classical Tradition. Leiden: Brill, 1994.

Aubet, Maria Eugenia. *The Phoenicians and the West: Politics, Colonies and Trade*. 2nd edn. Cambridge: Cambridge University Press, 2001.

Austin, Michel. 'Hellenistic Kings, War and the Economy', *Classical Quarterly*, 36/2 (1986): 450–66.

Badian, Ernst. *Foreign Clientelae (264–70 BC)*. Oxford: Clarendon Press, 1958.

Bagnall, Roger. *Egypt in Late Antiquity*. Princeton: Princeton University Press, 1993.

Balsdon, J. P. V. D. *Romans and Aliens*. London: Duckworth, 1979.

Bang, Peter Fibiger. *The Roman Bazaar: A Comparative Study of Trade and Markets in a Tributary Empire*, Cambridge Classical Studies. Cambridge: Cambridge University Press, 2008.

—— and Christopher A. Bayly, eds. *Tributary Empires in Global History*, Cambridge Imperial and Post-Colonial Studies Series. Basingstoke: Palgrave Macmillan, 2011.

—— *Tributary Empires in History: Comparative Perspectives from Antiquity to the Late Mediaeval*, The Mediaeval History Journal 2003.

Barker, Graeme. *Prehistoric Farming in Europe*, New Directions in Archaeology. Cambridge: Cambridge University Press, 1985.

—— and Tom Rasmussen. *The Etruscans*. Edited by James Campbell and Barry Cunliffe. 2nd edn. The Peoples of Europe. Malden, Mass.: Blackwell Publishing, 1998.

Barnes, T. D. *Constantine and Eusebius*. Cambridge, Mass.: Harvard University Press, 1981.

—— *The New Empire of Diocletian and Constantine*. Cambridge, Mass.: Harvard University Press, 1982.

—— 'Constantine and the Christians of Persia', *Journal of Roman Studies*, 75 (1985): 126–36.

Barnish, S. J. B. 'Transformation and Survival in the Western Senatorial Aristocracy, *c*. A.D. 400–700', *Papers of the British School at Rome*, 56 (1988): 120–55.

Bartman, E. 'Sculptural Collecting and Display in the Private Realm', in *Roman Art in the Private Sphere: New Perspectives on the Architecture and Decor of the Domus, Villa and Insula*, edited by E. Gazda, 71–88. Ann Arbor: University of Michigan Press, 1991.

Batty, Roger. *Rome and the Nomads: The Pontic-Danubian Realm in Antiquity*. Oxford: Oxford University Press, 2007.

Beard, Mary. 'Cicero and Divination: The Formation of a Latin Discourse', *Journal of Roman Studies*, 76 (1986): 33–46.

—— 'A Complex of Times: No More Sheep on Romulus' Birthday', *Proceedings of the Cambridge Philological Society*, 33 (1987): 1–15.

—— 'The Roman and the Foreign: The Cult of the "Great Mother" in Imperial Rome', in *Shamanism, History and the State*, edited by Nicholas Thomas and Caroline Humphrey, 164–90. Ann Arbor: University of Michigan Press, 1994.

—— *The Roman Triumph*. Cambridge, Mass.: Harvard University Press, 2007.

—— and John North, eds *Pagan Priests*. London: Duckworth, 1990.

—— and Simon Price. *Religions of Rome*. 2 vols. Cambridge: Cambridge University Press, 1998.

—— *Religions of Rome*, i: *A History*. Cambridge: Cambridge University Press, 1998.

—— and Michael H. Crawford. *Rome in the Late Republic: Problems and Interpretations*. 2nd edn. London: Duckworth, 1999.

Bedford, Peter R. 'The Neo-Assyrian Empire', in *The Dynamics of Ancient Empires: State Power from Assyria to Byzantium*, edited by Ian Morris and Walter Scheidel, 30–65. New York: Oxford University Press, 2009.

Bickermann, Elias. 'Origines gentium', *Classical Philology*, 47 (1952): 65–81.

Bietti Sestieri, Anna Maria. *The Iron Age Community of Osteria dell'Osa: A Study of Socio-political Development in Central Tyrrenian Italy*, New Studies in Archaeology. Cambridge: Cambridge University Press, 1993.

Birley, Anthony R. *Hadrian: The Restless Emperor*. London: Routledge, 1997.

Blagg, Tom, and Martin Millett, eds. *The Early Roman Empire in the West*. Oxford: Oxbow Books, 1990.

Blázquez Martinez, José María, and José Remesal Rodriguez, eds. *Producción y comercio del aceite en la antigüedad; Congresso I*. Madrid: Universidad Complutense, 1980.

—— eds. *Producción y comercio del aceite en la antigüedad: Congresso II*. Madrid: Universidad Complutense, 1982.

Blockley, Roger. *The Fragmentary Classicising Historians of the Later Roman Empire: Eunapius, Olympiodorus, Priscus and Malchus*. 2 vols. Liverpool: Francis Cairns, 1981–3.

Boardman, John. *Greeks Overseas: Their Early Colonies and Trade*. 4th edn. London: Thames and Hudson, 1999.

Bodde, Derk. 'The State and Empire of Ch'in', in *The Cambridge History of China*, i: *The Ch'in and Han Empires, 221 B.C.–A.D. 220*, edited by Denis Twitchett and Michael Loewe, 21–102. Cambridge: Cambridge University

Press, 1986.

Bowen, Anthony, and Peter Garnsey. *Lactantius' Divine Institutes*, vol. xl, Translated Texts for Historians. Liverpool: Liverpool University Press, 2003.

Bowerstock, Glen. 'The Mechanics of Subversion in the Roman Provinces', in *Oppositions et résistances à l'empire d'Auguste à Trajan*, edited by Adalberto Giovannini, 291–320. Geneva: Fondation Hardt, 1987.

—— 'The Dissolution of the Roman Empire', in *The Collapse of Ancient States and Civilizations*, edited by Norman Yoffee and George L. Cowgill, 165–75. Tucson, Ariz.: University of Arizona Press, 1988.

—— *Hellenism in Late Antiquity*, Thomas Spenser Jerome Lectures. Cambridge: Cambridge University Press, 1990.

—— Peter Brown, and Oleg Grabar, eds. *Late Antiquity: A Guide to the Postclassical World*. Cambridge, Mass.: Belknap Press of Harvard University Press, 1999.

Bowie, Ewan. 'The Greeks and their Past in the Second Sophistic', *Past and Present*, 46 (1970): 3–48.

Bowman, Alan. *Life and Letters on the Roman Frontier: Vindolanda and its People*. London: British Museum Press, 1994.

—— and Andrew Wilson, eds. *Quantifying the Roman Economy: Methods and Problems*, Oxford Studies on the Roman Economy. Oxford: Oxford University Press, 2009.

Boyarin, Daniel. *Border Lines: The Partition of Judaeo-Christianity*. Edited by Daniel Boyarin, Virginia Burrus, Charlotte Fonrobert, and Robert Gregg, Divinations: Rereading Late Antique Religion. Philadelphia: University of Pennsylvania Press, 2004.

Bradley, Guy, Elena Isayev, and Corinna Riva, eds. *Ancient Italy: Regions without Boundaries*. Exeter: University of Exeter Press, 2007.

Bradley, Keith. *Slaves and Masters in the Roman Empire: A Study in Social Control*. New York: Oxford University Press, 1987.

—— *Slavery and Society at Rome*. Edited by Paul Cartledge and Peter Garnsey, Key Themes in Ancient History. Cambridge: Cambridge University Press, 1994.

—— 'Slavery in the Roman Republic', in *Cambridge World History of Slavery*, i: *The Ancient Mediterranean World*, edited by Keith Bradley and Paul Cartledge, 241–64. Cambridge: Cambridge University Press, 2011.

—— and Paul Cartledge, eds. *Cambridge World History of Slavery*, i: *The*

Ancient Mediterranean World. Cambridge: Cambridge University Press, 2011.

Braund, David. *Rome and the Friendly King: The Character of the Client Kingship*. London: Croom Helm, 1982.

—— 'Royal Wills and Rome', *Papers of the British School at Rome*, 51 (1983): 16–57.

Brisch, Nicole, ed. *Religion and Power: Divine Kingship in the Ancient World and beyond*, Oriental Institute Seminars. Chicago: Oriental Institute of the University of Chicago, 2008.

Broadhead, William. 'Migration and Transformation in Northern Italy in the 3rd–1st centuries BC', *Bulletin of the Institute of Classical Studies*, 44 (2000): 145–66.

Brosius, Maria. 'New out of Old? Court and Court Ceremonies in Achaemenid Persia', in *The Court and Court Society in Ancient Monarchies*, edited by Antony Spawforth, 17–57. Cambridge: Cambridge University Press, 2007.

Brown, Peter. *The World of Late Antiquity: From Marcus Aurelius to Muhammad*. London: Thames and Hudson, 1971.

—— *The Body and Society: Men, Women, and Sexual Renunciation in Early Christianity*, Lectures on the History of Religions. New York: Columbia University Press, 1988.

—— *Augustine of Hippo: A Biography*. London: Faber, 2000.

Brumfiel, Elizabeth M., and John W. Fox, eds. *Factional Competition and Political Development in the New World*, New Directions in Archaeology. Cambridge: Cambridge University Press, 1994.

Brunt, P. A. 'Italian Aims at the Time of the Social War', *Journal of Roman Studies*, 55 (1965): 90–109.

—— *Italian Manpower 225 B.C.–A.D. 14*. Oxford: Oxford University Press, 1971.

—— 'Laus imperii', in *Imperialism in the Ancient World*, edited by Peter Garnsey and C. R. Whittaker, 159–91. Cambridge: Cambridge University Press, 1978. Reprint in P. A. Brunt, *Roman Imperial Themes*. Oxford: Oxford University Press, 1990, 288–323.

—— 'The Revenues of Rome', *Journal of Roman Studies*, 71 (1981): 161–72.

—— *The Fall of the Roman Republic, and Related Essays*. Oxford: Clarendon Press, 1988.

—— 'Publicans in the Principate', in *Roman Imperial Themes*, 354–432. Oxford: Clarendon Press, 1990.

Bruun, Christer. 'The Antonine Plague and the "Third-Century Crisis" ', in *Crises and the Roman Empire*, edited by Olivier Hekster, Gerda de Kleijn, and Daniëlle Slootjes, 201–17. Leiden: Brill, 2007.

Burkert, Walter. *Ancient Mystery Cults*, Carl Newell Jackson Lectures. Cambridge, Mass.: Harvard University Press, 1987.

Cameron, Alan. *Greek Mythography in the Roman World*, edited by Donald J. Mastronarde, American Philological Association: American Classical Studies. New York: Oxford University Press, 2004.

—— *The Last Pagans of Rome*. New York: Oxford University Press, 2011.

Cameron, Averil, ed. *Changing Cultures in Early Byzantium*. Aldershot: Variorum Reprints, 1996.

——*Christianity and the Rhetoric of Empire: The Development of Christian Discourse*, Sather Classical Lectures. Berkeley and Los Angeles: University of California Press, 1991.

—— 'The Construction of Court Ritual: The Byzantine Book of Ceremonies', in *Rituals of Royalty: Power and Ceremonial in Traditional Societies*, edited by David Cannadine and Simon Price, 106–36. Cambridge: Cambridge University Press, 1987.

—— ed. *Continuity and Change in Sixth-Century Byzantium*. London: Variorum Reprints, 1981.

—— *Procopius and the Sixth Century*. London: Duckworth, 1985.

—— 'How to Read Heresiology', *Journal of Medieval and Early Modern Studies*, 33/3 (2003): 471–92.

—— and Stuart G. Hall. *Eusebius' Life of Constantine: Introduction, Translation and Commentary*. Oxford: Clarendon Press, 1999.

Campbell, Brian. *The Emperor and the Roman Army 31* BC–AD *235*. Oxford: Clarendon Press, 1984.

—— 'War and Diplomacy: Rome and Parthia 31 *BC–AD* 235 ', in *War and Society in the Roman World*, edited by John Rich and Graham Shipley, 213–40. London: Routledge, 1993.

Canepa, Matthew P. *The Two Eyes of the Earth: Art and Ritual of Kingship between Rome and Sasanian Iran*, edited by Peter Brown. Vol. xlv, The Transformation of the Classical Heritage. Berkeley and Los Angeles: University of California Press, 2009.

Cannadine, David. *Ornamentalism: How the British Saw their Empire*. London: Allen Lane, 2001.

—— and Simon Price, eds. *Rituals of Royalty: Power and Ceremonial in Traditional Societies*. Cambridge: Cambridge University Press, 1987.

Carey, Sorcha. *Pliny's Catalogue of Culture: Art and Empire in the Natural History*, Oxford Studies in Ancient Culture and Representation. Oxford: Oxford University Press, 2003.

Carlsen, Jesper, and Elio Lo Cascio, eds. *Agricoltura e scambi nell'Italia tardo-Repubblicana*, Pragmateiai. Bari: Edipuglia, 2009.

Cébeillac-Gervason, M., ed. *Les Bourgeoisies municipales italiennes aux IIe et Ier siècles av. J-C.* Naples : Éditions du CNRS & Bibliothèque de l'Institut Français de Naples, 1981.

Champion, T. C. 'Mass Migration in Later Prehistoric Europe', in *Transport Technology and Social Change: Papers Delivered at Tekniska Museet Symposium No. 2, Stockholm, 1979*, edited by Per Sörbom, 33–42. Stockholm: Tekniska Museet, 1980.

Champion, Tim, Clive Gamble, Stephen Shennan, and Alasdair Whittle. *Prehistoric Europe*. London: Academic Press, 1984.

Christie, Neil, and S. T. Loseby, eds. *Towns in Transition: Urban Evolution in Late Antiquity and the Early Middle Ages*. Aldershot: Scolar, 1996.

Claridge, Amanda. *Rome: An Oxford Archaeological Guide*. 2nd edn. Oxford: Oxford University Press, 2010.

Clarke, Graeme, ed. *Reading the Past in Late Antiquity.* Rushcutters Bay, NSW: Australian National University Press, 1990.

Clarke, Katherine. 'Universal Perspectives in Historiography', in *The Limits of Historiography: Genre and Narrative in Ancient Historical Texts*, edited by Christina Shuttleworth Kraus, 249–79. Leiden: Brill, 1999.

Coarelli, Filippo. 'Public Building in Rome between the Second Punic War and Sulla', *Papers of the British School at Rome*, 45 (1977): 1–23.

——*Rome and Environs: An Archaeological Guide*. Berkeley and Los Angeles: University of California Press, 2007.

—— and Helen Patterson, eds. *Mercator placidissimus: The Tiber Valley in Antiquity: New Research in the Upper and Middle River Valley, Rome, 27–28 February 2004*, Quaderni di Eutopia. Rome: Quasar, 2008.

Colinvaux, Paul A. *Why Big Fierce Animals Are Rare: An Ecologist's Perspective*. Princeton: Princeton University Press, 1978.

Collis, John R. *The European Iron Age*. London: Batsford, 1984.

Conrad, Geoffrey, and Arthur A. Demarest. *Religion and Empire: The Dynamics of Aztec and Inca Expansionism*, New Directions in Archaeology. Cambridge: Cambridge University Press, 1984.

Cooley, Alison. 'Beyond Rome and Latium: Roman Religion in the Age of Augustus', in *Religion in Republican Italy*, edited by Celia Schultz and Paul B. Harvey, 228–52. Cambridge: Cambridge University Press, 2006.

—— *Res gestae divi Augusti: Text, Translation and Commentary*. Cambridge: Cambridge University Press, 2009.

Corcoran, Simon. *Empire of the Tetrarchs: Imperial Pronouncements and Government,* ad *284–324*. Oxford: Clarendon Press, 1996.

Cornell, Tim. *The Beginnings of Rome: Italy and Rome from the Bronze Age to the Punic Wars (c. 1000–264 BC)*, Routledge History of the Ancient World. London: Routledge, 1995.

Cottier, Michel, Michael H. Crawford, C. V. Crowther, Jean-Louis Ferrary, Barbara Levick, and Michael Wörrle, eds. *The Customs Law of Asia*, edited by Alan Bowman and Alison Cooley, Oxford Studies in Ancient Documents. Oxford: Oxford University Press, 2008.

Coulston, J. C. N., and Hazel Dodge, eds. *Ancient Rome: The Archaeology of the Eternal City*, Oxford University School of Archaeology Monographs. Oxford: Oxford University School of Archaeology, 2000.

Courtois, Christian. *Les Vandales et l'Afrique*. Paris : Arts et Métiers Graphiques, 1955.

Crawford, Michael H. 'Rome and the Greek World: Economic Relationships', *Economic History Review*, 30/1 (1977): 45–52.

—— 'Greek Intellectuals and the Roman Aristocracy in the First Century bc', in *Imperialism in the Ancient World*, edited by Peter Garnsey and C. R. Whittaker, 193–207. Cambridge: Cambridge University Press, 1978.

——*Coinage and Money under the Roman Republic: Italy and the Mediterranean Economy*. London: Methuen, 1985.

—— *The Roman Republic*. 2nd edn. London: Fontana Press, 1992.

—— ed. *Roman Statutes*. 2 vols, Bulletin of the Institute of Classical Studies Supplements. London: Institute of Classical Studies, 1996.

Cristofani, Mauro, ed. *La grande Roma dei Tarquini: Roma, Palazzo delle esposizioni, 12 giugno–30 settembre 1990: Catalogo della mostra*. Rome: 'L'Erma' di Bretschneider, 1990.

Crone, Patricia. *Pre-industrial Societies*, New Perspectives on the Past. Oxford: Basil Blackwell, 1989.

Crook, J. A. *Consilium principis: Imperial Councils and Counsellors from Augustus to Diocletian*. Cambridge: Cambridge University Press, 1955.

Crosby, Alfred W. *Ecological Imperialism: The Biological Expansion of Europe, 900–1900*, Studies in Environment and History. Cambridge: Cambridge University Press, 1986.

Cunliffe, Barry. *Greeks, Romans and Barbarians: Spheres of Interaction*. London: Batsford, 1988.

——*Europe Between the Oceans: Themes and Variations,9000* bc–ad *1000*.New Haven: Yale University Press, 2008.

Cuomo, Serafina. *Technology and Culture in Greek and Roman Antiquity*, edited by Paul Cartledge and Peter Garnsey, Key Themes in Ancient History. Cambridge: Cambridge University Press, 2007.

Curran, John. *Pagan City and Christian Capital: Rome in the Fourth Century*, Oxford Classical Monographs. Oxford: Clarendon Press, 2000.

Dagron, Gilbert. *Emperor and Priest: The Imperial Office in Byzantium*. Cambridge: Cambridge University Press, 2003.

D'Arms, John H. *The Romans on the Bay of Naples:A Social and Cultural History of the Villas and their Owners from 150 B.C. to A.D. 100*. Cambridge, Mass.: Harvard University Press, 1970.

David, Jean-Michel. *The Roman Conquest of Italy*, edited by Tim Cornell, The Ancient World. Oxford: Blackwell Publishers, 1996.

de Callataÿ, François. 'The Graeco-Roman Economy in the Super Long Run: Lead, Copper, and Shipwrecks', *Journal of Roman Archaeology*, 18/1 (2005): 361–72.

de Ligt, Luuk, and Simon Northwood, eds. *People, Land and Politics: Demographic Developments and the Transformation of Roman Italy 300* bc–ad *14*, Mnemosyne Supplements. Leiden: Brill, 2008.

Demougin, Ségolène, Hubert Devijver, and Marie-Thérèse Raepsaet-Charlier, eds. *L'Ordre équestre : Histoire d'une aristocratie (IIe siècle av. J.-C.–IIIe siècle ap. J.-C.)*, Collection de l'École Française de Rome. Rome: École Française de Rome, 1999.

Dench, Emma. *From Barbarians to New Men: Greek, Roman and Modern Perceptions of Peoples of the Central Apennines*. Oxford: Oxford University Press, 1995.

—— *Romulus' Asylum: Roman Identities from the Age of Alexander to the Age of Hadrian*. Oxford: Oxford University Press, 2005.

Derks, Ton, and N. Roymans, eds. *Ethnic Constructs in Antiquity: The Role of Power and Tradition*, Amsterdam Archaeological Studies. Amsterdam: Amsterdam University Press, 2009.

de Ste Croix, G. E. M. *The Class Struggle in the Ancient Greek World: From the Archaic Age to the Arab Conquests*. London: Duckworth, 1981.

de Souza, Philip. *Piracy in the Graeco-Roman World*. Cambridge: Cambridge University Press, 1999.

Diamond, Jared M. *Collapse: How Societies Choose to Fail or Survive*. London: Allen Lane, 2005.

Dillery, John. 'Greek Historians of the Near East. Clio's "Other" Sons', in *A Companion to Greek and Roman Historiography*, edited by John Marincola, 221–30. Malden, Mass.: Blackwell Publishers, 2007.

Dix,T. Keith. 'The Library of Lucullus', *Athenaeum*, 88/2 (2000):441–64.

Dodge, Hazel, and Bryan Ward-Perkins, eds. *Marble in Antiquity: Collected Papers of J. B.Ward-Perkins*. London: British School at Rome, 1992.

Dougherty, Carol. *The Poetics of Colonization: From City to Text in Archaic Greece*. New York: Oxford University Press, 1993.

Drinkwater, John. *The Alamanni and Rome 213–496 (Caracalla to Clovis)*. Oxford: Oxford University Press, 2007.

—— and Hugh Elton, eds. *Fifth Century Gaul: A Crisis of Identity*. Cambridge: Cambridge University Press, 1992.

Duindam, Jeroen. *Myths of Power: Norbert Elias and the Early Modern European Court*. Amsterdam: Amsterdam University Press, 1994.

Dunbabin, Katherine M. *Mosaics of the Greek and Roman World*. Cambridge: Cambridge University Press, 1999.

Duncan-Jones, R. P. 'Taxes, Trade and Money', in *Structure and Scale in the Roman Economy*, 30–47. Cambridge: Cambridge University Press, 1990.

—— 'The Impact of the Antonine Plague', *Journal of Roman Archaeology*, 9 (1996): 108–36.

Dyson, Stephen L. *The Creation of the Roman Frontier*. Princeton: Princeton University Press, 1985.

Earl, Donald. *The Moral and Political Tradition in Rome*, Aspects of Greek and Roman Life. London: Thames and Hudson, 1967.

Eck, Werner. 'Senatorial Self-Representation: Developments in the Augustan Period', in *Caesar Augustus: Seven Aspects*, edited by Fergus Millar and Erich Segal, 129–67. Oxford: Oxford University Press, 1984.

Eckart, Hella, ed. *Roman Diasporas: Archaeological Approaches to Mobility and Diversity in the Roman Empire*, Journal of Roman Archaeology Supplements. Portsmouth, RI: Journal of Roman Archaeology, 2010.

Eckstein, Arthur M. *Senate and General: Individual Decision Making and Roman Foreign Relations, 264–194 B.C.* Berkeley and Los Angeles: University of California Press, 1987.

—— *Mediterranean Anarchy, Interstate War and the Rise of Rome*, Hellenistic Culture and Society. Berkeley and Los Angeles: University of California Press, 2006.

Edwards, Catherine. *The Politics of Immorality in Ancient Rome*. Cambridge: Cambridge University Press, 1993.

—— ed. *Roman Presences: Receptions of Rome in European Culture, 1789–1945*. Cambridge: Cambridge University Press, 1999.

—— 'Incorporating the Alien: The Art of Conquest', in *Rome the Cosmopolis*, edited by Catharine Edwards and Greg Woolf, 44–70. Cambridge: Cambridge University Press, 2003.

—— and Greg Woolf, eds. *Rome the Cosmopolis*. Cambridge: Cambridge University Press, 2003.

Eilers, Claude. *Roman Patrons of Greek Cities*. Oxford: Oxford University Press, 2002.

Eisenstadt, Shmuel. *The Political Systems of Empires*. London: Free Press of Glencoe, 1963.

Elias, Norbert. *The Court Society*. Oxford: Blackwell Publishers, 1983.

Elsner, Jaś. *Imperial Rome and Christian Triumph: The Art of the Roman Empire, ad 100–450*, Oxford History of Art. Oxford: Oxford University Press, 1998.

—— *Roman Eyes: Visuality and Subjectivity in Art and Text*. Princeton: Princeton University Press, 2007.

——and Ian Rutherford, eds. *Pilgrimage in Graeco-Roman and Early Christian Antiquity: Seeing the Gods*. Oxford: Oxford University Press, 2005.

Elton, Hugh. *Warfare in Roman Europe, AD 350–425*. Oxford: Clarendon Press, 1996.

Elvin, Mark. *The Pattern of the Chinese Past: A Social and Economic Explanation*. Stanford, Calif.: Stanford University Press, 1973.

Erdkamp, Paul. *The Grain Market in the Roman Empire: A Social, Political and Economic Study*. Cambridge: Cambridge University Press, 2005.

Erskine, Andrew. *The Hellenistic Stoa: Political Thought and Action*. London:

Duckworth, 1990.

——*Troy between Greece and Rome: Local Tradition and Imperial Power.* Oxford: Oxford University Press, 2001.

Fantham, Elaine. *Roman Literary Culture from Cicero to Apuleius*, Ancient Society and History. Baltimore: Johns Hopkins University Press, 1996.

Feeney, Denis. *Caesar's Calendar: Ancient Time and the Beginnings of History*, Sather Classical Lectures. Berkeley and Los Angeles: University of California Press, 2007.

Feeney, Denis. *Literature and Religion at Rome: Culture, Contexts and Beliefs*, Latin Literature in Context. Cambridge: Cambridge University Press, 1998.

Fentress, James, and Chris Wickham. *Social Memory*. Oxford: Blackwell Publishers, 1992.

Ferrary, Jean-Louis. *Philhellénisme et impérialisme : Aspects idéologiques de la conquête romaine du monde hellénistique, de la Seconde Guerre de Macédoine à la Guerre contre Mithridate*, Bibliothèque des Écoles Françaises d'Athènes et de Rome. Rome: École Française de Rome, 1988.

Flaig, Egon. *Den Kaiser herausfordern: Die Usurpation im römischen Reich.* Frankfurt-am-Main: Campus Verlag, 1992.

Flower, Harriet. *Ancestor Masks and Aristocratic Power in Roman Culture.* Oxford: Clarendon Press, 1996.

—— *The Art of Forgetting: Disgrace and Oblivion in Roman Political Culture*, edited by Robin Osborne, Peter Rhodes, and Richard J. A. Talbert, Studies in the History of Greece and Rome. Chapel Hill, NC: University of North Carolina Press, 2006.

Foss, Clive. *Ephesus after Antiquity: A Late Antique, Byzantine and Turkish City.* Cambridge: Cambridge University Press, 1979.

Fowden, Garth. *Empire to Commonwealth: Consequences of Monotheism in Late Antiquity.* Princeton: Princeton University Press, 1993.

France, Jérôme. *Quadragesima Galliarum: L'organisation douanière des provinces alpestres, gauloises et germaniques de l'Empire romain, 1er siècle avant J.-C.–3er siècle après J.-C.*, Collections de l'École Française à Rome. Rome: École Française de Rome, 2001.

Frederiksen, M. *Campania*. London: British School at Rome, 1984.

Fulford, Michael G. 'Roman and Barbarian: The Economy of Roman Frontier Systems', in *Barbarians and Romans in North-West Europe from the Later Republic to Late Antiquity*, edited by J. C. Barrett, 81–95. Oxford: British

Archaeological Reports, 1989.

Gabba, Emilio. *Republican Rome, the Army and the Allies*. Oxford: Blackwell Publishers, 1976.

Galinsky, Karl. *Augustan Culture*. Princeton: Princeton University Press, 1996.

—— ed. *Cambridge Companion to the Age of Augustus*. New York: Cambridge University Press, 2005.

Garnsey, Peter. *Famine and Food Supply in the Greco-Roman World: Responses to Risk and Crisis*. Cambridge: Cambridge University Press, 1988.

—— *Food and Society in Classical Antiquity*, Key Themes in Ancient History. Cambridge: Cambridge University Press, 1999.

—— 'Roman Citizenship and Roman Law in Late Antiquity', in *Approaching Late Antiquity: The Transformation from Early to Late Empire*, edited by Simon Swain and Mark Edwards, 133–55. Oxford: Oxford University Press, 2004.

—— and Richard P. Saller. *The Roman Empire: Economy, Society and Culture*. London: Duckworth, 1987.

——and Caroline Humfress. *The Evolution of the Late Antique World*. Cambridge: Orchard Academic, 2001.

Geertz, Clifford. 'Centers, Kings and Charisma: Reflections on the Symbolics of Power', in *Culture and its Creators: Essays in Honor of Edward Shils*, edited by Joseph Ben-David and Terry Nichols Clarke, 150–71. Chicago: University of Chicago Press, 1977. Reprint, *Local Knowledge: Further Essays in Interpretive Anthropology*. New York: Basic Books, 1983, 121–46.

Gehrke, Hans-Joachim. 'Heroen als Grenzgänger zwischen Griechen und Barbaren', in *Cultural Borrowings and Ethnic Appropriations in Antiquity*, edited by Erich Gruen, 50–67. Stuttgart: Franz Steiner Verlag, 2005.

Giardina, Andrea, and Aldo Schiavone, eds. *Società romana e produzione schiavistica*. Rome: Laterza, 1981.

Gigante, Marcello. *Philodemus in Italy: The Books from Herculaneum*, translated by Dirk Obbink, The Body, in Theory: Histories of Cultural Materialism. Ann Arbor: University of Michigan Press, 1995.

Gildenhard, Ingo. *Paideia Romana: Cicero's Tusculan Disputations*, edited by Tim Whitmarsh and James Warren, Proceedings of the Cambridge Philological Society Supplements. Cambridge: Cambridge Philological Society, 2007.

Gillett, Andrew, ed. *On Barbarian Identity: Critical Approaches to Ethnicity in the Early Middle Ages*, Studies in the Early Middle Ages. Turnhout: Brepols,

2002.

Goffart, Walter. *Barbarians and Romans, A.D. 418–584: The Techniques of Accommodation.* Princeton: Princeton University Press, 1980.

Goldhill, Simon, ed. *Being Greek under Rome: Cultural Identity, the Second Sophistic and the Development of Empire.* Cambridge: Cambridge University Press, 2001.

Goldsworthy, Adrian. *The Roman Army at War, 100 B.C.–A.D. 200.* Oxford: Clarendon Press, 1996.

—— *Caesar: The Life of a Colossus.* London: Weidenfeld and Nicolson, 2006.

——and Ian Haynes, eds. *The Roman Army as a Community*, Journal of Roman Archaeology Supplements. Portsmouth, RI: Journal of Roman Archaeology, 1999.

Golvin, Jean-Claude. *L'Amphithéâtre romain : Essai sur la théorisation de sa forme et de ses fonctions.* 2 vols., Publications du Centre Pierre Paris (UA 991). Paris: De Boccard, 1988.

Gonzáles, Julián. 'Lex Irnitana: A New Copy of the Flavian Municipal Law', *Journal of Roman Studies*, 76 (1986): 147–243.

Gordon, Richard. 'Religion in the Roman Empire: The Civic Compromise and its Limits', in *Pagan Priests*, edited by Mary Beard and John North, 233–55. London: Duckworth, 1990.

Gowers, Emily. *The Loaded Table: Representations of Food in Roman Literature.* Oxford: Clarendon Press, 1993.

Gowing, Alain M. *Empire and Memory: The Representation of the Roman Republic in Imperial Culture*, edited by Denis Feeney and Stephen Hinds, Roman Literature and its Contexts. Cambridge: Cambridge University Press, 2005.

Gradel, Ittai. *Emperor Worship and Roman Religion*, Oxford Classical Monographs. Oxford: Oxford University Press, 2002.

Greene, Kevin. *The Archaeology of the Roman Economy.* London: Batsford, 1986.

Griffin, Miriam. 'Claudius in Tacitus', *Classical Quarterly*, 40/2 (1990):482–501.

—— *Nero: The End of a Dynasty.* 2nd edn. London: Batsford, 1996.

Gruen, Erich, ed. *The Last Generation of the Roman Republic.* Berkeley and Los Angeles: University of California Press, 1974.

—— *The Hellenistic World and the Coming of Rome.* 2 vols. Berkeley and Los Angeles: University of California Press, 1984.

—— *Culture and National Identity in Republican Rome*. London: Duckworth, 1992.

—— 'The Expansion of the Empire under Augustus', in *Cambridge Ancient History*, x: *The Augustan Empire 43 B.C.–A.D. 69*, edited by Alan Bowman, Edward Champlin, and Andrew Lintott, 147–97. Cambridge: Cambridge University Press, 1996.

—— *Diaspora: Jews among Greeks and Romans*. Cambridge, Mass.: Harvard University Press, 2002.

—— ed. *Cultural Identity in the Ancient Mediterranean*, Issues and Debates. Los Angeles: Getty Research Institute, 2011.

Gutas, Dimitri. *Greek Thought, Arab Culture: The Graeco-Arabic Translation Movement in Baghdad and Early Abbasid Society (2nd–4th/8th–10th Centuries)*. New York: Routledge, 1998.

Guthrie, Stewart E. 'Anthropological Theories of Religion', in *Cambridge Companion to Atheism*, edited by Michael Martin, 283–99. Cambridge: Cambridge University Press, 2007.

Habinek, Thomas, ed. *The Politics of Latin Literature: Writing, Identity and Empire in Ancient Rome*. Cambridge: Cambridge University Press, 1998.

—— *The World of Roman Song from Ritualised Speech to Social Order*. Baltimore: Johns Hopkins University Press, 2005.

Haldon, John F. *Byzantium in the Seventh Century: The Transformation of a Culture*. Rev. edn. Cambridge: Cambridge University Press, 1997.

Halfmann, Helmut. *Itinera principum: Geschichte und Typologie der Kaiserreisen im Römischen Reich*, Heidelberger althistorische Beiträge und epigraphische Studien. Stuttgart: Franz Steiner Verlag, 1986.

Hall, John A. *Powers and Liberties: The Causes and Consequences of the Rise of the West*. Oxford: Blackwell Publishers, 1985.

Halstead, Paul, and John O'Shea, eds. *Bad Year Economics: Cultural Responses to Risk and Uncertainty*, New Directions in Archaeology. Cambridge: Cambridge University Press, 1989.

Hardie, Philip. *Virgil's Aeneid: Cosmos and Imperium*. Oxford: Clarendon Press, 1985.

Harries, Jill. *Sidonius Apollinaris and the Fall of Rome, ad 407–485*. Oxford: Clarendon Press, 1994.

—— and Ian Wood, eds. *The Theodosian Code: Studies in the Imperial Law of Late Antiquity*. London: Duckworth, 1993.

Harris, William Vernon. *War and Imperialism in Republican Rome,327–70 B.C.* Oxford: Clarendon Press, 1979.

—— 'Roman Expansion in the West', in *Cambridge Ancient History*, viii: *Rome and the Mediterranean to 133 BC*, edited by A. E. Astin, F. Walbank, M. Frederiksen, and R. M. Ogilvie, 107–62. Cambridge: Cambridge University Press, 1989.

——'Demography, Geography and the Sources of Roman Slaves', *Journal of Roman Studies*, 89 (1999): 62–75.

—— ed. *The Transformations of Urbs Roma in Late Antiquity*, Journal of Roman Archaeology Supplements. Portsmouth, RI: Journal of Roman Archaeology, 1999.

—— ed. *Rethinking the Mediterranean*. Oxford: Oxford University Press, 2005.

—— ed. *The Spread of Christianity in the First Four Centuries: Essays in Explanation*. Leiden: Brill, 2005.

—— *The Roman Imperial Economy: Twelve Essays*. Oxford: Oxford University Press, 2011.

Hassall, Mark, Michael H. Crawford, and Joyce Reynolds. 'Rome and the Eastern Provinces at the End of the Second Century BC', *Journal of Roman Studies*, 64 (1974): 195–220.

Heather, Peter. 'Cassiodorus and the Rise of the Amals: Genealogy and the Goths under Hun Domination', *Journal of Roman Studies*, 79 (1989): 103–28.

—— *Goths and Romans 332–489*. Oxford: Clarendon Press, 1991.

Hedeager, L. 'Empire, Frontier and the Barbarian Hinterland: Rome and Northern Europe from A.D. 1–400', in *Centre and Periphery in the Ancient World*, edited by Michael Rowlands, Møgens Trolle Larsen, and Kristian Kristiansen, 125–40. Cambridge: Cambridge University Press, 1987.

Hekster, Olivier. *Commodus: An Emperor at the Crossroads*, Dutch Monographs on Ancient History and Archaeology. Amsterdam: J. C. Gieben, 2002.

—— Gerda de Kleijn, and Daniëlle Slootjes, eds. *Crises and the Roman Empire*, Impact of Empire. Leiden: Brill, 2007.

Herrin, Judith. *The Formation of Christendom*. Oxford: Blackwell Publishers, 1987.

Heurgon, Jacques. *The Rise of Rome to 264 BC*. London: Batsford, 1973.

Hinds, Stephen. *Allusion and Intertext: Dynamics of Appropriation in Roman Poetry*, Latin Literature in Context. Cambridge: Cambridge University Press, 1998.

Hine, Harry. 'Seismology and Vulcanology in Antiquity?', in *Science and Mathematics in Ancient Greek Culture*, edited by C. J. Tuplin and T. E. Rihll, 56–75. Oxford: Oxford University Press, 2002.

Hingley, Richard, ed. *Images of Rome: Perceptions of Ancient Rome in Europe and the United States in the Modern Age*, edited by J. H. Humphrey, Journal of Roman Archaeology Supplements. Portsmouth, RI: Journal of Roman Archaeology, 2001.

—— *Globalizing Roman Culture: Unity, Diversity and Empire*. London: Routledge, 2005.

Hitchner, R. Bruce. 'Globalization avant la lettre: Globalization and the History of the Roman Empire', *New Global Studies*, 2/2 (2008).

Hölkeskamp, Karl-Joachim. 'Conquest, Competition and Consensus: Roman Expansion in Italy and the Rise of the "Nobilitas" ', *Historia: Zeitschrift für Alte Geschichte*, 42/1 (1993): 12–39.

Holum, Kenneth G. 'The Classical City in the Sixth Century: Survival and Transformation', in *The Cambridge Companion to the Age of Justinian*, edited by Michael Maas, 87–112. New York: Cambridge University Press, 2005.

Hopkins, Keith. *Conquerors and Slaves: Sociological Studies in Roman History I*. Cambridge: Cambridge University Press, 1978.

—— 'Divine Emperors, or the Symbolic Unity of the Roman Empire', in *Conquerors and Slaves: Sociological Studies in Roman History I*, 197–242. Cambridge: Cambridge University Press, 1978.

—— 'Economic Growth and Towns in Classical Antiquity', in *Towns in Societies: Essays in Economic History and Historical Sociology*, edited by Philip Abrams and E. A. Wrigley, 35–77. Cambridge: Cambridge University Press, 1978.

—— 'Taxes and Trade in the Roman Empire, 200 BC–AD 200', *Journal of Roman Studies*, 70 (1980): 101–25.

——*Death and Renewal: Sociological Studies in Roman History II*. Cambridge: Cambridge University Press, 1983.

—— 'Rome, Taxes, Rents and Trade', *Kodai*, 6–7 (1995–6): 41–75.

—— 'Christian Number and its Implications', *Journal of Early Christian Studies*, 6/2 (1998): 185–226.

—— 'The Political Economy of the Roman Empire', in *The Dynamics of Ancient Empires: State Power from Assyria to Byzantium*, edited by Ian Morris and Walter Scheidel, 178–204. New York: Oxford University Press, 2009.

—— and Mary Beard. *The Colosseum*, edited by Mary Beard, Wonders of the World. London: Profile Books, 2005.

Horden, Peregrine, and Nicholas Purcell. *The Corrupting Sea: A Study of Mediterranean History*. Oxford: Blackwell Publishers, 2000.

Howgego, Christopher. *Ancient History from Coins*. London: Routledge, 1995.

Isaac, Benjamin. *The Limits of Empire: The Roman Army in the East*. Oxford: Clarendon Press, 1990.

—— *The Invention of Racism in Classical Antiquity*. Princeton: Princeton University Press, 2004.

Janes, Dominic. *God and Gold in Late Antiquity*. Cambridge: Cambridge University Press, 1998.

Johnston, David. *Roman Law in Context*, edited by Paul Cartledge and Peter Garnsey, Key Themes in Ancient History. Cambridge: Cambridge University Press, 1999.

Jones, A. H. M. *The Later Roman Empire, 284–602*. 2 vols. Oxford: Blackwell Publishers, 1964.

Jones, Christopher P. 'A Syrian at Lyon', *American Journal of Philology*, 99/3 (1978): 336–53.

—— 'Ancestry and Identity in the Roman Empire', in *Local Knowledge and Microidentities in the Imperial Greek World*, edited by Tim Whitmarsh, 111–24. Cambridge: Cambridge University Press, 2010.

Jones, R. F. J. 'A False Start? The Roman Urbanisation of Western Europe', *World Archaeology*, 19/1 (1987): 47–58.

Karmon, David. *The Ruin of the Eternal City: Antiquity and Preservation in Renaissance Rome*. New York: Oxford University Press, 2011.

Kaster, Robert A. *Guardians of Language: The Grammarian and Society in Late Antiquity*. Berkeley and Los Angeles: University of California Press, 1988.

Kautsky, J. H. *The Politics of Aristocratic Empires*. Chapel Hill, NC: University of North Carolina Press, 1982.

Keaveney, Arthur. *Sulla: The Last Republican*. 2nd edn. London: Routledge, 2005.

Kehoe, Dennis P. 'The Early Roman Empire: Production', in *Cambridge Economic History of the Greco-Roman World*, edited by Walter Scheidel, Ian Morris, and Richard P. Saller, 543–69. Cambridge: Cambridge University Press, 2007.

Kelly, Christopher. *Ruling the Later Roman Empire*. Cambridge, Mass.: Belknap

Press of Harvard University Press, 2004.

—— *Attila the Hun: Barbarian Terror and the Fall of the Roman Empire.* London: The Bodley Head, 2008.

Kelly, Gavin. *Ammianus Marcellinus: The Allusive Historian.* Cambridge: Cambridge University Press, 2008.

Kennedy, Hugh. 'From Polis to Madina: Urban Change in Late Antique and Early Islamic Syria', *Past and Present*, 106/1 (1985): 3–27.

Kidd, I. G. 'Posidonius as Philosopher-Historian', in *Philosophia togata I: Essays on Philosophy and Roman Society*, edited by Miriam Griffin and Jonathon Barnes, 38–50. Oxford: Oxford University Press, 1989.

King, Anthony C. 'Diet in the Roman World: A Regional Inter-Site Comparison of the Mammal Bones', *Journal of Roman Archaeology*, 12/1 (1999): 168–202.

Kleiner, Diana E. E., and Susan B. Matheson, eds. *I Claudia: Women in Ancient Rome.* Austin, Tex.: University of Texas Press, 1996.

—— eds. *I Claudia II: Women in Roman Art and Society.* Austin, Tex.: University of Texas Press, 2000.

König, Jason. *Athletics and Literature in the Roman Empire*, edited by Susan E. Alcock, Jas Elsner, and Simon Goldhill, Greek Culture in the Roman World. Cambridge: Cambridge University Press, 2005.

—— 'Sympotic Dialogue in the First to Fifth Centuries ce', in *The End of Dialogue in Antiquity*, edited by Simon Goldhill, 85–113. Cambridge: Cambridge University Press, 2008.

Krebs, Christopher B. 'Borealism: Caesar, Seneca, Tacitus and the Roman Discourse about the Germanic North', in *Cultural Identity in the Ancient Mediterranean*, edited by Erich Gruen, 202–21. Los Angeles: Getty Research Institute, 2011.

Kuhrt, Amélie. 'Usurpation, Conquest and Ceremonial: From Babylon to Persia', in *Rituals of Royalty: Power and Ceremonial in Traditional Societies*, edited by David Cannadine and Simon Price, 20–55. Cambridge: Cambridge University Press, 1987.

Kulikowski, Michael. *Late Roman Spain and its Cities.* Baltimore: Johns Hopkins University Press, 2004.

Kulikowski, Michael. *Rome's Gothic Wars from the Third Century to Alaric*, Key Conflicts of Classical Antiquity. New York: Cambridge University Press, 2007.

Kunow, Jürgen. *Der römische Import in der Germania libera bis zu den Markomannenkrieg: Studien zu Bronze-und Glasgefässen*, Göttinger Schriften zur Vor- und Frühgeschichte. Neumunster: K.Wachholtz, 1983.

Lane Fox, Robin. *Pagans and Christians in the Mediterranean World from the Second Century* a.d. *to the Conversion of Constantine*. Harmondsworth: Viking, 1986.

Langlands, Rebecca. *Sexual Morality in Ancient Rome*. Cambridge: Cambridge University Press, 2006.

Lattimore, Owen. *Inner Asian Frontier of China*. Oxford: Oxford University Press, 1940.

Leach, Eleanor Windsor. *The Social Life of Painting in Ancient Rome and on the Bay of Naples*. Cambridge: Cambridge University Press, 2004.

Lenin, V. I. *Imperialism, the Highest Stage of Capitalism: A Popular Outline*. Moscow: Co-operative Publishing Society of Foreign Workers in the USSR, 1934.

Lepelley, Claude. *Les Cités de l'Afrique romaine au bas-empire*. 2 vols. Paris: Études Augustiniennes, 1979–81.

Levene, D. S. 'Sallust's Jugurtha: An "Historical Fragment" ', *Journal of Roman Studies*, 82 (1992): 53–70.

Levick, Barbara. *Tiberius the Politician*. London: Thames and Hudson, 1976.

—— 'Morals, Politics and the Fall of the Roman Republic', *Greece & Rome*, 29 (1982): 53–62.

—— 'Popular in the Provinces? À Propos of Tacitus Annales 1.2.2', *Acta classica*, 37 (1994): 49–65.

——*The Decline and Fall of the Roman City*. Oxford: Oxford University Press, 2001.

Liebeschuetz, W. *Antioch: City and Imperial Administration in the Later Roman Empire*. Oxford: Clarendon Press, 1972.

Lieu, Judith. *Christian Identity in the Jewish and Graeco-Roman World*. Oxford: Oxford University Press, 2004.

Ling, Roger. *Roman Painting*. Cambridge: Cambridge University Press, 1991.

Lintott, Andrew. 'Imperial Expansion and Moral Decline in the Roman Republic', *Historia: Zeitschrift für Alte Geschichte*, 21 (1972): 626–38.

—— *Judicial Reform and Land Reform in the Roman Republic: A New Edition, with Translation and Commentary, of the Laws from Urbino*. Cambridge: Cambridge University Press, 1992.

—— J. A. Crook, and Elizabeth Rawson, eds. *Cambridge Ancient History*, ix: *The Last Age of the Roman Republic 146–43 BC*. 2nd edn. Cambridge: Cambridge University Press, 1994.

Liverani, Mario. 'The Fall of the Assyrian Empire: Ancient and Modern Interpretations', in *Empires: Perspectives from Archaeology and History*, edited by Susan E. Alcock, T. D'Altroy, K. D. Morrison, and C. M. Sinopoli, 374–91. New York: Cambridge University Press, 2001.

Loseby, S.T. 'Marseille:A Late Antique Success Story?', *Journal of Roman Studies*, 82 (1992): 165–85.

Lowenthal, David. *The Past is a Foreign Country*. Cambridge: Cambridge University Press, 1985.

Luttwak, Edward N. *The Grand Strategy of the Roman Empire: From the First Century AD to the Third*. Baltimore: Johns Hopkins University Press, 1976.

Maas, Michael, ed. *The Cambridge Companion to the Age of Justinian*. New York: Cambridge University Press, 2005.

——. *John Lydus and the Roman Past: Antiquarianism and Politics in the Age of Justinian*. London: Routledge, 1992.

MacCormack, Sabine. *Art and Ceremony in Late Antiquity*, Transformation of the Classical Heritage. Berkeley and Los Angeles: University of California Press, 1981.

McCormick, Michael. *Eternal Victory: Triumphal Rulership in Late Antiquity, Byzantium and the Early Medieval West*, Past and Present Publications. Cambridge: Cambridge University Press, 1986.

MacMullen, Ramsay. *Soldier and Civilian in the Later Roman Empire*. Cambridge, Mass.: Harvard University Press, 1963.

—— *Paganism in the Roman Empire*. New Haven: Yale University Press, 1981.

—— 'The Epigraphic Habit in the Roman Empire', *American Journal of Philology*, 103 (1982): 233–46.

—— *Christianizing the Roman Empire (A.D. 100–400)*. New Haven: Yale University Press, 1984.

—— *Corruption and the Decline of Rome*. New Haven: Yale University Press, 1988.

McNeill, William H. *Plagues and Peoples*. Garden City, NY: Anchor Press/ Doubleday, 1976.

Macready, Sarah, and F. H. Thompson, eds. *Roman Architecture in the Greek World*, Society of Antiquaries of London Occasional Papers. London: Society of Antiquaries, 1987.

Malamud, Margaret. *Ancient Rome and Modern America*, Classical Receptions. Malden, Mass.: Wiley-Blackwell, 2009.

Manning, J. G. 'Coinage as Code in Ptolemaic Egypt', in *The Monetary Systems of the Greeks and Romans*, edited by William Vernon Harris, 84–111. Oxford: Oxford University Press, 2008.

Masuzawa, Tomoko. *The Invention of World Religions: Or, How European Universalism was Preserved in the Language of Pluralism.* Chicago: Chicago University Press, 2005.

Matthews, John F. 'Hostages, Philosophers, Pilgrims, and the Diffusion of Ideas in the Late Roman Mediterranean and Near East', in *Tradition and Innovation in Late Antiquity*, edited by F. M. Clover and R. S. Humphreys, 29–49. Madison: University of Wisconsin Press, 1989.

——*Laying down the Law: A Study of the Theodosian Code.* New Haven: Yale University Press, 2000.

Matthews, John F. *Western Aristocracies and Imperial Court, A.D. 364–425.* Oxford: Clarendon Press, 1975.

—— *The Roman Empire of Ammianus.* London: Duckworth, 1989. Mattingly, David, ed. 'First Fruit? The Olive in the Roman World', in *Human Landscapes in Classical Antiquity: Environment and Culture*, edited by Graham Shipley and John Salmon, 213–53. London: Routledge, 1996.

——*Dialogues in Roman Imperialism: Power, Discourse and Discrepant Experience in the Roman Empire*, edited by J. H. Humphrey, Journal of Roman Archaeology Supplements. Portsmouth, RI: Journal of Roman Archaeology, 1997.

——*An Imperial Possession: Britain in the Roman Empire 54 BC –AD 409.* London: Allen Lane, 2006.

——*Imperialism, Power and Identity: Experiencing the Roman Empire*, Miriam S. Balmuth Lectures in Ancient History and Archaeology. Princeton: Princeton University Press, 2011.

—— and John Salmon, eds. *Economies beyond Agriculture in the Classical World*, Leicester–Nottingham Studies in Ancient Society. London: Routledge, 2001.

Meeks, Wayne A. *The First Urban Christians: The Social World of the Apostle Paul.* New Haven: Yale University Press, 1983.

Millar, Fergus. *A Study of Cassius Dio.* Oxford: Clarendon Press, 1964.

—— *The Emperor in the Roman World*. London: Duckworth, 1977.

——'Emperors, Frontiers and Foreign Relations, 31 BC to AD 378', *Britannia*, 13 (1982): 1–23.

—— 'Empire and City, Augustus to Julian: Obligations, Excuses and Statuses', *Journal of Roman Studies*, 73 (1983): 76–96.

—— 'The Phoenician Cities: A Case Study in Hellenization', *Proceedings of the Cambridge Philological Society*, 29 (1983): 54–71.

—— 'The Political Character of the Classical Roman Republic, 200–151 b.c', *Journal of Roman Studies*, 74 (1984): 1–19.

——'Politics, Persuasion and the People before the Social War (150–90 b.c.)', *Journal of Roman Studies*, 76 (1986): 1–11.

——*The Roman Near East, 31 BC–AD 337*. Cambridge, Mass.: Harvard University Press, 1993.

—— 'Ethnic Identity in the Roman Near East, 325–450: Language, Religion and Culture', in *Identities in the Eastern Mediterranean in Antiquity: Mediterranean Archaeology, Australian and New Zealand Journal for the Archaeology of the Mediterranean World*, edited by Graeme Clarke (1998), 159–76.

—— *Rome, the Greek World and the East*, i: *The Roman Republic and the Augustan Revolution*. Chapel Hill, NC: University of North Carolina Press, 2002.

—— *A Greek Roman Empire: Power and Belief under Theodosius II (408–450)*, Sather Classical Lectures. Berkeley and Los Angeles: University of California Press, 2006.

—— and Erich Segal, eds. *Caesar Augustus: Seven Aspects*. Oxford: Oxford University Press, 1984.

Millett, Martin. *The Romanization of Britain: An Archaeological Essay*. Cambridge: Cambridge University Press, 1990.

Mitchell, Stephen. *Anatolia: Land, Men and Gods in Asia Minor*, i: *The Celts and the Impact of Roman Rule*. Oxford: Oxford University Press, 1993.

—— and Geoffrey Greatrex, eds. *Ethnicity and Culture in Late Antiquity*. London: Duckworth & Classical Press of Wales, 2000.

—— and Peter van Nuffelen, eds. *One God: Pagan Monotheism in the Roman Empire*. Cambridge: Cambridge University Press, 2010.

Mithen, Steven, and Pascal Boyer. 'Anthropomorphism and the Evolution of Cognition', *Journal of the Royal Anthropological Institute*, 2/4 (1996): 717–

21.

Moatti, Claudia. *In Search of Ancient Rome*, New Horizons. London: Thames and Hudson, 1993.

—— ed. *La Mobilité des personnes en Méditerranée de l'antiquité à l'époque moderne: Procédures de contrôle et documents d'identification*, Collection de l'École Française de Rome. Rome: École Française de Rome, 2004.

—— and Wolfgang Kaiser, eds. *Gens de passage en Méditerranée de l'Antiquité à l'époque moderne: Procédures de contrôle et d'identification*, Collection L'Atelier méditerranéen. Paris: Maisonneuve & Larose, 2007.

Morel, Jean-Paul. 'The Transformation of Italy 300–133 bc', in *Cambridge Ancient History*, viii: *Rome and the Mediterranean to 133 B.C.*, edited by A. E. Astin, F. W. Walbank, M. W. Frederiksen, and R. M. Ogilvie, 477–516. Cambridge: Cambridge University Press, 1989.

Moreland, John. 'The Carolingian Empire: Rome Reborn?', in *Empires: Perspectives from Archaeology and History*, edited by Susan E. Alcock, T. D'Altroy, K. D. Morrison, and C. M. Sinopoli, 392–418. New York: Cambridge University Press, 2001.

Morley, Neville. *Metropolis and Hinterland: The City of Rome and the Italian Economy 200 B.C.–A.D. 200*. Cambridge: Cambridge University Press, 1996.

Morris, Ian, and Walter Scheidel, eds. *The Dynamics of Early Empires: State Power from Assyria to Byzantium*. Oxford: Oxford University Press, 2009.

Morstein Kallet-Marx, Robert. *From Hegemony to Empire: The Development of the Roman Imperium in the East from 148 BC to 62 BC*, edited by Anthony W. Bulloch, Erich Gruen, A. A. Long, and Andrew Stewart, vol. xv, Hellenistic Culture and Society. Berkeley and Los Angeles: University of California Press, 1995.

Mouritsen, Henrik. *Italian Unification: A Study in Ancient and Modern Historiography*, Bulletin of the Institute of Classical Studies Supplements. London: Institute of Classical Studies, 1998.

Murray, Oswyn, and Manuela Tecusan, eds. *In vino veritas*. London: British School at Rome, 1995.

Newby, Zahra. *Greek Athletics in the Roman World: Victory and Virtue*, edited by Simon Price, R. R. R. Smith, and Oliver Taplin, Oxford Studies in Ancient Culture and Representation. New York: Oxford University Press, 2005.

Nicolet, Claude. ed. *Rome et la conquête du monde méditerranéen: 264–27 avant J.C.* Paris: Presses Universitaires de France, 1977.

—— 'Augustus, Government and the Propertied Classes', in *Caesar Augustus: Seven Aspects*, edited by Fergus Millar and Erich Segal, 169–88. Oxford: Oxford University Press, 1984.

—— *Space, Geography and Politics in the Early Roman Empire*, translated by Hélène Leclerc, Jerome Lectures. Ann Arbor: University of Michigan Press, 1991.

Nielsen, I. *Thermae et Balnea: The Architecture and Cultural History of Roman Baths*. 2 vols. Aarhus: Aarhus University Press, 1990.

Nock, Arthur Darby. *Conversion: The Old and the New in Religion from Alexander the Great to Augustine of Hippo*. Oxford: Clarendon Press, 1933.

North, John. 'Democratic Politics in Republican Rome', *Past and Present*, 126 (1990): 3–21.

——'The Development of Religious Pluralism', in *The Jews among Pagans and Christians in the Roman Empire*, edited by Judith Lieu, John North, and Tessa Rajak, 174–93. London: Routledge, 1992.

—— 'Roman Reactions to Empire', *Scripta classica Israelica*, 12 (1993): 127–38.

—— 'Pagans, Polytheists and the Pendulum', in *The Spread of Christianity in the First Four Centuries: Essays in Explanation*, edited by William Vernon Harris, 125–43. Leiden: Brill, 2005.

—— 'Pagan Ritual and Monotheism', in *One God: Pagan Monotheism in the Roman Empire*, edited by Stephen Mitchell and Peter van Nuffelen, 34–52. Cambridge: Cambridge University Press, 2010.

Noy, David. *Foreigners at Rome: Citizens and Strangers*. London: Duckworth, 2000.

Nutton, Vivian. 'The Beneficial Ideology', in *Imperialism in the Ancient World*, edited by Peter Garnsey and C. R. Whittaker, 209–21. Cambridge: Cambridge University Press, 1978.

O'Donnell, James J. *Cassiodorus*. Berkeley and Los Angeles: University of California Press, 1979.

Orlin, Eric. *Temples, Religion and Politics in the Roman Republic*, Mnemosyne Supplements. Leiden: Brill, 1996.

Osborne, Robin, and Barry Cunliffe, eds. *Mediterranean Urbanization 800–600 BC*, Proceedings of the British Academy. Oxford: Oxford University Press, 2005.

Parker, Anthony John. *Ancient Shipwrecks of the Mediterranean and the Roman*

Provinces, British Archaeological Reports International Series. Oxford: Tempus Reparatum, 1992.

Paterson, Jeremy. 'Friends in High Places: The Creation of the Court of the Roman Emperor', in *The Court and Court Society in Ancient Monarchies*, edited by Antony Spawforth, 121–56. Cambridge: Cambridge University Press, 2007.

Patterson, Orlando. *Slavery and Social Death: A Comparative Study*. Cambridge, Mass.: Harvard University Press, 1982.

Percival, John. *The Roman Villa: An Historical Introduction*. London: Batsford, 1976.

Potter, David. *The Roman Empire at Bay:* ad *180–395*. London: Routledge, 2004.

Potter, Tim. *Roman Italy*. London: British Museum Press, 1987.

Preston, Rebecca. 'Roman Questions, Greek Answers: Plutarch and the Construction of Identity', in *Being Greek under Rome: Cultural Identity, the Second Sophistic and the Development of Empire*, edited by Simon Goldhill, 86–119. Cambridge: Cambridge University Press, 2001.

Price, Simon. *Rituals and Power in Roman Asia Minor*. Cambridge: Cambridge University Press, 1984.

—— 'Local Mythologies in the Greek East', in *Coinage and Identity in the Roman Provinces*, edited by Christopher Howgego, Volker Heuchert, and Andrew Burnett, 115–24. Oxford: Oxford University Press, 2005.

—— 'Memory and Ancient Greece', in *Religion and Society: Rituals, Resources and Identity in the Ancient Graeco-Roman World: The BOMOS Conferences 2002–5*, edited by Anders Holm Rasmussen and Suzanne William Rasmussen, 167–78. Rome: Edizioni Quasar, 2008.

—— and Peter Thonemann. *The Birth of Classical Europe: A History from Troy to Augustine*, Penguin History of Europe. London: Allen Lane, 2010.

Puett, Michael J. *To Become a God: Cosmology, Sacrifice, and Self-Divinization in Early China*, Harvard-Yenching Institute monograph series. Cambridge, Mass.: Harvard University Press, 2002.

Purcell, Nicholas. 'Livia and the Womanhood of Rome', *Proceedings of the Cambridge Philological Society*, 32 (1986): 78–105.

—— 'Mobility and the Polis', in *The Greek City from Homer to Alexander*, edited by Oswyn Murray and Simon Price, 29–58. Oxford: Oxford University Press, 1990. ——'The Creation of Provincial Landscape: The Roman Impact on Cisalpine Gaul', in *The Early Roman Empire in the West*, edited by Tom Blagg and M. Millett, 7–29. Oxford: Oxbow Books, 1990.

—— 'The Roman Villa and the Landscape of Production', in *Urban Society in Roman Italy*, edited by Tim Cornell and Kathryn Lomas, 151–79. London: University College London Press, 1995.

——'On the Sacking of Carthage and Corinth', in *Ethics and Rhetoric: Classical Essays for Donald Russell on his Seventy-Fifth Birthday*, edited by Doreen Innes, Harry Hine, and Christopher Pelling, 133–48. Oxford: Clarendon Press, 1995.

—— 'Wine and Wealth in Ancient Italy', *Journal of Roman Studies*, 75 (1985): 1–19.

—— 'Becoming Historical: The Roman Case', in *Myth, History and Culture in Republican Rome: Studies in Honour of T. P. Wiseman*, edited by David Braund and Christopher Gill, 12–40. Exeter: University of Exeter Press, 2003.

—— 'The Way We Used to Eat: Diet, Community, and History at Rome', *American Journal of Philology*, 124/3 (2003): 329–58.

—— 'The Boundless Sea of Unlikeness? On Defining the Mediterranean', *Mediterranean Historical Review*, 18/2 (2004): 9–29.

Quartermaine, Luisa. ' "Slouching towards Rome" : Mussolini's Imperial Vision', in *Urban Society in Roman Italy*, edited by Tim Cornell and Kathryn Lomas, 203–15. London: University College London Press, 1995.

Raaflaub, Kurt. 'Born to be Wolves? Origins of Roman Imperialism', in *Transitions to Empire: Essays in Greco-Roman History 360–146 B.C. in Honor of E. Badian*, edited by Robert W. Wallace and Edward M. Harris, 273–314. Norman, Okla.:University of Oklahoma Press, 1996.

—— and Mark Toher, eds. *Between Republic and Empire: Interpretations of Augustus and his Principate*. Berkeley and Los Angeles: University of California Press, 1990.

Rathbone, Dominic. 'The Development of Agriculture in the Ager Cosanus during the Roman Republic: Problems of Evidence and Interpretation', *Journal of Roman Studies*, 71 (1981): 10–23.

—— 'The Slave Mode of Production in Italy', *Journal of Roman Studies*, 73 (1983): 160–8.

—— 'The Imperial Finances', in *Cambridge Ancient History*, x: *The Augustan Empire 43 B.C.–A.D. 69*, edited by Alan Bowman, Edward Champlin, and Andrew Lintott, 309–23. Cambridge: Cambridge University Press, 1996.

Rawson, Beryl, ed. *The Family in Ancient Rome: New Perspectives*. London:

Routledge, 1986.

—— and P. R. C. Weaver, eds. *The Roman Family in Italy: Status, Sentiment and Space*. Oxford: Oxford University Press, 1997.

Rawson, Elizabeth. 'Religion and Politics in the Late Second Century b.c. at Rome', *Phoenix*, 28/2 (1974): 193–212.

——'Caesar's Heritage: Hellenistic Kings and their Roman Equals', *Journal of Roman Studies*, 65 (1975): 148–59.

—— *Cicero: A Portrait*. London: Allen Lane, 1975.

—— *Intellectual Life in the Late Roman Republic*. London: Duckworth, 1985.

—— ed. *Roman Culture and Society: Collected Papers*. Oxford: Clarendon Press, 1991.

Reece, Richard. 'Romanization, a Point of View', in *The Early Roman Empire in the West*, edited by Tom Blagg and Martin Millett, 30–4. Oxford: Oxbow Books, 1990.

Rees, Roger, ed. *Romane memento: Vergil in the Fourth Century*. London: Duckworth, 2003.

——*Diocletian and the Tetrarchy*, Debates and Documents in Ancient History. Edinburgh: Edinburgh University Press, 2004.

Renfrew, Colin, and John F. Cherry, eds. *Peer Polity Interaction and Socio-political Change*, New Directions in Archaeology. Cambridge: Cambridge University Press, 1986.

Reynolds, Leighton D., and Nigel G. Wilson. *Scribes and Scholars: A Guide to the Transmission of Greek and Latin Literature*. 2nd edn., revised and enlarged. Oxford: Clarendon Press, 1974.

Rhodes, Peter. 'After the Three-Bar Sigma Controversy: The History of Athenian Imperialism Reassessed', *Classical Quarterly*, 58/2 (2008): 501–6.

Rich, John, ed. *The City in Late Antiquity*.Vol. iii, Leicester–Nottingham Studies in Ancient Society. London: Routledge, 1992.

——'Fear, Greed and Glory: The Causes of Roman War-Making in the Middle Republic', in *War and Society in the Roman World*, edited by John Rich and Graham Shipley, 36–68. London: Routledge, 1993.

—— and Graham Shipley, eds. *War and Society in the Roman World*, Nottingham–Leicester Studies in Ancient Society. London: Routledge, 1993.

Richardson, John S. 'The Spanish Mines and the Development of Provincial Taxation in the Second Century B.C', *Journal of Roman Studies*, 66 (1976): 139–52.

——*Hispaniae: Spain and the Development of Roman Imperialism*. Cambridge: Cambridge University Press, 1986.

—— *The Language of Empire: Rome and the Idea of Empire from the Third Century BC to the Second Century AD*. Cambridge: Cambridge University Press, 2008.

Ridgway, David. *The First Western Greeks*. Cambridge: Cambridge University Press, 1992.

Riggsby, Andrew. *Caesar in Gaul and Rome: War in Words*. Austin, Tex.: University of Texas Press, 2006.

Riva, Corinna. *The Urbanization of Etruria*. Cambridge: Cambridge University Press, 2010.

Rives, James B. 'The Decree of Decius and the Religion of Empire', *Journal of Roman Studies*, 89 (1999): 135–54.

—— *Religion in the Roman Empire*. Malden, Mass.: Blackwell Publishers, 2007.

Roller, Matthew B. *Constructing Autocracy: Aristocrats and Emperors in Julio-Claudian Rome*. Princeton: Princeton University Press, 2001.

Roselaar, Saskia T. *Public Land in the Roman Republic: A Social and Economic History of Ager Publicus in Italy, 396–89 BC*, Oxford Studies in Roman Society and Law. Oxford: Oxford University Press, 2010.

Rosenstein, Nathan Stewart. *Rome at War: Farms, Families and Death in the Middle Republic*. Chapel Hill, NC: University of North Carolina Press, 2004.

Roth, Ulrike. *Thinking Tools: Agricultural Slavery between Evidence and Models*, edited by Mike Edwards, Bulletin of the Institute of Classical Studies Supplements. London: Institute of Classical Studies, 2007.

Roymans, Nico. *Tribal Societies in Northern Gaul: An Anthropological Perspective*, Cingula. Amsterdam: Universiteit van Amsterdam, Albert Egges van Giffen Instituut voor Prae- en Protohistorie, 1990.

—— ed. *From the Sword to the Plough: Three Studies on the Earliest Romanisation of Northern Gaul*, Amsterdam Archaeological Studies. Amsterdam: Amsterdam University Press, 1996.

Rüpke, Jörg. *Domi militiae: Die religiöse Konstruktion des Krieges im Rom*. Stuttgart: Steiner, 1990.

—— *Religion of the Romans*. Cambridge: Polity Press, 2007. Sabin, Philip, Hans van Wees, and Michael Whitby, eds. *The Cambridge History of Greek and Roman Warfare*. Cambridge: Cambridge University Press, 2007.

Sahlins, Marshall. *Stone Age Economics*. London: Routledge, 1974.

Sallares, Robert. *The Ecology of the Ancient Greek World*. London: Duckworth, 1991.

—— 'Ecology', in *The Cambridge Economic History of the Greco-Roman World*, edited by Walter Scheidel, Ian Morris, and Richard P. Saller, 15–37. Cambridge: Cambridge University Press, 2007.

Saller, Richard P. *Personal Patronage under the Early Empire*. Cambridge: Cambridge University Press, 1982.

—— *Patriarchy, Property and Death in the Roman Family*, Cambridge Studies in Population Economy and Society in Past Time. Cambridge: Cambridge University Press, 1994.

Salzman, Michele Renee. *The Making of a Christian Aristocracy: Social and Religious Change in the Western Roman Empire*. Cambridge, Mass.: Harvard University Press, 2004.

Sandwell, Isabella. *Religious Identity in Late Antiquity: Greeks, Jews, and Christians in Antioch*, Greek Culture in the Roman World. Cambridge: Cambridge University Press, 2007.

Sapelli, M., ed. *Provinciae fideles: Il fregio del templo di Adriano in Campo Marzio*. Milan: Electa, 1999.

Sawyer, Peter H., and Ian Wood, eds. *Early Medieval Kingship*. Leeds: The School of History, University of Leeds, 1977.

Scheid, John. 'Graeco ritu: A Typically Roman Way of Honouring the Gods', *Harvard Studies in Classical Philology*, 97 Greece in Rome: Influence, Integration, Resistance (1995): 15–21.

—— *Quand croire c'est faire: Les rites sacrificiels des Romains*. Paris: Aubier, 2005.

Scheidel, Walter, ed. *Rome and China: Comparative Perspectives on Ancient World Empires*, Oxford Studies in Early Empires. Oxford: Oxford University Press, 2009.

—— and Sitta von Reden, eds. *The Ancient Economy*, Edinburgh Readings on the Ancient World. Edinburgh: Edinburgh University Press, 2002.

Schnapp, Alain. *The Discovery of the Past*. New York: Harry N. Abrams, 1997.

Schneider, Rolf Michael. *Bunte Barbaren: Orientalenstatuen aus farbigem Marmor in der römischen Repräsentationskunst*. Worms: Wernersche Verlagsgesellschaft, 1986.

Schwartz, Seth. *Imperialism and Jewish Society 200 BCE to 640 CE*, edited by R. Stephen Humphreys, William Chester Jordan, and Peter Schäfer, Jews,

Christians and Muslims from the Ancient to the Modern World. Princeton: Princeton University Press, 2001.

Scobie, Alexander. *Hitler's State Architecture: The Impact of Classical Antiquity*, Monographs on the Fine Arts. University Park, Pa.: Pennsylvania State University Press, 1990.

Scullard, H. H. *From the Gracchi to Nero: A History of Rome from 133 BC to AD 68*. 5th edn. London: Routledge, 1982.

Seager, Robin. *Pompey the Great: A Political Biography*. 2nd edn. Oxford: Blackwell Publishing, 2002.

Sedley, David. 'Philosophical Allegiance in the Greco-Roman World', in *Philosophia togata I: Essays on Philosophy and Roman Society*, edited by Miriam Griffin and Jonathan Barnes, 97–119. Oxford: Oxford University Press, 1989.

——*Lucretius and the Transformation of Greek Wisdom*. Cambridge: Cambridge University Press, 1998.

Shaw, Brent D. ' "Eaters of flesh, drinkers of milk" : The Ancient Mediterranean Ideology of the Pastoral Nomad', *Ancient Society*, 13 (1982): 5–31.

—— 'Soldiers and Society: The Army in Numidia', *Opus*, 2 (1983): 133–9.

—— *Environment and Society in Roman North Africa: Studies in History and Archaeology*, Variorum Reprints. Aldershot: Variorum, 1995.

Sherwin-White, A. N. *The Roman Citizenship*. 2nd edn. Oxford: Clarendon Press, 1973.

—— 'The Lex Repetundarum and the Political Ideas of Gaius Gracchus', *Journal of Roman Studies*, 72 (1982): 18–31.

Shipley, Graham. *The Greek World after Alexander, 323–30 B.C.* London: Routledge, 2000.

—— and John Salmon, eds. *Human Landscapes in Classical Antiquity: Environment and Culture*, vol. vi, Leicester–Nottingham Studies in Ancient Society. London: Routledge, 1996.

Sider, David. *The Library of the Villa dei Papiri at Herculaneum*. Los Angeles: Getty, 2005.

Slater, William J., ed. *Dining in a Classical Context*. Ann Arbor: University of Michigan Press, 1991.

Smith, Christopher. *Early Rome and Latium: Economy and Society c.1000–500 BC*, Oxford Classical Monographs. Oxford: Oxford University Press, 1996.

—— 'The Beginnings of Urbanization in Rome', in *Mediterranean Urbanization*

800–600 BC, edited by Robin Osborne and Barry Cunliffe, 91–111. Oxford: Oxford University Press, 2005.

Smith, Jonathon Z. *Drudgery Divine: On the Comparison of Early Christianities and the Religions of Late Antiquity.* Chicago: Chicago University Press, 1990.

Smith, Julia M. H., ed. *Early Medieval Rome and the Christian West: Essays in Honour of Donald A. Bullough,* The Medieval Mediterranean. Leiden: Brill, 2000.

——*Europe after Rome: A New Cultural History, 500–1000.* Oxford: Oxford University Press, 2005.

Smith, R. R. R. 'The Imperial Reliefs from the Sebasteion at Aphrodisias', *Journal of Roman Studies,* 77 (1987): 88–138.

—— 'Simulacra gentium: The Ethne from the Sebasteion at Aphrodisias', *Journal of Roman Studies,* 78 (1988): 50–77.

Smith, Wilfred Cantwell. *The Meaning and End of Religion: A New Approach to the Religious Traditions of Mankind,* Mentor Books. New York: New American Library, 1964.

Spawforth, Antony. 'Symbol of Unity? The Persian-Wars Tradition in the Roman Empire', in *Greek Historiography,* edited by Simon Hornblower, 233–47. Oxford: Clarendon Press, 1994.

—— ed. *The Court and Court Society in Ancient Monarchies.* New York: Cambridge University Press, 2007.

Spence, Jonathon. *Emperor of China: Self Portrait of K'ang-hsi.* London: Cape, 1974.

Stadter, Philip A. *Arrian of Nicomedia.* Chapel Hill, NC: University of North Carolina Press, 1980.

Steel, Catherine. *Cicero, Rhetoric and Empire.* Oxford: Oxford University Press, 2001.

Stein-Hölkeskamp, Elke, and Karl-Joachim Hölkeskamp, eds. *Erinnerungsorte der Antike: Die römische Welt.* Munich: C. H. Beck Verlag,2006.

Strasburger, Hermann. 'Poseidonios on Problems of the Roman Empire', *Journal of Roman Studies,* 55/1–2 (1965): 40–53.

Swain, Simon. *Hellenism and Empire: Language, Classicism and Power in the Greek World, AD 50–250.* Oxford: Clarendon Press, Oxford University Press, 1996.

—— 'Bilingualism in Cicero? The Evidence of Code-Switching', in *Bilingualism in Ancient Society: Language Contact and the Written Text,* edited by J. N.

Adams, Mark Janse, and Simon Swain, 128–67. Oxford: Oxford University Press, 2002.

—— and Mark Edwards, eds. *Approaching Late Antiquity: The Transformation from Early to Late Empire*. Oxford: Oxford University Press, 2004.

Sweetman, Rebecca J. 'Roman Knossos: The Nature of a Globalized City', *American Journal of Archaeology*, 111/1 (2007): 61–81.

Syme, Ronald. *The Roman Revolution*. Oxford: Oxford University Press, 1939.

Tainter, Joseph A. *The Collapse of Complex Societies*. Cambridge: Cambridge University Press, 1988.

Talbert, Richard J.A. *The Senate of Imperial Rome*. Princeton: Princeton University Press, 1984.

Tchernia, André. *Le Vin d'Italie romaine: Essai d'histoire économique d'après les amphores*, Bibliothèque des Écoles Françaises d'Athènes et de Rome. Rome: École Française de Rome, 1986.

Thomas, Edmund. *Monumentality and the Roman Empire: Architecture in the Antonine Age*. New York: Oxford University Press, 2007.

Thomas, Robert, and Andrew Wilson. 'Water Supply for Roman Farms in Latium and South Etruria', *Papers of the British School at Rome*, 62 (1994): 139–96.

Thommen, Lukas. *Umweltgeschichte der Antike*. Munich: Verlag C. H. Beck, 2009.

Torelli, Mario. *Studies in the Romanization of Italy*. Edmonton: University of Alberta Press, 1995.

Treggiari, Susan M. *Roman Freedmen during the Late Republic*. Oxford: Clarendon Press, 1969.

Tsetskhladze, Gocha R. *Greek Colonisation: An Account of Greek Colonies and Other Settlements Overseas*. 2 vols., Mnemosyne supplements. Leiden: Brill, 2006.

Van Dam, Raymond. *Leadership and Community in Late Antique Gaul*, Transformation of the Classical Heritage. Berkeley and Los Angeles: University of California Press, 1985.

van Nijf, Onno. 'Local Heroes: Athletics, Festivals and Elite Self-Fashioning in the Roman East', in *Being Greek under Rome: Cultural Identity, the Second Sophistic and the Development of Empire*, edited by Simon Goldhill, 309–34. Cambridge: Cambridge University Press, 2001.

van Sickle, J. 'The Elogia of the Cornelii Scipiones and the Origins of Epigram at Rome', *American Journal of Philology*, 108 (1987): 41–55.

Vasunia, Phiroze.'The Comparative Study of Empires', *Journal of Roman Studies*, 101 (2011): 222–37.

Versnel, H. S. *Inconsistencies in Greek and Roman Religion 1: Ter unus: Isis, Dionysos, Hermes; Three Studies in Henotheism*, Studies in Greek and Roman Religion. Leiden: Brill, 1990.

Veyne, Paul. *Le Pain et le cirque: Sociologie historique d'un pluralisme politique*. Paris: Seuil, 1976.

—— *Did the Greeks Believe in their Myths? An Essay in the Constitutive Imagination*, translated by Paula Wissing. Chicago: University of Chicago Press, 1988.

Wallace-Hadrill, Andrew. 'Family and Inheritance in the Augustan Marriage-Laws', *Proceedings of the Cambridge Philological Society*, 207 (1981): 58–80.

—— 'Civilis princeps: Between Citizen and King', *Journal of Roman Studies*, 72 (1982): 32–48.

—— 'The Golden Age and Sin in Augustan Ideology', *Past and Present*, 95 (1982): 19–36.

—— *Suetonius: The Scholar and his Caesars*, Classical Life and Letters. London: Duckworth, 1983.

—— 'Review Article: Greek Knowledge, Roman Power', *Classical Philology*, 83/3 (1988): 224–33.

—— ed. *Patronage in Ancient Society*. London: Routledge, 1989. ——'Elites and Trade in the Roman Town', in *City and Country in the Ancient World*, edited by John Rich and Andrew Wallace-Hadrill, 241–72. London: Routledge, 1991.

—— *Houses and Society in Pompeii and Herculaneum*. Princeton: Princeton University Press, 1994.

—— 'The Imperial Court', in *Cambridge Ancient History*, x: *The Augustan Empire 43 B.C.–A.D. 69*, edited by Alan Bowman, Edward Champlin, and Andrew Lintott, 283–308. Cambridge: Cambridge University Press, 1996.

—— *Rome's Cultural Revolution*. New York: Cambridge University Press, 2008.

Ward-Perkins, Bryan. *From Classical Antiquity to the Middle Ages: Urban Public Building in Northern and Central Italy AD 300–850*, Oxford Historical Monographs. Oxford: Oxford University Press, 1984.

Ward-Perkins, J. B. 'From Republic to Empire: Reflections on the Early Provincial Architecture of the Roman West', *Journal of Roman Studies*, 60 (1970): 1–19.

Weaver, P. R. C. *Familia Caesaris: A Social Study of the Emperor's Freedmen and Slaves*. Cambridge: Cambridge University Press, 1972.

Whitmarsh, Tim. *Greek Literature and the Roman Empire: The Politics of Imitations*. Oxford: Oxford University Press, 2001.

—— ed. *Local Knowledge and Microidentities in the Imperial Greek World*, Greek Culture in the Roman World. Cambridge: Cambridge University Press, 2010.

Whittaker, C. R. *Frontiers of the Roman Empire: A Social and Economic Study*, Ancient Society and History. Baltimore: Johns Hopkins University Press, 1994.

Whittow, Mark. 'Ruling the Late Roman and Early Byzantine City: A Continuous History', *Past and Present*, 129 (1990): 3–29.

Wickham, Chris. *Early Medieval Italy: Central Power and Local Society 400–1000* London: Macmillan, 1981.

—— 'The Other Transition: From the Ancient World to Feudalism', *Past and Present*, 103 (1984): 3–36.

—— *Framing the Early Middle Ages: Europe and the Mediterranean, 400–800*. Oxford: Oxford University Press, 2005.

—— *The Inheritance of Rome: A History of Europe from 400 to 1000*, Penguin History of Europe. London: Allen Lane, 2009.

Wierschowski, L. *Fremde in Gallien—'Gallier' in der Fremde: Die epigraphisch bezeugte Mobilität in, von und nach Gallien vom 1. bis 3. Jh. n. Chr. (Texte—Übersetzungen—Kommentare)*. Vol. 159, Historia Einzelschriften. Stuttgart: F. Steiner, 2001.

Wiesehöfer, Josef, ed. *Die Partherreich und seine Zeugnisse*, Historia Einzelschriften. Stuttgart: Franz Steiner Verlag, 1998.

Wightman, Edith Mary. *Roman Trier and the Treveri*. London: Hart-Davis, 1970.

Williams, Jonathon H. C. *Beyond the Rubicon: Romans and Gauls in Northern Italy*, Oxford Classical Monographs. Oxford: Oxford University Press, 2001.

Wilson, Andrew. 'Machines, Power and the Ancient Economy', *Journal of Roman Studies*, 92 (2002): 1–32.

—— 'Approaches to Quantifying Roman Trade', in *Quantifying the Roman Economy: Methods and Problems*, edited by Alan Bowman and Andrew Wilson, 213–49. Oxford: Oxford University Press, 2009.

Winterling, Aloys. *Aula Caesaris: Studien zur Institutionalisierung des römischen Kaiserhofes in der Zeit von Augustus bis Commodus (31 v. Chr.–192 n. Chr.)*.

Munich: R. Oldenburg, 1999.

Wiseman, T. Peter. 'Domi nobiles and the Roman Cultural Élite', in *Les Bourgeoisies municipales italiennes aux IIe et Ier siècles av. J.-C.*, edited by M. Cébeillac-Gervason, 299–307. Naples : Éditions du CNRS & Bibliothèque de l'Institut Français de Naples, 1981.

—— *Remus: A Roman Myth*. Cambridge: Cambridge University Press, 1995.

—— *The Myths of Rome*. Exeter: University of Exeter Press, 2004.

Witcher, Robert.'Globalisation and Roman Imperialism: Perspectives on Identities in Roman Italy', in *The Emergence of State Identities in Italy in the First Millennium B.C.*, edited by Edward Herring and Kathryn Lomas, 213–25. London: Accordia Research Institute, 2000.

Wittfogel, Karl August. *Oriental Despotism: A Comparative Study of Total Power*. New York: Yale University Press, 1957.

Wood, Ian. 'Defining the Franks: Frankish Origins in Early Mediaeval Historiography', in *Concepts of National Identity in the Middle Ages*, edited by Simon Forde, Lesley Johnson,and AlanV.Murray,47–57.Leeds:Leeds University Press, 1995.

Wood, Susan. 'Messalina, Wife of Claudius: Propaganda Successes and Failures of his Reign', *Journal of Roman Archaeology*, 5 (1992): 219–34.

——'Diva Drusilla Panthea and the Sisters of Caligula', *American Journal of Archaeology*, 99/3 (1995): 457–82.

Woolf, Greg. 'Imperialism, Empire and the Integration of the Roman Economy', *World Archaeology*, 23/3 (1992): 283–93.

——'Becoming Roman, Staying Greek: Culture, Identity and the Civilizing Process in the Roman East', *Proceedings of the Cambridge Philological Society*, 40 (1994): 116–43.

——'Monumental Writing and the Expansion of Roman Society',*Journal of Roman Studies*, 86 (1996): 22–39.

—— 'The Uses of Forgetfulness in Roman Gaul', in *Vergangenheit und Lebenswelt: Soziale Kommunikation, Traditionsbildung und historisches Bewußtsein*, edited by Hans-Joachim Gehrke and Astrid Möller, 361–81. Tübingen: Gunter NarrVerlag, 1996.

—— 'The Roman Urbanization of the East', in *The Early Roman Empire in the East*, edited by Susan E. Alcock, 1–14. Oxford: Oxbow Books, 1997.

—— 'The City of Letters', in *Rome the Cosmopolis*, edited by Catharine Edwards and Greg Woolf, 203–21. Cambridge: Cambridge University Press, 2003.

—— *Becoming Roman: The Origins of Provincial Civilization in Gaul.* Cambridge: Cambridge University Press, 1998.

—— 'Divinity and Power in Ancient Rome', in *Religion and Power: Divine Kingship in the Ancient World and beyond*, edited by Nicole Brisch, 235–55. Chicago: Oriental Institute of the University of Chicago, 2008.

——*Tales of the Barbarians: Ethnography and Empire in the Roman West.* Malden, Mass.: Blackwell Publishers, 2011.

Wörrle, Michael. *Stadt und Fest in kaiserzeitlichen Kleinasien: Studien zu einer agonistischen Stiftung aus Oinoanda,*Vestigia. Munich: C. H. Beck, 1988.

Yarrow, Liv Mariah. *Historiography at the End of the Republic: Provincial Perspectives on Roman Rule.* Oxford: Oxford University Press, 2006.

Yates, R. D. S. 'Cosmos, Central Authority and Communities in the Early Chinese Empire', in *Empires: Perspectives from Archaeology and History*, edited by Susan E. Alcock, T. D'Altroy, K. D. Morrison, and C. M. Sinopoli, 351–68. New York: Cambridge University Press, 2001.

Yavetz, Zvi. *Plebs and Princeps.* London: Oxford University Press, 1969.

Yegul, Fikret K. *Baths and Bathing in the Roman World.* Cambridge, Mass.: MIT Press, 1992.

Yoffee, Norman, and George L. Cowgill, eds. *The Collapse of Ancient States and Civilizations.* Tucson, Ariz.: University of Arizona Press, 1988.

Zanker, Paul. 'Domitian's Palace on the Palatine and the Imperial Image', in *Representations of Empire: Rome and the Mediterranean World*, edited by Alan Bowman, Hannah Cotton, Martin Goodman, and Simon Price, 105–30. Oxford: Oxford University Press, 2002.

Zanker, Paul. *The Power of Images in the Age of Augustus*, Jerome Lectures. Ann Arbor: University of Michigan Press, 1988.

Zarmakoupi, Mantha, ed. *The Villa of the Papyri at Herculaneum: Archaeology, Reception and Digital Reconstruction.* Berlin: De Gruyter, 2010.

Zuiderhoek, Arjan. *The Politics of Munificence in the Roman Empire: Citizens, Elites and Benefactors in Asia Minor*, Greek Culture in the Roman World. Cambridge: Cambridge University Press, 2009.

术语表

  检索罗马制度全部信息的最好去处是《牛津古典辞典》
（*Oxford Classical Dictionary*，2012年第四版）。设计这一术语表，
是为了帮助解释本书中使用的术语。

Adventus **驾临** 皇帝的礼仪性入城式。皇帝会接受民众欢迎、接
  受献词，并可能向人民赠送礼物。这一主题常见于罗马帝国
  钱币上，此礼在晚期帝国时变得尤为重要。

ager publicus **公共土地** 国家拥有的土地，多数由征服得来，并
  租给公民以收取地租。

censor **监察官** 共和国时期，每5年从最高级元老院成员中选举
  两位监察官，任期18个月。他们的职责包括审查元老与骑士
  阶层的资格，将全体公民分配到正确的政治阶层之中，并签
  署公共工程合约。他们也要行使道德权威。在元首制下，一
  些皇帝取得了监察官权力或者自任监察官，并实际上行使了
  监察官的诸多职分。

census **普查** 原本是由监察官开展的每年公民人口统计，监察官
  还会将公民依据其财产多寡为其划分阶层。这一术语后来被
  用来指在行省定期进行的纳税义务核算。

centurion **百夫长** 军团的主要军官，因为贵族指挥官常常相对经
  验不足，所以百夫长的专业能力是至关重要的。多数百夫长

指挥由 80—100 人组成的小队，在共和国时期，百夫长是从最有经验的士兵中选拔出来的。在元首制下，一种精密的军衔、薪酬等级制发展起来，地位高的百夫长常受命担任各种行政人员。

consul 执政官　从共和国早期开始，每年选举两位执政官，共同担任罗马城邦众官之首的职务。他们的职责包括召集元老院、主持大型祭礼、统领军队和主持选举。

dictator 独裁官　军情紧急时，会选举出一个独裁官，让其在有限的时间内行使执政官权力。这一名称后来先由苏拉，后由尤利乌斯·恺撒挪用，为自己把持城邦冠一个传统的名号。

equites 骑士　共和国最富有的公民被登记为骑士阶层，元老院成员从这个阶层中产生。有时"equestrian"（骑士的）这个词用于指称任何拥有该阶层资格必要财产的公民，不管他们是否正式登记为"公帑骑兵"（equites equo publico）。奥古斯都在骑士阶层之上创造了一个新的元老阶层，其财产资格更高，并且奥古斯都给了这两个阶层在帝国政府与城邦礼仪上的特殊角色。

fasces 法西斯（束棒）　执政官与独裁官的先行扈从举起的由一捆木棍做柄的斧子，是权力的象征。

hoplite 重装步兵　希腊术语，指在密集步兵方阵（phalanx）中进行白刃战的重装步兵。

imperium 治权　这一术语最初的意思是一种指挥权，将军接受这种指挥权也将其施用。拥有治权就获得了一系列宗教与政治权力和义务，因此，在战役开始时会正式授予该权，在战役结束时会正式解除。这一术语引申以指罗马人民的权力，在共和国末期则用于指臣服于罗马人的领土，从这个意义上衍生出我们的领土帝国的意涵。

legate 差遣官　指一位被城邦指派了特定任务的罗马人。一些差遣官实际上是被派去谈判的使节，一些差遣官（*legati legionis*［军团总兵］）则是被分遣到各军团的指挥官，而从公元前 1 世纪起，也有一些差遣官被指派去治理部分非常大的行省，如授予皇帝的行省。

legion 军团　从共和国中期到帝国晚期，罗马军队的基础都是由大约 5000 名重装步兵组成的部队，每个部队被称为一个军团。一般来说，这些部队由轻装步兵、远程部队、骑兵、工程兵和其他辅助力量支持。

***magister officiorum* 百官总长**　帝国晚期与意大利东哥特王国官制中的高级官员。

magistrate 政务官　由整个城邦选举产生的罗马城邦官员。最重要的政务官有（职务从高到低）监察官、执政官、裁判官和营造官（aediles）。独裁官或摄政官（仅为主持选举而任命的人）是政务官，而保民官（仅由平民选出）不是政务官。

patricians 贵族　号称是王政时代贵族阶层的后裔的骑士阶层中的核心家庭圈。共和国时期，他们逐渐丧失了对政务官的垄断，但即便在元首制下，仍然有一些祭司职位是专门留给贵族的。皇帝偶尔会册立新的贵族，作为荣誉并为各种贵族祭司职位提供足够的人选。

plebeians 平民　所有不是贵族的罗马城邦成员。传统记载了早期共和国时期贵族与平民之间的一系列冲突（统称为"阶层斗争"）。通过这些冲突，贵族的特权遭到削减，而平民的权利得到承认，例如保民官制度和平民公决（*plebiscita*）对整个城邦有约束力的惯例。

***pontifex maximus* 大祭司长**　大祭司团（college of pontiffs）的最高祭司，也是罗马最有声望的祭司职位的所有者。他不仅统辖诸大祭司（pontiffs），还管辖包括维斯塔贞女在内的一系列其他神职人员。

***populares* 平民派**　在共和国的最后一世纪，以格拉古兄弟和尤利乌斯·恺撒最为著名的一系列元老院政治人物，将其政纲建立在为罗马人民争取利益的基础上。土地分配、殖民计划、粮食补贴或粮食免费，是他们的活动的鲜明特色，不过实际上他们参与所有政治争论，经常利用人民大会迂回地打击他们的对手（被称为"精英派"［*Optimates*]）。这一冲突导致了晚期共和国的内部纠纷。

***praetor* 裁判官**　罗马城邦的一种政务官。在执政官制度创立后，裁判官成为较低一级的政务官，拥有一系列司法、行政和军事职责。随着城邦和帝国扩张，裁判官越来越多，其职责也越来越多样化。

praetorian prefect 禁军长官/大区总长　皇帝的主要护卫队是禁卫营（praetorian cohorts），而禁卫营的指挥官是骑士长官（equestrian prefects）。从早在提比略统治时期起，他们就不仅掌管罗马城内的安全（以及皇帝离开罗马时皇帝身边的安全），还充当皇帝的首席骑士顾问，实际上作为皇帝内廷的首相。从公元4世纪早期开始，帝国被瓜分为诸多大区，每个大区中的大区总长都是帝国政府的首脑。

***princeps* 元首**　字面意思是首席（最高）元老，这一头衔被奥古斯

都及其继承者使用，作为王（*rex*）、独裁官（*dictator*）或终
身执政官的一个更中性的代称。

promagistrate 同政务官　起初，罗马军队由执政官和裁判官指
挥，不过帝国扩张使之不再可能以后，元老院开始请前任政
务官来承担指挥职责。到共和国晚期，担任政务官似乎通常
被认为是赢得重要指挥权的必由之路，而执政官则抽签取得
那已经为他们准备好的指挥权。在元首制下，最高级的地方
总督（如阿非利加行省、亚细亚行省、阿凯亚行省的总督）
由同执政官（proconsul）担任，较低级的职位交由同裁判官
（propraetor），而皇帝会留给自己一个辽阔的行省，并通过差
遣官（钦差同裁判官［*legati Augusti pro praetore*］）治理。

provincia **行省**　起初是指随治权一并授予政务官或同政务官的
任务（例如与西西里统治者安条克之战），这一术语最终取
得了帝国内部一个领土单元的意思，因此出现了现代术语
"province"。

publicanus **承包人**　与罗马城邦缔约以执行某些工作的罗马公民，
这些工作包括供给军队，建设或修缮神庙、王庭、道路，以
及征收税赋。最臭名昭著的承包人是包税人，他们的残酷与
贪婪在晚期共和国时代是众所周知的。

senate 元老院　罗马城邦的议事会，主要由前任政务官组成，不
过每 5 年会由监察官从在普查中满足资格的人中择人填满
议席。

spolia opima **至上之功**　为在单挑中斩杀敌将的将军颁发的卓越
勋赏。奥古斯都宣称，他们必须自己主持战斗才能有权受勋。

tetrarchy 四帝共治　在公元 3 世纪的军事危机之后，帝国一度

由皇帝团统治，他们起先由两位正皇帝（称 *Augusti*）和两位副皇帝（*Caesares*）组成，后者也是前者的指定继承人。"tetrarchy" 一词既指这一短命的制度，也指这段时期，而 "tetrach" 指这团体中的一个成员。共治和正副皇帝之分，都有前例可循，不过在戴克里先之前，权力总是由亲戚而非政治盟友分享。那就是公元 4 世纪晚期四帝共治卷土重来时的情形。

tribune of the People（*tribunus plebis*）**平民保民官** 共和国时期创设的年选职位，以保护平民权利免遭贵族侵犯。保民官人身神圣不可侵犯；他们有权召集公民会议，如他们认为立法法案和政务官的决定不利于平民的利益，他们有权否决这些法案和决定。在共和国最后一世纪，这一职位先由格拉古兄弟和其他平民派政治人物利用，以通过那些元老院可能不会同意的法案，后来由将军们利用，以拥有能保护自己的利益的否决权。皇帝占取了保民官的神圣不可侵犯性作为他们自己的权力之一，并以他们获授保民官权力的年数计算他们的统治时间。

triumph 凯旋式 包括壮观的列队入城式的仪式，可用来奖励获得重大胜利的将军。列队游行通常伴随着竞赛、宴会和额外的公共假日。在元首制下，只有皇帝和他们的亲属才庆祝凯旋式。

出版后记

"帝国"这个概念产生于古罗马,本书即是一部围绕着"帝国"这个主题的罗马通史。罗马,这个庞大又历时绵长的帝国,一直吸引着西方人乃至全世界人的目光,自罗马帝国之后,多个帝国都在模仿它,借用其象征符号。

作者格雷格·伍尔夫有多年的铁器时代晚期和罗马帝国研究经历,他在这本书中讲述了这个帝国是如何一步步创建起来的,也讲述了它的发展与最终崩溃的历程,介绍了帝国的诸项制度、生态环境以及帝国历史中的重要事件与人物。作者还将罗马帝国与后世的诸多帝国进行了比较,以便读者体会罗马帝国的特征。对于历史研究者、学生和普通读者来说,本书都是一本值得关注的图书。

本书根据英语版2012年版译出,2021年底本书英语版已再版发行,初版中的一些错误已得到修订。译者注中补充的作品截止于2020年。

由于编者水平有限,本书难免有各种疏漏,敬请广大读者批评指正。

服务热线:133-6631-2326　　188-1142-1266

服务信箱:reader@hinabook.com

2022年1月

图书在版编目（ＣＩＰ）数据

罗马：一个帝国的故事／（英）格雷格·伍尔夫著；
王班班译 . -- 北京：中国友谊出版公司，2022.9
书名原文：Rome: An Empire's Story
ISBN 978-7-5057-5401-0

Ⅰ.①罗… Ⅱ.①格…②王… Ⅲ.①古罗马—历史
Ⅳ.① K126

中国版本图书馆 CIP 数据核字 (2022) 第 022650 号

著作权合同登记号　图字：01-2021-5992

ROME: AN EMPIRE'S STORY BY GREG WOOLF
Copyright © Greg Woolf 2012
This edition arranged with Georgina Capel Associates Ltd
Through BIG APPLE AGENCY, INC., LABUAN, MALAYSIA.
Simplified Chinese edition copyright:
2022 Ginkgo (Beijing) Book Co., Ltd.
All rights reserved.

本书中文简体版权归属于银杏树下（北京）图书有限责任公司。
审图号：GS（2021）6617 号

书名	罗马：一个帝国的故事
作者	［英］格雷格·伍尔夫
译者	王班班
出版	中国友谊出版公司
发行	中国友谊出版公司
经销	新华书店
印刷	北京天宇万达印刷有限公司
规格	880×1194 毫米　32 开
	15.5 印张　347 千字
版次	2022 年 9 月第 1 版
印次	2022 年 9 月第 1 次印刷
书号	ISBN 978-7-5057-5401-0
定价	62.00 元
地址	北京市朝阳区西坝河南里 17 号楼
邮编	100028
电话	（010）64678009